文化管理理论与实践

吴　丽　于业芹　霍荣棉　朱蕾蕊　等著

中国财经出版传媒集团
中国财政经济出版社
·北京·

图书在版编目（CIP）数据

文化管理理论与实践 / 吴丽等著. -- 北京 : 中国财政经济出版社，2025. 8. -- ISBN 978 - 7 - 5223 - 4157 - 6

Ⅰ. G123

中国国家版本馆 CIP 数据核字第 2025KT9402 号

责任编辑：陆宗祥　　　　责任校对：胡永立

责任印制：张　健

文化管理理论与实践

WENHUA GUANLI LILUN YU SHIJIAN

中国财政经济出版社 出版

URL：http：//www. cfeph. cn

E - mail：cfeph@ cfeph. cn

社址：北京市海淀区阜成路甲 28 号　邮政编码：100142

营销中心电话：010 - 88191522

天猫网店：中国财政经济出版社旗舰店

网址：https：//zgczjjcbs. tmall. com

涿州汇美亿浓印刷有限公司印刷　各地新华书店经销

成品尺寸：170mm × 240mm　16 开　26. 5 印张　432 000 字

2025 年 8 月第 1 版　2025 年 8 月河北第 1 次印刷

定价：98. 00 元

ISBN 978 - 7 - 5223 - 4157 - 6

（图书出现印装问题，本社负责调换，电话：010 - 88190548）

本社图书质量投诉电话：010 - 88190744

前　言

在全球文化多样化、多元文化全球化交织演进的现代社会，文化的地位日益凸显。文化管理作为联系政府治理、产业发展与社会服务的重要“桥梁”，正以前所未有的重要性走进政策实践与学术视野。我国历来高度重视文化强国战略，强调文化自信、制度创新与社会参与的融合发展。在此背景下，系统构建文化管理学科体系、理论体系和话语体系，不仅是对国家文化治理现代化的响应，也是服务地方文化高质量发展的实践需要。

《文化管理理论与实践》一书正是在这样一个时代背景下编写完成的。全书紧扣“理论—制度—实践”三位一体的逻辑主线，兼顾宏观制度分析与微观实践反思，力求在逻辑体系和现实问题之间建立有力的学术支撑。本书共十三章，涵盖文化的基本概念、文化管理的理论基础、我国与国外的文化政策与体制、文化组织和市场的管理、公共文化服务体系建设、社会力量参与、社区文化与文化产业管理、文化立法与标准化，以及数字化转型背景下的文化管理等内容。其中，第一、二、四、十二章由吴丽完成；第三章由金大伟完成；第五、八章由于业芹完成；第六章由霍荣棉完成；第七章由梁皓完成；第九章由张良完成；第十章由林霖完成；第十一章由朱蕾蕊完成；第十三章由张可安完成。这些章节既反映了文化管理从静态规范走向动态治理的趋势，也体现了从政府主导向多元共治的转变。

在理论层面，本书引入了文化变迁理论、场景理论、文化工业理论、文化资本理论等基础性文化社会理论，并结合马克思精神生产的视角，为理解我国文化管理制度的生成逻辑提供了坚实支撑；在制度层面，本书通过对中外文化管理体制的比较，展现出制度供给与文化实践之间的互动张力；在实践层面，本书则通过对公共文化服务、社区文化、文化市场、产业发展、文化标准化实践、数字文化治理等多个维度的考察，梳理现实运行机制中的重点、难点与创新路径。

值得一提的是，本书尤其关注新兴技术条件下文化管理范式变革的主动回应。无论是从数字平台对文化治理机制的重塑，还是从智能监管、数据驱动政策到网络空间文化主权的维护以及文化市场数智化管理体系建设等，都体现出本书面向未来的前瞻性。

全书的撰写，凝聚了多位作者在文化管理教学、科研与实践中的长期积累，也得到了来自政府部门、文化机构和一线管理者的诸多启发。在章节安排上注重逻辑严密性与读者友好性并重，适合高等院校文化管理、公共管理、艺术管理等相关专业学生使用，也可作为文化主管单位和从业人员的培训教材与参考资料。

文化管理是一门深具实践性的学科，更是一项链接国家战略与社会民生的公共事业。我们希望通过本书的出版，为新时代文化强国建设提供更多理论支撑与行动路径，为提升我国文化治理体系和治理能力现代化水平贡献微薄之力。

谨此为序。

编者

2025 年 8 月

杭州

目　录

第一章　文化概述

第一节　世界文明史的演进与发展历程

一、世界文明史的演进与发展历程

在人类历史的长河中，世界文明史的演进与发展是一个复杂而多元的过程。从古代文明的起源，到中世纪文明的演变，再到近代文明的转型和现代文明的多元发展，人类社会在不断探索、交流和融合中逐步前进。

古代文明的兴起无疑为人类社会的发展奠定了基石。古埃及文明、古巴比伦文明、古印度文明和古中国文明，这四大文明各自在独特的地理环境中独立发展，孕育出了各自独特的文化、宗教和政治制度。

古埃及文明以其神秘的金字塔和庞大的尼罗河灌溉系统闻名于世。金字塔不仅是古埃及人卓越建筑技术的体现，更是他们对生死观念深刻理解的象征。尼罗河的定期泛滥为古埃及带来了肥沃的土壤，使农业得到了极大的发展，进而催生了复杂的社会结构和灿烂的文明。古巴比伦文明则以其独特的楔形文字和先进的法律制度著称。楔形文字是人类历史上最早的文字系统之一，它的出现极大地推动了信息的传播和知识的积累。而古巴比伦的法律制度，如《汉谟拉比法典》，更是对后世法律体系产生了深远的影响。古印度文明则在宗教和哲学方面有着卓越的贡献。佛教作为古印度文明的重要组成部分，提倡众生平等和慈悲为怀，对世界宗教文化产生了深远的影响。此外，古印度的数学和天文学也达到了相当高的水平，如阿拉伯数字的起源就可以追溯到古印度。古中国文明则以儒家思想为核心，注重伦理道德和社会秩序。儒家思想强调仁爱、礼制和忠诚，对后世中国社会产生了深远的影响。同时，古中国在科技、艺术、文学等方面也有着卓越的成就，如四大发明、唐诗宋词等都是中华文化的瑰宝。这四大文明不仅为后世留下了丰富的文化遗产，更为人类社会的发展奠定了基础。它们各自在独特的地理环境和历史背景下，形成了各自独特的文化特色和发展道路，共同构成了人类文明的绚丽篇章。

中世纪文明的演变，无疑是一个充满多元性和复杂性的历史进程。在这一时期，欧洲和其他地区都经历了深刻的社会、政治和文化变革。在欧洲，基督教的兴起是这一时代的重要特征。随着基督教的广泛传播，教会逐渐在政治和社会生活中占据重要地位，对欧洲的政治格局和文化传统产生了深远影响。与此同时，封建制度的形成与发展也为欧洲社会带来了显著的变革。封建领主与农奴之间的关系以及由此产生的等级制度，都在一定程度上塑造了中世纪欧洲社会的结构。此外，十字军东征作为中世纪的重要历史事件，对东西方之间的文化交流和互动起到了推动作用。这一事件不仅加强了欧洲与中东地区的联系，也促进了宗教、艺术和商业等多个领域的交流。与此同时，在阿拉伯半岛及更广泛的地区，伊斯兰教文明也在不断发展壮大。伊斯兰教的兴起和阿拉伯帝国的扩张，使得伊斯兰教文明在中世纪成为与基督教文明并驾齐驱的重要力量。两大文明之间的交流与融合，促进了人类文明的共同发展。中世纪文明演变涉及多个地区、多种文化和多种宗教的交流与融合，为我们理解人类历史提供了宝贵的视角和启示。同时，我们也应该看到，这一时期的变革与发展并非孤立存在，而是与后续的历史阶段紧密相连，共同构成了人类文明的丰富多彩的画卷。

近代文明的转型是一个历史性的转折点，它涉及广泛的社会变革和文化交流。文艺复兴，起源于 14 世纪的意大利，标志着欧洲从中世纪走向近代。这一时期，人文主义兴起，强调个人的价值和理性思考，推动了科学和艺术的繁荣。艺术家如达·芬奇和米开朗琪罗，文学家如但丁和莎士比亚，他们的作品至今仍被广泛传颂。宗教改革则由马丁·路德等发起，挑战了天主教会的权威，促成了新教的诞生，这对欧洲的政治和社会结构产生了深远的影响，促进了民族国家的形成和现代国家制度的建立。

地理大发现时期，欧洲的航海家们开启了对未知世界的探索，发现了新的航线和土地，如美洲大陆。这一时期，葡萄牙和西班牙成为海上探险的先锋，随后荷兰、英国和法国等国也加入了探索者的行列。这些探险活动打破了世界各地分散、孤立的状态，促进了全球贸易体系的建立，加强了各大陆之间的联系。然而，随之而来的殖民扩张也导致了对殖民地的资源掠夺、屠杀与奴役当地居民、贩卖奴隶等暴行，对殖民地社会和文化产生了破坏性的影响。殖民扩张和全球贸易体系的建立，使得世界经济中心逐渐从地中海地区转移到大西洋沿岸，这一转变不仅促进了欧洲经济的增长，也为后来的工业革命奠定了基础。同时，殖民活动也对殖民地的社会和文化产生了破坏性的影响，这些影响至今仍在全球范围内产生着后果。

现代文明的多元发展体现在工业革命与现代化的相互作用以及全球化时代文明交融的深远影响中。工业革命以机器化生产为核心，不仅极大地提升了生产效率，还加速了城市化进程，改变了劳动关系，形成了新的社会阶层，但同时也带来了环境污染、资源消耗等社会问题与挑战。随着全球化的深入，不同文明间的交流与合作在文化、科技、经济等方面日益频繁，促进了全球文明多样性和包容性的提升。然而，全球化也伴随着文化冲突、环境问题等挑战，需要国际社会共同努力，加强合作，应对全球性问题，推动构建人类命运共同体，以实现可持续发展和共同繁荣。

在现代文明阶段，全球化成为不可逆转的趋势。随着科技的进步和交通工具的发展，不同文明之间的交流与融合更加便捷和深入。文化多样性成为现代社会的显著特征，各种文明在交流中相互借鉴、相互融合，共同推动着人类社会的进步和发展。同时，全球性问题如气候变化、资源短缺等也成为全人类共同面临的挑战，需要不同文明携手应对。

世界文明史的演进与发展进程是一个复杂而多元的过程。从古代文明的兴起，到中世纪文明的演变，再到近代文明的转型和现代文明的多元发展，人类社会在不断探索、交流和融合中逐步前进。在这个过程中，各种文明相互借鉴、相互融合，共同推动着人类社会的进步和发展。

二、中华文明的内涵及演进

中华文明是一个历史悠久、多元一体、连续性强、影响力广泛的文化体系。它起源于远古的华夏大地，经过数千年的沉淀与发展，形成了独特的文化特质和社会价值。这一文明不仅涵盖了丰富的物质成就，如农业技术、建筑艺术、手工业制品，还包括了深邃的思想与哲学体系，如儒家的仁爱思想、道家的自然哲学、佛家的慈悲为怀等。中华文明的核心价值观强调天人合一、和谐共生、尊重自然、重视道德伦理，这些价值观念深深植根于中华民族的日常生活和社会治理中，影响着人们的行为模式和决策过程。

中华文明的演进是一部深远且连续的历史长卷，其源头可追溯到遥远的史前时期。随着农耕文明的兴起，社会逐渐分化，氏族和血缘关系成为维系社会结构的重要纽带。这一时期的演进奠定了中华文明的基础，为其后续发展铺设了道路。夏朝的兴起，标志着中国历史上首个有文字记载的时代的开启。在这一时期，早期的国家政治制度得以确立，青铜文化也初步发展。夏朝的政治制度、社会组织和文化传承为后世提供了宝贵的借鉴和启示。进入商朝，中华文明进一步走向成熟。甲骨文的发现，不仅揭示了商代社会的文字系统，也为我们了解当时的社会生活、宗教信仰和政治制度提供了珍贵的资料。同时，商朝的青铜艺术达到了巅峰，各种精美的青铜器皿和礼器不仅展现了当时工匠的卓越技艺，也反映了商代社会的繁荣与辉煌。

西周时期，中华文明的社会结构更加完善。封建制度的建立，使得社会阶层更加分明，同时也加强了中央集权。礼乐文化的兴起，则进一步丰富了中华文明的内涵，为后世的文化传承提供了重要的支撑。到了东周时期，春秋战国时代的来临，中华文明的演进迎来了一个高峰。这是中国历史上思想和文化最为辉煌灿烂、群星闪烁的时代。据《汉书·艺文志》的记载，数得上名字的一共有 189 家、4324 篇著作。其后的《隋书·经籍志》《四库全书总目》等书则记载“诸子百家”，实有上千家。但流传较广、影响较大、较为著名的不过十二家而已。

这一时期的学术局面中，儒家、道家、墨家、法家等流派各自提出了独特的观点和主张。儒家以孔子、孟子为代表，崇尚“礼乐”和“仁义”，提倡“忠恕”和不偏不倚的“中庸”之道，主张“德治”和“仁政”，重视道德伦理教育和人的自身修养。道家以老子、庄子为代表，以“道”说明宇宙万物的本质、本源、构成和变化，其政治理想是“小国寡民”“无为而治”。墨家则主张“兼爱非攻”，提倡人人平等相爱，反对侵略战争。法家则以韩非、李斯为代表，主张以法治国，强调法律在治理国家中的重要作用。

在百家争鸣的过程中，各家学派之间互相辩驳，又互相影响，互相取长补短，有力地促进了思想文化的发展。这种思想的大解放和多元发展，为中国学术文化、思想道德的发展奠定了重要基础，也推动了社会变革的进程。可以说，百家争鸣基本上形成了中国的传统文化体系，奠定了中国思想文化发展的基础。

其中，老子的道家思想尤其具有深度。他主张“道法自然”，即人应该效法天地，而天地之道就是自然法则，因此人应该服从自然。他提倡“自然、无为”，强调顺其自然，而不是通过人为创造的东西来影响人的发展。老子的思想对于后世的哲学、宗教、文化等方面都产生了深远的影响。法家则是研究国家治理方式的学派，其范围涉及法律、经济、行政、组织、管理的社会科学。法家的研究与其他诸子百家主要研究的哲学及宗教不同，属于科学范畴。法家主张以法治国，强调法律在维护社会秩序和国家稳定中的重要作用。

这些文化成就，为后续中华文明的发展奠定了坚实的基础。诸子百家的思想交锋和融合，不仅推动了当时社会的进步和变革，也为后世的思想文化发展提供了宝贵的资源。

秦汉时期的统一与扩展是中国历史上的重要转折点，标志着封建社会的正式确立和中央集权制度的初步形成，同时也为后续的文明交流和经济发展奠定了基础。秦朝的统一结束了长期的分裂局面，通过一系列改革，如推行郡县制、统一度量衡、书写统一的秦篆文字等，加强了中央政府的权力，实现了政治、经济、文化上的整合。秦朝还大力修建了基础设施，如长城和道路，增强了国家的防御能力，也加强了内部联系。汉朝继承并发展了秦朝的中央集权体系，实行了更为灵活的行政管理，如推行郡国并行制，允许一定程度的地方自治。汉朝还大力推行儒学，使儒家思想成为国家的主导意识形态，对后世产生了深远的影响。在对外扩展方面，汉朝的疆域在两汉时期得到了显著的扩张，通过军事征服和和平手段，汉朝的势力范围延伸到了西域（今新疆地区）和中亚，这为后来丝绸之路的开通提供了条件。丝绸之路的开通是汉朝对外交流的重要成就。它不仅是一条商贸路线，更是文化交流的通道。通过这条路线，中国的丝绸、瓷器、茶叶等商品传向西方，同时，西方的玻璃器皿、宝石、宗教思想等也传入中国，促进了东西方文明的交流与融合。此外，汉朝还通过海上丝绸之路与东南亚、南亚乃至非洲等地建立了联系，进一步扩展了中国的对外交往范围。秦汉时期的统一与扩展，不仅加强了中国内部的政治和文化整合，也为中国与外界的交流合作提供了平台，这些成就对中华文明的长期发展产生了深远的影响。

唐宋时期标志着中国历史上一个文化繁荣和对外开放的高峰，唐朝以其文学艺术的辉煌成就，尤其是诗歌的黄金时代，以及长安城作为国际贸易和文化交流中心的重要地位，吸引了世界各地的文化和思想。宋朝则在科技和经济领域取得了显著进步，农业技术的提升、瓷器制作的精湛工艺，以及世界上最早的纸币发行，均体现了宋朝经济的繁荣和金融创新的先进。此外，宋朝还见证了市民文化的兴起和士大夫阶层文化创作的活跃，同时政治改革和法治建设也相对完善，这些变革共同推动了中国社会的进步，并对世界文明产生了深远的影响。

明清时期是中国历史上一个重要的转折点，这一时期中国社会经历了从相对开放到逐渐封闭的转变，同时也面临着内部的变革和发展。明朝初期，中国仍然保持着与外界的联系，如郑和下西洋的航海活动展示了中国航海技术和对外交流的能力。然而，随着时间的推移，特别是在清朝中后期，中国开始实行更加严格的闭关锁国政策，限制与外界的交流，这在一定程度上阻碍了中国吸收外来文化和科技的步伐。尽管如此，明清时期中国在文化和科技方面仍有一定的成就。在文化领域，小说和戏剧等文学形式得到了极大的发展，如明朝的《西游记》《水浒传》和清朝的《红楼梦》等，都是中国文学史上的经典之作。科技方面，虽然进步的步伐放缓，但仍有一些重要的发明和创新，如明朝的火药武器和清朝的农业技术改进。晚清时期，西方列强的入侵对中国造成了巨大的冲击，迫使中国开始进行现代化转型。鸦片战争后，中国逐渐沦为半殖民地半封建社会，西方的科技、制度和思想开始涌入中国，引发了一系列的变革运动，如洋务运动、戊戌变法和辛亥革命等。这些运动虽然未能彻底改变中国的社会结构，但它们在推动中国社会思想解放、制度变革和科技进步方面起到了积极作用，为后来的改革开放和现代化建设奠定了基础。晚清时期的中国，虽然面临着重重困难，但也孕育了变革的种子，为未来的转型和发展提供了可能。

近现代中国历史是一段充满挑战与奋斗的历程，见证了中国人民在外来侵略和内部矛盾中争取民族独立和国家富强的不懈努力。自 1840 年鸦片战争以来，中国逐步沦为半殖民地半封建社会，面临着前所未有的国家危亡和民族危难。为了挽救民族危机，中国人民和无数仁人志士进行了艰苦的探索和斗争，包括太平天国运动、戊戌变法、义和团运动以及辛亥革命等，虽然这些努力最终未能彻底改变中国的困境，但它们展现了中华民族不屈不挠的斗志和对民族复兴的深切渴望。

中国共产党的成立，是近代中国历史上的一个重大转折点。自 1921 年成立以来，中国共产党团结带领中国人民进行了 28 年的浴血奋战，赢得了抗日战争和解放战争的伟大胜利，结束了旧中国一盘散沙的局面，废除了列强强加给中国的不平等条约和帝国主义在中国的特权，为实现中华民族伟大复兴创造了根本社会条件。改革开放以来，中国进入了一个新的发展阶段。在中国共产党的领导下，一系列经济改革和开放政策的实施，推动了经济的快速增长，促进了社会的全面进步，不仅深刻改变了中国，也深刻影响了世界。经济上，中国实现了从计划经济向市场经济的转型，经济总量持续增长，人民生活水平显著提高。科技领域，中国取得了一系列重大成就，如成功发射人造卫星、实现载人航天、发展高速铁路等，科技创新能力显著增强。

文化建设方面，改革开放 40 多年来，中国文化建设经历了重要发展阶段，从建设社会主义精神文明到推动文化产业发展，中国文化更加繁荣多元，文化自信不断增强。综合国力和国际影响力的提升，使得中国在国际舞台上发挥着越来越重要的作用。中国积极参与全球治理，推动构建人类命运共同体，为世界和平与发展作出了积极贡献。当前，中国特色社会主义进入新时代，中国正朝着全面建设社会主义现代化国家的目标迈进。在中国共产党的领导下，中国人民继续推进改革开放，坚持和发展中国特色社会主义，为实现中华民族伟大复兴的中国梦而努力奋斗。这一历史进程表明，实现中华民族伟大复兴具有坚定方向和坚实基础，是不可逆转的。

第二节　文化的内涵和概念体系

一、文化的内涵

何为文化？学界从不同视角对文化进行了解读。经典文化理论学者认为，文化的实质是“人化”，凡是人类有意识开展的与自然界和社会相关的一切活动及结果都属于文化，既包含物质文化也包含精神文化，涉及物质、制度、精神三个方面，形成物质、制度、风俗习惯、思想与价值四个层次①。基于哲学视角的学者则认为，文化有广义和狭义之分，狭义的文化是侧重于以社会意识形态为主要内容的观念体系，涉及政治思想、道德素养、艺术宗教和哲学理念等思想意识领域；广义的文化是指人们在改造客观世界过程中所展现的人的本质，是人类创造的“人工世界”及其人化形式的那一面②。因此，文化是人们在改造客观世界过程中形成的多层次、多类型的成果，表现有物质性和非物质性两个方面。

同时，文化还表现出几个明显的特质。首先，文化是与人及人的活动息息相关的，所有文化都是人们在改造世界过程中形成的，并且又会反过来影响人们的思想和行为。其次，文化根据内容形式是分层、分类的。根据文化的内在核心差异，文化可以分为不同的层次，如物质层、制度层、行为层和价值理念层，随着层次的逐级变化，相应的文化影响方式和表现形式也会发生变化。最后，文化还表现出影响的持久性和深远性。文化一旦通过各种形式表现出来，并固化后，其影响时间往往是长远的，其影响力往往是深远的。就如同中国的许多优秀传统文化对国人持续影响了上千年，仍然充满活力，仍广为人们所尊崇，也仍将继续影响和激励后来的人们。

“文化”一词，其英文翻译为 Culture，源于拉丁文 Colere，原意是指“对人的能力的培养及训练，使其超越单纯的自然状态之上”。到 17—18 世纪，这一概念内涵得到了极大的扩展，其指称一切经人为力量加诸自然物之上的成果，即文化是指一切文化产品之总和。17 世纪末法国学者安托万·菲雷蒂埃所编《通用词典》（1690）对“Culture”（文化）一词的释义是：“人类为使土地肥沃、种植树木和栽培植物所采取的耕耘和改良措施。”这说明西方固有的文化概念是属于经济范畴，其内涵是人类改造自然的一种劳动方式，一种旨在从自然界中谋得物质生活资料的农耕活动和耕作技术。1871 年，英国文化学家泰勒在《原始文化》一书中最早提出狭义文化的早期经典学说，即“文化是包括知识、信仰、艺术、道德、法律、习俗和任何人作为一名社会成员而获得的能

---

① 梁漱溟．中国文化要义［M］．上海：学林出版社，1987：1.

② 肖前，黄楠森，陈晏清．马克思主义哲学原理［M］．北京：中国人民大学出版，1994：685 - 720.

力和习惯在内的复杂整体”，随后对文化的定义数量高达几百种。美国人类学家克鲁伯和克鲁克洪曾在《文化的概念》一书中曾做过相关统计，仅在1871—1951年的80年间，各类型文化的定义就多达164种。他们也给出了迄今为止欧美较为公认的文化的定义：“文化包括各种外显或内隐的行为模式：它通过符号的运用使人们习得及传授，并构成人类群体的显著成就，包括体现于人工制品中的成就；文化的基本核心包括由历史衍生及选择而成的传统观念，特别是价值观念；文化体现虽可被认为是人类活动的产物，但也可被视为限制人类作进一步活动的因素。”① 而根据法国人类学家摩尔的统计，文化的定义更是超过250种，单从不同的学科分类来看便有10多种，包括哲学、艺术、教育、心理学、历史、人类学、社会学、生态学、生物学、公共管理学和经济学等。

斯特恩H.（H. Stern，1992）根据文化的结构和范畴把文化分为广义和狭义两种概念。广义的文化即大写的文化（Culture with a big C），狭义的文化即小写的文化（culture with a small c）。文化是智慧群族的一切群族社会现象与群族内在精神的既有、传承、创造、发展的总和。它涵括智慧群族从过去到未来的历史，是群族基于自然的基础上所有活动内容，是群族所有物质表象与精神内在的整体。而具体到人类文化内容，则指群族的历史、地理、风土人情、传统习俗、工具、附属物、生活方式、宗教信仰、文学艺术、规范、律法、制度、思维方式、价值观念、审美情趣，精神图腾等。汉科特·汉默里（Hammerly，1982）把文化分为信息文化、行为文化和成就文化。信息文化指一般受教育本族语者所掌握的关于社会、地理、历史等知识；行为文化指人的生活方式、实际行为、态度、价值等，它是成功交际最重要的因素；成就文化是指艺术和文学成就，它是传统的文化概念。

而在我国，自古以来便对文化有了较为深刻的理解。在古代汉语中，“文”的本义，指各色交错的纹理。《说文解字》称：“文，错画也，象交文”，便指此义。“化”，本义为改易、生成、造化，指事物形态或性质的改变。如《庄子·逍遥游》：“化而为鸟，其名曰鹏。”《易·系辞下》：“男女构精，万物化生。”《礼记·中庸》：“可以赞天地之化育。”归纳起来，“化”同时又引申为教行迁善之义。“文”和“化”合成“文化”联合使用，乃是“人文化成”一语的缩

---

① 冯天瑜．中国文化史［M］．上海：上海人民出版社，2005.

写，此语出于战国末年的《易经·贲卦象辞》：“刚柔交错，天文也；文明以止，人文也。观乎天文，以察时变，观乎人文，以化成天下。”这里的“天文”是指自然现象，也就是由阴阳、刚柔、正负、雌雄等两端力量交互作用而形成的错综复杂的自然界，也即天道自然规律；“人文”是指社会生活中人与人之间纵横交织的关系，如君臣、父子、夫妇、兄弟、朋友之间的人伦社会规律。作为治国者应该通过“观天象”来了解时序的变化，通过观察人类社会的各种现象，用教育感化的手段来治理天下，使天下之人均能遵从文明礼仪，“行为为止、其所当止”。西汉刘向在《说苑·指武》中指出：“圣人之治天下也，先文德而后武力。凡武之兴，为不服也；文化不改，然后加诛。”晋束晰在《补亡诗》中也讲道：“文化内辑，武功外悠。”从上述的定义中可看出，在中国古代，固有的文化概念是属于政治范畴，其内涵是国家治理的一种方式，一种非暴力的或和平的方式，是“以文教化”的思想体现，这种方式不是动用国家暴力机器来实施对国民的行为控制，而是运用国家宣传机器来开展对国民的精神训导和思想教育，由此来实现统治者对国民的思想统治。

中国学者梁漱溟曾这样定义文化：“文化是为人生活所依靠之一切，俗常以文字、文学、思想、学术、教育、出版等为文化，乃是狭义的。我今说文化就是吾人生活所依靠之一切，意在指示人们，文化是极其实在的东西。文化之本义应在经济、政治，乃至一切无所不包。”①

纵观上述中西方对文化的定义来看，在西方观念中，对文化的理解更加偏重人文的静态客观存在，不重视文化活动的创造意义；而中方的文化观念中更加注重道德化、精神化的提炼。然而，对社会公众来讲，不同的历史时期或不同的社会群体，仅仅会把文化简单地理解为“认字是学文化”“有知识的是文化人”“素质高的人是有文化”等。在人类传统的观念中，文化是一种社会现象，它是由人类长期创造形成的产物，同时又是一种历史现象，是人类社会与历史的积淀物。确切地说，文化是凝结在物质之中又游离于物质之外的，能够被传承的国家或民族的历史、地理、风土人情、传统习俗、生活方式、文学艺术、行为规范、思维方式、价值观念等，它是人类相互之间进行交流的、普遍认可的、一种能够传承的意识形态，是对客观世界感性上的知识与经验的升华。

① 梁漱溟．《中国文化要义》［M］．上海：学林出版社，1987：1.

总体而言，文化有广义与狭义两种含义。广义的文化是指人类在社会历史发展的实践过程中所创造的物质财富和精神财富的总和。其中，不仅包含了无形的精神财富，如语言、风俗、习惯、礼仪、信仰、宗教和道德等，还囊括了有形的物质文化资源和创造物，如建筑、交通工具及遗迹等。狭义的文化是指一定社会群体习得且共有的一切观念和行为。它是在广义文化概念基础上剔除了“物”的成分，把文化更多地看作受价值观和价值体系支配的符号系统。无论是广义的文化还是狭义的文化，都是人类文明的重要组成部分，它们共同构成了丰富多彩的人类社会。

二、文化的概念体系

从文化的概念体系上看，目前我国国内普遍采纳的是庞朴的三层次论，即文化由“物质的—制度的—心理的（精神的）”三个不同层次的结构构成，其中，“文化的物质层面是最表层的；而审美情趣、价值观念、道德规范、宗教信仰、思维方式等属于最深层；介乎二者之间的，是种种制度和理论体系”（见图 1.1）。

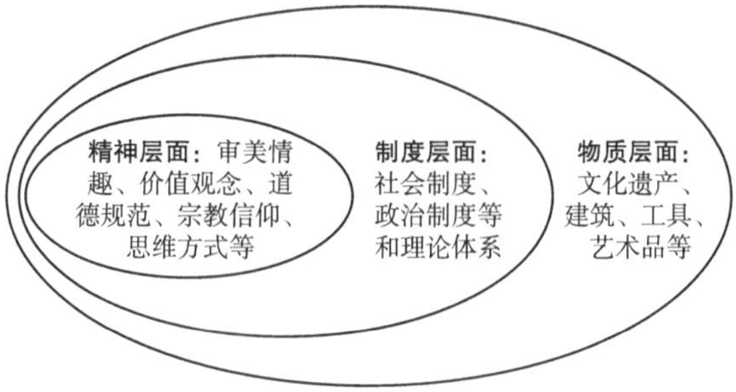

图 1.1　文化内涵概念体系

另有一种分法是：第一层级是物质文化，涉及文化的物理要素和物质层面，主要包括生产工具、生活用具以及其他各种物质产品；第二层级是行为文化，涉及文化的行为要素和行为方式，主要包括行为规范、风俗习惯、生活制度等；第三层级是精神文化或观念文化，涉及文化的心理要素和精神层面，主要包括思维方式、思想观点、价值取向、审美情趣、道德操守等。而哲学家、社会学家、人类学家、历史学家和语言学家等，也都试图从各自学科的角度来界定文化的概念。

从哲学角度解释文化，他们认为文化从本质上讲是哲学思想的表现形式。哲学的时代和地域性决定了文化的不同风格。一般来说，哲学思想的变革会引起社会制度的变化，与之伴随的有对旧文化的镇压和新文化的兴起。

从存在主义的角度来看，文化是对一个人或一群人的存在方式的描述。人们存在于自然中，同时也存在于历史和时代中；时间是一个人或一群人存在于自然中的重要平台；社会、国家和民族（家族）是一个人或一群人存在于历史和时代中的另一个重要平台；文化是指人们在这种存在过程中的言说或表述方式、交往或行为方式、意识或认知方式。文化不仅被用于描述一群人的外在行为，文化还特别包括作为个体的人的自我的心灵意识和感知方式。一个人在回到自己内心世界时的一种自我对话、观察的方式。

在文化的概念体系中，文化产业成为重要的组成部分。文化产业是一种特殊的文化形态和经济形态，更确切地说，是属于文化经济学的范畴。作为一个经济概念，产业的产生和发展是一个历史的过程，它随着社会分工的深化和生产力的发展而逐步形成和演变，是一个具有部门、行业、业种等多种层次的经济系统①。1947 年，西方马克思主义法兰克福学派的著名学者阿多诺和霍克海默在《启蒙辩证法》一书中率先使用了“文化产业”的概念，他们特别强调：“文化产业必须和大众文化严格区分开来，文化产业把旧的熟悉的东西熔铸成一种新的特质。在其各个分支中，那些适合大众消费的产品，那些在很大程度上决定着消费特性的产品，或多或少是按计划生产的。某些分支具有相同的结构，或者至少说是彼此互通的，它们被置于一个几乎没有差别的系统之中，正是通过技术手段以及经济的和管理的集中化，这一切才有可能实现。”

三、文化的特征

文化的特征，作为描述和认识文化的基石，其重要性不言而喻。然而，由于学者们的标准和理解各不相同，他们所总结出来的文化特征也呈现出一定的差异。这种多样性恰恰凸显了文化特征的复杂性和丰富性，使我们能够从不同

---

① 赵晶媛．文化产业与管理［M］．2 版．北京：清华大学出版社，2013.

角度、不同层面去理解和把握文化的内涵。因此，在探讨文化特征时，我们需要充分意识到其多样性和复杂性，尊重并借鉴不同学者的观点和见解，以期获得更全面、更深刻的认识。哈维兰认为文化有习得性、共享性、以符号为基础和整合性等特征①。王晓鹏认为文化有人为性、群体性、普遍性与多样性、继承性等特征②。本书认为文化具有民族性（地理性）、多样性、延续性、积淀性、凝聚性等特点。

（一）民族性（地理性）

文化的民族性，即文化与其所依托的民族或地理区域之间所展现出的紧密而独特的联系。这种联系源自各民族在其独特历史、地理和社会环境中所形成的独特生活经验。不同民族和地理区域，孕育出了丰富多彩、各具特色的文化传统和习俗，使得文化的民族性成为文化多样性的重要体现。

以色彩观念为例，不同民族对颜色的喜好和象征意义有着显著的差异。汉族文化中，红色被视为吉祥、喜庆的象征，这可能与汉族对太阳、火的崇拜有关，因为红色常常与温暖、光明联系在一起。而在藏族文化中，白色则具有崇高的地位，它代表着纯洁、神圣，这与藏族人对冰雹和雪山山神的敬畏有着紧密的联系。这种色彩观念的差异，正是不同民族文化独特性的体现。再以对死亡的态度为例，不同民族在葬法上也有着显著的差异。汉族人普遍流行土葬，这可能与汉族人对土地的深厚情感和对祖先的敬仰有关。而一些其他民族则流行火葬，这可能与他们的宗教信仰和哲学观念有关。这些不同的葬法，不仅反映了各民族对死亡的不同理解，也体现了他们独特的精神风貌和行为方式。

这些文化特征，无论是色彩观念还是葬法习俗，都深深地扎根于各自民族的历史、地理和社会环境之中。它们不仅反映了不同民族的独特性，也塑造了各民族的精神风貌和行为方式。因此，在理解和欣赏不同文化时，我们需要充分尊重其民族性和地域性，认识到每种文化都有其独特的价值和魅力。文化的民族性是一种深刻而独特的属性，它使得每个民族的文化都独具特色，为世界文化的多样性贡献了自己的一份力量。通过深入了解和欣赏不同民族的文化特

---

① 威廉·A. 哈维兰．文化人类学［M］．10版．翟铁鹏，等译．上海：上海社会科学院出版社，2006：36－45.

② 王晓鹏．文化学概要［M］．福州：福建人民出版社，2017：28－38.

征，我们可以更好地促进文化交流与融合，推动人类文明的共同进步。

（二）多样性

文化的多样性，即世界各地存在着形态各异、表达方式多样的文化现象，它源自各民族、各地区独特的自然环境、社会结构以及历史传统的差异。这些差异为文化的多样性提供了源源不断的动力，使得世界各地的文化如同五彩斑斓的画卷，展现出千姿百态的面貌。这种多样性不仅体现在文化的外在表现形式上，更深入文化的内核与精髓中。

以亚洲文化为例，中华文化注重礼仪、道德和集体意识，强调人与自然的和谐共生；而印度文化则以其深厚的宗教传统和哲学思想著称，追求内心的平静与解脱。在非洲，各部族的传统文化丰富多彩，无论是独特的舞蹈、音乐，还是精美的手工艺品，都展现了非洲文化的独特魅力。而在欧洲，各国文化则呈现出不同的风貌，从法国的浪漫、德国的严谨到英国的绅士风度，都体现了欧洲文化的多样性。

这些只是世界文化多样性的一小部分缩影。文化的多样性不仅让世界更加丰富多彩，也为我们提供了相互学习、相互借鉴的机会。通过欣赏和理解不同文化，我们能够拓宽视野，增进对世界的认识，促进人类文明的进步与发展。

（三）延续性和积淀性

文化的延续性，是文化在历史长河中不断传承与发展的鲜明特性。没有延续性，文化就不可能成为一种历史，更不可能成为一种传统。文化并非一成不变的僵化形态，而是随着时代的变迁，如同河流般不断流淌、演变与丰富。这种流淌不息的延续性，深深植根于文化传承的各个环节与机制之中。文化的积淀性是指文化在长期发展过程中不断积累、沉淀的特性。文化是一个不断积累的过程，每一代人都在前人的基础上进行创新和发展，使得文化不断丰富和深化。

民俗文化，作为地域性文化的一种重要表现形式。在今天，这种民俗文化更多地表现为一种已沉淀为一种比较凝固的历史产物，而非直接反映群体现实生活的动态文化现象。这并不意味着其丧失了现实意义，相反，民俗文化并不是群体现实生活的反映，虽然它的认识功能已经退化，但它的审美价值却会历久而弥新。

从沉淀性的角度来看，民俗文化是历史长河中不断积累、筛选和传承下来的文化精华。它承载着特定地域、特定历史时期人们的智慧、信仰、习俗和生活方式，是民族文化的重要组成部分。这种沉淀性使民俗文化具有深厚的历史底蕴和文化内涵，成为研究民族文化、社会历史的重要资源。

而延续性则是民俗文化得以传承和发展的关键所在。尽管随着时代的变迁，一些民俗事项可能逐渐淡化或消失，但那些具有深厚文化底蕴和广泛群众基础的民俗活动、民间信仰等仍然得以延续。这种延续性不仅体现在民俗文化的代代相传上，更体现在其不断适应时代变迁、不断创新发展的能力上。正是这种延续性，使得民俗文化能够在现代社会中仍然保持其独特的魅力和价值。

因此，我们可以看到，民俗文化的沉淀性和延续性是其得以传承和发展的重要保证。在今天这个多元文化交融的时代，我们更应该珍视和保护这些具有独特魅力的民俗文化，让它们在现代社会中继续发挥重要作用。

（四）凝聚性

文化的凝聚性是指文化能够凝聚人心、增强民族认同感的特性。共同的文化传统和价值观，能够将一个民族或社会群体紧密地团结在一起，形成强大的凝聚力和向心力。在面临外部挑战或危机时，这种凝聚性能够激发人们的爱国热情和社会责任感，共同抵御风险、维护国家的稳定和发展。

此外，文化作为一个系统的概念，其核心是价值观。价值观是文化的灵魂和精髓，它决定了人们的思维方式和行为准则。不同的文化有不同的价值观体系，这些价值观又通过不同的个人和组织群体得以体现和传承。因此，在理解和研究文化时，我们需要深入挖掘其背后的价值观体系，从而更全面、深入地把握文化的本质和内涵。

第三节　文化事业和文化产业

一、文化事业

什么是事业？按照《辞源》的阐释，事业是指人们从事的具备明确目标、一定规模及完善系统，并对社会发展产生积极影响的常态化活动。这里特指那些不产生直接经济收益、依赖国家经费支持、不参与经济核算的非营利性事业。与企业以营利为主要目标不同，事业更多侧重于服务社会、推动社会进步，其核心价值在于对社会的长远贡献，而非短期经济利益。

关于“文化事业”的界定，学者对此有多种不同的看法。比如叶南客对“文化事业”的概念进行了三个层次的划分。第一层次的文化事业泛指整个文化领域，我们常说的“发展文化事业”便是旨在推动整个文化领域的进步。第二层次的文化事业则是相对于文化产业而言的，它涵盖了公益文化和部分亚文化事业。这一层次的文化事业以国家投资为主导，同时辅以其他投入方式，如社会基金会和社会捐赠等，其主要目标是满足公众的文化需求，而非追求经济效益。第三层次特指文化事业单位，这些单位受国家各级文化行政部门的直接管理，是独立的社会组织，专注于文化产品的生产和文化服务的提供，包括艺术表演团体，如音乐、歌舞、戏曲、话剧、杂技等，以及地方公共图书馆、博物馆、文化馆等，还有文学艺术、文物研究单位、画院等。文化事业单位既不同于文化行政管理机关，也不同于文化企业单位，它们的资金主要来自国家财政拨款（目前也有部分单位实现自收自支），并不承担创利创税的任务，其服务对象则是全社会公众。①

尹章池等认为，文化事业是文化中用于满足社会公共需求，进而提升全民族思想和科学文化素质的重要部分。这部分文化事业凸显了文化的社会属性，其公益性质尤为显著。公益性文化涵盖了多个方面，包括学术研究——无论是哲学社会科学还是自然科学的研究，都属于其范畴；文学艺术的创作与传播，同样是公益性文化的重要组成部分；博物馆、图书馆等文化机构，也扮演着不可或缺的角色。文化事业主要由传统的“事业单位”来实施、建设、引导、调控和管理。这些事业单位不仅负责公益性文化的推广与实践，还承担着管理机构和管理体制的运营与完善。他们的工作，对于社会的文化进步与发展起到了至关重要的推动作用。②

朱春阳从事业单位的性质——以满足社会的公共需求或者政党、国家的意识形态宣传为需求，把文化事业分为两部分，即服务于政党或政权宣传的政治

---

① 叶南客．文化中国——先进的文化建设与创新［M］．南京：南京大学出版社，2003.

② 尹章池．文化产业概论［M］．北京：北京大学出版社，2014：13.

宣传型文化事业和服务于社会公众的公益性文化事业。①

本书所探讨的文化事业是一个涵盖广泛的宏观概念。在我国社会主义文化事业的架构中，公共文化服务体系和文化市场体系构成了两大支柱。文化事业涵盖了公益性的文化事业与经营性的文化产业两大领域，而文化产业则是文化事业中那些可借助市场机制运作的部分。

所谓“文化事业”，是指人们在文化艺术、新闻出版和广播影视等诸多领域，所从事的具备明确目标、一定规模，并对社会发展产生深远影响的经常性活动。这一领域不仅涵盖了相关的思想理论、价值准则、精神形态等主观内容，更包含了这些内容的传播媒介、展现形式、文化设施以及文化组织机构和管理体制等客观因素。文化事业正是通过这些主观与客观因素的融合与互动，为社会的文化进步与发展注入源源不断的活力。

文化事业有三大基本特征，公共性、多样性和超前性。

（一）公共性

文化事业最大的特点就在于它的公共性。首先，文化事业单位，如图书馆、博物馆、科技馆等，它们的兴建和运营主要依赖于政府资金的财政拨款，这决定了它们的公共性质。这些场所是公共文化资源和空间，归全体公民所有，旨在为广大民众提供平等、充分地利用公益性文化场所的机会，从而汲取知识，获得教育，拓展文化事业影响的广度和深度。其次，文化事业要面向社会、面向公众，使广大民众能够从中受益。这种公共性不仅体现在文化事业单位的服务上，也体现在其内容和形式上。例如，文化馆作为国办公益性群众文化事业机构，它的公共性决定了其服务对象必须是广大人民群众，具有广泛性和群众性。它的服务内容主要是开展具有鲜明时代性、民族性、科学性、思想性、艺术性的群众文化活动，满足群众的精神文化需求，丰富群众的文化生活。最后，公共文化服务以普遍实现公民文化权益为准则，体现的是国家和社会的公共利益。这种公益性是由公民基于文化权利而产生的对公共文化服务的大量需求所决定的。例如，图书馆为公众提供免费借阅图书、报纸、期刊和多媒体资源的服务，也提供学习和阅读空间，举办各种文化活动，其目标就是普

① 陆扬主编．文化研究概论［M］．上海：复旦大学出版社，2008.

及教育和文化资源，提高公众的阅读能力和文化水平。

（二）多样性

文化多样性是人类历史上普遍恒久的特征。从文化事业涵盖的广泛内容上看，文化事业涵盖了文学、艺术、教育、传媒、图书馆、博物馆等多个领域，每个领域都有其独特的表现形式和内容。例如，图书馆提供各类书籍和资料，满足读者不同的阅读需求；博物馆则通过展览文物和艺术品，展示人类历史和文化的丰富性。这种多样性使文化事业能够满足不同人群的兴趣和需求，促进文化的多元发展。

从其地域性和民族性上看，不同地区和不同民族都有自己独特的文化传统和表达方式。文化事业应当尊重和包容这种差异，通过保护和传承地方文化和民族文化，促进文化事业的多元化发展。例如，一些地区可能注重民间艺术的传承和发展，而另一些地区则可能更加关注现代文化的创新。

从其服务形式的多样性上看，随着科技的发展，文化事业的服务形式也在不断创新。除了传统的图书馆、博物馆等实体场所，现在还有数字图书馆、在线博物馆等虚拟文化服务形式，这些新形式使文化事业的服务更加便捷和高效。

从其资金来源和运营模式上看，文化事业可以由政府全额拨款，也可以由政府和社会资本合作，或者完全由社会资本运营。这种资金来源和运营模式的多样性使文化事业在发展过程中能够灵活应对各种挑战和机遇，实现可持续发展。

（三）超前性

首先，文化事业能提前洞察和反映社会变革的趋势，引领和推动社会的发展。它通过文化创作和出版，引导公众对社会现象进行深入思考和讨论。其次，文化事业敏锐地应用新技术和新方法，推动文化产品的创新和文化服务的升级。例如，数字化、网络化等技术的应用，使文化服务更加高效、便捷。最后，文化事业通过塑造和引导社会价值观，影响人们的思想观念和行为方式。它传播具有思想性、艺术性、教育性的文化产品，引导人们形成积极向上的社会价值观。

二、文化产业

（一）文化产业的界定

“文化产业”这一概念，发轫于20世纪初的西方马克思主义法兰克福学派，其理论根源可追溯至霍克海默和阿多诺合著的《启蒙辩证法》一书。其英语名称为“culture industry”，可以翻译为“文化工业”或“文化产业”。他们特别强调：“文化产业必须和大众文化严格区分开来，文化产业把旧的熟悉的东西熔铸成一种新的特质。在其各个分支中，那些适合大众消费的产品，那些在很大程度上决定着消费特性的产品，或多或少是按计划生产的。”20世纪80年代初，欧洲议会所属的文化合作委员首次组织专门会议，召集学者、企业家、政府官员共同探讨“文化产业”的含义、政治与经济背景及其对社会与公众的影响等问题，文化产业作为专有名词而出现，成为一种广泛意义上的“文化—经济”类型。① 作为一种融合了文化与经济双重属性的特殊形态，文化产业不仅深化了人们对其的本质理解，更在不同国家间催生了多元化的解读与认识。②

联合国教科文组织关于文化产业的定义如下：文化产业是按照工业标准，生产、再生产、储存以及分配文化产品和服务的一系列活动。这一定义相对范围较窄，仅包括可以由工业化生产并符合系列化、标准化、生产过程分工精细化和消费的大众化这四个特征的产品（包括影视、音像、摄影、广告、大众传媒媒介、流行音乐等产品）及其相关服务，而不包括舞台演出和造型艺术的生产与服务。

欧盟将文化产业定义为内容产业，是指制造、开发、包装和销售信息及其服务的产业。美国文化产品的工业化程度很高，因此美国的文化产业是由“culture industry”翻译而来，被定义为通过工业化和商品化方式进行的文化产品和文化服务的生产、交换和传播，主要包括文化艺术业、影视业、图书业和音乐唱片业四大产业，这四大产业发展较快，在世界市场上占有较大的份额且

---

① 单世联．现代性与文化工业［M］．广东人民出版社，2001：381.

② 韩骏伟，胡晓明主编．文化产业概论［M］．广州：中山大学出版社，2014：3.

优势突出，是美国的支柱产业之一。英国政府将文化产业定义为创意产业，一般认为那些出自个人的创造技能和智慧，通过对知识产权的开发，生产和创造潜在财富和就业机会的活动同属于文化产业，这一概念更注重知识创新和文化创新。文化产业范围包括出版、音乐、艺术表演、电影、电视广播、游戏软件、广告、建筑、设计、时装、艺术品与古董交易、手工艺术品等十几个行业。日本把文化产业称为娱乐观光业，其娱乐业十分发达，范围包括电影音乐、游戏软件、博彩、赛马、赛车等。

我国首次使用“文化产业”一词是在 2000 年《中共中央关于制定国民经济和社会发展第十个五年计划的建议》中。2002 年 11 月，党的十六大提出了文化产业是市场经济条件下繁荣社会主义文化、满足人民群众精神文化的重要途径。2003 年 9 月，文化部制定下发的《关于支持和促进文化产业发展的若干意见》，将文化产业定义为“从事文化产品生产和提供文化服务的经营性行业”，是与文化事业相对应的。2004 年 4 月，国家统计局颁布的《文化及相关产业分类》又进一步明确文化产业的内涵和范围，指出：文化产业是为社会公众提供文化娱乐产品和服务的活动，以及与这些活动有关联的活动的集合。2012 年 8 月，国家统计局颁布《文化及相关产业分类（2012）》，将文化及相关产业界定为：为社会公众提供文化产品和文化相关产品的生产活动的集合。

文化产业包括两个方面含义：一是文化的产业化；二是产业的文化化。文化产业不仅具有其他产业所具有的技术性和商业性的所有特点，而且还具有文化特性。“文化”是一个包含许多层面的复杂概念，它涉及人类生活的各个方面，包括物质和精神层面。而“文化产业”则是与文化紧密相关的产业领域，涵盖了文化产品的创造、生产、传播和消费等多个方面。由于文化的多样性和复杂性，对“文化产业”的理解并不容易，需要我们持续更新和深化认识。我们需要敏锐地观察其变化，以开放的态度接纳新的事物，同时保持动态视角，以更好地推动文化产业的繁荣与发展。在现有的定义体系中，经常会将经营性的文化产业和公益性的文化事业区分开来。随着我国提出建设大文化范畴的文化体系的逐步推进，这两者的界限已逐渐模糊，共同构成了文化发展的丰富内涵。

（二）文化产业的分类

文化产业包括广义和狭义两种含义。广义文化产业指人类在社会发展过程中创造的物质财富和精神财富的总和，即物质文明与精神文明的总称。广义文化产业包括文化艺术业、广播电视电影业和教育业，可简称为“文教广电业”。狭义文化产业主要包括文化艺术业中的艺术、出版、文物保护、图书馆、档案馆、群众文化、新闻、文化艺术经纪与代理等以及广播电视电影业，因此，狭义文化产业也可表述为“文艺广电业”。此外，根据文化产品的形态，可以分为服务型产品（如表演艺术、文学和综合艺术服务，以及图书馆、博物馆提供的表演性演出服务、阅读展览服务、游艺娱乐服务和广播电视电影等服务）和实物型产品（造型艺术品、工艺制品、书籍、报刊、文物、音像制品和软件光盘等）两种文化产品。

朱春阳在《文化研究概论》中从经济学角度提出，文化产业是以文化产品和服务核心所形成的贯穿生产、流通、分配、消费的产业群，是由文化产品市场、文化服务市场、文化要素市场三部分组成的产业市场体系。①

赵晶媛在《文化产业与管理》这本书中将文化产业涉及的 80 个行业类别划分为九大类，分别是处于核心层的新闻服务、出版发行和版权服务、广播电视电影服务、文化艺术服务；处于外围层的网络文化服务、文化休闲娱乐服务、其他文化服务；处于相关层的文化用品、设备及相关文化产品的生产和销售。②

（三）文化产业的基本特征

1. 大众化

文化产业的大众化特点主要体现在其广泛的市场受众和多样化的文化产品上。随着科技的进步和信息传播渠道的多样化，文化产业能够更加迅速地触达各类消费者群体。从传统的图书、影视、音乐，到新兴的网络文化、数字娱乐等，文化产业提供了丰富多样的文化产品和服务，满足了不同年龄段、不同文化背景消费者的需求。大众化的另一个体现是文化产业与日常生活的紧密结合。现代大众传媒的公众性使文化产品不再局限于特定的文化圈层或精英阶层，而是深入人们的日常生活中，成为生活的一部分，消解了生活活动的私密性。日常的生活活动一旦成为公众关注的焦点，其经济价值就会被发现并挖掘

---

① 陆扬主编．文化研究概论［M］．上海：复旦大学出版社，2008：273.

② 赵晶媛．文化产业与管理［M］．北京：清华大学出版社，2010：4.

出来，转化成商业性的文化消费。

2. 重复生产

重复生产是文化产业的一个重要特征。现代科技在文化产品生产中也越来越占有重要地位，内容复制技术得到迅猛发展，它使越来越多的人参与文化艺术的生产中来，大众既可以成为文化艺术表演的主体，也可以成为文化艺术生产的主体。因此，重复生产和大众化是相互依存、共生共灭的伴生关系。重复生产有助于形成标准化的生产流程和规模效应，降低成本并提高产出效率。在文化产品的创作和生产过程中，复制技术和标准化生产流程的广泛应用使文化产品能够快速、大量地复制和传播。这种重复生产不仅满足了市场需求，也推动了文化产业的快速发展。同时，重复生产还促进了文化产品的商业化，使文化产品更具市场竞争力。然而，重复生产也带来了一些问题，如文化产品的同质化、缺乏创新等。因此，在重复生产的同时，文化产业也需要注重创新和质量，以保持其竞争力和生命力。

3. 休闲娱乐

休闲娱乐是文化产业发展的核心驱动力之一。随着人们生活水平的提高和休闲时间的增加，人们对文化娱乐的需求也日益增长。文化产业通过提供多样化的文化产品和服务，满足了人们的休闲娱乐需求。从电影、电视剧、综艺节目到网络游戏、动漫等，文化产业为人们提供了丰富的娱乐选择。这些文化产品不仅具有娱乐性，还往往蕴含深刻的文化内涵和价值观，能够在娱乐中传递文化信息，提升人们的文化素养。

4. 功利性

文化产业具有明显的功利性特点。作为市场经济的一部分，文化产业追求利润和经济效益是其发展的重要动力。文化企业通过生产、销售文化产品，实现资本的增值和利润的最大化。然而，功利性并不意味着文化产业只关注经济效益而忽视社会效益。在追求经济效益的同时，文化产业也承担着传承文化、弘扬价值观、促进社会和谐等社会责任。因此，文化产业需要在经济效益和社会效益之间找到平衡点，实现可持续发展。

5. 创意性

创意性是文化产业的核心和灵魂。文化产业以人的创造力以及最大限度地发挥人的创造力为核心，通过独特的思维、设计和表达方式，创造出新颖、有吸引力的文化产品。创意性不仅体现在文化产品的内容上，也体现在其形式、技术和营销方式上。通过不断地创新和突破，文化产业能够不断推出新的文化产品和服务，满足消费者的多样化需求。同时，创意性也是文化产业竞争力的重要来源。在激烈的市场竞争中，只有具备独特创意的文化产品才能脱颖而出，获得市场和消费者的认可。因此文化创意产业，其本质就是一种“创意经济”，其核心竞争力就是人自身的创造力。由原创激发的“差异”和“个性”是“文化创意产业”的根基和生命。

本章参考文献：

［1］张岱年，方克立主编．中国文化概论［M］．北京：北京师范大学出版社，2004.

［2］肖前，黄楠森，陈晏清．马克思主义哲学原理［M］．北京：中国人民大学出版，1994.

［3］冯天瑜．中国文化史［M］．上海：上海人民出版社，2005.

［4］梁漱溟．中国文化要义［M］．上海：学林出版社，1987.

［5］赵晶媛．文化产业与管理［M］．2版．北京：清华大学出版社，2013.

［6］威廉·A. 哈维兰．文化人类学［M］．10版．翟铁鹏，等译．上海：上海社会科学院出版社，2006.

［7］王晓鹏．文化学概要［M］．福州：福建人民出版社，2017.

［8］叶南客．文化中国——先进的文化建设与创新［M］．南京：南京大学出版社，2003.

［9］尹章池．文化产业概论［M］．北京：北京大学出版社，2014.

［10］单世联．现代性与文化工业［M］．广州：广东人民出版社，2001.

［11］韩骏伟，胡晓明主编．文化产业概论［M］．广州：中山大学出版社，2014.

［12］陆扬主编．文化研究概论［M］．上海：复旦大学出版社，2008.

［13］赵晶媛．文化产业与管理［M］．北京：清华大学出版社，2010.

第二章 文化管理的理论基础

第一节 文化变迁理论

文化变迁理论作为文化管理学科的基石，为我们提供了理解和解释文化如何随时间演变的多维视角。古典进化论学派描绘了一个文化从简单到复杂、从原始到文明的线性发展图景。泰勒和摩尔根的工作，尤其是他们对社会结构和生产技术的强调，为后续的文化发展研究奠定了基础。然而，这一学派的局限性在于它忽视了个体的能动性和文化的多样性，倾向于将文化视为一个静态的超有机体。与古典进化论学派不同，调试论学派的斯图尔德强调文化是适应环境的结果，提出了多线进化论，认为文化变迁不应简单归纳为单一的进化路径。他的理论突出了环境对文化形态的塑造作用，以及社会组织在文化适应过程中的独立性。普遍进化论学派的怀特则从能量利用的角度解释文化进化，将文化发展分为几个能源利用的阶段，从而提供了一个全新的分析框架。尽管怀特的理论在理解文化动力机制方面提供了独到见解，但它过分强调了技术进步的作用。传播论学派则从文化传播的角度解释文化间的相似性和差异性，弗洛贝纽斯和格雷布纳等强调文化特质的传播和采借。这一学派提醒我们，文化变迁是一个动态的、互动的过程，但也存在对人类创造性的否定。文化内卷化的概念，由戈登威泽提出，描述了文化和社会形式在特定阶段可能出现的停滞和内部复杂化现象。内卷化理论为我们提供了理解非进化性变迁的新视角，尤其是在资源有限和人口压力下的农业社会。场景理论则聚焦于城市文化场景对经济社会发展的推动作用，特里·克拉克等的研究强调文化设施在吸引人力资本和推动文化消费中的重要作用。在文化管理的实践中，这些理论学派提供了丰富的分析工具和多角度的思考路径。文化管理者可以根据不同理论的指导，制定出既符合文化发展规律又适应社会需求的文化政策和管理策略。

一、古典进化论学派

文化变迁的理论历史可以追溯到早期，相关研究的理论学派众多，最早的学派是古典进化论学派，代表人物为英国人爱德华·B. 泰勒和美国人露易斯·H. 摩尔根。泰勒认为，人类文化史是“自然历史的一部分，甚至是一小部分，我们的思想、愿望和行动是和那些支配着波的运动、化学元素的化合及动植物生长的如此确定的规律相适应”①。泰勒还认为，文化依次发展的各个阶段，把人类从最落后到最文明的各族及其文化连接成一个连续的序列。在这一序列的两端，可以分别设定为蒙昧的部落和文明的民族，由此可以建立起一种“文化的标度”，我们便可以根据文化水平的不同来安排各种社会在这一标度上的位置或顺序。此外，泰勒还划分了文化进化的三个主要阶段，即原始未开化或狩猎采集的阶段，野蛮的以动物驯化和种植植物为特征的阶段，以及文明开化的、以书写艺术为开端的阶段。

作为美国文化人类学的奠基人，摩尔根的研究在文化人类学领域具有里程碑意义。他在泰勒的理论基础上，对原始社会进行了细致的分期，将文化发展划分为更具体的阶段：原始或蒙昧时代和野蛮时代，并进一步细分为低级、中级、高级三个子阶段。这种分期不仅丰富了我们对文化发展过程的认识，而且为理解社会结构和文化形态的演变提供了新的视角。摩尔根特别强调了生产技术和生产工具的发明与发现在社会发展中的关键作用。他认为，这些技术进步是推动社会发展的重要动力，是衡量社会进步的关键指标。这一观点与历史唯物主义的核心理念相呼应，即生产力的发展水平决定社会结构和文化形态。摩尔根的理论还揭示了文化变迁是一个动态的过程。他指出，在社会发展的某一阶段，可能会遇到“瓶颈”，社会似乎停滞不前。直到某项重大的技术发明或发现出现，如饲养家畜或熔化铁矿，才会打破僵局，推动社会向前发展。这一观点强调了文化变迁的非线性特征，以及技术革新在突破发展“瓶颈”中的重要作用。

---

① 爱德华·泰勒．原始文化［M］．上海：上海文艺出版社，1992：211.

对文化的“军事社会”与“工业社会”之分，是斯宾塞在进化论框架下对社会演化的一种描述。他认为，社会的发展可以分为两个阶段：军事社会阶段和工业社会阶段。在军事社会阶段，社会组织主要以军事力量和战争为核心。权力集中在少数统治者手中，社会结构相对封闭，军队是社会的重要组成部分，且对其他社会活动有很大影响。经济主要以农业为基础，生产力相对低下，社会分工简单。而在工业社会阶段，社会组织更加复杂，工业化和技术发展成为主导力量。社会结构更加开放和多样化，人们的生活和工作更加依赖机器和科技。经济活动以工业和服务业为主导，社会分工更加细化，人们的生活方式和价值取向也发生了根本性的变化。斯宾塞认为，社会的演化是一种从简单到复杂、从封闭到开放的过程，而军事社会向工业社会的转变代表了这种演化过程中的一个重要阶段。这种理论观点为后来社会学和人类学的发展提供了重要的启示，诸如他在《社会学原理》一书中对家庭、礼节、政治、宗教、职业以及工业等进化的详细阐述，① 斯宾塞不仅从具体的事物发展上对进化论进行了阐述，还从哲学理论上对进化论进行了概括总结，被西方学术界中很多人当成进化论的集大成者。

“机械团结”和“有机团结”，是迪尔凯姆对社会结构演化的理论描述，主要体现在他的著作《社会分工的划分》中。这两个概念旨在解释社会结构的变化和发展过程。在机械团结阶段，社会成员之间的联系主要是基于相似性和共同的价值观念。社会的一体性和凝聚力主要通过共同的文化、传统和习俗来实现。这种团结模式下，社会分工相对简单，每个成员都具有类似的角色和责任，社会结构相对稳定，个体之间的差异性较小。而在有机团结阶段，社会成员之间的联系更多地基于互补性和专业化的分工。社会的一体性和凝聚力不再依赖于共同的文化和传统，而是通过复杂的社会交互和相互依赖来实现。这种团结模式下，社会分工更加复杂，每个成员都承担不同的角色和责任，社会结构更加灵活和多样化，个体之间的差异性更加明显。迪尔凯姆认为，从机械团结向有机团结的转变是社会发展的必然趋势，代表了社会结构从简单到复杂、从静态到动态的演化过程。这种理论观点为后来社会学和人类学的发展提供了重要的理论基础，对理解社会结构的演化和变化具

① 王天法．浅析古典进化论学派和功能学派对当代民族学研究的借鉴意义［J］．文山学院学报，2020，33（01）：83－87.

有重要的启示意义。

滕尼斯提出的“共同体”与“社会”等二分文化阶段，都是古典进化论中对于文化变迁的理论理解①，主要体现在他的著作《文化变迁的理论》中。这两个概念旨在解释社会结构和文化的演化过程。在共同体阶段，社会组织更加简单，人们的生活主要基于共同的文化、传统和价值观。共同体内部的凝聚力主要依赖于成员之间的亲密关系和彼此的相似性。这种团结模式下，社会分工相对简单，人们的行为和决策更多地受到社会集体的约束和规范，个人意识相对较弱。而在社会阶段，社会组织更加复杂，人们的生活和工作更加多样化和分化。社会的一体性和凝聚力不再仅仅依赖于共同的文化和传统，而是通过更为宽泛的社会交往和相互依赖来实现。这种团结模式下，社会分工更加复杂，个体之间的差异性更加明显，人们的行为更加自主和多样化。滕尼斯认为，从共同体向社会的转变代表了文化的进步和社会结构的演化，是社会发展的必然趋势。这种理论观点为后来文化人类学和社会学的发展提供了重要的理论基础，对理解文化变迁和社会发展具有重要的启示意义。

在进化论学派中，从文化对象的性质层面上看，通常把整个人类文化看作一个没有区别的超有机体，其分析的对象常常是这一超有机体的各种结构，如经济形态、婚姻制度、亲属组织等，而人的心理、观念或行动等能动因素很大程度上被忽视。从文化变迁的动力来看，古典进化论学派认为文化变迁的动力来源于文化内部，遵从着自然的进化节奏，不能被人为所改变，而变迁动力的性质更多的是物质或非物质的文化特质，如摩尔根所罗列的火、弓箭、陶器、铁、语言等；或者是人的认知特征，如孔德所理解的神学阶段、形而上学阶段和实证阶段。对于这种文化变迁的动力特质的表述，大多是静态的，或者抽象的，而通常人所处的具体环境和具体行动都会被忽略。波兰学者什托姆普卡曾把这一现象描述为：“在历史主义或发展主义者眼里，整体系统以其自身不可化约性和规律性占据主导地位，人是被动的、依赖的、完全被塑造的部件。”这种以人类心智的一致性解释文化发展的普同性，忽视了现实中正在发生的文化变迁过程，也忽视了不同社会环境下文化发展的差异性和多样性②。

---

① ［美］莱斯利·怀特．文化科学［M］．杭州：浙江人民出版社，1988.

② ［美］克莱德·M. 伍兹．文化变迁［M］．何瑞福译．河北：河北人民出版社，1989.

二、调适论学派

与古典学派持不同观点的调适论学派代表是美国学者朱利安·海内斯·斯图尔德，他认为文化是人类适应其自然环境的结果，环境不同，文化也不同，因此，“文化的各项具体的层面之中几乎没有一样会以一种规律的系列出现于所有的人类群体”。斯图尔德在对埃及、美索不达米亚、中国、美国，以及中安第斯山等被称为文明摇篮地区的考察中发现，他们的环境都是干燥或半干燥的，且因为他们都以铁器之前的技术利用环境，似乎暗示人们以相似的方式解决相似的问题。但异于流行的想法，这种环境并没有对他们文化的发展形成阻碍，反而刺激了文化的发展。因为干燥性的土地用掘棒与灌溉耕耘土地非常容易。这五个地区不仅经历了相似的演化顺序，而且发展阶段也大致相同。这些阶段是：狩猎采集、雏形农业、形成期（乡民社区至国家）、区域性的繁荣国家、初期的帝国、黑暗时代、循环性的帝国征服、铁器时代的文化、工业革命。相比之下，一样缺乏铁器的人在开发赤道雨林、北方硬木林与草原地区时却遭遇更多的困难。

这些研究体现了斯图尔德的多线进化论观点，主要包括：(1) 应将“生态适应”（人类利用生产技术开发环境资源以谋社会生活的过程）的观念作为新典范。斯图尔德强调了人类利用生产技术来开发环境资源以谋求社会生活的过程，这一观念突出了人类与环境的相互作用。他关注人类如何适应不同的生态环境，并通过技术、经济和社会组织来实现适应。这一理论观点使人们更加关注文化与环境之间的相互关系，推动了环境人类学等领域的发展。(2) 将社会组织从文化模式的束缚中脱离出来，看成独立的研究对象。斯图尔德将社会组织从文化模式的束缚中解放出来，将其视为独立的研究对象。他关注社会组织的演变和变化，探讨了不同社会组织形式对文化传播、权力结构和社会发展的影响。这一视角促进了人类学对社会组织和社会结构的深入研究。(3) 追求因果解释。斯图尔德主张追求因果解释，即通过系统的研究和分析来揭示文化变迁的原因和机制。他强调了文化和社会现象之间的相互关联性，试图找到导致文化变迁的根本因素。这种方法推动了人类学研究的深入和科学化。(4) 使用跨文化比较法。斯图尔德提倡使用跨文化比较法，即将不同文化和社会组织进行比较研究，从中发现共性和差异性。这种方法有助于人类学家理解不同文化背景下的共同模式和特殊情况，促进了文化多样性的研究和跨文化交流。(5) 恢复了演化概念的地位，并独创多线进化论，将人类学的目标从个相的理解变为共相的发现。斯图尔德强调了文化变迁的多样性和复杂性，认识到不同文化和社会在发展过程中可能出现多条不同的进化线路。这一理论为理解文化变迁提供了更为综合和多元的视角。

三、普遍进化论学派

在此之前，莱斯利·怀特提出的普遍进化论①为理解文化变迁提供了一个独特的能量视角。他的观点挑战了传统的环境决定论，强调文化进化的核心动力在于人类利用和控制能量的能力。这一理论不仅揭示了文化发展的内在逻辑，也为文化管理实践提供了新的分析工具。他反对利用环境来解释文化变迁的多样性，因为环境相同，文化未必相同；他认为文化进化的动力来自能量，人类使用能量的能力，是推动无论个别文化抑或整个人类文化发展的唯一根本力量。人类历史上的每一次重大进步，都伴随着对能量的新发现和利用方式的革新。从依靠自身体力的原始阶段，到农业社会的太阳能转化，再到工业社会的化石燃料使用，直至现代的核能时代，每一个阶段的文化都以其特定的能量获取和使用方式为特征。这种分类不仅帮助我们理解不同文化在技术和社会组织上的演变，也强调了技术进步在推动文化发展中的关键作用。人类对更多能量形式的发现和改进，对能量加以利用的手段，使得文化逐步发展和进化。依照此标准，怀特将整个人类文化的进化历史分为四个主要阶段：依靠自身能源即自身体力的阶段；通过栽培谷物和驯养家畜，即把太阳能转化为人类可以利用的能量资源的阶段；通过动力革命，人类把煤炭、石油、天然气等地下资源作为能源的阶段；核能阶段。怀特认为文化是一个组织起来的一体化系统，并把文化系统划分为三个亚系统，即技术系统、社会系统和思想意识系统等，这三个亚系统相互依存、相互影响。技术系统包括工具、机械和技术等物质文化，社会系统涵盖了社会组织、制度和规范，而思想意识系统则包括宗教、哲学和艺术等

---

① 吴德群．文化变迁：理论与反思［J］．百色学院学报，2015（01）：75－79.

精神文化。这三个亚系统的相互作用和协调发展，共同推动了文化的全面进化。

四、传播论学派

对文化变迁理论的研究学派还有传播论学派，其代表人物是弗洛贝纽斯。他通过确定文化特质起源和传播途径，从传播角度解释文化的相似和差异性，认为文化的采借多于发明：文化变迁的过程就是传播的过程，极力强调借用的重要性，断然否认了人类的创造能力。文化变迁理论中，还有历史特殊论学派，代表人物是博厄斯，他认为每种文化都有自己的历史价值，不能简单地去评价某一种文化比另一种文化更高级；功能学派，代表人物是马林诺夫斯基，他认为文化是满足人们生活需要的一种手段等。还有学者认为，文化和文化变迁都是一种社会现象，当文化产生出来后，其中一部分会改变人们的经验和生活方式，另一部分，则以文化变迁的形式进行演变，其发生在一定的社会环境和社会文化背景当中，同时受到社会因素的影响和制约。

传播论学派是研究文化变迁理论的重要学派之一，其核心观点在于通过确定文化特质的起源和传播途径，从传播的角度解释文化间的相似性和差异性。弗洛贝纽斯作为传播论学派的代表人物，他强调文化的采借多于发明，认为文化变迁的过程本质上是传播的过程。他的观点倾向于强调借用的重要性，而否认了人类的创造能力，这在一定程度上限制了人类对文化多样性和创造性的认识。

在文化传播过程中，弗洛贝纽斯认为文化不会自发进行，也不会任意传播到任何地方，而是受到传入方和传出方文化特征以及社会历史条件的制约。这种观点突出了文化传播的复杂性和条件性，强调了文化变迁不是孤立发生的，而是在特定的社会环境和历史背景下进行的。进入 21 世纪，文化传播研究又面临新的机遇和挑战。当今世界正朝着全球化、信息化和生态化的方向发展。当代文化传播的媒介化趋势日益凸显出来，网络传播已成为文化传播在当今的主要形态，各种各样的文化冲突奔涌而来，引起了人们的焦虑和关注。如何适应当代社会和现代传媒的巨大转变，调整自己以应对挑战并谋求进一步的发展，已成为全球文化传播学者共同关心的话题。[①]

---

① 庄晓东．文化传播论［J］．云南艺术学院学报，2002（04）：88－93.

五、文化内卷化

内卷化（involution，也译为“过密化”），本义为“缠绕、内旋”。康德在《判断力批判》中首先使用 involutionstheorie 这一概念，邓晓芒译为“退行论”。

康德将存在物的衍生方式分为两种：一种是离析出来的，另一种是产生出来的；前者叫作“个体的预成学说”，后者可称为“种类的预成学说”，因其形式被潜在预先形成，亦可叫“套入理论”或“原形先蕴说”。在康德这里，“退行”是与“进化”相对的一种事物演进方式。

被学者用来表示人类社会（文化）变迁的四种模式：revolution（革命），evolution（演进、进化），devolution（衰退），involution（内卷）。革命是一种突然间断的变化，具有非同寻常的影响；进化是一种连续增进的过程；衰退是一种堕落恶化；内卷则是事物内部一种细致、固守、停滞的变化过程。

将“内卷化”这一概念纳入学术术语的是美国人类学家戈登威泽（Alexander Goldenweiser），他用该概念来指社会或文化形式在某一发展阶段达到一种确定的形式后，难以突破或转化，只有通过使内部更加复杂化而继续下去。他观察到爪哇农民在人口压力下不断增加水稻种植过程中的劳动投入，但劳动的超密集投入并未带来产出的成比例增长，反而出现了单位劳动边际报酬的递减。爪哇农业几百年停滞不前。“内卷化”成为“社会科学教材中的一个标准概念”，被广泛地应用于不同的“非进化的”（non - evolutionary）或“非革命的”（non - revolutionary）城市与乡村社会研究中。在这些研究中，与“内卷”如影随形的是“共同贫困”（shared poverty）一词。

在农业社会中，内卷化通常与人口压力和土地资源的有限性有关。如戈登威泽观察到的爪哇农业情况，农民为了维持生计，不得不在有限的土地上投入更多的劳动力，采用更为精细的耕作技术，但这种劳动的超密集投入并没有带来相应的产出增长，反而导致了劳动生产率的下降。这种现象在很多传统农业社会中都有体现，尤其是在亚洲的水稻种植区域。

在经济发展领域，内卷化也被用来分析资本主义经济体系中的某些现象。例如，一些学者认为，资本主义经济中的过度竞争和资源的过度开发，可能导致经济增长的停滞和环境的恶化，从而形成一种内卷化的经济模式。在这种模式下，企业和个人为了保持竞争力，不得不投入更多的劳动和资源，但这并没有带来实质性的经济增长，反而加剧了社会的不平等和环境的破坏。

在文化变迁的研究中，内卷化被用来描述文化形式在达到某种高度发展后，难以实现创新和变革，只能通过增加内部的复杂性和精细化来维持其活力。这种现象在艺术、宗教和社会组织等领域都有体现。例如，一些传统艺术形式在现代社会中可能难以适应新的文化需求，艺术家为了保持其艺术的价值和地位，可能会在技艺上追求更为精细和复杂的表现形式，但这种追求并没有带来艺术的创新和发展，反而可能导致艺术的僵化和孤立。内卷化的概念还与“共同贫困”（shared poverty）这一术语紧密相关。在内卷化的社会中，由于资源的有限和分配的不均，社会成员普遍面临着贫困和生存压力。这种贫困不仅是物质层面的，还包括精神和文化层面的。在这种情况下，社会成员为了生存和发展，可能会采取更为保守和防御性的态度，这进一步加剧了社会的内卷化现象。

在文化管理的学术领域和实践操作中，文化体系化是一个涉及文化元素整合、文化过程优化和文化结构协调的复杂过程。它旨在通过系统化的方法，提高文化活动的效率、效果和影响力，从而实现文化资源的最大化利用和社会文化价值的最大化体现。文化体系化的核心在于构建一个开放、动态且可持续发展的文化生态系统。这不仅要求对现有的文化资源进行合理配置和高效利用，还需要对文化政策、法规、管理机构、教育普及、创新传承等方面进行综合考量和战略规划。

文化政策与法规的制定是文化体系化的基石。它们为文化活动提供了指导和规范，确保文化发展的方向与社会整体目标相一致。政策的制定需要基于深入的社会文化研究，考虑到文化多样性的保护、文化遗产的传承以及文化创新的激励。文化机构与管理的有效性直接影响文化体系的运作。文化管理机构应具备明确的目标、高效的组织结构和专业的管理团队。它们负责文化活动的规划、执行和监督，确保文化资源得到合理分配和有效利用。文化资源配置是文化体系化的关键环节。它要求管理者对资金、人才、技术、空间等资源进行优化配置，以实现文化产出的最大化。这涉及公共资源与私人资源的整合，以及文化投资与文化消费的平衡。文化创新与传承是文化体系化中不可或缺的两个方面。创新是文化发展的驱动力，而传承则是文化连续性的保障。文化管理者需要找到两者之间的平衡点，既保护和弘扬传统文化，又鼓励和支持文化创新。

文化教育与普及是提高公众文化素养、增强文化社会影响力的重要途径。通过教育和普及活动，可以培养公众对文化的认识和欣赏能力，提高文化活动的参与度和互动性。未来，文化体系化的趋势将更加注重数字化转型、国际化发展和可持续发展。数字化技术为文化传播提供了新的渠道和形式，国际化视野则为文化发展带来了新的机遇和挑战，而可持续发展的理念则要求文化活动在满足当代需求的同时，不损害后代满足需求的能力。文化体系化是一个全方位、多层次、宽领域的系统工程。它要求文化管理者在理论与实践之间不断探索和创新，以适应社会文化发展的新趋势和新要求。文化体系化的深入实施，可以构建一个高效、协调、可持续的文化生态系统，促进文化的繁荣和社会的全面进步。

总的来说，内卷化是一个复杂且多维的概念，它涉及社会、经济和文化等多个层面。这种现象在很多传统社会和现代社会中都有体现，对理解社会变迁和发展模式具有重要的理论和实践意义。内卷化现象在现代社会中的具体表现是多方面的，它深刻地影响着个体的生活和社会的结构。在教育领域，学生面临着激烈的竞争，为了获得优质的教育资源和就业机会，他们不得不参加各种补习班和兴趣班，这不仅增加了他们的学习压力，而且可能导致教育资源的不合理分配和学生心理健康的损害。职场中，加班文化盛行，员工为了证明自己的工作态度和争取职业发展，常常放弃休息时间，但这种过度劳动并未有效提升工作效率，反而可能引发健康问题。社会资源的不均等分配加剧了社会内部的紧张关系，一部分人在竞争中备感压力，而另一部分人则面临生存困境。此外，消费主义和物质追求的盛行使人们在追求更高生活水平的同时，忽视了精神需求和个人幸福感。社会价值观的单一化导致个体过度追求物质和社会地位，而忽视了健康和社交关系的重要性。在某些行业和领域，缺乏创新和突破使人们陷入重复性和低效的劳动模式，难以实现质的发展。内卷化还导致了一系列心理健康问题，如抑郁和焦虑，这些问题的出现进一步凸显了社会变革和文化管理创新的紧迫性。

第二节　场景理论

21 世纪前后，以芝加哥大学特里·克拉克（Terry Clark）教授为代表的研究团队提出的研究城市发展动力的新范式：文化与都市设施对城市发展的影响，提出城市研究的“场景理论”。通常而言，场景包括5个要素：（1）邻里社区；（2）物质结构，城市基础设施；（3）多样性人群，比如种族、阶级、性别和教育情况等；（4）前三个元素以及活动的组合；（5）场景中所孕育的价值①。

场景理论最初是研究场景和城市发展的理论。其是一种全新的、区别于传统的，停留在土地、资金、技术等生产要素层面研究城市发展的模式。文化场景理论聚焦于城市中一系列文化生活便利设施以及设施背后所蕴含的文化和价值观，并提出文化场景所蕴含的文化价值观是吸引人力资本、推动文化消费实践，进而重塑城市形态的新型动力。场景不仅强调特定的文化活动或具有显著特征的地方，还包括蕴含其中的文化和价值观。在场景理论的研究范式下，场景构成了社会环境的一部分，并通过一定的方式影响公众行为，最终促进城市发展。

场景理论把对城市空间的研究拓展到区位文化的消费实践层面。他们在对纽约、洛杉矶、芝加哥、巴黎、东京和首尔等国际大都市研究后发现，都市娱乐休闲设施的不同组合，会形成不同的都市“场景”。不同的都市场景蕴含着特定的文化价值取向，这种文化价值取向又吸引着不同的群体前来进行文化消费实践，从而推动区域经济、社会的发展。这正是后工业化城市发展的典型特点，其重点研究的对象为：剧院、影院、酒吧、餐馆以及各种俱乐部等。他们试图探讨这些都市设施是应该向城市中心区域集中，还是分散到城市的郊区，哪个更能推动城市的发展?②（Glaeser，2000、2009）都市亚文化与种族、性别、阶层如何产生关联，这种关联对邻里关系和都市区域产生哪些影响?（Clark，1998、2003、2010）音乐、艺术、剧院等所形成的复合体如何促成了都市生活?（Daniel Silver，2006）后工业社会的城市如何吸引优秀的人才，这些人力资本又是如何推动城市发展?（Florida，2004、2012）研究发现，不同的都市便利设施吸引不同阶层的人群：适宜温度、好的天气和静静的山区环境对老年人吸引力较大，而剧院、酒吧、影院和餐馆等区域对大学生吸引力较

---

① 陈波，吴云梦汝．场景理论视角下的城市创意社区发展研究［J］．深圳大学学报（人文社科版），2017，34（06）：40-46.

② 吴军，夏建中，特里·克拉克．场景理论与城市发展——芝加哥学派城市研究新理论范式［J］．中国名城，2013（12）：10-16.

大。Clark 用便利设施和移民模式来说明城市郊区在政治文化方面发生着深层次变化，尤其是新政治文化的崛起（The Rise of A New Political Culture）。同时，强调文化艺术活动促进了当地经济的发展，而消费对城市发展的重要性也开始逐渐超越生产，作为文化活动的载体——都市便利设施，以及由此带来的愉悦消费实践驱动着城市的发展。

场景理论研究的客观结构体系要依托于具体的文化设施进行综合构建，以消费为基础，以生活文化娱乐设施为载体，把空间看作汇集各种消费符号的文化价值混合体；同时，也聚焦于人们的文化消费行为的选择及背后所体现的文化、情感、态度、价值观等主观认识①。通常，主观认识体系由三个主维度——戏剧性、真实性、合法性构成。其中，戏剧性是关于表演的，而且有一定的表演逻辑。它不是一般和特殊的逻辑，而是内部与外部、传统与反常之间的逻辑。真实性讲述的是个人存在的来源，真实的你来自哪里。合法性关注道德判断的基础，以及作为判断对错根据的权威。十五个子维度由奢华、亲善、反抗、仪式、张扬、本土、种族、国家、团体、理性、传统主义、超凡魅力、功利主义、平等主义、自我表现构成，反映出了不同的场景特征及人们看待世界的思维方式。

芝加哥学派认为，作为消费者（非居住者或生产者）去“捕捉”个体对周围空间的情感体验，大致可以从三个广义维度去把握。具体来讲，只要我们能够完全理解特定空间里的消费设施蕴含着特定品味和价值，那么，我们对场景的辨认和测量就成为可能。

作为消费者有三方面的倾向：（1）令人快乐的外观（外表），个体自我呈现的方式，即个体努力创造在别人眼中属于自己的形象，即戏剧性；（2）同一性所产生的乐趣，真实自我与本地风格是否具有同一性，排斥或接受，否定还是赞扬，即真实性；（3）符合信仰和道德所带来的快乐，当局对个体评价做出错或对的裁决，即合法性。从这些层面来理解城市空间，其已经完全超越物理意义，上升到社会实体层面。尤其需要指出的是，场景理论不排斥以生产和人力资本为主建立起来的理论，它承认在两者功能的前提下，增加消费的维度，即从消费、生产和人力资本三者来解释都市社会。在后工业社会里，它引导学

---

① 陈波，侯雪言. 公共文化空间与文化参与：基于文化场景理论的实证研究［J］. 湖南社会科学，2017（02）：172－178.

者们进行理论视角的转移，即由生产转向消费。它把不同社会符号或纽带（邻里关系、阶级、社区等）中的个体（居民与劳动者）看作消费者。正如“社区”这个概念的运用一样，它揭示了个体围绕生老病死所展开的各种实践活动组成的符号意义。同理，“场景”这个工具将会揭示各种消费实践活动的符号意义。

第三节　马克思的精神生产理论

一、精神生产理论概述

精神生产被视为与物质生产并行的社会活动，涉及思想、信仰、艺术等非物质产品的创造。在19世纪工业革命背景下，马克思提出这一理论，用以阐释文化与经济基础之间的相互影响。在“产业分化”的进程中，“独立”的社会形态成为“精神生产”的真正实践形态，并塑造、推动着个人、历史形态。手工业的出现带动了城市与乡村的分离，也是物质劳动与精神劳动最大的一次分工。所谓的“依赖”与“独立”，很大程度上指的是“物质生产”与“精神生产”的分化。本质上，这种分化基于社会分工的扩大、产业的分离（农业和手工业的分离、商品和生产的分离）以及社会需求的多样化。专门从事“精神生产”的群体的出现、社会精神文化产品的丰富，为“精神生产”以相对独立的形态存在提供了良好的环境，也推动了“精神生产”历史形态的形成、发展。① 马克思在《德意志意识形态》中提出，物质生产是社会存在的根本，而精神生产则是这一基础的意识形态反映。精神生产不仅仅是文化和艺术的创造，它还包括了科学、哲学、宗教等思想体系的构建，这些都是社会意识的表现形式。

（一）物质基础与意识形态

物质生产的方式和关系决定了社会的经济结构，而精神生产则在此基础上

---

① 赵太平，姜晓静．马克思主义“精神生产”思想的理论意涵、认知结构与当代启示——以《1844年经济学哲学手稿》和《德意志意识形态》为中心的考察［J］．济宁学院学报，2023，44（05）：7－13.

形成相应的意识形态上层建筑。在文化管理的语境中，这意味着文化产品和活动不仅是经济活动的衍生物，它们还是社会结构和价值观的具体体现，对社会成员的思想和行为产生深远影响。

（二）物质生产对精神生产的影响

物质生产提供的技术手段和物质条件对精神生产具有决定性影响。例如，印刷机的发明极大地促进了书籍的广泛传播，而数字技术的发展则彻底改变了艺术作品的创作、分发和消费方式。文化管理者需要理解这些技术进步如何塑造文化产品的生产和消费，并利用这些变化来提高文化活动的效率和影响力。

（三）精神生产的独立性和反作用

尽管物质生产为精神生产提供了基础，但精神生产也具有相对的独立性，能够反作用于物质生产。文化产品和思想可以激发科技创新，推动经济发展，如文艺复兴时期的文化运动为现代科学的兴起奠定了基础。同时，文化管理者也需警惕那些可能通过维护现状的意识形态来制约社会进步的精神生产活动。

在文化管理实践中，理论强调文化价值的不可替代性，要求管理者在追求经济效益的同时，保护和弘扬文化的独特性和多样性。（1）历史唯物主义的应用，将马克思的历史唯物主义应用于文化管理，意味着要关注文化产品如何反映社会现实和历史背景，以及如何通过文化活动促进社会进步。（2）文化政策的制定，文化管理者需要根据社会变化和文化发展的实际情况，不断创新和调整文化政策，以适应时代的需求。（3）文化产品的创新，鼓励文化生产者进行创新，开发新的文化产品和服务，满足公众的文化需求，同时推动文化产业的发展。比如：平衡经济效益与文化价值，多元化的资金来源，通过政府资助、私人投资和社会捐赠等多种渠道，为文化活动提供资金支持，减轻对商业化的压力。又如：文化评估体系的建立，建立一个综合性的文化评估体系，不仅评价文化产品的市场表现，还要考虑其文化价值和社会影响。（4）提升公众文化素养，通过教育和公共活动，提高公众对文化价值的认识，鼓励公众参与文化创作和讨论。公众参与的机制，建立公众参与文化管理的机制，如公众咨询、文化志愿服务等，使文化管理更加开放和民主。（5）文化与科技的融合，科技在文化管理中的应用，利用现代科技手段，如数字化和网络技术，来推广和保护文化，提高文化产品的可达性和影响力。科技与文化的协同发展，探索科技与文化相结合的新模式，促进文化产业的创新和发展。通过举办国际文化节和展览，以及开展跨国合作项目，可以提升本土文化的国际影响力，促进国际文化交流与合作。这些策略的实施，将有助于在马克思的精神生产理论指导下，推动文化的繁荣和社会的全面进步。

二、精神生产的社会动力与制约

在经济蓬勃发展的社会中，文化活动往往更加活跃，艺术和知识产品的创作与传播也更为丰富和多样。经济的繁荣为文化生产提供了肥沃的“土壤”，艺术家和研究者因此能够获得政府补贴、私人赞助和基金会资助等必要的资源和时间，进而推动精神产品的创新和多样性。然而，在经济衰退时期，文化预算的削减可能会对文化产业产生冲击，导致文化机构关闭、文化项目取消，从而抑制文化创新和多样性的发展。同时，经济政策对文化市场动态具有显著影响。税收减免、资金援助等激励措施能够促进文化创新，推动文化市场的繁荣。文化产业的市场化政策也有助于激发文化产品的市场活力，提高其竞争力。此外，国际贸易政策对文化产品和服务的全球传播和接受同样至关重要。文化管理者需密切关注经济政策的变化，以便及时调整文化管理策略，确保文化生产的可持续发展，并保护文化生态不受经济波动的不利影响。通过这样的管理实践，可以确保文化产业在经济起伏中保持活力，继续作为社会进步和文化多样性的重要推动力。

政治因素在精神生产中扮演着关键角色，对文化生态和艺术表达的自由度产生深远影响。在一个政治开放和自由的社会环境中，文化工作者能够自由探索多元文化主题和创新表达形式，从而促进文化多样性和创新精神的蓬勃发展。相对地，政治压制或过度审查可能导致文化创作受到限制，创作者可能因担忧政治风险而进行自我审查，这无疑会抑制文化的多样性和创新性。政治稳定性和法治环境的完善为精神生产提供了必要的保障，确保了文化表达的自由和文化活动的合法性。此外，政府的文化政策和立法对于精神生产的方向和重点具有指导性作用。政策制定者需要综合考虑并平衡不同文化产品和社会群体的需求，通过支持具有深远社会价值和创新性的文化项目，推动文化多样性和社会包容性。同时，文化政策应避免单一化和过度商业化，以免破坏文化生态的平衡，导致文化同质化。文化管理者在这一过程中承担着重要职责，他们需要密切关注政治动向，及时调整文化管理策略，确保文化生产能够在一个健康、开放的政治环境中持续发展。只有这样的努力，才能维护文化自由，激发文化创新，促进文化与政治、经济的和谐发展，为社会带来全面进步。

科技因素对精神生产的影响是多方面的，它不仅为文化创新提供了强大的动力，也重塑了文化产品的创作、传播和消费模式。技术进步如数字化技术、互联网和人工智能的应用，已经极大地扩展了文化产品的可达性和观众群体，促进了全新的艺术形式和消费体验的发展。这些技术使文化创作更加多元化，也为文化产品的传播提供了更广阔的平台。

经济、政治和科技是影响精神生产的三大社会动力与制约因素。文化管理者应当深入理解这些因素之间的相互作用，制定有效的管理策略，以促进精神生产的繁荣和文化多样性的保护。通过这种综合性的分析和策略制定，我们可以更好地应对挑战，把握机遇，推动精神生产的发展，丰富人类的文化生活。

在马克思之前的资产阶级古典经济学家，在当时资本主义社会化大生产的时代背景下，以社会发展对科技进步的需求与依赖为依据，勇敢地探索社会财富的源泉之所在，特别是精神生产对社会资本积累的重要价值，这是符合人类社会历史发展客观规律的思想突破。①

三、创新与传承的平衡

在马克思的精神生产理论中，传统与创新呈现出一种深刻的辩证关系。文化传统，作为历史发展的产物，不仅包含了丰富的社会记忆和经验，而且构成了精神生产的重要基础。它为文化创新提供了肥沃的“土壤”和无限的灵感。然而，创新作为社会发展的驱动力，是精神生产保持其活力和实现进步的关键因素。文化管理的核心目标之一，就是在传统与创新之间找到恰当的平衡点，确保文化既能保持其连续性和根脉，又能通过不断创新来实现更新和发展。这涉及对传统艺术、手工艺和民俗等进行系统的记录、保存和普及，确保它们能

---

① 王圆圆．马克思精神生产理论及其价值研究［D］．东北大学，2022.

够得到传承。同时，也需要通过创新的方法，如将现代设计理念融入传统工艺的再创造，或者利用数字技术对传统文化进行全新的诠释和传播，使传统文化在现代社会中焕发新的活力。创新是人的创新，是人精神的产物。人与动物的不同也在于人有意识的，能在历史文化的经验中积淀知识，而经验会导致人产生依赖性，人总是下意识地寻求经验去解决问题，所以必须突破经验的束缚。①

灵活应对社会变化是至关重要的。文化管理者需要保持对社会趋势的敏感性，并能够及时调整管理策略和文化政策，以确保文化活动和产品能够紧跟时代的步伐，反映社会的精神面貌和公众的多元需求。在全球化的大背景下，促进跨文化交流变得尤为关键，管理者应致力于推动不同文化之间的对话和交流，通过国际合作项目、多元文化活动和多语言文化产品的推广，增强不同文化群体之间的理解和尊重，促进文化的相互融合和共同繁荣。

同时，科技与文化的融合为文化管理带来了新的机遇和挑战。文化管理者需要把握科技发展趋势，利用数字媒体、虚拟现实等现代技术手段，创新文化产品的生产和消费模式，提升文化传播的效率和体验。在此过程中，还需关注科技可能对传统文化带来的影响，确保科技与文化的结合能够促进文化的积极传承和建设性发展。文化管理者通过这些综合性的措施，可以在维护文化传统的同时激发创新活力，使文化生产既能适应社会变迁，也能引领时代潮流。这不仅有助于对文化遗产的保护和弘扬，也能促进文化的创新和发展，满足社会及公众日益增长和变化的文化需求，为推动社会的全面进步和文化的繁荣贡献力量。

未来文化创新的潜力将由一系列尖端科技应用所推动，这些科学技术正在逐步改变文化的创作、体验和传播方式。虚拟现实（VR）和增强现实（AR）技术通过沉浸式体验，使人们能够以创新的方式体验历史和艺术，如虚拟参观博物馆，从而提供更加生动的文化教育和体验。人工智能（AI）正改变文化创作过程，不仅能够生成艺术作品，还能通过个性化推荐服务提升文化产品的受众体验。5G网络的高速和低延迟特性将推动高清视频内容的实时传输，为远程文化活动和观众互动提供技术支持。区块链技术确保了数字文化资产的原创性和所有权，为文化产品的交易和版权保护提供了安全平台。云计算和大数据技术为文化机构提供了强大的数据管理和分析工具，优化了文化资源的管理和

① 吴朝邦．马克思精神生产创新论［D］．武汉大学，2016.

推广策略。数字图像和3D打印技术在文化遗产的数字化保存和修复方面展现出巨大潜力，同时也为创造新的文化产品提供了可能。物联网（IoT）技术则为文化设施的智能化管理提供了新途径，增强了文化体验的个性化和便捷性。这些科技的融合和应用，预示着文化产业将迎来更加广阔的发展前景，进一步促进文化的繁荣和创新。

四、精神生产理论与中国精神

马克思主义精神生产理论为构建中国精神的当代形态提供了方法论基础，同时中国精神的形成和发展也赋予马克思主义精神生产理论以新的内涵，成为马克思主义精神生产理论中国化的新成果，体现了马克思主义的立场、方法和观点。①“人无精神不立，国无精神不强。”以习近平同志为核心的党中央从我国国情出发，结合当前国际社会局势，对新时代精神文明建设的目标、内容、方法作出系统说明，这三重维度相互促进、层层递进，丰富发展了马克思精神生产理论，进而为新时代精神文明建设工作的接续开展提出了全新的理论支撑和现实指导。② 中国精神作为中华文化的内在精神基因和集体意识，早已植根于中国悠久的历史实践和文化生活中。从理论视角来看，民族精神受到重视和研究，是在马克思主义世界历史理论所揭示的人类从“民族历史”向“世界历史”跃迁的划时代变化中出现的。全球化虽然可以使各个民族国家获得一些发展的机会，但也必然使民族国家的本土文化受到强烈的冲击与挑战。因此，民族精神问题是对全球化交往而引发的民族精神和民族文化认同危机的回应与反制。在中国这样一个历史悠久、文化丰富的国家，马克思的精神生产理论提供了一个深刻的视角，用以理解文化在社会发展中的作用。马克思认为精神生产是人类社会发展的一个关键方面，它不仅包括物质产品的创造，还包括思想、信仰、艺术等非物质产品的创造。在中国，这种精神生产的概念与传统文化中的“文以载道”和“以文化人”的思想不谋而合，体现了文化在塑造社会价

---

① 卢晓雯，李俊奎．从马克思精神生产理论看中国精神的生成逻辑与价值意蕴［J］．郑州大学学报（哲学社会科学版），2022，55（01）：24－29.

② 李鋆洋．新时代精神文明建设对马克思精神生产理论的丰富和发展［J］．南方论刊，2023（08）：46－48.

值观和推动社会进步中的核心地位。

中国精神，深植于中华民族的历史与哲学中，强调和谐、集体主义、勤劳和智慧等价值观念。在当代中国，这些传统价值观与社会主义核心价值观相结合，形成了推动国家发展和社会进步的强大精神动力。文化管理者在这一过程中扮演着至关重要的角色，他们不仅需要保护和传承文化遗产，还要鼓励文化创新和多样性，以满足人民群众日益增长的文化需求。在实践中，这意味着文化管理策略应当既尊重传统，又拥抱创新。例如，通过支持传统艺术形式的保护和传承，同时鼓励艺术家和文化工作者探索新的表现手法和创作主题，可以促进文化的发展和繁荣。此外，文化管理者还需要关注文化产品的质量和深度，确保它们不仅能够吸引观众，还能够传递积极的社会信息和价值观念。

同时，文化管理也需要考虑到全球化的背景。在国际交流日益频繁的今天，中国文化的传播和影响力不断扩大。通过文化外交、国际艺术节、文化展览等活动，中国精神得以向世界展示，促进了不同文化之间的交流与理解。马克思的精神生产理论与中国精神的结合，为中国的文化管理提供了丰富的理论资源和实践指导。通过这种结合，可以更好地理解和推动文化在社会发展中的作用，促进文化的传承与创新，提升国家文化软实力，为实现中华民族伟大复兴贡献力量。在中国新时代的背景下，马克思的精神生产理论与中国精神及民族精神的结合，为我们提供了一种深刻的文化管理和发展的视角。这种结合体现了中国文化自信的内核，强调了文化在民族复兴和社会进步中的重要性。

中国新时代精神、民族精神的实质是爱国主义、集体主义和社会主义精神的统一。它倡导创新、协调、绿色、开放、共享的新发展理念。这些精神价值与马克思关于精神生产在社会发展中作用的理论相契合，特别是它强调文化产品在反映和塑造社会意识形态、推动社会变革方面的作用。在文化管理实践中，这意味着需要发展和推广那些能够体现中国精神和民族精神的文化产品和服务。这包括支持和培养那些能够传达爱国情怀、历史责任感和时代使命感的艺术作品和文化活动。同时，文化管理者应当鼓励创新思维，激发文化创造力，以适应全球化时代的新要求和新挑战。马克思的精神生产理论与中国新时代精神、民族精神的结合，为中国的文化管理和发展提供了坚实的理论基础和明确的实践方向。通过这种结合，我们可以更好地推动文化创新，保护文化遗产，培养文化人才，提升文化服务，从而实现文化的繁荣兴盛，为建设社会主义文化强国贡献力量。

第四节　法兰克福学派“文化工业”理论

法兰克福学派的“文化工业”理论由霍克海默和阿多诺在20世纪中叶提出，深刻剖析了资本主义社会中文化产业的商业化和标准化趋势，指出文化产品如何从艺术创作转变为大众消费的商品。该理论对文化管理者而言，警示了追求经济效益可能导致的文化同质化问题，强调了在文化生产中保护和促进多样性的必要性。同时，它也揭示了文化产品在传播特定价值观和意识形态中的作用，要求管理者关注文化内容对社会价值观的影响。此外，该理论批判了文化消费者在文化工业中的被动性，呼吁通过文化教育提升公众的批判性思维。

一、文化工业的概念与特征

法兰克福学派的“文化工业”概念起源于霍克海默和阿多诺对好莱坞电影产业的批判，他们将这一术语用于描述文化产品如何像其他工业产品一样，通过标准化的大规模生产和分发流程，被转化为市场上的商品。这一理论指出，文化工业的主要特征包括：文化产品的标准化生产，导致个性化和创新性的缺失；文化的商品化，使市场价值取代了其原有的艺术和文化价值；技术控制，使文化生产过程中艺术性和人文关怀被边缘化；消费者的被动性，消费者在这一过程中失去了批判性和选择性，成为文化工业产品的被动接受者。这些特征共同构成了法兰克福学派对文化工业的批判视角，揭示了文化产业在资本主义社会中如何影响文化的本质和社会的精神生活。

二、文化工业对社会的影响

（一）意识形态的再生产

文化工业的核心机制之一是意识形态的再生产。在此过程中，通过大众媒体无孔不入地传播，统治阶级的价值观和生活方式被塑造为常态，进而推广至社会的各个角落。这种文化产品的商品化不仅促进了特定意识形态的广泛接受，而且在潜移默化中强化了现有的社会秩序和权力结构。文化工业的这一作用在社会中具有深远的影响，它通过娱乐和消费的表象，隐蔽地传递和巩固了统治阶级的利益和世界观。

（二）个体异化

文化工业的另一个关键影响是个体异化。在文化产品的大规模生产和消费模式下，个体与文化的关系变得单向和疏离。文化消费不再是个体自我表达和实现的手段，而变成了一种逃避现实、寻求短暂满足的方式。这种消费模式导致了个体在文化生活中的被动性，削弱了他们的批判精神和创造性参与。个体在文化工业的浪潮中感到异化，失去了与文化深层次、有意义的联系，从而在一定程度上丧失了文化自觉和文化创造的动力。

文化管理者需要采取策略来减轻文化工业的负面影响，促进文化的多样性和创新，以及增强公众的文化批判意识和参与度。这可能包括支持独立艺术和文化表达、提供批判性文化教育、鼓励公众参与文化决策过程，以及推动文化政策的制定，旨在保护文化多样性并促进文化民主化。

三、文化工业理论的现代应用

随着经济全球化的发展，现代社会的文化发展已经与经济、科技和政治的发展相互同化。与传统社会的文化相比，现代性社会文化最大的特征就是文化创作已经与商品经济和工具理性结成同盟，使文化创作以工业化和产业化的形式占领了现代人的生活世界，从而导致大众文化的兴起和精英文化的衰落。这一现象也引起西方马克思主义特别是法兰克福学派的深刻反思，即大众文化和文化工业的迅猛发展，从大众文化和文化工业的生成语境来说，现代科技的发展使传统的文化创作和传播能够借助各种现代性工具与时俱进。而市场经济的发展，又使原本属于精英阶层的文化作品变身商品，进入大众消费的范围之中，获取文化艺术之外的商品价值。这一转变导致大众文化从原来民间的非主流地位，成为蔓延于整个现代社会的主流文化现象。而大众文化与现代工业化操作的联姻，使大众文化转变成可以无限复制的文化产品，成为现代人生活中不可或缺的消费品。在阿多诺等看来，大众文化是指借助于大众传媒而流行于大众之中的通俗文化，包括通俗小说、流行音乐、电影、艺术广告等。它融合了艺术、政治、宗教和哲学等各方面，以娱乐消遣的方式操纵大众的思想和心理，培植支持统治和维护现状的顺从意识。①

阿多诺和霍克海默在《启蒙辩证法》中对文化工业理论的论述具有深刻的批判性质。他们认为，在现代工业社会中理性已经变成为奴役而不是为自由服务。据此，他们判定无论高级文化还是通俗文化都在执行着同样的意识形态功能，这样，法兰克福学派进一步走上了对整个"意识形态的批判"。② 文化工业将文化产品标准化、齐一化、程式化，使之成为市场上的商品，从而剥夺了文化的独立性和创造性。文化工业的产品被设计为适合批量生产和机械复制，缺乏独特的内容与风格，使雷同代替了个性，平庸代替了高雅。他们进一步指出，文化工业的特征包括艺术生产的工厂化、工艺化或制作化，使艺术作品商品化、消费化，从而剥夺了艺术的反抗和批判功能。文化工业的大众传播形式使其传输给大众的信息具有两重性，表层信息往往是自由、平等、幸福等积极的价值观，而深层隐藏的信息则是传播给大众适应与接受现实秩序的必然性。此外，阿多诺和霍克海默强调，文化工业通过其产品不断地调节着消费，这个调节作用不仅是物质的，同时也是精神的。文化工业本身就有相当高的物质性的趋势，它通过提供文化快感和幸福承诺，用伪审美、假升华遮蔽人性压抑的真实，无限期地延长支付它开出的快乐支票。

在文化工业的影响下，个体被转化为消费者，他们的文化需求和审美体验被预设和限制，从而失去了批判性和独立思考的能力。文化工业还具有伪个性主义特征，它按照社会所喜欢、所需要的样子塑造所谓的个性，使得个性化成为它倾销文化商品的典型伎俩。在现代文化产业的背景下，法兰克福学派的"文化工业"理论提供了重要的批判视角，对文化管理实践具有显著的启示作用。首先，该理论促使文化管理者进行批判性反思，意识到文化商品化可能导致的文化同质化和创新精神的丧失。因此，管理者需采取措施，如提供资金支持和政策倾斜，以鼓励和保护文化多样性和深度，提升公众的媒体素养变得尤

---

① 梅景辉．文化工业时代意识形态话语权的思想维度——法兰克福学派文化批判理论的现代性反思［J］．南京师大学报（社会科学版），2021（06）：67－74.

② 韩红艳．批判与革命：马克思主义文化理论的内涵［D］．复旦大学，2013.

为关键。通过教育和公共政策的引导，可以培养公众识别并抵制文化工业中的消极影响，使他们成为更具批判性的文化消费者，有能力选择和支持那些具有深度和价值的文化产品。鼓励文化创新也是文化管理的重要方向。为独立艺术家和创作者提供必要的平台和资源，不仅能够促进文化多样性，也能够激发社会的创造性和想象力。这种支持可以体现为艺术驻地计划、小型艺术项目的资助，以及提供展示和交流的机会。其次，文化管理者应强调媒体和文化产业的社会责任。文化产业不仅仅是经济实体，更是社会价值和意识形态的传播者。因此，文化产业应当提供高质量的文化内容，促进社会批判意识和文化自觉，同时避免传播有害信息和文化操纵。最后，文化政策的制定需要平衡文化发展与社会责任，保护消费者的权益，推动文化公平和文化民主。这要求政策制定者深入理解文化工业的运作机制，以及文化产品对社会价值观和社会结构的深远影响。强调文化产业的商品化特征，指出文化产品不仅是为了满足审美需求，更是在追求利润的过程中成为了商品。这对现代文化产业意味着，文化生产者和管理者需要在追求经济效益的同时，平衡文化产品的社会价值和艺术品质，避免过度商业化导致的文化同质化和价值流失。

文化工业理论对当代文化产业的启示在于，它强调了文化产业在社会发展中的重要地位，以及文化产品在塑造社会价值观和生活方式方面的潜力。文化产业应当成为推动社会进步和文化多样性的力量，而不仅仅是追求利润的行业。

第五节 文化资本理论

文化资本理论起源于法国社会学家皮埃尔·布迪厄的工作，他在 20 世纪 70 年代提出了这一理论，以解释文化要素如何在社会结构中产生影响和不平等。布迪厄认为，文化资本是个体或群体通过教育、家庭背景和社会实践所积累的文化知识、技能和倾向，这些资本能够在社会互动中转化为社会地位和权力。“文化资本”概念的提出背景是对社会分层和阶级再生产的深刻洞察，它在社会学和文化研究中的重要性体现在提供了一个分析文化因素如何影响社会结构和个人生活机会的新视角。布迪厄的理论强调了文化不仅是社会生活的一部分，而且是社会不平等的重要来源，以及文化资本在教育、职业和社会流动中的作用。

一、文化资本的定义与构成

文化资本是指个体或群体通过教育、家庭背景、社会实践等途径所积累的文化知识、技能、倾向和品味，这些资本能够在社会互动中产生影响力和社会效益。它与经济资本和社会资本紧密相关，经济资本通常指物质财富和经济资源，社会资本则涉及社会网络和关系带来的优势。文化资本能够转化为经济资本和社会资本，反之亦然，这三种资本形式在社会结构中相互作用，共同影响个体和群体的社会地位及机会。

文化资本的构成可以细分为三种形态：一是身体化文化资本，是指个体通过内化教育和社会实践所获得的文化技能和习惯，如语言能力、身体素养、个人品味等，这些通常是无形的，但对个体的社会行为和交往模式有着深远的影响。二是客观化文化资本，是指以物质文化的形式存在，如文学艺术作品、教育证书、文化商品等，它们是文化资本的具体体现，可以在社会中被广泛认可和交换。三是制度化文化资本，主要体现为教育资格和学术头衔等形式，它们是文化资本在制度层面的认证，为个体提供了社会认可的成就和地位标志。这三种形态的文化资本相互转换，共同构成了个体和群体在社会中进行文化交往和社会竞争的重要资源。

二、文化资本的测量与评估

文化资本的价值决定于对它的独占性，即主体对文化资源稀缺性的专有。它的合法性的来源在于，作为最基本形式的具体化文化资本，其生成要求主体必须躬亲其间，付出个人性的投入。这一主体投入过程，包含着劳动力的变化和同化，需要长时间的投入。如果把每个主体在单位时间内的投入和付出同质、等量看待，那么，衡量文化资本价值的最直接标准，就是主体为了获取文化资本而投入的有效时间长度。① 有效时间意味着主体对生物性身体具有的时

---

① 陈锋. 文化资本导论［D］. 中共中央党校，2005.

间的充分利用，以最多的时间用来获取最多文化资本；有效时间意味着主体对社会赋予的自由时间的合理利用，以最大的自由时间来获取最多的文化资本。在现实生活中，由于接受教育是最基本的获取文化资本的途径，所以，可以把接受教育的有效时间作为度量文化资本的一个标准。当然，这个时间长度不可等同为在教育机构直接接受文化教育的时间，因为教育传承的文化资本，存在一个肯定性和否定性价值的问题。如果是接受具有否定价值的教育，等于双重浪费时间，因为必须在此后花费更多的时间改正否定性教育的后果。文化资本的测量与评估是文化管理领域中一个复杂但至关重要的任务。它涉及对个体或群体在教育、艺术、语言等方面的知识和技能的量化，这些知识和技能在社会互动中具有潜在的价值。文化资本的测量可以通过教育水平、资格证书、语言能力、艺术鉴赏力等指标来进行。此外，评估文化资本的影响时，需要考虑它如何为个人提供社会流动的途径和职业成功的机会。例如，高等教育背景可能为个体开启更多的职业选择，而特定的文化技能或兴趣可能使个体在特定行业或领域中获得竞争优势。

三、文化资本与社会不平等

文化资本和经济资本一样，也存在再生产的过程，通过文化资本的再生产，能够实现文化资本占有的不平等，与经济资本和社会资本的不平等结合起来，社会的阶级结构和组织制度得以形成。文化资本作为一种劳动结果，是一种进行符号编码和解码的能力，必须经过行动个体后天艰苦的训练才能获得，并且通过这种能力之间的差异，形成不同的文化欣赏能力和品味，而文化品位差异与社会地位之间的差异具有同构性。① 文化资本与社会不平等之间的关系是复杂而微妙的。根据皮埃尔·布迪厄的理论，文化资本在社会阶层的形成和维持中扮演着关键角色。它通过教育体系的传递，影响个体的社会流动机会，从而在一定程度上复制和再生产社会不平等。具体来说，拥有较高文化资本的个体，如具备高等教育背景、艺术鉴赏能力和社交礼仪知识，往往能够在社会中获得更多的资源和机会，包括更好的就业机会和社会地位。此外，文化资本

---

① 陈治国．布尔迪厄文化资本理论研究［D］．首都师范大学，2011.

也与教育系统紧密相关，它不仅影响个体的教育成就，还可能影响其子女的教育机会，因为父母可以将文化资本传递给下一代。这种传递不仅包括知识和技能，还包括对教育的重视和对教育的期望，这些因素共同作用，可能导致社会阶层的固化。在权力结构中，文化资本作为一种象征性资源，可以转化为社会影响力和权威。在某些情况下，文化资本成为进入特定社会圈子和社会阶层的门票，这些圈子往往掌握着社会的重要资源和权力。

然而，文化资本的不平等分配对弱势群体产生了负面影响。那些缺乏足够文化资本的个体和群体，可能会面临更多的社会障碍和限制，这限制了他们的社会参与和上升流动性。因此，文化管理者和政策制定者需要关注文化资本分配的公平性，通过提供更多的教育机会、文化参与和表达平台，来减少社会不平等，促进社会的整体和谐与发展。

四、文化资本与文化软实力研究

在全球化的背景下，文化资本的流动和转换变得尤为活跃，对跨国文化交流和全球文化格局产生了显著影响。文化资本，包括教育背景、艺术修养、语言技能等，成为跨文化交流和国际竞争中的关键资源。随着信息技术的发展和全球旅行的便利，文化产品和服务能够迅速跨越国界。文化资本的全球流动性增强，促进了不同文化之间的交流与融合。它能够提升一个国家或地区的文化软实力，通过文化输出影响其他国家的价值观和生活方式。文化资本的全球流动有助于文化遗产的保护和传播，使地方文化能够获得国际认可和支持。此外，文化资本还能够促进文化产业的国际化，为文化产品和服务开辟新的市场，创造经济效益。

然而，全球化也带来了文化同质化的风险，强势文化可能侵蚀弱势文化，导致文化多样性的丧失。因此，文化管理者在推动文化资本全球化的同时，需要采取措施保护本土文化的独特性，促进文化平等交流，避免文化霸权的出现。通过这种方式，文化资本可以成为促进全球化时代文化多样性和文化创新的重要力量。

基于国际关系层面考量文化软实力，则是指特定国家的文化资源通过非强制性手段在传播过程中对其他国家作用的力量。具体来说，这种力量的彰显主要通过国际文化交流过程中一国文化产品对其他国家和地区的传播，而文化产品从来都不是纯粹形式的存在，在其复杂多样的形式背后，隐藏着特定国家的生活方式、制度认同、文化认同和核心价值理念，受众在消费此类文化产品的同时，往往会在不知不觉之中接受文化产品输出国的价值观和生活方式，进而在文化方面形成对文化产品输出国的整体认同。①

随着数字技术的普及和社交媒体影响力的增强，文化资本的积累和传播方式正在发生显著变化。数字化平台为个人和群体提供了展示和分享文化知识、技能和经验的新途径，从而拓宽了文化资本的社会基础和影响力。社交媒体的广泛应用，尤其是其网络效应，加速了文化信息的流动，促进了文化多样性的交流与融合，同时也为文化资本的创新和多样性提供了更为广阔的空间。然而，这些变化也带来了新的挑战。首先，数字化和社交媒体可能导致文化资本的快速商品化和过度商业化，从而影响其原有的文化价值和社会意义。其次，信息过载和注意力稀缺成为文化传播的新障碍，如何在海量文化内容中脱颖而出，成为文化资本管理的新难题。最后，社交媒体上的回音室效应和过滤泡泡现象可能加剧文化分化，限制文化资本的交流和多样性。

文化软实力研究是文化管理领域的一个重要分支，它关注一个国家或地区如何通过文化、政治价值观和外交政策等非强制性手段，来提升其国际影响力和吸引力。与硬实力不同，文化软实力的实现依赖于文化的独特魅力和价值观念的吸引力，以及通过文化交流和传播所产生的说服力。文化资本作为文化软实力的关键资源，包括教育、艺术、语言等无形资产，它们是国家软实力的重要组成部分。

在文化管理实践中，文化资本的运用对于提升文化机构的吸引力和影响力至关重要。文化管理者可以通过促进文化资本的积累和流通，提高文化产品的质量和多样性，从而在全球范围内增强文化软实力。例如，通过支持本土艺术家的创作、推广文化遗产的保护和利用，以及加强国际文化交流与合作，可以提升国家文化的影响力和国际形象。

---

① 王岩. 文化软实力的构成要素与发展模式研究［D］. 上海师范大学，2016.

第三章　我国文化管理政策和体制

第一节　不同历史发展阶段的文化管理政策

一、新中国成立初期的文化管理政策（1949—1978 年）

（一）背景与政策制定

1. 新中国成立背景

1949 年中华人民共和国成立标志着中国历史的新篇章开启。在此之前，中国长期受到帝国主义、封建主义和官僚资本主义的侵略和压迫，社会矛盾尖锐，文化领域严重扭曲。新中国成立后，中国共产党领导下的人民政权开始了新中国文化建设的伟大征程。

2. 文化管理体制建立

为了推动社会主义文化建设，新中国成立后立即着手建立了一套完整的文化管理体制。政府成立了文化部等相关机构，负责统一领导和管理文化事业，推动社会主义文化建设。此外，也成立了一系列文化院校和研究机构，培养和选拔文化工作者，推动文化事业的发展。

3. 文化管理政策制定过程

新中国成立初期的文化管理政策是在中国共产党领导下，结合中国革命和建设的实际情况，经过充分的调查研究和深入讨论制定的。政府通过召开文化工作会议、制定相关文件和法律等形式，明确了文化管理的总体方向和具体政策。在政策制定过程中，政府充分考虑了中国特色社会主义文化建设的需要，坚持以马克思主义为指导，深入贯彻党的文化路线，积极倡导“以人民为中心”的文化观，强调文化工作要为人民服务、为社会主义服务。坚持“二为”方向，是文化艺术事业的根本。“二为”方向的提出，不仅在理论上具有深远意义，也在实践中有着重要作用。它明确了文艺的本质、方向以及艺术工作者的历史责任。1951 年，毛泽东为中国戏曲研究院题词“百花齐放，推陈出新”；1953 年，他就中国历史研究问题提出了“百家争鸣”的主张，1956 年，正式提出“百花齐放，百家争鸣”的方针，这是中国共产党领导下探索文化政策的一项重要举措。这一方针号召广泛吸收各种文化思想和艺术创作，鼓励文化界不同派别和流派之间的交流与竞争，旨在推动社会主义文化的繁荣发展。虽然在实践中存在一些问题和挑战，但“百花齐放，百家争鸣”方针为当时中国的文化发展开辟了新的思路，为探索社会主义文化建设提供了宝贵经验。

在政策制定过程中，政府还积极倡导民族团结和民族文化多样性，重视民族地区的文化建设，保护和发展各民族的文化传统和特色，促进各民族的共同进步和发展。

4. 初期文化管理政策的特点

新中国成立初期，在文化管理政策制定过程中，政府高度重视文化工作的政治性质，文化管理政策紧密围绕社会主义建设和党的宣传教育工作展开，这与新中国成立前的文化管理目标已经不同。延安时期，党的文化管理政策主要集中在革命文化建设和思想教育方面。比如注重培育革命文化，以马克思主义为指导，推动革命文艺事业的发展，鼓励创作和宣传符合党的政治宣传需要的文艺作品，以激发人民的革命热情和斗志。还通过开展各种形式的思想教育活动，如读书会、座谈会、讲习班等，深入宣传党的路线、方针和政策，加强党员干部和群众的思想政治教育，以确保党的领导地位和思想上的统一。特别注重培养和建设革命文化队伍，选拔和培养革命文化工作者，推动革命文艺事业的发展，以提高文化工作者的政治觉悟和专业水平。

新中国成立以后，文化管理政策的重点是，强调文化工作要为社会主义服务，坚持正确的舆论导向。因此政府建立了一套完整的文化管理体制，统一领导和管理文化事业，推动社会主义文化建设。政府强调文化工作要紧密联系群众，广泛动员和组织群众参与文化建设，推动文化事业的大众化。政府重视文化工作的基层基础，推动基层文化建设，加强对农村和边远地区的文化建设，保护和发展农村文化传统和特色。新中国成立初期的文化管理政策为中国社会主义文化建设奠定了坚实的基础，为后续文化管理政策的制定和实施积累了宝贵经验。

（二）主要政策内容

新中国成立初期，中国的文化管理政策主要着眼于推动社会主义文化建设和社会主义精神文明建设，旨在建立一个符合社会主义核心价值观的文化体系，促进新中国社会主义事业的顺利发展。这一时期的文化管理政策内容丰富多样，包括但不限于以下方面：

1. 国有化和集中管理

新中国成立初期，政府通过国有化和集中管理等措施，迅速对文化产业进行了改革和调整。国有化和集中管理的举措旨在加强对文化产业的控制和引导，确保文化产业能够为社会主义建设服务。具体措施包括对出版、广播、电影、电视、文学艺术等领域进行国有化改造，将文化产业纳入国家计划管理体系，推动文化产业的发展和繁荣。

2. 社会主义文化建设

新中国成立初期，政府高度重视社会主义文化建设，致力于推动社会主义文化事业的发展。政府通过加强对文化产业的指导和管理，推动了社会主义文化事业的蓬勃发展。同时，政府还大力倡导社会主义核心价值观，强调文化工作要为人民服务、为社会主义服务，促进社会主义文化事业的繁荣和进步。在文化建设方面，政府重视加强文化教育，提倡革命文艺，推动社会主义文化的创新和发展。

3. 文化审查和控制

为确保文化内容符合社会主义核心价值观和政治要求，新中国成立初期，政府实行了严格的文化审查和控制制度。政府通过建立一套完善的文化审查和控制机制，加强了对文化内容的监管和调控，推动了文化事业的健康发展。此举旨在防范资产阶级思想文化的渗透，维护社会主义文化的纯洁性和健康发展。

以上是新中国成立初期的主要文化管理政策内容。这些政策措施的实施，为中国社会主义文化建设和社会主义精神文明建设奠定了坚实的基础，推动了中国文化事业的健康发展和持续繁荣。

（三）政策影响与评价

新中国成立初期的文化管理政策对中国社会主义文化建设和社会主义精神文明建设产生了深远影响，同时也存在一些局限性和问题。以下是对新中国成立初期文化管理政策的影响与评价：

1. 社会主义文化建设效果

新中国成立初期的文化管理政策在推动社会主义文化建设方面取得了显著成效。政府通过国有化和集中管理、社会主义文化建设等措施，加强了对文化产业的控制和引导，推动了文化产业的发展和繁荣。国有化和集中管理使文化产业能够更好地为社会主义建设服务。此外，政府大力推动社会主义文化建设，积极倡导社会主义思想和道德观念，增强了全民族的文化认同感和凝聚力，促进了社会主义精神文明的建设。

2. 文化管理的局限性和问题

新中国成立初期的文化管理政策也存在一些局限性和问题。首先，政府对文化的审查和控制过度，影响了文化创作的自由和多样性，阻碍了文化艺术的繁荣和发展。一些优秀的文化作品因为某些原因而受到限制或审查，导致文化创作的创新受到阻碍。其次，文化产业国有化和集中管理模式，使文化产业缺乏市场竞争，导致了创新动力不足和资源配置效率低下。最后，文化管理体制建设不够健全，管理机构之间存在信息不畅、职责不清等问题，制约了文化管理工作的深入开展和有效推进。

3. 对后续文化管理政策的影响

新中国成立初期的文化管理政策对后续文化管理政策的制定和实施产生了一定影响。一方面，新中国成立初期的文化管理政策积累了丰富的经验和教训，为后续文化管理政策的制定和实施提供了重要参考。另一方面，新中国成立初期的文化管理政策也存在一些问题和不足，需要在后续的政策制定和实施中加以改进和完善，推动文化管理工作取得新的进步和发展。

二、改革开放时期的文化管理政策（1978—2000年）

（一）改革开放背景下的文化管理调整

在中国的改革开放时期，文化管理政策经历了重大调整和转变，以适应经济体制改革和社会发展的需要。本节将分别探讨改革开放背景下的文化管理调整，包括经济体制改革与文化领域、文化市场化和多元化趋势两个方面。

1. 经济体制改革与文化领域

1978 年开始的经济体制改革深刻影响了文化领域的发展。在过去的计划经济体制下，文化受到政府的严格控制和指导，发展受到限制。然而，随着经济体制的改革的深入，市场经济机制逐渐建立，文化领域得到了更多的自由发展空间。政府逐步放开对文化的管制，鼓励社会资本进入文化领域，推动了文化事业的蓬勃发展。同时，文化领域也逐渐成为经济增长的新动力，为国民经济健康发展作出了积极贡献。

2. 文化领域市场化和多元化趋势

随着经济体制改革的不断深入，文化市场化和多元化成为主导趋势。文化领域不再局限于政府主导的单一模式，而是向市场化和多元化方向转变。市场化使文化产品和服务更加多样化、个性化，满足了人民群众日益增长的文化需求。多元化趋势促进了文化领域的创新和发展，各种文化形式和内容相互交融，呈现出丰富多彩的文化景观。同时，市场竞争也促使文化领域提升产品质量和服务水平，推动文化事业持续向前发展。改革开放背景下的文化管理调整，为文化领域的健康发展提供了新的机遇和挑战。经济体制改革为文化领域的市场化提供了有利条件，推动了文化事业的蓬勃发展；文化市场化和多元化趋势使文化领域更加开放、活跃，为人民群众提供了更加丰富多彩的文化选择。然而，也需要注意到，市场竞争带来的问题和挑战不容忽视，需要政府进一步加强对文化领域的引导和监管，确保文化事业健康有序发展，为人民群众提供更优质的文化产品和服务。

（二）政策转变与新举措

在改革开放时期，中国文化管理政策经历了调整与创新、市场监管与规范等重大转变和创新举措，以适应经济体制改革和社会发展的需要。1996 年，中国共产党第十四届六中全会通过了《关于加强社会主义精神文明建设若干重要问题的决议》，其中提出了一系列重要原则，旨在加强社会主义精神文明建设。该决议强调了遵循文化发展内在规律、发挥市场机制积极作用的重要性，并呼吁理顺国家、单位、个人之间的关系，逐步建立国家保障重点、鼓励社会力量兴办文化事业的发展格局。

1. 文化管理政策的调整与创新

改革开放以来，政府着力推动文化管理体制的市场化改革，以加快文化事业的发展步伐和提高产业竞争力。市场化改革的核心在于将政府主导的文化管理逐步转变为市场主导的管理模式。政府逐步放开对文化行业的管理限制，鼓励社会资本的参与，推动文化事业向市场自由竞争的方向发展。市场化改革使得文化事业更加注重市场需求，更加注重创新和效益，促进了文化事业的活力和竞争力的提升。在经济体制改革的背景下，政府相继出台了一系列的文化管理政策，以适应新时期文化事业的发展需求。这些政策旨在推动文化事业的创新发展、规范市场秩序、加强产业监管等方面发挥作用。政府通过税收优惠政策、财政扶持、知识产权保护等方式，积极支持和引导文化事业的健康发展。同时，政府也加大了对文化事业的管理力度，完善了相关法律法规，规范了市场秩序，保障了文化事业的良性发展。1988 年，文化部、国家工商行政管理局联合发布了《关于加强文化市场管理工作的通知》，正式确认了“文化市场”的概念，同时明确了文化市场的管理范围、任务、原则和方针。1992 年，党的十四大提出建设社会主义市场经济体制和改革文化体制的工作目标。1996 年，中国共产党十四届六中全会《关于加强社会主义精神文明建设若干重要问题的决议》提出，要遵循文化发展的内在规律，发挥市场机制的积极作用，理顺国家、单位、个人之间的关系，逐步形成国家保证重点、鼓励社会兴办文化事业的发展格局。

进入 2000 年以后，早期政策以《公共文化体育设施条例》（2003 年）和《文化产业振兴规划》（2009 年）为代表，重点在于基础设施建设和文化产业发展，旨在保障公民基本文化权益并提升文化软实力。2011 年，《关于深化文化体制改革推动社会主义文化大发展大繁荣若干重大问题的决定》和《中华人民共和国非物质文化遗产法》的出台，标志着政策开始注重文化体制改革与传统文化保护。2012 年，《全国公共图书馆事业发展“十二五”规划》进一步推动了公共文化服务的现代化。

2014 年后，政策逐步转向文化与相关产业的深度融合。例如，《关于推进文化创意和设计服务与相关产业融合发展的若干意见》（2014 年）和《关于促进文化和科技深度融合的指导意见》（2019 年）强调文化创意、科技创新的协同作用，推动经济转型升级。同时，2015 年发布的《关于加快构建现代公共文化服务体系的意见》和 2016 年发布的《国家“十三五”文化遗产保护与公共文化服务科技创新规划》将公共文化服务与科技创新结合，提升服务效能。

近年来，政策更加注重高质量发展与多领域协同。2021 年发布的《“十四五”公共文化服务体系建设规划》和《关于推动公共文化服务高质量发展的意见》明确提出构建城乡一体化、均等化、标准化、数字化的现代公共文化服务体系。此外，2022 年则有《关于推进旅游公共服务高质量发展的指导意见》和《关于推动文化高质量发展的若干经济政策》，旨在推动公共文化服务与旅游、经济等领域的深度融合，形成协同发展新格局。

数字化与智能化也成为政策重点。《公共数字文化工程融合创新发展实施方案》（2019 年）和《网络信息内容生态治理规定》（2020 年）推动公共文化服务数字化、网络化，营造清朗网络空间。未来，公共文化服务将更加注重科技赋能与高质量发展，推动中华文化“走出去”，提升其国际影响力。

总体而言，中国公共文化政策从单一到多元、从线下到线上、从国内到国际的全面升级，反映了国家对文化建设的高度重视，也为公共文化服务的高质量发展指明了方向。中国文化政策发展概览见表 3.1。

表 3.1　　中国文化政策发展概览

时间	政策
1988 年	《关于加强文化市场管理工作的通知》
1996 年	《关于加强社会主义精神文明建设若干重要问题的决议》
2003 年	《公共文化体育设施条例》
2007 年	构建公共文化服务体系
2009 年	《文化产业振兴规划》
2011 年	《关于深化文化体制改革推动社会主义文化大发展大繁荣若干重大问题的决定》
2011 年	《中华人民共和国非物质文化遗产法》
2013 年	《全国公共图书馆事业 发展“十二五”规划》
2014 年	《关于推进文化创意和设计服务与相关产业融合发展的若干意见》
2015 年	《关于加快构建现代公共文化服务体系的意见》
2016 年	《国家“十三五”文化遗产保护与公共文化服务科技创新规划》
2017 年	《中华人民共和国网络安全法》
2018 年	《关于打赢脱贫攻坚战三年行动的指导意见》

续表

时间	政策
2019 年	《关于促进文化和科技深度融合的指导意见》
2019 年	《公共数字 文化工程融合创新发展实施方案》
2020 年	《网络信息内容生态治理规定》
2021 年	《“十四五”公共文化服务体系建设规划》
2021 年	《关于推动公共文化服务高质量发展的意见》
2022 年	《公共图书馆馆藏文献信息处置管理办法》
2023 年	《中央支持地方公共文化服务体系建设补助资金管理办法》
2024 年	《关于推进旅游公共服务高质量发展的指导意见》
2025 年	《关于推动文化高质量发展的若干经济政策》

2. 文化市场监管与规范

为了维护文化市场秩序，保障文化事业的健康发展，政府加强了对文化市场的监管与规范。政府建立了健全的市场监管机制，加强了对文化市场的监督检查，严厉打击违法违规行为，维护了市场秩序和公平竞争环境。同时，政府还加强了对文化产品质量的把关和监管，推动文化产品的质量提升和市场信誉的建立，保障了消费者的合法权益。改革开放时期的文化市场化改革、政策调整与创新、市场监管与规范等举措，为文化事业的健康发展和市场环境的优化提供了重要保障。这些举措不仅促进了文化事业的蓬勃发展和多元化发展，也为文化事业的国际竞争力提升奠定了坚实基础。在未来，政府还需进一步完善相关政策和法规，加强对文化事业的支持和引导，促进文化事业高质量发展，为建设文化强国和实现中华民族伟大复兴提供更加有力的支撑。

3. 文化创新与人才培养

随着科技的不断进步和应用，文化行业也日益注重创新和科技融合。政府鼓励文化行业与科技领域的合作，推动文化行业向互联网化方向发展。利用新技术手段创新文化产品和服务，为文化行业注入新的活力和动力。同时，科技融合也为文化行业带来了新的发展机遇和市场空间，推动了文化行业向高端化、智能化发展。随着中国经济的不断发展和对外开放的步伐加快，文化行业也逐渐走向国际化和多元化发展。政府加强了对文化行业国际化的支持和引导，鼓励文化企业积极参与国际竞争和合作。同时，政府还积极推动文化行业与其他国家的合作，加强了文化行业与其他产业的融合，推动了文化行业的全球化发展。这些举措不仅丰富了中国文化产品的国际传播，也提升了中国文化行业的国际竞争力和影响力。

文化行业的发展离不开人才的支持和推动。政府加大了对文化行业人才培养和引进的力度，建立了一系列的人才培养和引进机制，鼓励高校加强文化行业人才培养，推动文化行业与教育、科研的深度融合。同时，政府还出台了一系列的人才引进政策，吸引了大量的海内外优秀人才加入文化行业的发展中来，为文化行业的高质量发展提供了人才保障和智力支持。改革开放以来，中国文化行业经历了市场化改革、政策调整与创新、市场监管与规范、创新与科技融合、国际化与对外合作、人才培养与引进等一系列重大转变和新举措。这些举措不仅促进了文化行业的蓬勃发展和健康运行，也为中国社会经济的全面发展作出了积极贡献。在未来，政府还需进一步加强对文化行业的支持和引导，推动文化行业高质量发展，为建设文化强国和实现中华民族伟大复兴提供更加有力的支撑。

（三）政策影响与评价

1. 文化领域发展态势

除了文化领域在经济上的显著增长外，其在文化传承、创新和国际交流等方面也呈现出积极态势。文化政策在传承和弘扬优秀传统文化方面发挥了重要作用，促进了中华优秀传统文化的传承与创新，提升了民族文化的自信和凝聚力。同时，文化的创新也在不断推动文化形式的更新和升级，推动了文化领域的转型升级和可持续发展。此外，文化的国际交流合作也日益深入，中国文化产品和服务的国际传播能力和影响力不断提升，为增进国际友谊、促进文化多样性和文明交流做出了积极贡献。

2. 文化领域市场化效果

文化领域市场化改革的成效不仅在于市场活力的释放，还体现在文化产品和服务的多样性和品质提升上。市场化改革激发了文化企业的创新活力，推动了文化产品和服务的不断更新和优化，满足了人民群众日益增长的精神文化需求。市场竞争的加剧也促进了文化企业的自我提升和发展，促使企业更加注重品质和服务，提高了文化产品的竞争力和市场占有率。市场化改革还促进了文化领域与其他产业的融合发展，打破了传统产业界限，促进了产业链的优化和升级，为文化领域的长期健康发展奠定了坚实基础。

3. 文化管理政策的可持续性

政策的可持续性不仅体现在政策的稳定性和长期性上，还应关注政策的实施效果和适应性。政府在文化领域发展中一直坚持可持续发展的理念，不断完善相关政策和法规，为文化领域的长期健康发展提供了有力保障。政府注重加强对文化市场的监管和规范，保障了市场秩序的稳定和健康发展；同时，政府还加大了对文化领域的扶持力度，鼓励创新和创意，促进文化领域的良性循环。这些政策举措的实施，为文化领域的可持续发展奠定了坚实的基础，为未来文化领域的发展保驾护航。政府还应关注政策的实施效果和适应性，不断根据实际情况进行调整和优化，确保政策的可持续性和有效性。

三、当代政策及未来发展趋势（21 世纪至今）

21 世纪以来，政府出台了一系列旨在促进文化事业和文化产业发展的政策措施。2000 年 10 月，中国共产党十五届五中全会在《中共中央关于制定国民经济和社会发展第十个五年计划的建议》里第一次提出“文化产业”一词。2002 年，党的十六大提出深化文化体制改革，并明确提出发展文化产业，区分文化产业与文化事业。2003 年 6 月，我国在北京、重庆、广东、浙江、深圳、沈阳、西安等地进行文化体制改革试点。2005 年底，在总结改革试点经验的基础上，中共中央、国务院发布了《关于深化文化体制改革的若干意见》，开始全面推进文化体制改革。2006 年，新中国第一个专门部署文化建设的五年发展规划《国家“十一五”时期文化发展规划纲要》公布。2009 年，我国第一部文化产业专项规划《文化产业振兴规划》开始实施。2011 年 10 月，党的十七届六中全会审议通过《中共中央关于深化文化体制改革 推动社会主义文化大发展大繁荣若干重大问题的决定》，提出了坚持中国特色社会主义文化发展道路，努力建设社会主义文化强国的战略任务。党的十八大报告提出，要扎实推进社会主义文化强国建设，增强文化整体实力和竞争力，坚持把社会效益放在首位，社会效益和经济效益相统一，推动文化事业全面繁荣、文化产业快速发展。党的十八届三中全会提出，建设社会主义文化强国，增强国家文化软实力，必须坚持社会主义先进文化前进方向，坚持中国特色社会主义文化发展道路，坚持以人民为中心的工作导向，进一步深化文化体制改革，要完善文化管理体制，建立健全现代文化市场体系，构建现代公共文化服务体系，提高文化开放水平。党的十九大报告指出，要坚持中国特色社会主义文化发展道路，激发全民族文化创新创造活力，建设社会主义文化强国。发展中国特色社会主义文化，就是以马克思主义为指导，坚守中华文化立场，立足当代中国现实，结合当今时代条件，发展面向现代化、面向世界、面向未来的，民族的科学的大众的社会主义文化，推动社会主义精神文明和物质文明协调发展。党的二十大报告为公共文化政策的发展指明了方向，强调文化自信、均等化、数字化、城乡一体化等核心内容。这些政策不仅延续了以往的发展思路，还提出了新的战略举措，为构建现代公共文化服务体系、推动社会主义文化繁荣发展提供了重要指导。

党的二十届三中全会发布的《中共中央关于进一步全面深化改革、推进中国式现代化的决定》，提出建立完善公共文化服务体系，重点包括建立优质文化资源直达基层机制和健全社会力量参与公共文化服务机制。这一政策旨在推动公共文化服务均等化、标准化和数字化，缩小城乡、区域之间的文化服务差距，满足人民群众日益增长的精神文化需求。通过优化资源配置，将优质文化资源下沉至基层，提升农村和偏远地区的文化服务水平。同时，鼓励社会力量参与公共文化服务，形成政府主导、社会参与的多元供给模式，增强服务活力与创新力。此外，政策强调利用现代科技手段，推动公共文化服务数字化、智能化，建设智慧图书馆、数字博物馆等平台，提升服务便捷性和覆盖面。这些举措不仅深化了文化体制改革，也为实现中国式现代化提供了文化支撑，助力构建覆盖城乡、高效便捷的现代公共文化服务体系，推动社会主义文化繁荣发展。

主要包括以下几个方面：

1. 文化产业扶持政策

政府出台了一系列扶持文化产业发展的政策，包括财政资金扶持、税收优惠、融资支持等方面。通过提供资金和政策支持，鼓励文化企业加大投入，拓展业务，提高产业竞争力。文化产业扶持政策是政府为促进文化事业和文化产业发展而采取的重要举措之一。该政策涵盖了多个方面，旨在为文化产业的健康发展提供有力支持。2002 年党的十六大明确提出深化文化体制改革，并明确提出发展文化产业，这标志着政府正式将文化产业纳入国家发展战略之中。随后，2005年底发布的《关于深化文化体制改革的若干意见》进一步强调了文化产业的重要性，开始了全面推进文化体制改革的进程。其中，重要的举措之一就是对文化产业实施财政资金扶持政策。政府通过拨款、补贴等方式向文化产业提供财政资金扶持，用于技术创新、产品开发、市场推广等方面，为产业的发展提供了坚实的财政支持。

2009年发布的《文化产业振兴规划》进一步加强了对文化产业的扶持。该规划提出了一系列具体的政策措施，包括设立专项基金、提供担保等方式为文化产业提供融资支持，帮助企业解决融资难题，促进企业扩大规模、壮大实力。首先，该规划还明确了加强市场准入政策支持的措施，简化审批手续、降低准入门槛，鼓励更多的企业进入文化产业领域，推动产业健康发展。政府通过拨款、补贴等方式向文化产业提供财政资金扶持，用于文化企业的技术创新、产品开发、市场推广等方面。其次，政府对文化产业给予税收优惠政策，包括减免企业所得税、增值税等税收，降低了文化企业的生产经营成本，提高了企业盈利能力。再次，政府还通过设立专项基金、提供担保等方式为文化产业提供融资支持，帮助文化企业解决融资难题，促进企业扩大规模、壮大实力。为了促进文化产业的发展，一些地方政府还采取了土地政策支持措施，包括提供低租金或免租金的土地、优先供地等方式，为文化企业提供良好的发展环境和条件。政府还通过出台人才引进、培训等政策措施，吸引和培养文化产业人才，提升行业整体素质和水平。政府还鼓励文化企业加强与高校、科研机构的合作，共同推动文化产业的人才培养和科技创新。为了促进文化产业的发展，政府还出台了一系列市场准入政策支持措施，简化审批手续、降低准入门槛，鼓励更多的企业进入文化产业领域，推动产业健康发展。最后，政府还加强了对文化产业市场的监管力度，保障市场秩序的稳定和健康发展。

近年来，我国针对文化创意产业和微短剧等新兴业态出台了一系列扶持政策：2022年《“十四五”文化发展规划》明确支持数字文化产业，鼓励文化、科技融合；2022年广电总局发布《关于推动短剧创作繁荣发展的意见》，专项扶持微短剧行业，简化备案流程并加强内容审核；北京、上海等地设立文化创意产业基金，提供税收减免；浙江横店等地推出微短剧拍摄补贴，同时通过“文化+科技”专项支持AR/VR、AIGC等技术应用。这些政策呈现三大导向：一是强化内容引导，兼顾娱乐性与社会效益；二是降低行业门槛，简化审批并提供资金补贴；三是推动技术融合，提升制作和分发效率。然而，行业仍面临内容同质化、盈利模式单一等挑战，未来政策或进一步向“精品化”倾斜，并通过跨部门协作形成全产业链扶持，从业者需抓住技术与政策红利，平衡商业性与文化责任，实现可持续发展。

2. 文化创意产业政策

政府重视文化创意产业的发展，出台了一系列政策鼓励和支持文化创意产业的创新和发展。从2000年十五届五中全会提出“文化产业”一词开始，到党的十九大报告强调要坚持中国特色社会主义文化发展道路，中国共产党一直将文化产业作为经济发展和文化建设的重要组成部分，并将其纳入国民经济和社会发展的战略规划之中。这一系列的决策为文化创意产业的发展提供了坚实的政治支持和战略引领。自2002年党的十六大提出深化文化体制改革开始，政府逐步推进文化体制改革试点，并在2005年底发布《关于深化文化体制改革的若干意见》，全面推进文化体制改革。这一系列改革措施为文化创意产业的发展创造了更加开放、更具活力和创新的发展环境。自2006年开始，中国相继发布了《国家“十一五”时期文化发展规划纲要》和《文化产业振兴规划》，这些专项规划为文化创意产业的发展明确了发展方向、政策措施和支持重点，为产业的蓬勃发展提供了制度保障和政策支持。党的十八大报告和十九大报告均强调了要坚持创新驱动发展，推动文化产业实现高质量发展。特别是在文化产业中，创意是核心驱动力。政府通过鼓励企业加强技术研发，提升产品和服务的创新能力，推动文化产业向价值链高端迈进，从而提升产业整体竞争力。

党的二十大以后，文化创意产业政策更加聚焦于数字化转型、内容创新与产业融合，推动高质量发展。2020年文化和旅游部等发布《关于推动数字文化产业高质量发展的意见》，明确培育沉浸式体验、云演艺等新场景，并加大对中小微企业的融资支持。2022年《“十四五”文化发展规划》提出强化数字文化产业，鼓励5G、AI等技术应用，支持短视频、网络剧等新业态。针对微短剧爆发式增长，广电总局2022年出台《关于推动短剧创作繁荣发展的意见》，简化备案流程，同时要求内容“提质减量”，强化导向管理。地方层面，北京、上海等地通过文创基金、税收优惠扶持原创内容；浙江横店推出拍摄补贴，降低中小团队制作成本。此外，2022年《关于推进实施国家文化数字化战略的意见》明确提出以数字化手段激活文化创意产业潜力，推动文化资源数字化转化，支持博物馆、非遗等文化遗产通过数字技术开发新型 IP，为文创产品提供素材库；鼓励数字文化新业态，如云展览、虚拟演艺、沉浸式体验等创新形式，拓宽文创产业边界；构建文化数据服务平台，促进文创企业高效利用公共文化数据资源，降低创作成本。政策还强调科技赋能，支持 AI、区块链等技术在内容创作、版权保护等环节的应用。

总之，文化创意产业政策是指政府为促进文化创意产业的发展而采取的一系列政策措施，旨在推动文化创意产业的蓬勃发展，提升国家文化软实力和经济实力。政府通过多种途径支持文化创意产业的发展。首先，政府加大了对文化创意产业的财政投入，设立专项资金，用于文化创意企业的创新项目、人才培养、国际交流等方面，为产业的发展提供了坚实的财政支持。其次，政府积极推动文化创意产业的国际合作与交流，鼓励企业参与国际展览、交易会等活动，拓展海外市场。同时，政府还加强了对文化创意产业的知识产权保护，制定了相关政策法规，保护企业的知识产权，鼓励企业进行技术创新和产品研发。最后，政府还通过减税降费、提供优惠贷款等方式支持文化创意产业的发展。例如，对文化创意企业给予减免企业所得税、增值税等税收优惠政策，降低企业的税负压力，提升企业盈利能力。与此同时，政府还鼓励金融机构加大对文化创意产业的信贷支持力度，为企业提供便利的融资服务。此外，政府还加强了对文化创意产业的市场监管和规范，推动产业健康发展。通过建立健全的市场准入机制、加强市场监管等措施，保障市场秩序的稳定和良性竞争，促进文化创意产业的健康快速发展。

3. 文化市场监管政策

随着文化产业市场的不断扩大和发展，政府加强了对文化市场的监管力度，保障了市场秩序的稳定和健康发展。自 2003 年开始，中国在多个地区进行文化体制改革试点，并于 2005 年底发布了《关于深化文化体制改革的若干意见》。这些举措为文化市场监管政策的制定提供了实践经验和政策基础，也为文化市场的规范管理奠定了基础。文化市场监管政策是为了维护文化市场秩序、保护文化产业健康发展而采取的一系列措施和政策。其主要目标是规范市场行为，防止市场混乱和不正当竞争，保障文化产业的健康发展。首先，政府加强了对文化市场的监管力度。通过建立健全的市场监管体系，加强市场巡查和监督检查，严厉打击文化市场上的违法违规行为，维护了市场秩序的稳定和良性竞争环境。党的十八届三中全会提出了进一步深化文化体制改革，完善文化管理体制的任务，要求加强对文化市场的监管和规范，建立健全现代文化市场体系。这一系列措施旨在保障文化市场秩序的稳定和健康发展，防止市场混乱和不正当竞争。其次，政府出台了一系列相关法律法规，规范文化市场的经营行为。例如，《文化市场行政管理条例》等法律法规，明确了文化市场的管理权限和责任，规范了市场主体的经营行为，保护了消费者的合法权益。再次，政府还加强了对文化产品和服务的质量监督和检验。通过建立健全的质量检测机制，加强对文化产品的质量把关，提升了文化产品的品质水平，增强了市场竞争力。最后，政府还加强了对文化市场的信息公开和舆论监督。党的十八届三中全会还强调了加强对文化市场的信息公开和舆论监督，促进市场透明化和公正竞争。这些举措有助于加强市场监管的有效性和透明度，保护消费者的合法权益，维护文化市场秩序的稳定和良性发展。

政府通过加强对市场信息的收集、整理和发布，及时向公众通报市场信息，促进市场透明化和公平竞争。同时，政府鼓励社会各界对文化市场进行监督，加强舆论监督，推动文化市场的健康发展。此外，政府还加强了对跨境文化交易的监管。党的十九大报告指出要坚持中国特色社会主义文化发展道路，维护国家文化安全和文化产业的发展利益。文化市场监管政策的制定也是为了维护国家文化安全，防止文化产品和服务的低俗化和失序化，保护国家文化产业的健康发展。通过加强与其他国家和地区的合作，共同打击跨境文化交易中的违法违规行为，维护了国家文化安全和文化产业的发展利益。

党的二十大报告从意识形态管理、传播体系建设、市场秩序规范等维度对文化市场监管作出部署，强调要“牢牢掌握党对意识形态工作领导权”，加强全媒体传播体系管理，健全网络综合治理体系，强化文化市场综合执法，要求“坚决抵制低俗庸俗媚俗”，体现了导向管理与产业促进并重、传统监管与网络治理结合的现代化监管思路，文化市场监管政策持续完善，形成全方位、多层次监管体系。在演出市场方面，2022 年修订的《营业性演出管理条例实施细则》强化行业规范；针对直播、AI 等新兴业态，2022 年，国家互联网信息办公室、国家税务总局、国家市场监督管理总局联合发布《关于进一步规范网络直播营利行为促进行业健康发展的意见》。在网络文化领域，2024 年发布了《关于开展“清朗·网络平台算法典型问题治理”专项行动的通知》，重点整治网络乱象。这些政策突出技术赋能、协同治理、分类施策等特点，运用大数据等新技术提升监管效能，建立多部门联合执法机制，针对不同业态制定差异化规则，既坚守内容安全底线，又为创新预留空间，构建了导向鲜明、规范有序的现代文化市场监管新格局。

4. 文化对外交流政策

政府积极推动文化对外交流，加强与其他国家和地区的文化交流与合作。通过文化交流，增进了不同国家和地区之间的了解和友谊，促进了世界各国文化的繁荣与发展。文化对外交流政策是指政府为促进国家文化软实力和国际文化交流而采取的一系列政策和措施。其目的是增进中国与其他国家和地区的文化交流与合作，提升中国在国际文化舞台上的影响力和声誉。首先，政府积极推动文化领域的对外交流与合作。通过加强文化产业、文化机构与国际文化组织之间的交流合作，举办文化节庆、艺术展览、演出活动等，促进中外文化交流，增进各国人民之间的相互了解与友谊。其次，政府鼓励文化企业和文化机构参与国际市场竞争，拓展海外业务。通过提供政策支持和服务保障，鼓励文化企业积极开展国际合作项目，拓展海外市场，提升中国文化产品的国际竞争力。最后，政府加强对外文化交流的渠道建设和平台打造。通过建立文化交流机构、设立文化交流基金等方式，促进文化资源的国际传播和交流，推动中国文化在世界范围内的传播和影响。

政府出台了一系列重要政策。2017 年发布《国家“十三五”时期文化发展改革规划纲要》，该纲要提出以推动中华文化“走出去”为核心目标，强调通过政府主导的文化交流活动提升国际影响力。政策重点包括打造“欢乐春节”“中国文化年”等品牌项目，在海外设立中国文化中心，并依托“一带一路”倡议深化与共建国家的文化合作。在实施路径上，主要依靠传统文化交流形式，如文艺演出、展览和影视展播，同时鼓励文化企业拓展国际市场，推动文化产品出口。此外，规划还注重与港澳台地区的文化交流，增强文化认同感。“十三五”时期的对外文化交流以规模扩张和政府主导为主要特征，旨在扩大中华文化的全球能见度，但数字化手段和市场力量的应用相对有限。2021 年发布了《“十四五”文化和旅游发展规划》，该规划较为强调文化传播的精准性和实效性，强调利用数字化手段推动中华文化“走进去”。规划提出“数字文化出海”战略，鼓励短视频、网络文学、游戏等新兴业态拓展国际市场，并加强国际传播能力建设以应对西方舆论挑战。在实施机制上，政策倡导多元主体协同参与，包括企业、社会组织和平台机构，同时深化文旅融合，通过旅游推广中国文化。同时，也提到了文化安全，要求防范文化渗透风险，维护国家文化利益。相较于“十三五”时期，这一阶段的政策更加灵活、市场化，并更注重科技赋能和文化传播的深层影响力。2022年，中共中央办公厅、国务院办公厅印发了《“十四五”文化发展规划》，商务部等27部门联合印发《关于推进对外文化贸易高质量发展的意见》，启动“文化丝路”计划，重点推动影视、出版、动漫等产业出海；2023年，深化实施《“十四五”文化发展规划》，推出面向海外Z世代的电竞、国潮等新型文化交流项目；2024年，中共中央办公厅、国务院办公厅发布《关于加强和改进中外人文交流工作的若干意见》，该意见指出，中外人文交流是党和国家对外工作的重要组成部分，是夯实中外关系社会民意基础、提高我国对外开放水平的重要途径。党的十八大以来，以习近平同志为核心的党中央高度重视人文交流工作，中外人文交流事业蓬勃发展，谱写了新的宏伟篇章，为我国对外开放事业的推进作出了重要贡献，有力推动了全球范围内的人文交流与文明互鉴。

总之，国家政策鼓励优秀文化人才参加国际性的文化交流活动、访问学者项目等，拓宽其国际视野，提升专业水平，为中国文化的国际传播和交流做出更大的贡献。政府还通过外交手段，积极推动国际文化合作。与其他国家和地区加强文化交流与合作的同时，也积极参与国际文化组织和论坛，共同推动全球文化事业的繁荣与发展。

第二节　不同历史时期的文化管理体制

一、新中国成立初期的文化管理体制（1949—1978年）

（一）新中国成立后的文化机构与组织建设

新中国成立后的文化机构与组织建设是推动社会主义文化建设和国家发展的重要组成部分。在新中国成立初期，政府高度重视文化建设，积极组建了一系列文化机构和组织，以推动社会主义文化事业的蓬勃发展。首先，新中国成立后迅速成立了文化部作为最高文化行政管理机构，负责领导和管理国家的文化工作。文化部下设各种专业部门，分别负责管理和推动各个领域的文化事业，同时各级政府也相继建立了文化管理机构和组织，如省级、市级文化局、文化馆等。这些机构和组织负责在本地区范围内的文化工作，包括文艺演出、文化展览、文物保护等方面的管理和组织工作。其次，文学艺术界联合会、电影工作者协会、音乐家协会等各类文化团体也相继成立，作为广大文化工作者的集中代表和服务机构，推动文化产业的发展和文化事业的繁荣。这些机构和组织在各自的领域内发挥着重要作用，推动着中国文化事业的蓬勃发展和繁荣。

（二）政府对文化事业的引导与控制

政府对文化事业的引导与控制是新中国成立后文化管理体制的重要特征之一，旨在确保文化事业为社会主义服务，服务于人民的利益和社会稳定。在推动社会主义文化建设的过程中，政府发挥着引导和监管的作用，以确保文化事业健康发展和社会主义核心价值观的传播。这一文化体系的核心目标，是要满足新生政权对官方意识形态正当性的论说，并以此实现对于社会动员的要求，因而表现为一种行政命令型的文化资源配置体系，以及自上而下的文化生产配给模式。① 首先，政府通过制定相关法律法规和政策文件，明确了对文化事业的引导和管理。例如，通过文化事业发展规划和政策文件，政府明确了对文化事业的支持政策、发展方向和管理要求，为文化事业的发展提供了政策保障和指导。其次，政府通过财政、税收、金融等方面的政策，为文化事业提供了必要的经济支持和保障。总之，政府对文化事业的引导与控制是新中国成立后文化管理体制的重要组成部分，为文化事业的健康发展和社会主义文化建设提供了坚实的政策基础和制度保障。

（三）文化领域的国有化与集中管理

文化事业的国有化与集中管理是新中国成立后文化管理体制的重要特征之

---

① 傅才武．中国文化管理体制：性质变迁与政策意义［J］．武汉大学学报（人文科学版），2013（01）．

一。在新中国成立初期，为了确保文化事业为社会主义服务、服务于人民的利益，政府采取了国有化和集中管理的措施，对文化事业进行了全面的调整和改革。首先，政府对文化事业进行了国有化改革，即将私人资本控制的文化企业收归国有，实现了对文化事业的国有化。这一举措旨在确保文化事业能够服务于社会主义建设和国家利益，保障了文化事业的发展方向与政府意图相符。国有化改革不仅加强了政府对文化事业的控制和引导，还为国家在文化领域的政策实施提供了有力的支持。其次，政府通过集中管理的方式，加强了对文化事业的统一领导和调控。通过成立文化事业部门、设立专业管理机构等措施，实现了对文化各个环节的集中管理和统一部署。这种集中管理的模式有助于政府更好地发挥引导和监管作用，推动文化事业朝着符合社会主义核心价值观的方向发展。

然而，文化事业的国有化与集中管理也存在一些问题和挑战。一方面，过度的国有化和集中管理可能导致政府对文化领域的过度干预，影响市场的竞争和创新；另一方面，集中管理的模式可能限制了文化领域的发展空间和创新能力，影响了文化事业的多样性和活力。总的来说，文化事业的国有化与集中管理在一定程度上推动了文化事业的发展和繁荣，为社会主义文化建设提供了有力的政策支持和制度保障。但是，需要在国有化与市场化、集中管理与分散管理之间找到平衡，推动文化事业向着更加多样化、开放化和创新化的方向发展。

二、改革开放时期的文化管理体制（1978—2000年）

（一）经济体制改革与文化管理体制的关系

1. 市场经济体制对文化管理的挑战与机遇

市场经济体制给文化管理带来了一系列挑战和机遇，这在中国改革开放初期尤为突出。随着市场经济体制的建立和发展，文化管理面临了新的形势和要求。首先，市场经济体制的建立给文化管理带来了挑战。传统的文化管理体制主要是由政府主导，以行政化管理为主，而市场经济体制的建立要求文化产业能够更多地依靠市场机制进行调节和运作。这就意味着文化管理体制需要适应市场竞争的需要，加强对市场环境的监管和调控，以确保文化产业的健康发展。其次，市场经济体制为文化管理带来了机遇。市场经济体制的建立意味着文化产业将更多地依靠市场供需关系进行资源配置，这为文化产业的发展提供了更广阔的空间和更多的机会。最后，市场经济体制也鼓励了文化产业的创新和创意，促进了文化产品的多样化和个性化，满足了人们日益增长的文化消费需求。

此外，市场经济体制还促进了文化产业的国际化发展。在市场经济体制下，文化产业不再受制于国家行政体制和计划经济的局限，而是更加注重市场需求和国际竞争力。这为文化产业的国际交流与合作提供了更广阔的空间和更多的机会，有利于提升中国文化产业在国际舞台上的地位和影响力。

总的来说，市场经济体制对文化管理既带来了挑战，也带来了机遇。中国文化行业在经济转型中经历了深刻调整，包括领域重新划分、组织角色重新定位。文化行业由封闭向开放转变，以社会管理为主，面对市场需求和全球资源整合挑战，迎来了更开放、灵活的管理体制。①

在市场经济的大潮中，文化管理需要不断调整自身结构和管理方式，适应市场竞争的需要，不断提升自身的竞争力和创新能力，以实现文化产业的可持续发展。

2. 文化管理体制在经济体制改革中的定位与作用

随着经济体制改革的深入，文化管理体制在调整产业结构中扮演着重要角色。传统的行政管理模式逐渐转变为市场化、法制化的管理方式，促使文化产业从传统的行政管理模式向市场化、法制化的管理模式转变，推动文化产业结构优化升级。

文化产业是经济体制改革中的一个重要领域，文化管理体制的调整对于促进文化产业的发展起着关键作用。通过完善文化产业政策，优化文化市场环境，激发文化创意活力，加强文化产业的规划引导和政策支持，提升文化产业的核心竞争力和国际影响力。文化管理体制在经济体制改革中的作用还体现在保护文化遗产、传承中华优秀传统文化方面。随着城市化进程的加快和经济发展的压力，传统文化受到了一定程度的冲击和威胁。因此，文化管理体制需要加强对文化遗产的保护和传承，通过制定相关政策和措施，推动文化遗产的保

① 孙萍主编．文化管理学［M］．2 版．北京：中国人民大学出版社，2011：400.

护工作。

经济体制改革和对外开放的政策使中国文化产业面临着更广阔的发展机遇和挑战。文化管理体制需要顺应国际化趋势，加强对文化产业国际化发展的引导和支持，通过促进文化产业国际交流与合作，提升中国文化产业的国际竞争力和影响力。总的来说，文化管理体制在经济体制改革中的定位与作用是多方面的，既包括对文化产业的规范和引导，也包括对文化遗产的保护和传承，同时还涉及文化产业的国际化发展等方面。通过不断完善文化管理体制，加强政策制定和实施，可以更好地促进文化产业的健康发展和繁荣。

（二）文化管理体制的变革与调整

1. 文化管理体制改革的背景与动因

1978—2000 年，是中国文化管理体制发生深刻变革的时期，这一时期的文化管理改革始于中国改革开放的浪潮，受到国内外政治、经济、社会等多方面因素的影响。以下将从背景与动因两个方面对这一时期的文化管理体制改革进行详细探讨。

1978 年以前，中国长期实行计划经济体制，文化产业的发展受到政府行政性管理和计划指导的影响较大。但随着改革开放的深入推进，中国逐步实行了市场经济体制，文化产业也逐渐向市场化方向发展，市场需求成为主导，这为文化管理体制改革提供了市场化的背景。

改革开放初期，中国社会经济结构发生了巨大变化，城市化进程加快，社会分工更加细化，文化需求也变得多样化和个性化。传统的文化管理体制难以满足不断增长的文化需求和多样化的文化表达，因此迫切需要对文化管理体制进行调整和改革。这个阶段，中国政治经历了一系列重大变革，国家对于文化产业的管理和引导也发生了相应的调整。政治上的改革为文化产业的发展提供了更加开放、活跃的氛围，为文化管理体制改革提供了政治支持。随着市场经济体制的建立，市场在资源配置中的作用日益凸显，传统的文化管理体制无法适应市场经济的要求，迫切需要对文化管理体制进行改革，加强市场导向和竞争机制，以推动文化产业的发展和繁荣。

改革开放以来，中国社会发生了巨大变化，人民群众的文化需求也随之发生了变化，由单一的文化供给转变为多元化和个性化的文化需求。因此，需要对文化管理体制进行调整和改革，加强文化产业的创新和服务功能，以满足人民群众不断增长的文化需求。文化产业作为国民经济的重要组成部分，对于经济增长和社会发展具有重要意义。所以，需要对文化管理体制进行改革，加强对文化产业的支持和引导，促进文化产业的创新发展，推动文化产业成为国民经济的支柱产业之一。为了提升国家软实力和文化竞争力，中国高度重视提升国家软实力和文化竞争力，文化管理体制改革成为实现这一目标的重要途径。通过加强文化产业的管理和服务，提升国家文化软实力和国际影响力，增强中国在国际文化领域的竞争力。

2. 文化机构与组织架构的重构

1978—2000 年，中国经历了改革开放的历程，这一时期对中国文化机构和组织架构带来了深刻的影响和重大的变革。在这段时间内，中国文化管理体制经历了一系列调整和重构，以适应社会主义市场经济体制的建立和文化产业的快速发展。

（1）文化机构的改革与调整。在改革开放的大背景下，中国对文化机构进行了全面的改革和调整，以适应市场经济发展的需要。首先，国家层面的文化机构发生了调整，原有的文化部、广播电视部、新闻出版部等部门被改组为文化部、广电总局、新闻出版总署等机构，负责统筹协调全国范围内的文化事务和产业管理。这些机构的设立，为加强国家对文化产业的统一管理和领导提供了制度保障。其次，地方层面的文化机构也进行了相应的改革和调整。各省、自治区、直辖市建立了相应的文化管理机构，如文化厅、广播电视局、新闻出版局等，负责管理和监督本地区的文化事务和文化产业发展。这些地方性文化机构的建立，有利于加强地方文化产业的管理和服务，推动地方文化事业的发展和繁荣。

（2）文化产业组织结构的变革与优化。在经济体制改革的背景下，中国文化产业组织结构也发生了深刻的变革和优化。传统的国有文化企业和事业单位逐步面临市场化的挑战，为了适应市场经济发展的需要，国家对文化产业组织结构进行了调整和优化，逐步形成了以市场为导向、以企业为主体的文化产业组织架构。这些企业在市场竞争中不断壮大，为文化产业的发展壮大提供了重要支撑。同时，文化产业组织结构的变革还包括对文化创意产业、数字文化产业等新兴产业的重视和培育。随着信息技术的发展和数字经济的兴起，中国文化产业逐渐向数字化、网络化方向发展，文化产业组织结构也相应进行了调整和优化，以适应新形势下文化产业的发展需求。

（3）文化管理体制的改革与完善。改革开放时期，中国文化管理体制也经历了一系列的改革与完善。在政府监管下，文化产业逐步形成了法治化、市场化的管理模式，相关的文化管理法律法规不断完善，为文化产业的发展提供了制度保障和法律支持。同时，政府对文化产业的引导和扶持力度不断加大，通过制定和实施相关政策，鼓励文化产业创新和发展，推动文化产业成为国民经济的支柱产业之一。

总的来说，1978—2000 年，是中国文化管理体制不断调整和完善的时期，通过改革开放，中国文化产业迎来了蓬勃发展的机遇，文化机构和组织结构得到了重构和优化，文化产业管理体制逐步完善，为中国文化事业的蓬勃发展奠定了坚实基础。

3. 文化管理体制的机制创新与优化

中国在 1978—2000 年的文化管理体制改革中，除了对机构和组织结构进行重构外，还伴随着管理体制的创新与优化。本小节将重点探讨这一方面的内容，着重于管理体制的变革对文化产业发展的影响和意义。

（1）管理模式的探索与创新。在改革开放的大背景下，政府开始探索适应市场经济条件下的文化管理模式，强调市场机制在资源配置中的作用，提倡自主经营、竞争和创新。为了更好地适应地方实际情况，政府逐步推进了文化管理体制的分权下放，将部分管理权限和责任下放到地方政府，增强了地方文化管理机构的决策权和执行力。

（2）机构管理体制的调整与优化。政府对各级文化管理机构的职能进行了重新规划和调整，明确了各级机构的主要任务和职责范围，以适应新的管理要求和发展需求。为了提高管理效率和资源利用效率，政府对文化管理机构进行了合并和整合，减少了机构之间的重复建设和资源浪费，优化了管理体制的结构和布局。

（3）制度建设与规范管理。政府加强了文化管理体制的制度建设，建立了一系列规范的管理制度和运行机制，包括财务管理、人力资源管理、业务流程等方面，提高了管理效率和服务水平。政府加强了对文化管理体制的法治化建设，推动文化管理工作依法行政，规范文化管理行为，保障文化产业的有序发展和良性竞争，提升管理体制的透明度和公正性。

（三）文化管理理念与方法的更新

1. 传统管理理念与挑战

在中国的文化管理体制中，长期以来存在着传统的管理理念和模式，这些传统理念在改革开放以前一直主导着文化管理的方向和实践。然而，随着时代的变迁和社会的发展，这些传统管理理念逐渐暴露出许多挑战和不足之处，需要进行重新审视和调整。

传统的文化管理体制主要由政府主导，以行政化方式管理文化事务。政府参与过多，导致资源配置不合理、管理效率低下等问题，制约了文化产业的发展。政府的主导地位使得决策过程缺乏灵活性，难以及时应对文化领域的变化和挑战。在过去的几十年中，政府在文化产业中的地位和作用非常突出。政府通过制定政策、规划和管理，直接参与文化产业的各个环节，对文化资源的配置和利用起着主导作用。然而，这种政府主导的管理模式在一定程度上制约了文化产业的发展。公共文化建设的决策和管理简化为行政部门对人和事的单向管理，民众依然被视为决策、管理和服务的对象，而非这一过程的参与者，①导致了资源配置不合理、管理效率低下等问题。各级政府设立了大量的文化部门和机构，负责文化资源的管理和服务。但是，由于行政体制的惯性和制度约束，这些机构往往存在着职能不清、效率低下等问题，无法有效地满足文化产业发展的需求。

传统的文化管理理念更加强调政治指导和意识形态，对文化产业的发展和管理往往是以政治目标为导向的。这种政治化的管理方式往往忽视了市场需求和经济效益，导致文化产业的发展缺乏市场化的动力和活力。各级文化机构之间往往存在着僵化和封闭的局面。由于缺乏竞争的激励机制，文化机构缺乏创新意识和活力，难以应对外部环境的变化和挑战。传统的文化管理体制往往注重于某一方面的管理和发展，忽视了文化产业的多元性和综合性。这种单一性和片面性的管理模式，导致了文化产业的发展不够全面和均衡，无法充分发挥文化产业的整体效益和社会价值。在新的时代背景下，需要加强对文化管理体

① 王锡锌．政府改革：从管理主义模式到参与式治理［J］．中国改革，2011（04）．

制的创新和改革，建立符合市场需求和经济规律的管理机制，推动文化产业的健康发展和繁荣。

2. 文化管理方法的更新

随着改革开放的深入，市场经济体制逐步建立，市场在资源配置中的决定性作用日益凸显。文化产业也受到了市场机制的影响，管理方法开始向市场化方向转变。政府逐渐减少对文化产业的直接干预，更多地采取间接手段，如制定相关政策、提供财政支持等，鼓励市场主体参与文化产业的运作。这种市场化导向的管理方法，促进了文化产业的多元化发展和创新，提高了文化产品的市场竞争力。

在经济发展的新阶段，创新被认为是推动文化产业发展的核心动力之一。因此，文化管理方法也开始注重创新驱动。政府加大对创新型文化企业的扶持力度，鼓励企业加大技术研发投入，推动文化产品和服务的创新。同时，政府还积极引导文化企业与科研院所、高校等合作，促进技术和文化产业的深度融合，推动文化产业向高端化、智能化方向迈进。

随着社会的进步和人们观念的变化，文化管理方法也逐渐呈现出多元化发展的趋势。政府在管理文化产业时，开始注重对不同类型、不同形式的文化产业进行分类管理，采取差异化的政策措施，促进各类文化产业的协调发展。同时，政府还鼓励民间资本参与文化产业的发展，推动文化产业从政府主导向市场主导转变，促进文化产业的健康发展。

随着全球化进程的加速推进，中国文化产业也开始向国际化迈进。因此，文化管理方法也逐渐注重国际化视野。政府积极鼓励文化企业开拓海外市场，拓展国际合作与交流渠道，提高中国文化产品在国际市场的知名度和影响力。同时，政府还加强对外文化交流与合作，推动中国文化产业与世界先进文化产业的对话与交流，促进中国文化产业在国际舞台上更好地表现。

随着社会主义市场经济体制的建立，政府开始重视社会参与和民主化管理。文化管理方法也逐渐向社会开放，注重吸纳社会各界的意见和建议，充分调动社会力量参与文化产业的管理和运作。政府还积极倡导公众参与文化决策的机制建设，提高文化管理的透明度和公正性，促进文化事业的健康发展。

为了更好地规范文化产业的发展和管理，政府加强了法治建设，在文化管理中更加注重法律法规的制定和执行。建立健全的法律体系，加强对文化市场的监管和规范，保障文化产业的良性发展，维护市场秩序和文化产业生态的稳定。

1978—2000 年，中国文化管理方法的更新经历了从市场化导向、创新驱动、多元化发展到国际化视野等多个方面的调整和变革，这些更新为中国文化产业的发展提供了新的动力和机遇，推动了文化事业的蓬勃发展和繁荣。

3. 文化管理实践的创新

（1）文化市场化实践。随着市场经济体制的逐步建立，文化产业也逐步向市场化方向发展。政府通过改革和放开文化市场，鼓励私人资本进入文化产业领域，促进了文化产品和服务的多样化、个性化。文化市场化实践为文化产业的发展提供了更多的发展机遇，也激发了文化创意和创新的活力。

（2）文化产业体制改革。在改革开放初期，中国对文化产业的体制进行了重大改革，主要体现在国有企业改革、机构改革等方面。通过改革，国有文化企业获得了更大的自主权和市场竞争力，促进了文化产业的发展和壮大。同时，文化管理机构的改革也加速了文化产业的发展步伐，使文化管理更加适应市场需求和产业发展。

（3）文化产业创新实践。在改革开放的大环境下，中国文化产业不断进行创新实践，包括技术创新、产品创新、管理创新等方面。文化企业积极引进先进技术，提升产品质量和创意水平，不断推出具有国际竞争力的文化产品。同时，文化管理实践也不断探索创新，提升管理效率和服务水平，促进了文化产业的持续健康发展。

（4）文化产业国际化实践。随着全球化进程的加速，中国文化产业也积极参与国际竞争和合作。中国的文化产品和服务逐渐走向世界舞台，取得了一定的国际影响力。在国际化实践中，中国文化产业不断开拓国际市场，加强与国外文化企业的合作，推动中国文化产业与世界先进文化产业的对话与交流。

（5）文化产业科技化实践。科技是推动文化产业发展的重要动力之一。中国的文化产业自改革开放以来，不断加大对科技创新的投入，推动文化产业的科技化发展。通过引进和研发先进技术，提高文化产品的技术含量和附加值，加速了文化产业的发展步伐，提升了中国文化产业在国际上的竞争力。

（6）文化产业人才培养实践。文化产业的发展离不开人才的支持和培养。中国自改革开放以来，不断加大对文化产业人才培养的力度，建立了一系列培养体系和机制。通过优化教育资源配置、加强院校与企业的合作，提高文化产业人才的整体素质和创新能力，为文化产业的可持续发展提供了强有力的人才保障。

1978—2000 年，中国的文化管理实践在市场化、产业体制改革、创新、国际化、科技化和人才培养等方面都取得了一系列创新成果。这些创新实践为中国文化产业的发展奠定了坚实的基础，也为今后的文化产业发展提供了宝贵经验和借鉴。

三、21 世纪以来的中国文化管理体制

（一）文化产业政策的调整与创新

1. 数字化转型与创新

数字化转型与创新在当代文化管理领域中扮演着至关重要的角色。随着信息技术的飞速发展和互联网的普及，数字化已经成为文化管理的必然选择，对文化产业的发展产生了深远的影响。《关于推进实施国家文化数字化战略的意见》是党和国家落实“十四五”规划的顶层设计再深化。公共文化数字化建设的内容主要包括公共文化资源的数字化、公共文化服务的数字化和公共文化管理的数字化，最终是要实现公共文化服务的便利化、公共文化管理的标准化、公共文化权益的均等化。①

首先，数字化转型为文化管理带来了巨大的创新。传统的文化管理方式往往局限于纸质档案和实体场馆，信息闭塞，流程烦琐。而数字化转型将文化资源数字化，实现了信息的高效存储和快速传递，极大地提升了管理效率和服务质量。例如，数字化档案库、数字化展览馆等新型文化管理平台的出现，为人们提供了更便捷、更丰富的文化体验，推动了文化产业的创新和发展。其次，数字化转型为文化管理注入了新的活力。通过数字化技术，文化资源得以更好地利用和共享，不仅可以扩大文化服务的覆盖范围，还可以激发更多创意和创新。例如，数字化艺术创作平台、文化创意众筹平台等新型文化生态的形成，

---

① 陈超．图书馆要勇当公共文化数字化转型的排头兵——《关于推进实施国家文化数字化战略的意见》学习思考［J］．中国图书馆学报，2022，48（04）：23－25.

为艺术家和创意从业者提供了更广阔的发展空间，促进了文化产业的繁荣和多元化。最后，数字化转型也带来了文化管理方式的革命性变化。传统的文化管理往往由政府主导，而数字化转型则赋予了更多的参与主体和市场机制。通过数字化平台，个人和组织可以更方便地参与文化创作、传播和消费，文化管理逐渐向着多元化、平民化的方向发展。这种新型的文化管理模式既促进了文化产业的发展，也增强了文化的活力和创造力。

然而，数字化转型也面临着一些挑战和问题。一是信息安全和隐私保护问题。随着个人信息的数字化和网络化，个人隐私面临着更大的泄露风险，信息安全成为亟待解决的问题。二是数字鸿沟问题。虽然数字化转型为文化资源的共享提供了便利，但在信息技术不发达地区，数字化差距依然存在，一些人群仍然无法享受到数字化带来的便利和福利。数字化转型与创新是当代文化管理的必然选择，它为文化产业的发展带来了新的机遇和挑战。只有充分发挥数字化技术的优势，解决好相关问题和挑战，才能实现文化管理的持续创新和发展。

2. 跨界融合与合作

跨界融合与合作在当代文化管理体制中扮演着重要角色。它不仅是推动文化产业发展的重要动力，也是适应新时代文化需求的重要举措。本节将从跨界融合与合作对文化管理体制的影响、具体实践案例以及未来发展趋势等方面展开讨论。

首先，跨界融合与合作对文化管理体制带来了深刻影响。随着社会的不断发展和变革，传统的文化管理模式已经不再适应当今多元化、复杂化的文化需求。跨界融合与合作打破了传统文化管理体制中的壁垒，促进了不同领域、不同行业之间的资源共享、合作共赢。“由政府一元主宰发展为政府、企业和第三部门的多元共治”。[①] 在文化管理体制中，跨界融合与合作的理念被广泛应用，推动了文化产业的转型升级、创新发展。其次，跨界融合与合作在文化管理体制中的具体实践日益丰富。各级政府、文化机构、文化企业等积极探索跨界合作的新模式，促进了文化资源的整合和优化配置。例如，文化机构与科技企业的合作，推动了数字文化的发展和普及；文化企业与教育机构的合作，促进了文化创意人才的培养和输出；文化产业与旅游业的合作，推动了文化旅游

① 刘俊生．公共文化服务组织体系及其变迁研究——从旧思维到新思维的转变［J］．中国行政管理，2010（01）．

产品的创新和升级。这些实践为文化管理体制的改革与创新提供了有力支撑，推动了文化产业的跨越式发展。最后，跨界融合与合作对文化管理体制的未来发展具有重要意义。随着经济全球化和信息技术的不断发展，跨界合作将成为文化产业发展的主要趋势之一。未来，文化管理体制将更加注重跨界合作的深度和广度，构建起更加开放、包容的合作机制和平台，推动文化资源的跨领域整合和创新应用。同时，政府、企业和社会各界应加强协同合作，形成良好的政策环境和市场机制，共同推动文化产业的持续健康发展。

跨界融合与合作是推动文化管理体制变革和创新的重要路径，它不仅丰富了文化产业的发展内涵，也提升了文化管理的效率和水平。随着时代的发展和技术的进步，跨界融合与合作将继续发挥重要作用，为文化管理体制的持续优化和升级提供新的动力和方向。

3. 创新驱动与文化生态变化

创新驱动与文化生态变化是当代文化管理体制发展中的重要议题，它们不仅影响着文化产业的发展方向和路径，也对文化管理体制的变革和调整提出了新的挑战。本节将从创新驱动与生态变化对文化管理体制的影响、具体实践案例以及未来发展趋势等方面展开探讨。

首先，创新驱动对文化管理体制带来了深刻影响。随着科技和信息技术的不断发展，创新已成为文化产业发展的重要驱动力。文化管理体制需要与时俱进，加强创新理念和方法的引入，推动文化产业从传统向现代、从单一向多元的转变。在创新驱动的推动下，文化管理体制更加注重知识产权保护、文化创意产业培育、数字文化资源开发等方面的工作，促进文化产业的创新发展和竞争力提升。

其次，生态变化对文化管理体制提出了新的挑战。随着社会经济的快速发展和城市化进程的加速推进，文化生态环境发生了巨大变化，文化需求和消费方式也发生了深刻变革。文化管理体制需要与这种生态变化相适应，“要求公共文化发展的各种要素都围绕公民文化权利实现这一中心目标展开，形成‘目标一致、各有侧重、要素联动、优势互补的动力组合产生文化发展的强大合力’”。① 加强文化资源的保护和利用，促进文化产业的可持续发展。在生态变

① 金民卿. 构建多种文化发展模式［N］. 中国社会科学报. 2011－11－08（07）.

化的影响下，文化管理体制需要加强对文化产业的规范引导，推动文化产业向绿色、环保、可持续方向发展，为构建文化生态环境提供坚实支撑。

最后，文化管理体制将继续加强创新驱动，推动文化产业从高速增长向高质量发展转变。同时，文化管理体制也需要构建起文化产业良好的生态环境，促进文化产业健康可持续发展。在创新驱动和生态变化的双重影响下，文化管理体制将不断优化升级，推动文化产业向着数字化、智能化、绿色化、高端化方向迈进，为构建现代化文化产业体系作出新的贡献，为构建现代化文化产业体系注入新的活力和动力。

（二）文化管理体制监管与规范

1. 市场监管与完善

21 世纪以来，中国文化管理体制中的市场监管与完善成为重要议题。随着经济的快速发展和社会的不断变革，文化产业日益成为经济增长的新动力，同时也面临着市场化、国际化的挑战和竞争。中共中央明确提出：“各级党委和政府要把公共文化服务体系建设作为提高党的执政能力、建设服务型政府的重要任务，放在全局工作的突出位置，把握方向，制定政策，整合力量，营造环境，切实担负起领导责任。”① 因此，加强市场监管，完善管理体制，成为推动文化产业健康发展的重要举措。

首先，市场监管是保障文化市场秩序的重要手段。在市场经济体制下，文化产业日益市场化，市场竞争日益激烈。加强市场监管，打击侵权盗版行为，维护良好的市场秩序，是保障文化产业健康发展的关键。政府出台了一系列法律法规，建立了健全的版权保护体系，加强了对文化市场的监管力度，有效维护了文化产业的合法权益，促进了文化市场的良性竞争。

其次，市场监管是促进文化产业转型升级的重要保障。随着科技进步和数字化技术的普及，文化产业正在经历着数字化、智能化的转型升级。加强市场监管，推动文化产业向高端、智能、创新的方向发展，成为提升文化产业核心竞争力的关键。政府加强对文化产业的政策引导和资金支持，推动文化企业加大科技研发力度，培育新兴产业，推动文化产业向数字化、智能化迈进，不断

---

① 中共中央办公厅，国务院办公厅. 关于深化文化体制改革的若干意见［N］. 人民日报，2006－01－13.

提升文化产品的质量和竞争力。

最后，市场监管是促进文化产业国际竞争力提升的重要保障。随着经济全球化的深入推进，文化产业面临着来自国际市场的激烈竞争和挑战。加强市场监管，提升文化产业国际竞争力，成为推动文化产业走向世界的重要途径。政府加强了对文化产业的政策支持和对外交流合作，推动文化企业加强国际合作，拓展海外市场，提升文化产品的国际知名度和影响力，加强文化产业在国际市场的竞争地位。

总之，中国文化管理体制中的市场监管与完善发挥着重要作用。加强市场监管，维护良好的市场秩序，促进文化产业转型升级，提升文化产业国际竞争力，是推动文化产业健康发展、实现文化产业高质量发展的重要举措。在市场监管与完善的推动下，中国文化产业将迎来更加广阔的发展前景，为构建现代化文化产业体系、推动文化事业繁荣发展作出新的贡献。

2. 内容审查与监管

21 世纪以来，中国文化管理体制中的内容审查与监管一直是备受关注的话题。内容审查与监管旨在确保文化产品的合法合规，维护社会稳定，促进文化产业的健康发展。通过法治手段，可以有效回应公共文化需求的多样性，同时维护个体权利、限制政府权力，并促进文化市场的自律和发展。在法律框架下，政府需依法行使文化行政权力，推动公共文化服务社会化，同时文化市场管理也需要转向更加协调和自治的方向，以保障文化产业各方的合法权益。①

在信息时代的背景下，内容审查与监管更加重要，因为网络媒体的发展使得信息传播更加便捷和迅速，也增加了管理的复杂性。以下是对 21 世纪以来中国文化管理体制中内容审查与监管的探讨：

随着时代的变迁，政府不断加强文化内容审查与监管的法律法规建设。例如，出台了《中华人民共和国互联网信息服务管理办法》《中华人民共和国网络安全法》等一系列法规，明确了网络内容的审查标准和管理要求。此外，还建立了内容审查与监管的制度体系，包括设立了相关管理部门、建立了内容审查机制等，以保障文化产品的合法性和安全性。采取了多种技术手段和工具来进行内容审查与监管，包括人工审核、智能审核、大数据分析等方式，以及网

---

① 齐崇文. 公共文化管理的法律之维［J］. 东岳论丛，2017，38（07）：101－109.

络关键词过滤、网站黑名单管理等技术手段。这些手段和工具的应用，有效提升了内容审查与监管的效率和准确性，有力维护了网络信息空间的健康发展。

为了更好地开展内容审查与监管工作，政府加强了跨部门的合作与协调。各级政府部门、文化管理机构、网络运营企业等之间建立了密切的合作关系，共同推动内容审查与监管工作的落实。同时，政府也加强了与国际社会的交流与合作，学习借鉴国外先进经验，共同应对全球性的内容审查与监管挑战。

作为内容审查与监管的重要一环，政府鼓励公众参与和舆论监督。公民、媒体、学者等各界人士积极参与内容审查与监管工作，监督政府和相关部门的工作，推动内容审查与监管工作的公正、透明和规范。通过法律法规建设、技术手段应用、跨部门合作与国际交流以及公众参与和舆论监督等措施，有效维护了文化产品的合法合规，保障了网络信息空间的健康发展，为文化产业的繁荣和健康发展作出了积极贡献。在未来，中国将继续加强内容审查与监管工作，不断完善管理体制，促进文化产业持续健康发展。

3. 知识产权保护与合作

21 世纪以来，中国文化管理体制中的知识产权保护与合作一直是重要的议题。知识产权的保护不仅是文化产业健康发展的关键，也是促进创新、推动经济增长的基础。随着经济的发展和文化产业的壮大，政府加强了知识产权保护的法律法规建设，先后出台了《中华人民共和国著作权法》《中华人民共和国专利法》《中华人民共和国商标法》等一系列知识产权保护法律，明确了知识产权的定义、范围、权利和义务等内容，为文化产业的创新与发展提供了法律保障。中国的知识产权文化实践也是传统文化演进的重要创新，应当以社会整体的知识产权共识为核心目标，转变政策理念，拓展主体，细化层次，丰富工具，优化知识产权文化治理政策结构。①

为了加强知识产权保护工作，政府建立了完善的知识产权保护执法机构和体系。各级政府部门、知识产权行政执法机构、司法机构等相互配合，共同维护知识产权的合法权益，打击侵权盗版行为，保障创新成果和文化产品的合法权益。为了更好地应对全球化的挑战，中国积极开展知识产权国际合作与交流。加入世界知识产权组织（WIPO）、签署国际知识产权保护协定等，加强与

---

① 刘华，黄金池．文化治理视域下我国知识产权文化政策结构性优化研究［J］．华中师范大学学报（人文社会科学版），2019，58（02）：85－90.

国际社会的合作，共同应对知识产权保护面临的挑战。同时，中国还积极参与知识产权保护的国际合作机制，与其他国家和地区分享经验，共同促进全球知识产权保护的进步。知识产权保护不仅是保护创新成果的合法权益，也是促进文化产业发展的重要保障。加强知识产权保护，可以有效激发创新活力，提高文化产业的竞争力和创新能力，推动文化产业的健康发展和持续增长。中国在知识产权保护与合作方面取得了显著进展。通过法律法规建设、执法机构建设、国际合作与交流等措施，有效保护了知识产权的合法权益，促进了文化产业的创新发展，为文化产业的持续繁荣和健康发展打下了坚实基础。在未来，中国将继续加强知识产权保护与合作，推动文化产业向知识密集型、技术密集型方向发展，实现更高质量的经济增长和文化繁荣。

（三）未来发展趋势与展望

1. 国际化发展趋势

21 世纪以来，中国文化管理体制的国际化发展趋势日益凸显，这不仅是中国文化产业发展的必然要求，也是中国对外文化交流合作的重要体现。随着全球化进程的加速推进，文化产业也日益成为国际竞争的重要领域。中国文化产业在这一背景下逐渐走向国际舞台，希望通过与国际接轨，提升自身的软实力，增强文化产业的国际竞争力。中国文化产业国际化的路径主要包括海外投资、跨国并购、文化输出等方式。通过海外投资，中国文化企业可以在海外市场开拓业务，提升品牌知名度；通过跨国并购，可以获取海外先进技术和资源，提升企业竞争力；通过文化输出，可以传播中国文化，增强中国文化在国际上的影响力。为了促进文化产业国际化发展，政府积极出台政策，提供支持和引导。例如，推动文化企业“走出去”，鼓励文化产业与“一带一路”共建国家进行合作；支持文化企业参与国际展览、交流活动，提升国际影响力；加强知识产权保护，保障中国文化企业在海外的合法权益等。中国积极开展国际文化交流与合作，通过举办文化节、艺术展、电影节等活动，加强与各国的文化交流与合作，促进不同文化之间的相互理解与友好交往。同时，中国还加强了与其他国家的文化产业合作，推动文化产业全球价值链的深度融合。中国文化产业国际化发展面临着诸多挑战，如文化差异、语言障碍、市场竞争等，但也蕴含着巨大的机遇。在全球经济一体化的大背景下，中国文化产业有望借助国际市场的巨大需求和潜力，实现更广阔的发展空间。中国文化管理体制的国际化发展趋势日益凸显，中国文化产业正在以更加开放的姿态走向世界舞台，为世界文化多样性的繁荣做出积极贡献。在未来，中国将继续深化与各国的文化交流与合作，推动文化产业国际化发展，实现更加全面、深入的国际化目标。

2. 市场化发展路径

21 世纪以来，中国文化管理体制的市场化发展路径呈现出多样化和动态化的趋势，其在文化产业发展中发挥了重要作用。随着中国市场经济体制的不断完善和文化产业的快速发展，市场化改革成为中国文化管理体制的重要方向。政府在此背景下加大了文化产业的市场化力度，以促进文化产业的健康发展和国民经济的持续增长。政府推动文化企业改革，鼓励企业从事多样化的文化业务，提高经营效益和市场竞争力。政府逐步放开文化产业市场准入限制，加强市场竞争机制建设，推动文化产业形成竞争激烈、有效率的市场格局。政府积极出台支持文化产业发展的政策措施，加强市场机制的引导作用。政府引导金融资本进入文化产业领域，推动文化产业融资多元化和市场化运作，促进文化产业健康发展。市场化改革推动了文化产业的多元化发展，促进了文化产品、服务和业态的丰富和多样化。市场竞争的激烈推动了文化产业的创新活力，促进了技术、模式和产品的不断更新与升级。市场化发展推动了中国文化产业向国际市场拓展，促进了中国文化产业与国际市场的融合与互动。市场化改革中政府的政策导向逐步向市场化方向转变，促进了市场机制的形成和发挥。在市场化改革过程中，文化产业面临着市场竞争激烈、版权保护不足、文化产品质量参差不齐等问题，需要政府加大监管和政策支持力度。为实现“十四五”时期文化产业的高质量发展，急需完善文化经济政策，推进文化要素市场化配置，以支撑现代文化产业体系和市场体系的健全。具体而言，重点在于完善财政金融支持政策、深化文化管理创新、推进国有文化企业改革。政府在财政、税收、金融等方面提出了相应举措，包括降低准入门槛、完善产权制度、改善出资人制度等，以促进文化产业的良性发展。① 市场化改革为文化产业带来了广阔的发展空间和机遇，有利于提升文化产业的创新能力、竞争力和国际影响

---

① 闫烁，祁述裕．完善“十四五”时期文化经济政策促进文化要素市场化配置［J］．行政管理改革，2020（11）：10－19.

力，促进文化产业的可持续发展。

3. 社会化管理新模式

文化管理体制的社会化管理新模式逐渐成为发展的重要方向。这一新模式不仅是对传统的政府主导型管理方式的补充，更是适应社会变革和发展需求的产物。随着社会经济的发展和人民生活水平的提高，人们对文化产品、服务和体验的需求日益多样化和个性化。传统的政府主导型管理方式在适应多样化文化需求和促进文化产业发展方面存在一定局限性，政府开始探索引入社会力量参与文化管理的新模式，其中公共文化机构的社会化管理运营是政府购买公共文化服务的重要组成部分。实施社会化管理需要明确政府责任，探索有效方式，制定细致的合约，提供特色和标准化服务，强化过程管理，实行科学决策和民主监督，注重评估和满意度，同时加强对承接主体的培育和规范化管理。①

社会化管理新模式注重多元化参与主体，包括政府、企业、社会组织、文化创意团体、文化从业者以及广大公众。社会化管理新模式倡导建立创新的管理机制，包括公私合作、产学研结合、企业社会责任等，以推动文化产业的发展和创新。社会化管理新模式注重公众参与和民主决策，通过开展公众文化活动、举办文化论坛等方式，增强公众对文化事务的参与度和获得感。政府鼓励和支持文化产业园区的建设，吸引企业和社会力量进驻，推动文化创意产业的发展和融合。政府和社会组织建立文化创意孵化基地，为文化创意企业提供培训、资金、场地等支持，促进文化创意产业的成长和壮大。政府通过实施文化产业扶贫项目，鼓励贫困地区发展文化产业，提升地区文化软实力，促进经济社会发展和脱贫致富。虽然社会化管理新模式在实践中可能面临政府监管不到位、社会组织能力不足、文化产业发展不平衡等问题，但是社会化管理新模式为文化产业带来了更多的发展机遇，有助于激发文化创意人才的创新潜力，促进文化产业的协同发展和良性循环。中国文化管理体制中的社会化管理新模式是一种符合时代要求、适应社会发展的管理模式，其实践探索为促进文化产业的发展和繁荣提供了新的路径和思路。

---

① 李剑．我国公共文化机构社会化管理运营的经验分析［J］．图书与情报，2017（02）：120－124＋62.

第四章　国外典型文化管理模式

在全球化的浪潮下，国外文化管理模式呈现出多元化、融合化的趋势。不同国家和地区，由于历史背景、社会结构、经济发展等多方面的差异，形成了各具特色的文化管理模式。这些模式既体现了各自文化的独特魅力，也在相互借鉴与融合中不断创新和发展。

第一节　法国文化管理模式

一、法国文化管理概况

在文化产业发展上，法国不太信赖自由市场的作用，也比较避讳使用“文化产业”的概念，主张国家和政府应积极干预文化发展，尤其要加强对民族文化发展的支持和保护。这一方面源自法国对其民族历史文化的骄傲；另一方面，也源自其对自己在同美国等新兴文化强国的文化竞争中处于劣势地位。这一点在 1994 年法国的《杜邦法》中显露无遗，这是抵御以美国为代表的英语文化侵蚀的无奈做法。该法要求在新闻传媒和互联网上捍卫法语的地位。法国文化管理模式是一个深植于国家历史与传统之中的体系，其核心在于国家对文化事业的主导作用。法国政府将文化产业视为国家软实力的重要组成部分，对经济增长和社会发展有着深远的影响。在这种体制模式下，文化产业虽以私人兴办为主，但政府并不放任自流，而是采取强有力的措施加以引导，使文化繁荣而不“出格”。特征是宏观上管文化，而不是微观上办文化。政府不仅通过立法和政策支持来保护和传承文化遗产，而且积极推动文化创新和艺术发展。

通过提供财政资助、税收优惠和创意产业孵化等措施，法国政府促进了文化产业的繁荣。

法国的文化产业得到了国家机构的有力支撑，如文化通信部和国家文化中心等，它们在政策执行、文化传承和艺术创新中发挥着关键作用。此外，法国政府对文化设施和活动给予高额补贴，涉及新闻、文学、艺术、音乐和影视等多个领域，确保了文化产业的多样性和活力。在文化遗产保护方面，法国政府采取了一系列措施，如“文化例外”原则，保护国内市场免受外来文化产品冲击，同时推广法语和法国文化，增强了文化的影响力。

随着数字化时代的到来，法国也加大了对文化数字化的投入，推动文化内容的创新和传播方式的革新。政府通过资助基础性研究项目，支持文化内容的数字化转换和技术创新，使文化产品能够适应数字化时代的需求。此外，法国政府还注重文化普及，通过文化遗产日等活动，让公众免费接触和享受文化成果，促进了文化旅游的发展。

在国际舞台上，法国通过对外文化计划和文化外交，推广了国家文化形象，并在世界传播与视听网络中确保了其地位。法国文化管理模式的这些特点不仅体现了国家对文化事业的重视，也为其他国家提供了宝贵的经验和启示，特别是在全球化背景下，如何平衡文化保护与创新、本土化与国际化之间的关系。

二、法国文化管理的特点

（一）国家主导与政府支持

法国文化管理模式以其国家主导为显著特征，深植于法国深厚的文化传统和对文化作为国家身份核心的重视之中。政府在文化领域的介入广泛而深入，体现在立法保护、资金分配、项目支持和国际推广等多个层面。通过文化部等机构，法国政府制定并实施了一系列旨在保护文化遗产、支持艺术创新和促进文化产业发展的政策。这些政策不仅涵盖直接的财政补贴，还包括税收减免和经济激励措施，鼓励私人和企业投资文化产业，从而确保了文化多样性和创新活力的持续涌现。法国的公共文化服务预算投入大。综合历年数据来看，国家“对文化事业发展的公共投入基本上每年均保持在中央政府财政预算的 1% 以上，大约占文化事业总投入的四分之一，其余大部分投入则主要来自各级地方政府，另有一小部分来自社会各界的捐助①”。

此外，法国政府还通过国家文化基金等形式，为艺术家和文化项目提供资金支持，推动文化活动的广泛性和可达性。在国际舞台上，法国利用文化外交和文化交流活动，积极推广其文化价值和理念，提升国家文化的影响力。同时，法国文化管理模式也强调公共与私营部门的合作，以及公众参与和文化教育的重要性，这些都为文化产业的稳定发展和文化创新提供了坚实的基础。随着数字化时代的到来，法国政府还推动了文化产业的技术创新和数字化转型，不断探索文化发展的新方向，确保文化产业的长期繁荣和国家文化的全球传播。

法国政府除了支持文化产业外，在文化事业领域增强政策导向性，也是发展文化的重要保障。政府政策导向与市场的调配可以达到相互促进的目的，“没有公共文化服务需求就不会产生文化产业，文化产业依赖于人们对公共文化服务的需求”②，从文化产品供给的角度促进两者融合。政府文化政策保障了公共文化服务的提供，引导文化产业发展，从而活跃民众对文化消费的需求。

（二）完善的文化机构建设

法国的文化机构建设是国家文化管理战略的核心组成部分，反映了对文化领域专业性和系统性管理的深刻理解。文化部作为政府的关键部门，承担着文化政策的制定、文化预算的管理和文化计划执行的监督等关键职能，确保文化政策与国家整体发展战略的一致性和连贯性。国家文化和艺术中心、法国国家图书馆以及其他文化机构，构成了一个广泛的文化管理网络，它们在培养文化教育、促进艺术创作、进行遗产保护和扩大文化传播等方面起到了不可或缺的作用。这些机构不仅是文化专业人士进行研究、创作和交流的平台，也是公众文化生活的重要组成部分，为公众提供了丰富的文化体验和参与机会。

法国拥有大量的文化设施，除了国家级重点设施外，各省市均有数量不等的文化设施。这些设施均按企业模式进行管理，内部设有定期开会的董事会和财务管理委员会来讨论并决定重要议题。国家级文化设施的董事会由文化部、财政部官员和职工代表组成。省市级文化设施的董事会由地方政府官员和职工

---

① 张金岭．社会治理视域下的法国公共文化服务［J］．学术论坛，2016，39（11）：156－162.

② 刘先进．公共文化服务与文化产业的融合关键点［J］．人民论坛，2018（23）：128－129.

代表组成。国家级文化设施的行政负责人，如国家图书馆馆长、国家剧院院长等，由文化部部长任命。省市级文化设施的行政负责人由省长或市长任命。在一般情况下，公共文化设施可以创造一部分经济收入，如场租费、门票费、零售收入等，但大部分经费还是来自政府的拨款款项。

通过这些文化机构的建设和有效运营，法国政府不仅保障了文化政策的有效执行，还在全国范围内营造了一种鼓励文化创新、尊重文化多样性和促进文化交流的氛围，推动了文化产业的整体发展和国际影响力。这种以机构建设为支撑的文化管理模式，为法国文化管理的专业性、系统性和可持续性提供了坚实的基础，同时也为其他国家提供了在文化管理领域可借鉴的经验。

（三）高额的文化补贴政策

法国政府对文化产业实施的高额补贴政策，是其文化管理模式中一个关键而独特的机制。这一政策覆盖了文化产业的广泛领域，包括电影制作、博物馆运营、艺术节的组织以及各种地方文化活动，从而确保了文化活动的多样性和可及性。通过财政补贴，政府有效地降低了文化产品和活动的参与门槛，使文化消费不再是少数人的专利，而是成为大众可以平等享受的社会资源。此外，补贴机制还起到了保护作用，它帮助本国文化抵御了商业化和全球化可能带来的同质化风险，确保了法国文化表达的多样性和独立性。这种政策不仅促进了文化领域的就业，为艺术家和文化工作者提供了更多的工作机会，而且激发了文化产品和服务的创新，推动了文化产业的活力和创造力。更重要的是，高额补贴政策还增强了法国文化产业在国际上的竞争力，通过支持本国文化产品走向世界，提升了法国文化的全球影响力，展现了法国文化管理模式在全球化背景下的有效性和前瞻性。

（四）文化遗产的保护与推广

文化遗产是自然和历史精华的积淀，是文化发展的源泉和基础，其突出的普遍价值不仅属于当代，亦属于未来，是全人类的共同财富。法国是文化遗产大国，截至 2016 年，经联合国教科文组织审核批准列入《世界遗产名录》的世界遗产就有 43 项，位居全世界文化遗产排行榜前列。法国政府高度重视文化遗产工作，在文化遗产保护管理和利用方面积累了丰富的经验，很多先进的理念、方法和技术在全世界范围内得到了很好的推广和应用，取得了让世人称道的成就。

法国是最早采取“国家干预”形式来保护文化遗产的国家之一，针对文化遗产保护制定法律法规已有两百余年的历史。从 1840 年颁布世界上第一个文化遗产保护的法令开始，迄今为止，先后颁布相关的法律法规有一百多部，形成了一个较为完善、相互配合、有机协调的法律法规体系。这些法律条文涉及非常广泛，古迹、建筑等大型有形文化遗产，考古文物、图书档案等小型有形文化遗产以及面向自然遗产的使用、保护、监管、维修、补偿、税收，文化遗产保护组织（委员会、基金会、信托）的行为规范，等等，几乎都在法国文化遗产法的关照之下，为法国人依法保护自己的传统文化遗产奠定了坚实的基础。其所形成的分类与登记的法律保护体制、整体保护的法律理念、专业性的法律保护程序与措施、在遗产保护与利用方面协调平衡的法律制度等，使法国文化遗产保护真正做到了有法可依。这些法律法规虽然在后来历经多次修改，但其基本思想一以贯之，从未中断，影响力一直延续至今。

法国注重对遗产区的整体保护，这种理念在法国的多部法律中都有体现。例如，1967 年通过的《景观保护法》，不但对已进入法国遗产名录的文化遗产提出了严格的保护要求，而且还对这些文化及自然景观周边环境的保护提出具体要求。《国家公园法》也规定，凡在这一地域内生活的动物、植物，甚至包括土壤、大气、地下水及独特的自然景观等，都受到该法律的保护。在 1962 年颁布的《马尔罗法》中又提出了“保护区”的概念，将文化遗产保护从保护一座单体建筑向保护建筑周边环境的理念转变，即将成片的具有审美、历史或文化价值的社区、景观或其他场所划定为保护区。此时的法国人已经开始意识到，只保护人文遗产远远不够，在保护好人文遗产的同时，还应该保护好我们赖以生存的自然环境。这意味着法国从被动抢救和保护遗产，转向积极主动的遗产管理。而这种管理的核心是在整体保护的理念下，以更好地保留和重现遗产的各种价值为目的。这种整体保护理念的提出，对后来的文化及自然遗产的保护产生了积极的影响。

2010 年，魔鬼桥所在的 Saint - Guilhem - le - Desert - vallee de I’Herault 申请并获得法国生态部颁发的“法国大景区”标签，每年接待访客约 65 万人次。正是由于文化遗产整体保护理念的实施，使魔鬼桥遗产本体、周边的遗产风貌及环境景观被同时纳入一个整体框架之下，其中在景区 100 平方千米范围内，就有 36 平方千米被分类划为景观保护区，圣吉扬勒法赛尔村村舍建筑群、杰龙修道院，埃罗峡谷两边的山体、植被以及一大片阳光普照下的葡萄园等自然景观，都成了保护对象。①

法国对文化遗产的保护和推广的重视，体现了其对历史延续性和文化传承的深厚尊重。作为一个拥有丰富历史建筑、艺术品和考古遗址的国家，法国政府通过一系列法律框架和资金支持，确保了这些宝贵遗产得到有效保护和合理利用。法律上，法国实施了严格的遗产保护法规，确立了文化遗产保护的国家标准和监督机制，以防止非法交易和不当开发。资金上，政府的大量投资用于文化遗产的修复、维护和现代化改造，使其适应现代观众的需求，同时保持其历史真实性。

此外，法国政府和各类文化机构积极运用博物馆展览、文化节庆活动及文化旅游等手段，对内强化国民对自身文化遗产的认知和自豪感，对外推广法国文化的独特魅力，吸引国际游客和艺术爱好者。博物馆不仅展示固定的展品，还定期举办特展，利用现代多媒体技术讲述展品背后的故事，提升参观体验。文化节庆活动则利用传统节日或创造性地设立新节日，通过艺术表演、公共讲座和互动体验，让公众更加亲近和了解文化遗产。而文化旅游则结合了遗产参观和休闲娱乐，创造了经济效益，同时促进了文化遗产的活化利用和国际传播。

通过这些综合性的措施，法国成功地将文化遗产的保护与推广转化为国家文化影响力的重要来源，不仅丰富了国民的精神生活，也为相关产业带来了显著的经济收益，展示了文化管理在促进文化传承和经济社会发展中的关键作用。由于法国文化遗产得到有效保护，每年吸引世界各地旅游者高达 6000 万人次以上，比 5500 万全国人口还多，切实带动了当地零售业、服务业和运输业的发展。据相关数据统计，因文化文物保护直接提供的就业岗位达 10 万个，占文化遗产相关就业岗位的 20% 。

（五）文化普及与公众参与

法国政府采取了一系列措施来促进文化的普及和公众的参与，这些措施体

---

① 胡鹏程．法国文化遗产保护管理利用管窥——以魔鬼桥遗产点为例［J］．文博学刊，2019（01）：117－124．

现了文化管理中对平等获取文化资源的重视。在公共教育系统中，艺术和文化教育被纳入课程，不仅作为学生教育的组成部分，而且作为培养公民身份和审美情感的重要途径。这种教育策略旨在从早期阶段培养公众对文化的认识和欣赏，从而提高整个社会人的文化素养。

此外，政府支持建立的社区文化中心和图书馆，作为文化普及的基础设施，为居民提供了参与文化活动的便利场所。这些文化中心和图书馆不仅是知识传播的节点，也是社区文化交流的平台，通过举办各类文化活动，如讲座、展览、工作坊和阅读会，可以激发社区成员的文化参与热情。

法国政府还通过文化遗产日等公共活动，进一步推动文化普及。在文化遗产日，博物馆和历史遗迹对外免费开放，吸引了众多平时可能不会踏入这些文化场所的公众。这样的政策不仅降低了公众参与文化的门槛，也强化了文化设施的公共性和包容性，使文化遗产成为全民共享的社会资源。

这些文化普及措施的实施，不仅提高了公众的文化素养，而且通过文化的交流与互动，增强了社会的凝聚力和多元性。文化作为一种社会凝聚力，向大众普及并鼓励参与其中有助于构建和谐社会，促进不同背景和社会阶层之间的对话与理解。此外，文化活动的普及还带动了文化消费，促进了文化产业的发展，从而在经济层面也为社会的和谐与进步做出了贡献。

通过这些综合性的文化管理策略，法国政府成功地将文化普及作为推动社会整体发展的重要工具。

（六）文化数字化的战略投入

数字化作为当代文化发展的关键趋势，对文化遗产的保存、传播和创新产生了深远影响。法国政府对此有着明确的认识，并采取了战略性措施来推动文化数字化进程。通过国家层面的资助和政策支持，法国政府鼓励和促进了文化内容的数字化转换，这不仅使珍贵的文化遗产得到了更为有效的保存和修复，而且通过数字平台的广泛传播，提升了文化遗产的可访问性和教育价值。

数字化技术的应用还为文化创作带来了革命性的变化，开拓了新的艺术表现形式和观众互动方式。在线博物馆和虚拟展览的出现，突破了传统物理空间的限制，使观众无论身处何地，都能沉浸于艺术和文化的世界之中。数字艺术作品，如虚拟现实（VR）体验和增强现实（AR）应用，为用户带来了前所未有的互动和体验，推动了文化产业的创新和发展。

此外，数字化还极大地促进了文化传播的全球化。通过互联网和社交媒体平台，法国文化能够跨越地理界线，向全世界的观众展示其独特魅力。这种全球范围内的文化共享，不仅加强了国际文化交流，也提升了法国文化的国际影响力和竞争力。

法国政府的文化数字化战略，体现了文化管理中对技术创新的重视和对未来发展趋势的预判。通过这些措施，法国不仅在保护和传承文化遗产方面取得了显著成就，而且在推动文化创新和扩大文化影响力方面走在了世界前列，为其他国家在文化管理领域提供了宝贵的经验和启示。

第二节　英国文化管理模式

一、英国文化管理概况

英国的文化管理模式体现了一种成熟和分权的管理理念，其中，中央政府主管部门扮演着统筹和协调的角色，而不是直接介入文化机构的日常运作。这种管理模式强调政府在文化领域的引导和支持作用，而非直接控制，从而为文化机构提供了更大的自主性和创新空间。

英国的中央政府文化主管部门，如英国文化、媒体和体育部（Department for Digital, Culture, Media and Sport, DCMS），负责制定国家文化政策、分配文化资金、保护文化遗产和促进文化教育等关键职能。该部门通过战略规划和政策引导，为文化事业的发展提供方向和支持，同时确保文化多样性和公众利益得到维护。

政府对文化事业的管理以间接管理为主，意味着政府通过资金补贴、税收优惠、立法保护和公共服务采购等多种手段，激励和促进文化机构的发展，而不是通过行政命令进行直接干预。这种间接管理的方式，有助于培养文化机构的自我发展能力和市场适应性，同时也鼓励私营部门和个人对文化事业的投资和参与。

此外，英国政府还通过建立各种文化基金和信托，如艺术委员会（Arts Council）和英国电影学会（British Film Institute, BFI），来支持特定的文化艺术领域。这些机构根据政府的指导原则和政策目标，独立运作，对文化项目进行资助和管理，进一步体现了英国文化管理的分权和专业化特点。

在这种管理模式下，英国政府成功地平衡了国家利益和文化自由的关系，既确保了文化事业的健康发展，又保护了文化表达的多样性和独立性。这种平衡的实现，不仅得益于政府的战略眼光和政策设计，也依赖于文化机构的专业运作和社会的广泛参与。通过这种多元化和分权的文化管理模式，英国的文化事业得以繁荣发展，成为国家软实力的重要组成部分。

英国重视文化产业对城镇和社区的有效塑造作用，其城镇的文化复兴为经济发展和繁荣带来积极影响。例如，英国“文化之城”和欧洲“文化之都”计划，不仅激发了当地经济的发展潜力、加强基础设施建设、提升社区自豪感，还大大提高了城市和社区在国际上的声誉。英国鼓励社区把自己视为文化和艺术体验的合作专员，与来自地方和国家文化部门的搭档一起工作。只有社区参与文化建设，才能使社区具有真正的身份认同。

英国几乎每个稍大点的城市，都有宏伟气派的博物馆、艺术馆、图书馆和科技馆等，文化生活在英国人生活中的比重可见一斑。许多场馆是免费开放的。以闻名于世的大英博物馆、国家美术馆和大英图书馆为代表，这种超低门槛和来者不拒的好客姿态，每日都吸引着大量游客和市民前去参观学习。英国将自己的历史文化充分融汇于教育、文娱、体育和旅游等消费产业中，以极强的服务性和超低门槛与人们的生活紧密结合，同时不断拓展和迎合不同层次人群的需求。

英国根据本国实际，建立了不同于法美的运行模式，即“不能不管，也不能多管”的“三级管理模式”。一方面，采用美国对文化管理的超脱，但又不是完全不管；另一方面，学习法国对全国文化“一竿子插到底”的直接管理方式，但采取上面层级是中央政府，负责制定政策和统一划拨文化经费，具体由文化、媒体与体育部负责。中间层级是各类非政府公共文化管理机构和地方政府，负责执行政策并具体分配文化经费，如博物馆和美术馆委员会、工艺美术委员会等机构。英国管理文化产业具有一定的独特性，就是设立一些中介机构代替政府进行管理，这样既可以保证政府不过度干涉文化艺术，维护文化政策的延续性和稳定性，又保证文化经费使用的公正性，使两者不受政党轮流执政的影响。下面层级是基层地方文化管理部门，这些基层文化机构负责贯彻落实文化政策和使用文化经费，他们直接面对各类艺术组织及其从业人员，审定其申请并予以不同资助。

英国建立了比较完整的中央和地方三级文化管理体制，具体包括：

（1）中央一级管理机构。“文化、新闻和体育部”为中央级管理机构，主要负责制定文化政策和统一划拨文化经费，是统管全国文化、新闻、体育事业的政府主管部门，所有与文化沾边的事情，由文化、新闻和体育部统管，内容包括文化艺术、文化遗产、图书出版、新闻广播、电影电视、录音录像、体育、旅游、娱乐，甚至包括工艺、建筑、园林、服装设计等。

（2）中间管理机构。地方政府及非政府公共文化执行机构，即各类艺术委员会，为中间机构，负责执行文化政策和具体分配文化经费。政府行为更加有力，具有专门的管理机构和明确的文化政策。资金管理上，实施“一臂之距”。所谓“一臂之距”原指人在队列中与其前后左右的伙伴保持相同距离。“一臂之距”原则被挪用到文化政策上具有以下主要含义。它多是指国家对文化拨款的间接管理模式，但这种管理模式同时要求国家对文化采取一种分权式的行政管理体制。即在英国，中央政府部门与接受拨款的文化艺术团体和机构之间存在一定的距离和独立性。这种距离通过设置非政府公共机构——准政府组织（Quango）来实现，它们作为中介机构，既不完全隶属于政府，又不受商业利益的直接影响。

这些准政府组织，如艺术委员会，负责向政府提供政策咨询，同时承担文化资金分配的具体工作。它们对文化艺术项目进行评估，决定资金的去向，从而确保公共资金能够用于推动文化艺术的发展和创新。这些组织通常由艺术和文化领域的专家组成，他们的专业判断和中立性有助于提高资金分配的透明度和公正性。

此外，这类组织还协助政府制定并实施相关政策，推动文化多样性和社会包容性。通过这些专家的专业知识和社会声望，准政府组织能够在政府与文化艺术界之间架起沟通的桥梁，促进双方的理解和合作。

（3）基层管理机构。包括：基层地方政府及地方艺术董事会、各种行业性的文化联合组织，如电影协会、旅游委员会、广播标准理事会、体育理事会和博物馆/美术馆委员会等 38 个机构。

上述三级管理机构，各自相对独立，无垂直行政领导关系，但通过制定和执行统一的文化政策，逐级分配和使用文化经费，相互又紧密联系在一起。

二、英国文化管理特点

（一）设置专门的政府部门推动文化产业发展

20 世纪 90 年代末，在工党政府的领导下，英国文化、媒体和体育部（Department for Culture，Media and Sport，简称 DCMS）在推动文化产业作为经济发展的驱动力方面发挥了重要作用。英国文化、媒体和体育部是英国政府旗下一个负责英国文化、体育和媒体方面的部门，于 1997 年成立，前身为英国国家遗产部。DCMS 雄心勃勃地制定了使英国成为世界创意中心的目标，使英国文化产业发展的主体责任明确、目标清晰。除此之外，为了文化产业的健康发展，英国政府出台了一系列相关的法律法规，为文化产业从法律和制度方面提供了有力保障。例如，1993 年英国颁布《彩票法》、1996 年颁布新的《广播电视法》《著作权法》《电影法》《英国艺术组织的喜剧政策》，等等。这一系列法律、法规的颁布，从制度上保证了文化市场的健康持续繁荣。

（二）文化产业既追求文化利益，又追求经济利益

自 18 世纪以来，英国市场经济的兴起和社会的现代化，文化产业随之增长。越来越多的人集中在不断发展的城市中心，这意味着对文化消费的需求增加，从而一些有胆识的企业家开始投资文化消费领域。尽管市场的运作方式与传统商业领域不同，但英国的文化产业既关注艺术、天才和创意，也非常关注商业和利润，市场成为市场所有参与者的舞台。法院、国家和教会等机构以及地方当局不干预文化产业发展，给其充分独立和自由发展的空间。

（三）高雅艺术与大众文化共同发展但被区别对待

英国作为一个有着悠久王室传统的国家，其王室文化引领世界潮流。英国在发展文化产业中对高雅艺术与大众文化不做过多区分，但在对文化艺术的支持上采取了区别对待的政策，主要体现在财政拨款上。政府财政资助的重点：一是高雅、严肃或学院派艺术，如话剧、歌剧、芭蕾等；而对商业性或娱乐性艺术，如音乐剧、流行歌舞则不予资助。二是国家级的重点文艺团体和事业单位，如皇家歌剧院、大英博物馆、大英图书馆等。三是高质量的艺术项目。如

果一个艺术团体能不断创造出新的、高质量的优秀节目，就会受到资助。

（四）统筹兼顾，一体化管理

英国的文化管理模式与欧洲其他国家相比，其独特性还体现在所有涉及文化和文化产业的事务都由中央政府管理，都在其文化、媒体和体育部的管辖范围内，包括文化艺术、文化遗产、图书出版、电影电视、录音录像、体育、旅游、建筑等，这种大文化视野和大范围管理，有利于文化领域内部统筹兼顾、协调发展。

DCMS 作为政府机构，起着协调政府其他部门和社会各界力量共同推进文化发展的作用，充分显示出文化发展中各方力量的介入和通力合作。英国文化、媒体和体育部负责英国艺术、广播、报刊、博物馆、美术馆、图书馆、体育和娱乐、历史建筑和古迹、旅游音乐产业，以及国家彩票等事务。它还涉及旅游、休闲、创意产业。作为统管全国文化艺术事业的主管部门，负有制定和贯彻国家文化政策的使命。DCMS 作为政府机构，不直接与文化艺术团体发生关系，而是通过社会中介机构，向艺术团体进行评估和拨款。这样的好处有：一是减少了政府机构的行政事务；二是政府机构不直接与文艺团体发生关系，有利于检查监督，避免产生腐败。

总之，英国在发展文化产业的过程中，政府所起的作用非常突出，既有政府在国家层面的总体设计、系统规划，又有从地方层面对社区文化和公众文化可及性的关注。这充分说明，英国文化产业发展中创意性的体现是建立在因地制宜基础上的。英国的这种文化管理模式既保持了政府对文化领域的宏观引导和支持，又通过非政府公共机构的参与，保证了文化政策的灵活性和适应性。这种模式有效地平衡了政府、市场和文化组织之间的关系，促进了文化艺术的繁荣发展，为其他国家的文化管理提供了宝贵的经验和启示。

第三节　美国文化管理模式

一、美国文化管理概况

美国作为当今世界最发达、市场化程度最高的资本主义国家，其社会文化发展水平举世瞩目。在这样的背景下，国家对文化发展的管理和协调机制展现出了“无为而无不为”的独特风格。具体来说，各州政府成为协调文化发展的核心单位，官方和民间基金会的作用得到了充分发挥。虽然政府并未直接涉足文化事业，也并未设立专门的文化部，但这并不意味着政府在文化发展方面无所作为。相反，政府巧妙地将其文化发展策略转化为一种“开放性”的市场策略，让文化艺术活动在市场经济和民间社会中自由生长。在此过程中，政府仅提供宽松的外部环境，并确保严格的法律保障，为文化的发展保驾护航。美国是世界上公认的头号文化产业发展大国，截至 2020 年，美国的文化产业国际竞争力指数为 71.44，排名世界第一，其文化产业的产值约占国民经济生产总值的五分之一。①

二、美国文化事业管理的特点

（一）市场主导与政府引导相结合

美国政府不设文化部，在文化产业领域遵循“无为而治”，自由竞争是美国国家治理模式的基本着眼点。美国有着发达、健全的市场机制，在文化产业的发展过程中，美国非常注重市场规律的作用，强调文化产品生产和销售的高度市场化，政府不会进行过多的干预，而是尽量为市场打造良好的外部环境，为文化企业的经济活动和个人的文化创造提供一个公平竞争的平台。② 美国的文化产业与其他国家不同的是，它的市场化程度高，发展也非常完善，这是由美国社会的特点决定的。美国文化从一开始就走上了产业化的道路，也就是说美国文化是从产业化开始的。美国文化的这一特点和美国社会的特点具有密切的联系。美国的文化产业正是在这种市场经济的环境中不断发展起来的，完善的市场经济体制为文化产业的发展提供了良好的外部条件和制度保障，这也是美国高度发达的资本主义文明在文化上的表现。

美国政府非常重视文化产业的健康发展，并通过制定一系列的文化产业管理政策为美国文化产业稳定可持续发展营造了自由竞争的发展环境。众所周知，大部分国家都设有专门管理文化的政府部门，如英国有文化、新闻和体育

---

① 李浩然．美国文化产业的发展经验及其启示［J］．人民论坛，2020（03）：140－141.

② 张慧娟．美国文化产业政策及其对中国文化建设的启示［D］．中共中央党校，2012.

部，法国有文化通信部，韩国有文化体育观光部，日本有文化厅等。但美国政府认为设置文化部门会影响文化的创新与发展，因而美国政府不设专门管理文化事务的政府部门，也从未发过管理文化产业发展的官方政策文件，不对文化产业的活动进行任何规制①。美国联邦政府一直都遵循“无为”和“零管制”的执政原则。但“无为”并不是美国政府对文化产业的发展不予理会，不给予任何的帮助，相反，美国政府为文化产业能够很好地发展提供了鼎力支持。美国政府在人才培养与引进、文化产品进出口、创意园区规划与建设等方面都采取了一定的政策支持，以此来保障美国文化产业的发展。美国还有许多并不是针对文化产业而设定的法律，但却在文化产业的发展过程中起到了重要的作用，包括联邦税法、消费者权益保护法和反垄断法等，为美国文化产业不断扩大规模和增强自身实力提供了很好的助力，否则美国也不会雄霸全球文化市场，使美国文化产业国际竞争力在世界上遥遥领先。②

即便美国联邦政府认识到艺术人文的重要作用，但为了防止文化附庸政治的出现，美国政府也并未强调用强制手段加以治理，而是采取了不直接干涉的方式，由联邦层面的政府独立机构（国家艺术基金会、国家人文基金会、博物馆与图书馆服务署），州和地方层面的州政府机构（艺术委员会、人文委员会等），通过建立资金补贴的方式推动全国各地人文艺术事业的蓬勃发展。美国政府对人文艺术的此种看似松散的经费补贴式管理方式，实则形成了一套比较完善的资助与监管机制来调控地方财政，引导并影响地方政府机构对人文艺术事业的决策，加之美国社会的个人捐赠、基金会捐赠、公司捐赠等各种形式的社会捐助，保证了文化艺术经费的切实有效运作，为美国文化艺术事业得以持续长效发展奠定了坚实的基础。

美国完善成熟的市场投融资体制，是提升美国文化产业国际竞争力的重要因素之一。其中，美国投资主体多元化是美国文化产业得以迅速发展的重要保障。美国融资渠道包括资本市场融资、银行融资、产业外融资及海外融资等。美国拥有成熟的市场体系和最为完善的市场机制，因此通过资本市场来发行债券、股票进行融资，成为美国文化企业进行融资的重要方式。迪斯尼公司就是通过资本市场进行融资来缓解亏损带来的巨大压力。迪斯尼公司在制作《白雪

---

① 姚静．美国文化产业发展举措对中国的启示［J］．人民论坛，2016（35）：134－135．

② 许欣．美国文化产业国际竞争力分析［D］．吉林大学，2021．

公主》《木偶奇遇记》《小鹿班比》这三部影片时，为了达到更好的效果，花费的成本非常高，而通过票房所获得的收入不能弥补这三部电影所花费的成本，给沃尔特带来了巨额损失。美国多元化的投资主体和完善的融资渠道、融资平台成为推动美国文化产业发展的重要因素之一，也推动着文化产业进一步发展，为美国文化产业开拓并占领国际市场带来了源源不断的动力，从而进一步助力文化产业国际竞争力的提升。

（二）多元融合，文化多样性得到充分尊重

作为一个由众多移民构成的多元文化国家，美国的文化特色鲜明而丰富。其文化的多元性不仅体现在人口的多样性上，更体现在各种文化元素在社会生活中的交融与共生。为了充分利用这一优势，美国政府始终致力于促进不同文化之间的深入交流与融合，积极营造一种开放、包容的文化氛围。

在这一理念的指导下，政府采取了一系列具体的措施。首先，通过设立多元文化项目，政府为各种文化提供了一个展示自我、交流互鉴的平台。这些项目不仅涵盖了艺术、音乐、舞蹈等传统文化领域，还延伸至电影、文学、时尚等现代文化领域，为不同文化背景的群体提供了广阔的展示空间。

此外，政府还积极推广少数民族文化，努力消除文化偏见和歧视。通过资助少数民族文化活动、建设文化设施、开展文化教育等方式，政府为少数民族文化的传承与发展提供了有力支持。这不仅有助于保护文化的多样性，也促进了不同文化之间的平等对话和相互理解。

这种多元共融的文化管理模式为美国的文化发展注入了强大的活力。它使各种文化元素在相互碰撞中激发出新的创意和灵感，为美国的文化创新提供了源源不断的动力。同时，这种管理模式也增强了国家的文化凝聚力，使不同文化背景的民众能够共同为国家的繁荣与发展贡献力量。

美国政府在文化管理方面所采取的多元共融策略，不仅彰显了其对文化多样性的深刻认识，也体现了其在促进文化交流与融合方面的积极努力。这种管理模式不仅有助于推动美国文化的繁荣发展，也为全球文化多样性的保护与发展提供了有益借鉴。

（三）文化产业集群化和数字化发展

进入 21 世纪以来，美国文化企业在通过大规模的兼并重组之后，形成了

大型文化产业集团。这些集团在自身实力得到发展壮大之后，想要进一步拓宽自己的业务范围和产品销售渠道，因此开始寻求跨产业和跨国界的运作。他们通过跨产业的运作，使自己的业务范围越来越广，囊括了很多的文化产品，同时也提升了各文化企业的融合速度。不同文化企业之间的紧密联合，使行业的整合度越来越高、专业性也越来越强，竞争也越来越激烈。同时美国文化产业也开始出现地域上的聚合，现今美国整个文化产业主要集中在纽约州和加利福尼亚州。这种地理位置上的邻近，降低了不同文化企业之间的物流、信息等成本，不仅便于美国文化企业的发展，还提升了整个文化产业的规模效益。位于美国加利福尼亚州洛杉矶市的好莱坞聚集了众多文化企业，如迪斯尼、华纳兄弟、福克斯和环球等世界知名企业，这些企业之间形成了横向结合、纵向分工的发展模式，推动了整个地区文化产业的快速发展。文化产业的集群化发展不仅减少了中间环节，节约了时间成本、运输成本以及文化资源的损耗，还促进了创新人才的集聚，提升行业竞争压力，促进文化企业不断创新发展。①

（四）科技成果与文化产业的融合发展

科学技术和文化产品的有机融合是推动美国文化产业创新的不竭动力。在美国，以各种高科技为载体或包装的文化产品越来越智能化、多功能化、互动化，满足了不同消费者日益增长的文化消费需求。数字化、通信卫星、互联网等高新技术的广泛应用和媒介技术的快速发展，不仅带动了3D动漫、3D电影、3D体育赛事等产业的快速发展，还促进了电子游戏、手机通信业和传统电视的不断创新。美国对高新技术的运用成为美国文化产品成功拓展到世界各地的因素之一，为美国带来了巨额财富的同时，大大提升了美国的文化政治影响力。如在20世纪90年代，美国音像出版公司和图书出版公司已经把网络技术应用到文化产品的销售当中，极大地提升了唱片、图书等文化产品的销售量，推动了图书出版业、唱片业的发展。② 好莱坞电影在制作过程中也同样运用了数字技术、生物技术等高新技术手段，不仅给观众们带来了强烈的视觉冲击和身临其境的体验，而且也推动了好莱坞电影走向世界。除此之外，美国在引进的其他国家文化产品的基础上，利用高新技术手段大胆创新，加入本国的

---

① 许欣．美国文化产业国际竞争力分析［D］．吉林大学，2021.

② 李雅丽．美国文化产业：发展模式、产业政策及启示［J］．海南金融，2018（11）：71－78.

文化元素，在增强文化产品艺术感染力的同时使文化产品和科技达到真正的融会贯通，使本国的文化产品能够被世界各国所接受和欢迎，并可以迅速占据全球市场，从而推动本国文化产业国际竞争力的提升。①

第四节　俄罗斯文化管理模式

俄罗斯的文化管理模式以其独特的文化魅力吸引着世界的目光，在深厚传统的根基上不断融入现代元素，展现出一种深邃、传统与创新完美融合的特色。俄罗斯近些年文化产业的快速发展，离不开国家政策的大力扶持，特别是俄罗斯传统文化艺术的传承与发展。俄罗斯每年会设专项资金用于扶持博物馆、画廊、电影等传统文创产业的发展，这是俄罗斯文化产业复兴时期政府的重要策略。前期政府的扶持必不可少，但需要逐步将企业推向市场，增强其自主商业运营能力。

首先，俄罗斯文化管理模式以其对传统的尊重与传承为核心。作为一个拥有悠久历史的国家，俄罗斯的文化底蕴极其丰富。无论是文学、艺术还是音乐，都散发着浓郁的传统气息。俄罗斯文化管理模式强调对传统文化的保护和传承，通过制定相关政策、举办文化活动等方式，让传统文化在现代社会中焕发出新的生机与活力。这种对传统的坚守与传承，使俄罗斯文化在全球舞台上独树一帜，成为一道亮丽的风景线。在俄罗斯当下的文化市场中，博物馆、画廊、歌剧院、动漫等都是传统文化产业形式，甚至一些新兴文化创意园区的业态和运营方式也依然属于传统文化领域。② 值得一提的是，时下的俄罗斯人尤其是年轻人对传统文化非常热爱，一些年轻的情侣、朋友或一家人去博物馆参观，或一起去看演出，成为他们生活中不可或缺的一部分。③

然而，俄罗斯文化管理模式并非固守传统，而是积极拥抱现代，推动文化创新。在全球化的浪潮下，俄罗斯文化管理积极借鉴其他国家的成功经验，结

① 许欣．美国文化产业国际竞争力分析［D］．吉林大学，2021.

② 田刚健．当代俄罗斯国家文艺奖的评选机制与价值导向［J］．中国社会科学评价，2018（02）：57－72＋126－127.

③ 陆瑶．数字媒体艺术设计在城市文化创意产业中的实践［J］．新闻研究导刊，2018，9（06）：224.

合本国实际，探索出一条具有俄罗斯特色的文化创新之路。在影视、音乐、美术等领域，俄罗斯文化管理注重培养创新型人才，鼓励创新思维，推动文化产业的创新发展。同时，俄罗斯还加强与其他国家的文化交流与合作，引进国外先进的文化理念和技术手段，为俄罗斯文化的创新提供源源不断的动力。根据俄罗斯联邦分析中心数据，截至 2017 年 7 月，俄罗斯文化创意产业收入约 280 亿美元，比上年同期增长约 12%。收入构成中，排在第一位的是信息技术软件和电脑服务行业，第二位是广告和市场推广，第三位是出版业。从发展趋势来看，艺术行业和文化遗产有很大的增长潜力。文化产业已逐步成为俄罗斯经济增长的重要组成部分，俄罗斯确立了未来 10 年的发展目标，其在 GDP 中所占的比重将增长 3 倍，目前这一占比为 4%—5%。①

其次，俄罗斯文化管理模式还注重文化人才的培养和文化教育的普及。俄罗斯拥有众多世界知名的艺术院校和科研机构，如莫斯科国立柴可夫斯基音乐学院、圣彼得堡国立艾哈罗夫音乐学院等。这些学院不仅有着悠久的历史和杰出的师资力量，还提供一流的教育资源和设施条件。艺术留学生可以在这些学院中接受专业的培训和指导，提高自己的艺术水平。这些学院为培养文化人才提供了得天独厚的条件，不仅培养出了大批优秀的文化人才，还为俄罗斯文化的传承与创新提供了有力支撑。同时，俄罗斯政府还高度重视文化教育，通过制定相关政策、举办文化活动等方式，提高国民的文化素养，为文化事业的发展奠定坚实的基础。2024 年 4 月 20 日，教育部中外语言交流合作中心、中文联盟主办，俄罗斯媒体加网络中文课堂携 548 学校承办了“国际中文日”活动。在活动中，俄罗斯的中文学习者通过歌曲、舞蹈、诗词朗诵、书法表演等表达了他们对中文和中国文化的理解，展示了他们学习中文的热情和丰硕成果。

最后值得一提的是，俄罗斯文化管理模式在保护文化遗产方面也取得了显著成效。其核心构成是文化遗产的传承，包括：第一部分，传统文化的传承。俄罗斯民间文化与艺术得到了很好的传承，包括各种形式的文化艺术、文化节庆和活动等，也包括文化设施及历史文物，如克林姆林宫、冬宫等。第二部分，艺术类，分为视觉艺术、表演艺术。前者包括绘画、版画、雕塑、古董、摄影等，后者包括现场音乐、舞蹈、歌服欠剧、马戏、木偶剧等。俄罗斯还有

① 张云波．俄罗斯文化创意产业发展对我们的启示［J］．质量与市场，2020（13）：58－60.

自己特有的艺术形式——芭蕾舞，在全世界颇受欢迎。第三部分，大众媒体。一是平面媒体，包括报纸、杂志等；二是音频和视频媒体，包括广播、电视、数字内容、软件、视频游戏、动漫、电影等。第四部分，实用和应用领域，包括设计、创意服务等。设计又包括室内装潢、电脑设计、时装设计、首饰设计、玩具设计等，创意服务包括建筑设计、创意研究研发、文化领域的服务、数字技术领域的服务等。

作为一个拥有丰富文化遗产的国家，俄罗斯深知文化遗产的重要性。因此，俄罗斯政府制定了一系列严格的法律法规，加强对文化遗产的保护和管理。2016年，俄罗斯联邦政府历经一年多的讨论和完善，颁布了《2030年前俄罗斯联邦国家文化政策战略》，全面开启了俄罗斯民族文化复兴计划的帷幕。该战略阐明国家文化政策的总体目标是：形成明确而统一的国家文化政策价值导向；保障国家文化安全；保护文化遗产和文化资源；强化俄罗斯公民的文化教育。笔者调研的几所俄罗斯著名大学，都很好地贯彻了这一战略，自觉地把传统文化的传承和保护作为教育的有机组成部分。① 同时，俄罗斯还积极开展文化遗产的宣传和推广工作，让更多的人了解和认识俄罗斯文化的独特魅力。这些举措不仅有效地保护了俄罗斯的文化遗产，还为俄罗斯文化的传承与发展提供了有力保障。

综上所述，俄罗斯文化管理模式以其深邃的传统底蕴、积极的创新精神和有效的文化人才培养机制，在全球文化舞台上展现出了独特的魅力。这种管理模式不仅为俄罗斯文化的繁荣与发展提供了有力保障，也为其他国家的文化管理提供了有益借鉴。在未来，随着全球化进程的不断推进和科技进步的日新月异，俄罗斯文化管理模式将继续发挥其独特优势，推动全球文化的交流与融合，为人类文明的繁荣与进步作出更大的贡献。

本章参考文献：

[1] 张金岭．社会治理视域下的法国公共文化服务［J］．学术论坛，2016，39（11）：156－162.

[2] 黄玉蓉，车达．法国文化资助制度运作特点及其对中国的启示［J］．深圳大学学报（人文社会科学版），2015，32（05）：110－115.

---

① 张云波．俄罗斯文化创意产业发展对我们的启示［J］．质量与市场，2020（13）：58－60.

［3］刘先进．公共文化服务与文化产业的融合关键点［J］．人民论坛，2018（23）：128－129.

［4］罗艳．法国文化产业与公共文化服务融合对我国的借鉴及启示［J］．江苏商论，2020（01）：77－80.

［5］胡鹏程．法国文化遗产保护管理利用管窥——以魔鬼桥遗产点为例［J］．文博学刊，2019（01）：117－124.

［6］李浩然．美国文化产业的发展经验及其启示［J］．人民论坛，2020（03）：140－141.

［7］张慧娟．美国文化产业政策及其对中国文化建设的启示［D］．中共中央党校，2012.

［8］姚静．美国文化产业发展举措对中国的启示［J］．人民论坛，2016（35）：134－135.

［9］许欣．美国文化产业国际竞争力分析［D］．吉林大学，2021.

［10］戚义明．《文化巨无霸——当代美国文化产业研究》摘录［J］．红旗文稿，2008（16）：34－36.

［11］丁鹏．美国数字3D电影产业发展研究［J］．视听，2018（12）：51－52.

［12］李雅丽．美国文化产业：发展模式、产业政策及启示［J］．海南金融，2018（11）：71－78.

［13］李仙花．中韩文化产业政策比较研究［D］．哈尔滨师范大学，2022.

［14］王资博．美英韩文化强国建设的三种模式探析［J］．重庆邮电大学学报（社会科学版），2015，27（03）：126－132.

［15］田刚健．当代俄罗斯国家文艺奖的评选机制与价值导向［J］．中国社会科学评价，2018（02）：57－72＋126－127.

［16］陆瑶．数字媒体艺术设计在城市文化创意产业中的实践［J］．新闻研究导刊，2018，9（06）：224.

［17］张云波．俄罗斯文化创意产业发展对我们的启示［J］．质量与市场，2020（13）：58－60.

第五章　文化组织管理

组织不仅是一群人聚在一起，更是一种系统化的结构，通过协调和管理，使各个成员能够一起追求共同的目标。20 世纪初，组织的现代研究开始出现，基于不同的研究视角，对组织含义的认识也有所不同。

在组织学领域中，古典组织理论一直扮演着重要角色，它深入探讨了组织的结构、功能和运作方式，为管理实践提供了宝贵的指导。古典组织理论的核心思想是以科学化的方法来管理和组织企业，旨在提高效率、优化资源利用，从而实现组织的长期发展目标。最早的古典组织理论可以追溯到 20 世纪初期，弗雷德里克·泰勒和亨利·福特是该领域的先驱者。泰勒提出了科学管理理论，强调通过对工作任务进行科学分析和规划来提高生产效率。韦伯提出了理性官僚制度的概念，认为组织应该建立起一套清晰的规章制度和层级结构，以确保组织内部的秩序和效率。他的理论强调了组织的正式权威和规范化程序的重要性，为现代组织管理奠定了基础。

行为科学组织理论旨在解释和预测个体和群体在组织环境中的行为。该理论认为，组织中的行为受到个体内在动机、外部激励和组织结构等多种因素的影响，从而形成了复杂的行为模式。首先，行为科学组织理论强调个体的内在动机对于行为的影响。个体的动机包括内在动机和外在动机两个方面。内在动机是指个体自身的兴趣、需求和价值观，而外在动机则是指外部奖惩、激励机制对个体行为的影响。其次，行为科学组织理论强调组织结构对于个体行为的影响。组织结构包括组织的形式、层次结构、权力分配等方面。不同的组织结构会导致不同的权责关系和沟通模式，进而影响到个体的行为方式和决策过程。最后，行为科学组织理论强调组织文化对于行为的塑造作用。组织文化是指组织内部共同的价值观、信念和行为规范。良好的组织文化能够激励员工的积极行为，增强团队凝聚力和归属感，从而提高组织绩效；相反，不良的组织文化则可能导致员工的厌倦和流失，影响组织的长期发展。

系统权变组织理论是一种管理学上的重要理论，它强调组织在应对外部环境变化时的灵活性和适应性。该理论认为，组织在面对不确定性和变化时，需要采取权变的方式来应对，即在规则、程序和层级结构之外进行决策和行动。这种权变机制使得组织能够更快速地适应环境变化，保持竞争优势。系统权变组织理论的核心观点是，组织应该建立一种灵活的权力分配机制，使得决策可以在需要时快速地被调整和适应。这种机制能够促进组织内部的创新和变革，使其能够更好地适应外部环境的变化，从而保持竞争力。在实践中，系统权变组织理论可以通过建立开放式沟通渠道、培养团队合作精神以及赋予员工更多的自主权和决策权来实现。通过这些方式，组织可以更好地应对外部环境的变化，保持灵活性和竞争力。

综上可知，组织理论是一门跨学科的领域，融合了管理学、心理学、社会学等多个学科的理论和方法。通过探讨组织的结构、文化、沟通和决策等方面，组织理论帮助我们更好地理解和管理各种类型的组织。无论是企业、政府机构还是非营利组织，都可以从组织理论中获益，提升其运作效率和绩效。在这个不断变化的世界里，深入研究组织理论，不仅能够帮助组织应对挑战，还能够为其未来发展指明方向。

在文化领域，文化组织是指那些致力于促进文化发展、传承和交流的组织或机构。这些组织可能涵盖多种形式，包括但不限于艺术团体、博物馆、图书馆、文化交流协会等。它们的目标通常包括保护和传播本地或特定文化的价值观、传统和艺术形式，同时也致力于推动不同文化之间的理解与交流。文化组织在社会中扮演着重要角色，不仅丰富了人们的生活，还促进了文化多样性的发展和维护。通过举办展览、演出、讲座等活动，它们为人们提供了了解和欣赏不同文化的平台，也为艺术家和文化工作者提供了展示才华的舞台。总之，文化组织的存在和发展不仅为社会带来文化的繁荣与活力，更为人们提供了丰富的精神生活和相互交流的机会。本书将从文化行政组织、文化事业组织、文化产业组织、群众文化组织四大类介绍文化组织的内涵、结构与功能。

第一节 文化行政组织

一、文化行政组织的含义

行政组织通常指为行使国家权力，管理公共事务，通过权责分配、层次结构、人员安排所构成的国家行政机关的完整体系，也就是通常所说的政府机关。行政组织通常由四大要素组成：①物质要素，指行政组织的成员所需的经费、设备、房屋等；②精神（形式）要素，指行政组织成员行使权力的过程、领导方式、合作关系、职责划分及团体意识等；③环境要素，指行政组织形成的原因，包括时间、地点、人物等条件；④目的要素，指行政组织所要达到的任务和目标。

行政组织是指一个国家或地区内部用于管理和执行行政职能的机构体系。它是现代国家治理体系的重要组成部分，承担着落实政府决策、推动社会发展和维护公共利益的重要职责。首先，行政组织在政府机构中占据着核心地位。它负责将政府的政策和法律落实到具体行动中，通过实际的管理和执行来保障国家的正常运转。例如，行政机构可以通过制定规章制度、组织人力资源、监督执行情况等手段，确保政府的政策得以有效贯彻。其次，行政组织对于社会秩序和公共利益的维护至关重要。通过行政组织的协调和管理，国家可以有效地应对各种社会问题和挑战，保障公民的基本权利和利益。例如，警察机构、卫生部门、环境保护局等行政组织都承担着维护社会安全、健康环境和公共卫生的责任。此外，行政组织还扮演着促进经济发展和社会进步的重要角色。通过行政机构的规划和管理，国家可以引导资源的合理配置，推动产业升级和科技创新，促进经济持续健康发展。同时，行政组织也可以通过提供教育、卫生、社会保障等公共服务，改善民生福祉，促进社会公平与和谐。总的来说，行政组织是现代国家治理体系的支柱之一，其良好运行与否直接关系到国家的政治稳定、社会发展和民生福祉。因此，建立健全、高效的行政组织机构，提升其管理水平和服务能力，对于实现国家长治久安、繁荣发展具有重要意义。

文化行政组织是行政组织的一部分，是行使文化管理职能的一类行政组织，在国务院的机构中，主要是指文化和旅游部、国家广播电视总局以及由文化和旅游部管理的国家文物局。在地方，承担文化行政管理工作的行政组织则相应有各省文化和旅游厅（文物局）、广播电视局①。因此，本书中文化行政组织是指由政府机构或特定法律法规设立的机构，旨在管理和促进文化事务的发展与传播。这些组织通常承担着多方面的职责，包括文化政策的制定与执行、文化资源的保护与开发、文化产业的支持与引导，以及文化交流与合作的促进等。

二、文化行政组织的功能

文化行政组织在社会中扮演着重要的角色。总的来说，文化行政组织的功能涵盖了文化传承、产业发展、交流合作、教育普及以及政策管理等多个方面，以下是文化行政组织的主要功能。

（一）在文化政策方面扮演着重要角色

文化行政组织负责制定并实施与文化相关的政策法规，旨在保护和弘扬本国的文化遗产，推动文化产业的繁荣发展，以及促进文化多样性和民族团结。通过制定有针对性的政策，文化行政组织可以引导社会各界更好地理解和尊重文化多样性，推动文化艺术的创新和传承。文化行政组织承担着制定和推动文化政策的责任。通过深入了解社会和文化的发展趋势，他们制定出符合当地需求和国家利益的政策方针，以促进文化事业的繁荣和发展。这些政策涉及文化产业的扶持、文化资源的保护与利用、文化交流与合作等方面，为社会文化建设提供了指导和支持。

（二）在文化资源管理方面发挥着关键作用

作为文化产业的监管者和促进者，文化行政组织在保护、传承和开发文化资源方面具有不可替代的地位和功能。它们负责管理和保护各类文化资源，包括历史遗迹、文物古迹、传统技艺等。通过有效的管理和保护措施，文化行政

① 孙萍．文化管理学［M］．3版．北京：中国人民大学出版社，2015：60.

组织可以确保这些宝贵的文化资源得以传承和利用，为社会发展提供持久的文化支撑。首先，文化行政组织通过制定和执行相关法规和政策，确保文化资源的合理利用和保护。这些法规和政策包括文物保护法、文化产业促进法等，为文化资源的管理提供了有力法律支持。其次，文化行政组织负责协调各方资源，推动文化资源的整合和利用。通过建立文化产业发展联盟、文化遗产保护联络机制等平台，促进政府、企业、社会组织等多方面的合作，实现文化资源的优化配置和综合开发，从而提升文化产业的整体竞争力。最后，文化行政组织还承担着文化产业发展规划和指导的责任。通过制定文化产业发展规划、文化遗产保护规划等，引导和规范文化资源的开发利用，推动文化产业的健康发展。同时，文化行政组织还会组织开展文化产业的市场调研、政策评估等工作，为决策提供科学依据和参考。

（三）支持文化产业的发展

文化行政组织通过制定相关政策、提供资金支持、组织活动等方式，鼓励文化创意产业的创新与发展，推动文化产品与服务的国内外交流与合作，促进文化产业的健康发展，增强国家软实力和文化竞争力。首先，文化行政组织通过制定相关政策，为文化产业的健康发展提供了有力保障。这些政策涵盖了文化产业的各个方面，包括文化创意、艺术表演、文化旅游等领域，旨在为文化产业提供良好的发展环境和政策支持。其次，文化行政组织积极提供资金支持，为文化产业的发展提供了资金保障。这些资金用于扶持文化企业、支持文化项目、资助文化活动等方面，有力地促进了文化产业的良性发展和壮大。最后，文化行政组织还通过组织各种形式的文化活动，丰富了人们的文化生活，提升了文化产业的影响力和竞争力。这些活动包括文化节庆、艺术展览、演出赛事等，吸引了广大观众的参与，推动了文化产业的发展和繁荣。

（四）在国际文化交流与合作中发挥桥梁和纽带作用

文化行政组织不仅是文化交流的桥梁和纽带，更是推动文化多样性和跨文化理解的关键机构。他们通过组织各种文化活动、展览和交流项目，促进不同国家和地区之间的文化交流与理解，加强国际友好合作关系，推动世界文化的共同繁荣与进步。首先，文化行政组织作为国家或地区的官方机构，承担着制定文化政策和规划的责任。通过制定合适的政策，它们可以促进本国文化在国际舞台上的传播和交流，同时吸引外国文化的传入与融合。这种双向交流不仅有助于拓展文化影响力，还能够促进经济发展和人文交流。其次，文化行政组织在国际文化交流中扮演着重要的协调和推动作用。它们可以通过组织国际文化节、展览、艺术交流活动等形式，促进不同国家和地区之间的文化互动与交流。通过这些活动，人们可以更深入地了解他国的文化特色，增进相互之间的理解与尊重。最后，文化行政组织还承担着保护和传承本国文化遗产的责任。在国际交流中，它们不仅代表着国家文化的形象，更是本土文化传统的守护者。通过与国际组织的合作，它们可以更好地保护和传承本国的文化遗产，同时也能够与其他国家分享自己的文化瑰宝。

总之，文化行政组织在促进文化事业发展、维护国家文化安全、提升国家软实力等方面发挥着不可替代的作用，是文化事业不可或缺的重要组成部分。通过其专业化的管理和服务，文化行政组织不断推动着文化事业的蓬勃发展与繁荣。

三、文化行政组织的设计原则

组织设计是对组织的组成要素和它们之间连接方式的设计，包括结构和运行关系。① 组织设计需要对组织进行全面的分析，包括现有的组织结构、流程和文化等方面。通过对组织的现状进行深入分析，可以发现存在的问题和“瓶颈”，并为后续的设计提供参考。

哈罗德·孔茨指出：“为了使人们能为实现目标而有效地工作，就必须设计和维持一种职务结构，这就是组织管理职能的目的。”美国人 R. E. 吉尔摩曾就组织设计的重要性作过这样的评价：“根据 40 多年来在政府部门和工业界的实际经验和观察，我深信，人们在精神和能力上的最大浪费是由于组织不良引起的……而组织中的绝大多数缺陷则是因没有遵守一些基本原则而产生的。”② 根据组织的战略目标和发展需求，制订合适的组织设计方案，这包括确定组织的结构、职责分配、沟通机制、绩效考核体系等方面。在设计过程中，需要考

① 周三多. 管理学原理. [M]. 7 版. 上海：复旦大学出版社，2018.

② 竺乾威. 公共行政学 [M]. 上海：复旦大学出版社，2008.

虑到组织的规模、业务模式、人员结构等因素，确保设计方案的可行性和有效性。同时，组织设计还需要注重人性化管理，关注员工的需求和感受。一个良好的组织设计不仅能够提高员工的工作满意度和归属感，还能够激发员工的工作热情和创造力，从而推动组织持续发展。当然，组织设计并非一成不变，需要不断地进行评估和调整。随着外部环境和内部需求的变化，组织设计也需要不断地进行优化和改进，以保持组织的竞争优势和适应能力。综上所述，组织设计是组织管理中至关重要的一环，它直接影响着组织的发展和成功。科学、合理的组织设计，可以提高组织的效率和竞争力，实现组织的长期发展目标。

（一）古典组织理论学派组织设计原则

古典组织理论学派提出了一系列关于组织设计的原则，这些原则为建立有效的组织结构提供了重要的指导。这些原则旨在确保组织能够实现其战略目标并有效地应对环境变化。以下是其中一些重要的原则：

1. 分工与协调

分工是指将整体工作任务分解为更小的部分，以便个体能够专注于特定的任务。然而，分工必须与协调相结合，以确保各个部分之间的合作和互补，从而实现整体目标。

2. 权威与责任

组织设计应明确各个岗位的权力和责任范围，确保每个成员都清楚自己的职责，并能够有效地履行。同时，权力与责任的分配应该合理，避免权力过度集中或责任不明确的情况发生。

3. 适度的层级结构

组织的层级结构应该经过精心设计，既要保持足够的管理层级以确保有效地指挥和控制，又要避免层级过多导致信息传递滞后和决策缓慢的问题。

4. 适应性与灵活性

组织设计应该具备一定的适应性和灵活性，能够及时调整结构和流程以适应外部环境的变化。这包括灵活的人员配置、快速的决策机制以及适应性强的组织文化。

5. 信息流与沟通

良好的信息流和沟通机制是组织有效运作的关键。组织设计应当确保信息能够在各个层级和部门之间自由流动，以便及时获取反馈、做出调整，并促进协作和创新。

6. 组织文化与价值观

组织设计应该与组织的文化和价值观相一致，以促进员工的归属感和凝聚力。良好的组织文化能够激发员工的工作热情，提升组织的绩效和竞争力。

综合考虑以上原则，组织设计应当是一个系统性的过程，旨在建立一个结构合理、运作高效、适应环境变化的组织体系。同时，组织设计需要不断地与外部环境和内部需求保持同步，以确保组织能够持续地发展和壮大。

（二）行为科学学派组织设计原则

在当今竞争激烈的商业环境中，组织设计对于企业的成功至关重要。行为科学学者们通过对人类行为的深入研究，提出了一系列关键的组织设计原则，以帮助企业实现高效运作和持续发展。

1. 明确目标与使命

组织的成功始于明确的目标与使命。行为科学学者认为，组织需要清晰地定义其长期愿景和短期目标，以便为员工提供明确的方向和动力。这不仅有助于提高员工的工作动力和投入度，还可以增强组织内部的凝聚力和合作性。

2. 强调透明沟通

有效的沟通是组织成功的关键因素之一。行为科学学者建议组织在制定沟通策略时，要注重透明度和及时性。及时分享信息、倾听员工反馈、建立开放的沟通渠道，可以帮助组织建立起良好的信任关系，从而促进团队合作和创新。

3. 注重员工发展与激励

行为科学研究表明，员工的发展和激励对于组织的绩效至关重要。因此，组织设计应当注重员工的个人发展和职业规划，提供丰富的培训和发展机会，激励员工持续学习和成长。同时，灵活的激励机制和公平的薪酬体系也是吸引和留住人才的重要手段。

4. 打造灵活、高效的组织结构

随着市场环境的变化，组织需要保持灵活性和适应性。行为科学学者提倡采用扁平化的组织结构，弱化层级和部门之间的壁垒，提高决策效率和执行力。此外，组织应当鼓励跨部门合作和知识共享，以促进创新和持续改进。

5. 倡导积极、健康的文化氛围

组织文化对于塑造员工行为和价值观具有深远影响。行为科学学者认为，组织应当倡导积极健康的文化氛围，鼓励员工勇于挑战、敢于创新，营造开放、包容的工作环境。只有在这样的文化氛围中，员工才能充分发挥自己的潜力，为组织的成功贡献力量。

综上所述，行为科学学者提出的这些组织设计原则不仅可以帮助企业提升绩效和竞争力，还可以为员工提供更好的工作体验和发展机会。在不断变化的商业环境中，组织应当不断地审视和调整自身的设计，以适应新的挑战和机遇。

（三）权变理论学派组织设计原则

在组织管理领域，权变理论一直是研究的热点之一。权变理论强调，组织的运作不仅受到计划和规定的影响，还受到实际情况和环境变化的影响。因此，权变理论学者提出了一系列的组织设计原则，旨在帮助组织应对变化和挑战，实现灵活而高效的运作。

1. 强调灵活性和适应性

组织设计应该具有足够的灵活性，能够随时应对外部环境和内部变化。这包括组织结构的灵活性，流程的适应性以及人员配置的灵活调整。通过灵活的组织设计，组织能够更好地适应市场变化、技术进步以及竞争压力，保持竞争优势。

2. 提倡分权和去中心化

传统上，组织结构往往呈现出严格的层级和集中的权力结构。然而，在不断变化的环境下，这种结构可能会导致决策迟缓、创新受限等问题。因此，权变理论倡导将权力下放到更低的层级，赋予员工更多的自主权和决策权。通过分权和去中心化，组织能够更快地做出反应，更灵活地应对挑战。

3. 强调信息的共享和透明

在传统的组织中，信息往往受到限制，只有高层管理者才能够获取到全面的信息。然而，在权变理论看来，信息的共享和透明是实现灵活性和适应性的关键。通过确保信息的畅通和透明，组织能够更好地进行沟通和协作，提高决策的质量和效率。

综上所述，权变理论学者提出的组织设计原则包括灵活性和适应性、分权和去中心化，以及信息的共享和透明。这些原则旨在帮助组织更好地应对变化和挑战，实现持续的发展和成功。

（四）我国宪法规定的组织设计原则

我国政府历来重视行政组织的设置，并在实践中初步形成了一些原则。①需要原则。行政组织的设计必须适应经济、社会和文化发展的需要。如果政府职能发展了，行政组织也要进行相应的设计与调整。②精简原则。我国《宪法》规定："一切国家机关实行精简的原则。"③统一原则。行政组织设计应完整，领导指挥要统一。我国《宪法》规定："中华人民共和国的国家机构实行民主集中制的原则。"设置国家机关必须"上下贯通""左右协调"。④服务原则。一切国家机构都应该为人民服务，这是由我国社会主义国家的性质决定的。⑤法制原则。国家行政机关的设置必须规范化和法制化。

（五）文化行政组织设计原则

在构建文化行政组织时，需要遵循一系列设计原则，以确保其有效性、高效性和可持续性。这些原则涵盖了组织的结构、职能分工、决策机制等方面。

1. 使命明确性

文化行政组织的首要原则是明确其使命和目标。这不仅涉及组织的宗旨和价值观，还包括其服务对象、服务范围和服务方式。使命明确性有助于组织内外部人员理解组织的定位和作用，从而形成统一的行动方向。

2. 灵活性与适应性

在不断变化的文化环境中，文化行政组织需要具备一定的灵活性和适应性，能够及时调整策略和资源配置，以应对新的挑战和机遇。灵活性体现在组织结构的设计上，可以采用扁平化结构或网络化结构，以提高组织的反应速度和决策效率。

3. 专业化与多元化

文化行政组织应当拥有一支专业化的团队，具备丰富的文化管理经验和专业知识。同时，组织内部也应当鼓励多元化的观点和创新思维，吸引来自不同领域的人才参与文化事业的管理和推广。

4. 信息透明与参与性

文化行政组织应当建立健全的信息沟通机制，保持与内外部利益相关者的信息透明和沟通畅通。通过开展公开透明的决策程序和参与式管理，可以增强组织与社会各界的互动和合作，提升组织的社会认同度和影响力。

5. 资源合理配置

文化行政组织需要合理配置有限的资源，确保其能够最大化地发挥作用。这包括财政资源、人力资源、物质资源等各方面的资源，在保证基本运转的前提下，要优先满足文化事业的需求，提高资源利用效率和经济效益。

6. 评估与改进

文化行政组织应当建立健全的评估机制，定期对组织的运行和效果进行评估和改进。通过收集反馈意见、开展绩效评估等方式，及时发现问题和不足，并采取有效措施加以改进，以确保组织持续健康发展。

综上所述，文化行政组织的设计原则旨在构建一个使命明确、灵活适应、专业多元、信息透明、资源合理、评估改进的机构体系，以推动文化事业的繁荣发展，促进社会文明进步。

四、文化行政组织的结构

在构建一个强大而高效的文化行政组织时，结构的设计至关重要。一个良好的结构可以确保任务分工明确、职责清晰、协作顺畅，从而推动文化事业的健康发展。一般来说，文化行政组织的结构包括横向结构与纵向结构两个重要部分。

（一）文化行政组织的横向结构

文化行政组织的横向结构，又称“文化行政组织的部门化”，是指文化行政组织的横向分工，是文化行政组织内同级行政机构之间和机构内部各同级部门之间平衡分工、相互合作与协调的关系模式。之所以形成横向分工，是因为文化行政工作日益复杂、文化行政组织日趋庞大，为提高行政组织运作效率，不得不分设单位，分工管理。

1. 文化行政组织横向结构的类型

文化行政组织的横向结构，按不同角度和标准进行划分，主要有：①按区域划分。区域划分是根据政治、经济、文化、人口、环境、历史等不同因素划分行政区域，组成不同层次的文化行政组织。如我国各省（自治区）、直辖市均设有文化和旅游厅（局）。②按管理职能划分。职能划分是将政府在一定时期内承担的职责和功能进行组合分解：组成若干个职能部门承担各种专业职能，在国务院系统，文化行政组织按专业区分为文化和旅游部、国家广播电视总局以及由文化和旅游部管理的国家文物局。又如在文化和旅游部内，按管理职能不同分为文化市场司、公共文化司、文化产业司、政策法规司、人事司等司局。③按管理程序划分。程序划分是根据行政管理流程的需要，将管理的各个环节划分开来，交由各个部门掌握，如决策、执行、信息、监督、辅助等部门。程序划分使得各环节职责明确，分工清晰，科学性较高。如文化和旅游部中的文化市场司属于执行部门，机关服务局则属于辅助部门。

2. 文化行政组织横向结构的内涵与价值

在当今社会，文化行政组织扮演着不可或缺的角色，它们的横向结构是构建文化生态系统的关键组成部分。这一结构不仅关乎着组织内部的运作，更直接影响着文化产业的发展和文化事业的繁荣。让我们一起来探索文化行政组织的横向结构，揭示其内涵与价值。①横向结构涵盖了各个层面的文化行政单位，包括国家级、地方级和基层级等。在国家级，文化部门通常负责统筹全国文化事务，制定相关政策和规划；而地方级文化局则负责具体的地方文化管理和服务，根据地方实际情况制定具体措施。此外，基层文化站、文化中心等也是横向结构中不可或缺的一部分，它们负责文化资源的传播和服务，是文化事业与群众的纽带。②横向结构强调了各级文化行政单位之间的协调与合作。通过横向联系，各级文化行政单位可以共享资源、交流经验、合作开展项目，形成合力，推动文化事业的全面发展。例如，国家级文化部门可以向地方提供政策支持和财政资金，地方级文化局则可以通过实际操作和反馈促进政策的落实和完善，基层文化单位则是政策执行的具体执行者和服务对象。③横向结构还倡导了文化行政单位之间的信息共享和互动。通过建立信息平台和交流机制，各级文化行政单位可以及时了解文化事业的发展动态、政策变化和需求变化，从而更好地调整工作方向和优化服务内容，实现文化事业的持续健康发展。

综上所述，文化行政组织的横向结构是构建文化生态系统的重要保障，它不仅有利于各级文化行政单位之间的协作与合作，更有助于促进文化事业的蓬勃发展，推动文化产业的繁荣。让我们共同致力于构建更加完善的文化行政组织横向结构，为中华文化的传承与创新贡献力量！

（二）文化行政组织的纵向结构

1. 文化行政组织纵向结构的内涵

纵向结构又称“组织的层级化”。文化行政组织纵向结构指的是文化行政组织的纵向分工，是文化行政组织内部各层级之间的纵向等级模式，即在文化行政组织各机构内按上下层级关系，设立若干层次，上下层级之间构成领导与被领导的垂直关系。我国文化行政组织的纵向结构是指从中央到基层的各级文化行政组织。其中，新闻出版广电行政管理部门一般只在国务院及省一级设置，而文化行政管理部门则从中央到基层逐层设置。中央、省、市、县和乡各级文化行政部门之间表现出鲜明的层级性。

（1）文化行政组织的纵向结构的基本问题是确立各层级之间的隶属关系。要解决这个问题，必须考虑行政层次与行政幅度之间的关系。行政层次指的是行政组织中的层级数目。按层级组建的行政组织，被划分为若干层次，形成一个等级分明的金字塔结构，处在塔尖的行政高层通过一个等级垂直链控制着整个行政组织体系。层级化的主要问题是行政层次的数目必须适当。就提高行政组织的运作效率而言，要尽量减少行政层次的数目。层次过多，既造成人力、物力、财力的浪费，又影响整个行政管理的运营，从而降低行政效率，产生官僚主义弊端。应本着精简、效率的原则，以取得最佳的行政效能为尺度，合理设置行政层次。

（2）行政幅度又称“行政控制幅度”，指的是一个层次的行政机构或一位行政领导所能直接有效控制的下级机构或人员的数目。科学的行政幅度没有统一的标准。它的大小与以下四个因素有关：①行政层次。在一个特定的组织内，行政幅度与行政层次成反比关系，行政层次越多，则每一行政机构的行政幅度就越小；反之，行政层次越少，则每一行政机构的行政幅度就会越大。②组织内权责划分程度。权责明确，行政幅度可相应扩大；权责不清，则行政幅度相应会缩小。③组织成员的素质。如果成员受过良好训练，有良好的判断力和创造力，行政幅度可适当扩大。④组织机构的合理化程度以及物资设备和技术传送的先进程度也会影响行政幅度的大小。

2. 文化行政组织纵向结构的价值

纵向结构在文化行政组织中起着至关重要的作用，它不仅指导着资源的分配和管理，还促进了文化产业的繁荣与发展。

（1）文化行政组织的纵向结构往往体现了政府的主导作用。在许多国家，文化部门通常是最高级别的文化行政机构，负责制定文化政策、规划和管理国家级文化资源。这种结构确保了国家在文化事务上的整体指导和统一管理。

（2）纵向结构也反映了文化行政组织的层级管理体系。从中央到地方，从国家级到地方级，文化行政机构层层设立，形成了一种分工协作的管理网络。各级文化行政机构在保障本地区文化发展的同时，也与上级机构密切合作，实现了资源共享和政策协调。

（3）纵向结构还体现了文化行政组织的专业化和功能分工。在文化行政机构内部，常常设有不同的部门或机构，如艺术管理部门、文化遗产保护部门、文化产业发展部门等，它们各司其职，共同推动文化事业的发展。

总的来说，文化行政组织的纵向结构既具有垂直管理的特点，又体现了分工协作和资源整合的理念。它为文化事业的发展提供了坚实的组织保障和管理支持，促进了文化产业的繁荣。

五、我国中央文化行政组织的机构设置

我国中央文化行政组织的机构设置涵盖了多个部门，其主要职责在于制定和执行文化政策，促进文化事业的繁荣和发展。早在 1949 年 9 月颁布实施的《中华人民共和国中央人民政府组织法》就规定了政务院设立文化教育委员会，设立了专司文化事业管理的中央文化行政职能部门文化部、新闻总署、出版总署、科学院、教育部。此后，各省、自治区、直辖市及地方县、市、区人民政府都成立了教育厅、局，文化厅、局或其他文化教育行政管理机构，形成了从中央到地方各级人民政府的行政文化管理网络。

当前，根据党的二十届二中全会审议通过的《党和国家机构改革方案》、

第十四届全国人民代表大会第一次会议审议批准的国务院机构改革方案和国务院第一次常务会议审议通过的国务院直属特设机构、直属机构、办事机构、直属事业单位设置方案、国务院部委管理的国家局设置方案，我国文化行政管理部门主要包括：①国务院组成部门：文化和旅游部，负责统筹协调全国文化工作，制定相关法律法规，并指导各地区的文化工作。②国务院直属机构：国家广播电视总局、国家体育总局、国家新闻出版署等。国家广播电视总局承担着重要的文化管理职责，管理着新闻出版、广播电视、互联网等领域，维护国家文化安全和传播秩序。国家体育总局等部门也在各自领域发挥着重要作用，推动我国文化事业的不断发展。此外，国家新闻出版署（国家版权局）在中央宣传部加挂牌子，由中央宣传部承担相关职责。③国务院部委管理的国家局：国家文物局，国家文物局是由文化和旅游部管理的国家局，主要负责文物和博物馆事业发展、文物保护、世界文化遗产保护、考古、文物和博物馆公共服务、文物保护科技成果转化及宣传推广等工作。在这些机构的共同努力下，我国的文化事业得到了长足的发展，为构建社会主义文化强国奠定了坚实的基础。

（一）文化和旅游部

1. 文化和旅游部成立的背景

中央政府主管文化的部门是中华人民共和国文化和旅游部。为增强和彰显文化自信，统筹文化事业、文化产业发展和旅游资源开发，提高国家文化软实力和中华文化影响力，推动文化事业、文化产业和旅游业融合发展，《党和国家机构改革方案》提出，将文化部、国家旅游局的职责整合，组建文化和旅游部，作为国务院组成部门。不再保留文化部、国家旅游局。十三届全国人大一次会议表决通过了关于国务院机构改革方案的决定，批准设立中华人民共和国文化和旅游部（以下简称“文旅部”）。2018 年 3 月，中华人民共和国文化和旅游部批准设立。

2. 文化和旅游部的职能

文化和旅游部主要职能包括：制定文化和旅游发展战略、政策、规划；指导、协调、监督全国文化、旅游工作；推动文化创新、旅游产业发展；指导、管理文化和旅游资源开发与保护；推动文化交流与合作等。通过这些职能和任务，文化和旅游部致力于提高国家文化软实力，促进经济社会发展。具体如下：

（1）贯彻落实党的文化工作方针政策，研究拟订文化和旅游政策措施，起草文化和旅游法律法规草案。

（2）统筹规划文化事业、文化产业和旅游业发展，拟订发展规划并组织实施，推进文化和旅游融合发展，推进文化和旅游体制机制改革。

（3）管理全国性重大文化活动，指导国家重点文化设施建设，组织国家旅游整体形象推广，促进文化产业和旅游产业对外合作和国际市场推广，制定旅游市场开发战略并组织实施，指导、推进全域旅游。

（4）指导、管理文艺事业，指导艺术创作生产，扶持体现社会主义核心价值观、具有导向性代表性示范性的文艺作品，推动各门类艺术、各艺术品种发展。

（5）负责公共文化事业发展，推进国家公共文化服务体系建设和旅游公共服务建设，深入实施文化惠民工程，统筹推进基本公共文化服务标准化、均等化。

（6）指导、推进文化和旅游科技创新发展，推进文化和旅游行业信息化、标准化建设。

（7）负责非物质文化遗产保护，推动非物质文化遗产的保护、传承、普及、弘扬和振兴。

（8）统筹规划文化产业和旅游产业，组织实施文化和旅游资源普查、挖掘、保护和利用工作，促进文化产业和旅游产业发展。

（9）指导文化和旅游市场发展，对文化和旅游市场经营进行行业监管，推进文化和旅游行业信用体系建设，依法规范文化和旅游市场。

（10）指导全国文化市场综合执法，组织查处全国性、跨区域文化、文物、出版、广播电视、电影、旅游等市场的违法行为，督查督办大案要案，维护市场秩序。

（11）指导、管理文化和旅游对外及对港澳台交流、合作和宣传、推广工作，指导驻外及驻港澳台文化和旅游机构工作，代表国家签订中外文化和旅游合作协定，组织大型文化和旅游对外及对港澳台交流活动，推动中华文化走出去。

（12）管理国家文物局。

（13）完成党中央、国务院交办的其他任务。

根据上述职责设置办公厅、政策法规司、人事司、财务司、艺术司、公共服务司、科技教育司、非物质文化遗产司、产业发展司、资源开发司、市场管理司、文化市场综合执法监督局、国际交流与合作局（港澳台办公室）、机关党委、离退休干部局等职能司局。文化和旅游部的组织结构如图 5.1 所示。

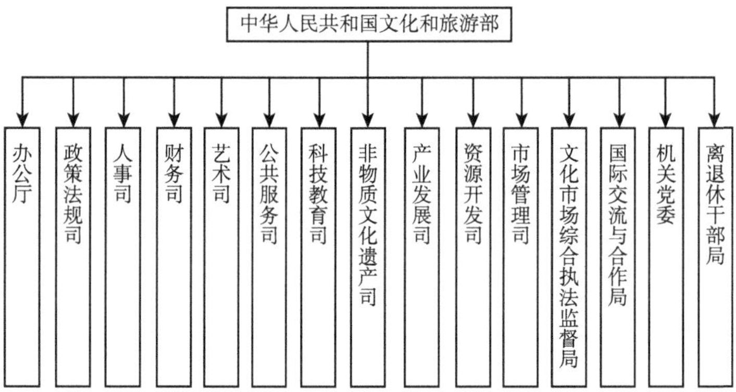

图 5.1　中华人民共和国文化和旅游部组织结构

3. 文化和旅游部的发展历程

（1）1954 年 9 月，第一届全国人民代表大会第一次会议决定，中央人民政府文化部改为中华人民共和国文化部，简称“文化部”。

（2）1970 年 6 月文化部被撤销，国务院文化组代行职权。

（3）1974 年，文化部恢复。

（4）1982 年，国务院机构改革将文化对外文化联络委员会、国家出版发行事业局合并设立文化部。

（5）1986 年，将电影系统文化部调整到广播电视部。

（6）1998 年，国务院机构改革保留文化部，但对其职能进行些调整，将管理群众文化事业的职能交给地方人民政府，取消指导、管理文化系统刊和书籍出版工作的职能。同时，把音像制品进口管理的职能由国家新闻出版总署划文化部。

（7）2018 年，国家文化和旅游部正式挂牌成立，进一步增强和彰显文化自信，统筹文化事业、文化产业发展和旅游资源开发，提高国家文化软实力和中华文化影响力，推动文化事业、文化产业和旅游业融合发展。

（二）国家广播电视总局

1. 国家广播电视总局成立的背景

为加强新闻舆论工作，加强对重要宣传阵地的管理，充分发挥广播电视媒体的作用，国务院机构改革方案提出，在国家新闻出版广电总局广播电视管理职责的基础上组建国家广播电视总局，作为国务院直属机构。国家广播电视总局贯彻党的宣传方针政策，拟订广播电视管理的政策措施并督促落实，统筹规划和指导协调广播电视事业、产业发展，推进广播电视领域的体制机制改革，监管、审查广播电视与网络视听节目内容和质量，负责广播电视节目的进口、收录和管理，协调推动广播电视领域走出去工作等。2018 年 3 月，十三届全国人大一次会议表决通过了关于国务院机构改革方案的决定，设立国家广播电视总局。2018 年 4 月 16 日，国家广播电视总局正式揭牌。

2. 国家广播电视总局的职能

国家广播电视总局的主要职责是：

（1）贯彻党的宣传方针政策，拟订广播电视、网络视听节目服务管理的政策措施，加强广播电视阵地管理，把握正确的舆论导向和创作导向。

（2）负责起草广播电视、网络视听节目服务管理的法律法规草案，制定部门规章、行业标准并组织实施和监督检查，指导、推进广播电视领域的体制机制改革。

（3）负责制定广播电视领域事业发展政策和规划，组织实施公共服务重大公益工程和公益活动，指导、监督广播电视重点基础设施建设，扶助老少边贫地区广播电视建设和发展。

（4）指导、协调、推动广播电视领域产业发展，制定发展规划、产业政策并组织实施。

（5）负责对各类广播电视机构进行业务指导和行业监管，会同有关部门对网络视听节目服务机构进行管理。实施依法设定的行政许可，组织查处重大违法违规行为。

（6）指导电视剧行业发展和电视剧创作生产。监督管理、审查广播电视节目、网络视听节目的内容和质量。指导、监管广播电视广告播放。

（7）指导、协调广播电视全国性重大宣传活动，指导实施广播电视节目评价工作。

（8）负责推进广播电视与新媒体新技术新业态融合发展，推进广电网与电信网、互联网三网融合。

（9）组织制定广播电视科技发展规划、政策和行业技术标准并组织实施和监督检查。负责对广播电视节目传输覆盖、监测和安全播出进行监管，指导、推进国家应急广播体系建设。指导、协调广播电视系统安全和保卫工作。

（10）开展广播电视国际交流与合作，协调推动广播电视领域走出去工作，负责广播电视节目的进口、收录和管理。

（11）指导广播电视、网络视听行业人才队伍建设。

（12）完成党中央、国务院交办的其他任务。

根据上述职责设置总工程师、办公厅、政策法规司、宣传司、电视局司、传媒机构管理司、网络视听节目管理司、媒体融合发展司、科技司、安全传输保障司、规划财务司、公共服务司、国际合作司（港澳台办公室）、人事司、机关党委、离退休干部司等内设机构。国家广播电视总局组织结构如图5.2所示。

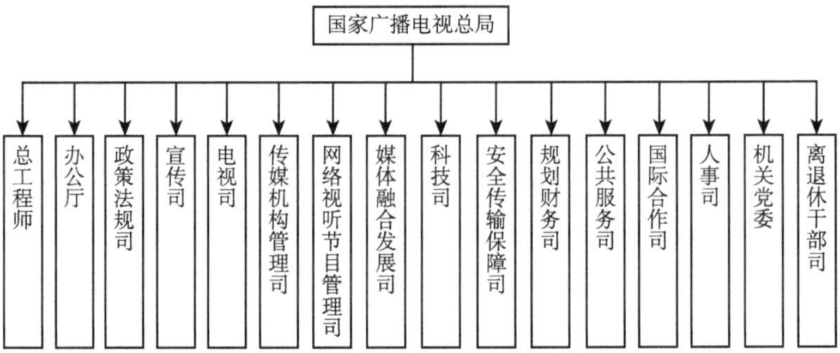

图5.2　国家广播电视总局组织结构

3. 国家广播电视总局的发展历程

（1）1940年春，党中央成立了广播委员会。广播委员会，抗日战争中诞生的人民广播是在党中央直接领导下筹备和创办的，目的是利用无线电技术，开辟一个快捷的宣传渠道，打破敌人的舆论封锁，及时传送党的声音。

（2）1949年6月，根据中央决定原新华社总社的语言广播机构扩充为中央广播事业管理处，管理并领导全国广播事业。广播事业管理处受中央宣传部领导，与新华社总社为平行的组织。

（3）1949 年 10 月 1 日，开国大典实况通过人民广播传遍大江南北，这是新中国成立后第一次全国性实况直播，也标志着中国人民广播事业新纪元的开始，人民广播事业进入了一个新的阶段。这一时期，全国上下大力推进基础建设，广播电视实现快速发展。同月，广播事业管理处改组为中央广播事业管理局。

（4）1982 年 1 月，中共中央政治局召开会议，讨论国务院机构精简问题。同年 2 月 22 日，第五届全国人大常委会举行第 22 次会议，通过了《关于国务院机构改革问题的决议》。根据决议撤销中央广播事业局，成立中华人民共和国广播电视部。

（5）1986 年 1 月，根据全国人大常委会决议，广播电视部改为广播电影电视部。

（6）1998 年 3 月，广播电影电视部升格为国家广播电影电视总局。

（7）2013 年 3 月，根据第十二届全国人民代表大会第一次会议审议的《国务院关于提请审议国务院机构改革和职能转变方案》的议案，组建国家新闻出版广电总局。将国家新闻出版总署、国家广播电影电视总局的职责整合，组建国家新闻出版广电总局。

（8）2018 年 3 月，为加强新闻舆论工作，加强对重要宣传阵地的管理，充分发挥广播电视媒体的作用，国务院机构改革方案提出，在国家新闻出版广电总局广播电视管理职责的基础上组建国家广播电视总局，作为国务院直属机构。不再保留中华人民共和国国家新闻出版广电总局。同月，十三届全国人大一次会议表决通过了关于国务院机构改革方案的决定，设立中华人民共和国国家广播电视总局。2018 年 4 月 16 日，中华人民共和国国家广播电视总局正式揭牌。

（三）国家新闻出版署

1. 国家新闻出版署成立的背景

国家新闻出版署是根据《深化党和国家机构改革方案》，将国家新闻出版广电总局的新闻出版管理职责划入中央宣传部，对外加挂国家新闻出版署（国家版权局）牌子。国家新闻出版署是国务院直属机构之一，主管全国新闻出版事业与著作权管理工作。中华人民共和国国家版权局是中华人民共和国最高的著作权行政管理部门，也是最高的著作权行政执法机关。

2. 国家新闻出版署的职能

国家新闻出版署具体职责如下：

（1）贯彻落实党的宣传工作方针，拟订新闻出版业的管理政策并督促落实；

（2）管理新闻出版行政事务，统筹规划和指导协调新闻出版事业、产业发展，监督管理出版物内容和质量；

（3）监督管理印刷业，管理著作权，管理出版物进口等。

3. 国家新闻出版署的发展历程

（1）1949 年 2 月，中共中央宣传部出版委员会成立。1949 年 11 月，依据《中华人民共和国中央人民政府组织法》组建中央人民政府出版总署，中共中央宣传部出版委员会是其前身。

（2）1954 年 9 月，按照国务院组织法的规定，对原政务院的组织机构进行了调整，撤销出版总署。1985 年 6 月 28 日，文化部呈报国务院，建议在文化部设立国家版权局。

（3）1987 年 1 月，国务院决定，撤销国家出版局，设立直属国务院的新闻出版署，并且保留国家版权局，继续保持一个机构、两块牌子的形式。

（4）2001 年，新闻出版署（国家版权局）调整为新闻出版总署（国家版权局），升格为正部级，作为国务院主管新闻出版事业和著作权管理的直属机构。组建国家新闻出版广播电影电视总局。

（5）2001 年，国家版权局和新闻出版总署成为正部级单位，仍为“一个机构两块牌子”。

（6）2013 年，将新闻出版总署、广电总局的职责整合，组建国家新闻出版广播电影电视总局。国家新闻出版广播电影电视总局加挂国家版权局牌子。同时，不再保留广电总局、新闻出版总署。

（7）2018 年 3 月，将国家新闻出版广电总局的新闻出版管理职责划入中央宣传部。中央宣传部对外加挂国家新闻出版署（国家版权局）牌子。2018 年 4 月 16 日，国家新闻出版署（国家版权局）正式揭牌。

（四）国家文物局

1. 国家文物局成立的背景

国家文物局是由文化和旅游部管理的国家局，主要负责文物和博物馆事业发展、文物保护、世界文化遗产保护、考古、文物和博物馆公共服务、文物保护科技成果转化及宣传推广等工作。

2. 国家文物局的职能

国家文物局具体职责如下：

（1）拟订文物事业发展规划，起草文物法律法规草案并负责督促检查实施。

（2）协调和指导全国文物保护利用工作，组织开展文物资源调查和文物保护宣传工作。

（3）根据中央授权，对地方政府履行文物保护责任情况进行督察。履行文物行政执法督察职责，指导文物和博物馆安全监督管理工作，依法组织查处和督办文物违法重大案件，协同有关部门查处重大文物犯罪案件和安全事故。

（4）指导全国不可移动文物保护和考古工作。组织、协调重大不可移动文物保护项目、考古项目和中华文明研究课题的实施。承担确定全国重点文物保护单位的有关工作。

（5）负责世界文化遗产保护和管理的监督工作，组织申报世界文化遗产。

（6）负责推动完善文物和博物馆公共服务体系建设，指导全国博物馆及馆藏文物工作，协调博物馆间的交流与协作；指导民间收藏文物的管理服务；负责文物进出境审核管理。

（7）指导革命文物保护管理利用工作，组织开展革命文物研究、展示和传播。

（8）协调和指导文物科技创新工作，促进文物保护科技成果的转化和推广；负责文物信息化、标准化工作；负责全国文物人才工作。

（9）指导、管理文物对外和对港澳台交流、合作和传播、展示工作，负责流失文物追索返还工作。

（10）负责文物和博物馆有关审核、审批事务及资质、资格认定的管理工作。

（11）承办党中央、国务院交办的其他事项。

根据上述职责设置办公室、政策法规司、督察司、文物古迹司（世界文化遗产司）、考古司、博物馆与社会文物司、革命文物司、科技教育司、交流合作司（流失文物追索返还办公室）、机关党委（人事司）等内设机构。国家文物局组织结构如图 5.3 所示。

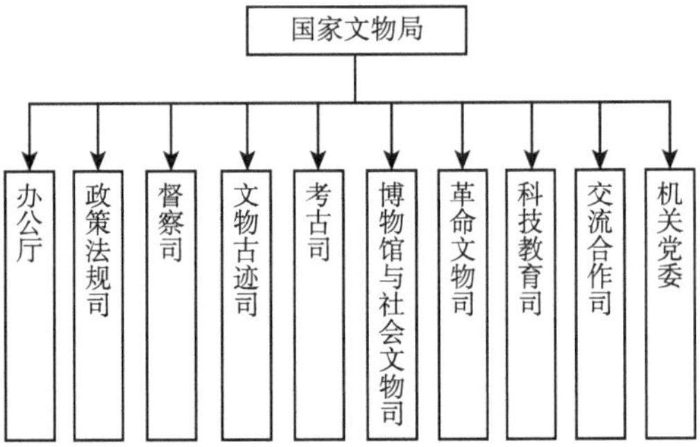

图 5.3 国家文物局组织结构

3. 国家文物局的发展历程

(1) 1949 年 11 月，中央人民政府在文化部内设立了文物事业管理局。此后，在 40 年的工作实践过程中，为了适应国家和文物、博物馆事业的发展形势，这个部门的名称、隶属关系和主管工作，曾有过多次变更。

(2) 1951 年 12 月经政务院批准，文化部文物事业管理局与科学普及局合并，成立了文化部社会文化事业管理局，主管文物、博物馆、图书馆、文化馆和电化教育工作。

(3) 1955 年 1 月，文化部恢复文物管理局，主管文物、博物馆事业，划出图书馆、文化馆事业部分，仍由社会文化事业管理局管理。

(4) 1973 年 2 月，国务院决定成立国家文物事业管理局，为国务院直属局，主管文物、博物馆、图书馆工作。

(5) 1980 年 5 月，中央决定将图书馆事业再次从国家文物事业管理局划出，由文化部新设立的图书馆事业管理局管理。

(6) 1982 年 4 月，国家机关进行机构改革，国务院决定将文化部、对外文化工作委员会、国家文物事业管理局、国家出版事业管理局和外文出版发行事业管理局五个单位合并，成立新的文化部国家文物事业管理局改名为文化部文物事业管理局，主管工作不变。

(7) 1987 年 6 月，经国务院批准，文化部文物事业管理局恢复为国家文物事业管理局，直属国务院，由文化部代管，对外独立行使职权，计划单列。

(8) 1988 年 6 月，国家文物事业管理局改名为国家文物局。

第二节　文化事业组织

一、文化事业组织的内涵

事业单位，是指国家为了社会公益目的，由国家机关举办或者其他组织利用国有资产举办的，从事教育、科技、文化、卫生等活动的社会服务组织。事业单位一般是国家设置的带有一定的公益性质的机构，但不属于政府机构，其工作人员与公务员是不同的。1998 年国务院发布的《事业单位登记管理暂行条例》，首次从法律上将事业单位定义为“国家为了社会公益目的，由国家机关举办或者其他组织利用国有资产举办的，从事教育、科技、卫生等活动的社会服务组织”。根据国家事业单位分类改革精神，事业单位不再分为全额拨款事业单位、差额拨款事业单位，而分为公益一类事业单位、公益二类事业单位。对公益一类，根据正常业务需要，财政给予经费保障；对公益二类，根据财务收支状况，财政给予经费补助，并通过政府购买服务等方式予以支持。

文化事业组织是为了促进社会主义先进文化发展，由国家举办或其他组织利用国有资产举办的主要从事社会公益文化活动、为社会工作提供文化服务，独立于政府和企业之间的非营利组织。它是指致力于促进、传承和发展文化的机构或团体。这些组织承担着维护和弘扬本地区文化传统、推动文化创新和交流的重要使命。无论是博物馆、艺术团体、文化中心还是文学社团，它们都在不同领域内发挥着重要作用。

文化事业组织扮演着文化传承的角色。它们通过展览、演出、出版等形式，将传统文化的精髓传承给后人，让文化遗产得以延续，让人们对自己的文化传统有更深的了解和认同。文化事业组织也是文化创新的推动者。它们为艺术家、作家、表演者等提供了展示才华的平台，鼓励创新和多样性，推动文化的不断发展和进步。此外，文化事业组织还充当着文化交流的“桥梁”。它们组织国际文化交流活动、文化节、艺术展览等，促进不同文化之间的对话与交流，增进各国人民之间的相互理解与友谊。总的来说，文化事业组织在社会发展中扮演着举足轻重的角色。它们的存在和发展不仅丰富了人们的精神生活，也促进了文化的多元共存和繁荣发展。

二、文化事业组织的性质

文化事业组织的特征主要体现在以下三个方面：

（一）非营利性

文化事业组织的性质体现在其运营模式和管理机制上。这些组织往往是由政府、非营利机构或私人资助设立的，其运作方式各异，但都以公益为宗旨，服务于社会大众。在管理上，它们注重专业性和创新性，积极探索适应时代发展需求的策略和手段，以更好地满足公众对文化的需求。

一方面，文化事业组织排斥组织“个人营利”行为。正如美国约翰·霍普金斯大学非营利组织比较研究中心主任萨拉蒙所说，它“有不以营利为目的的组织结构，有一个不致令任何个人利己营私的管理制度”。世界银行组织编写的《非政府组织法的立法原则》规定：“组织的净收入或利润不得以任何形式分配给任何个人；组织的员工可因实际工作获取合理薪酬，但董事通常不应支领薪酬；组织清算或终止存续时，不得将资产分配给任何董事、会员、员工、创立人或捐助者。”

另一方面，文化事业组织也排斥团体营利。组织已经根据其所有者关系和投资情况进行了划分，即组织成员既无“剩余索取权”，不得分配利润，又无财产分割权，对破产清算财产也不能拥有所有权。1993 年，联合国、世界银行、经合组织等共同编写的《国民经济核算体系（SNA）》中，明确规定非政府非营利性机构必须“受到社会和政策的严密审视，有相应的财务管理制度和监督制度”，组织的“所有权不能是私有的，财产不能在市场上交易，不能强迫兼并”。

（二）非政府性

文化事业组织提供的服务或产品为“准公共产品”或“俱乐部产品”。文化事业组织具有“非政府性”的本质特征。一个最有力的实证就是：随着文化事业组织本身的不断发展，私人对文化事业组织的影响越来越大。随着国民经济的迅速发展，文化事业组织经营规模作为国民经济的一股重要力量得到极大扩张，政府财政款从公共事业支出中快速退出，取而代之的将是私人捐款，并且私人捐款增长的速度远高于 GDP 增长的速度。

非政府性的文化事业组织具有自主性和灵活性，能够更好地满足社会多元化、个性化的文化需求。他们不受政治干预，更能够发挥创新、前瞻的特点，推动文化事业的变革和发展。这些组织承担着保护、传承、弘扬本土文化的重任，同时也促进了不同文化之间的交流与融合。通过举办展览、演出、培训等活动，他们让文化艺术走进了千家万户，成为社会精神生活的重要组成部分。尽管面临着经费不足、人才匮乏等挑战，但非政府性的文化事业组织凭借着对文化的热爱和坚守，依然在文化事业的舞台上发挥着重要作用，为社会文化的繁荣与发展贡献着自己的力量。

（三）社会服务性

文化事业组织在现代社会中主要包括三种基本职能：第一，提供市场无法提供而政府又不便提供的“公共物品”；第二，协助政府更好地提供“公共物品”，提高公共事业的服务质量；第三，提供某些不适于由营利性企业提供的“私人物品”，即商品或服务，为“团体利益”服务。文化事业组织在社会中扮演着不可或缺的角色，其社会服务性质十分突出。这些组织通过举办各种文化活动，如艺术展览、演出、讲座等，为社会大众提供丰富多彩的文化享受。同时，它们也承担着文化传承与教育的责任，通过举办文化交流活动、培训班等，促进文化的传承与发展。此外，文化事业组织还积极参与社会公益活动，如文化扶贫、义务讲解、志愿者服务等，为社会贡献自己的一份力量。综上所述，文化事业组织的社会服务性不仅体现在丰富多彩的文化活动中，更体现在其为社会和谐发展所作的积极贡献中。

三、我国文化事业组织面临的发展困境

我国文化事业组织面临的发展困境是一个备受关注的话题。随着社会经济的不断发展和文化多样性的增加，文化事业组织在推动文化传承与创新、满足人民群众精神文化需求方面扮演着至关重要的角色。然而，它们也面临着一系列挑战和困境。

文化事业单位的改革，从1979年“调整事业、改革体制”开始，先后进行了承包制、布局调整、双轨制、以文养文、结构调整、演出场次补贴等探索，对解放艺术生产力、激发文化工作者的积极性和创造性起到了重要作用。从总体上看，我国文化事业单位对中国经济和社会发展作出了重大贡献，尤其是在推动社会文化事业发展和扩大文化公共服务供给方面起到了十分重要的作用，但时至今日，在传统计划经济体制下形成的文化事业单位已是问题丛生，弊病重重，难以适应日前中国市场经济的需要，严重制约了经济和社会的协调发展。

文化事业组织系统的复杂性已经成为人们关注的焦点之一。随着社会的发展和文化的多元化，文化事业组织涉及的范围日益广泛，其内部结构和运作机制也变得越来越复杂。这种复杂性不仅体现在组织结构上，还表现在组织之间的相互关系、政策法规的制定与执行、资源配置等方方面面。

第一，文化事业组织的复杂性体现在其内部结构上。一个文化事业组织往往包括多个部门或机构，涵盖了文化产业的各个领域，如文学、艺术、影视、音乐、传媒等。每个部门都有其独特的职责和功能，需要协调合作才能实现整体目标。此外，文化事业组织还需要与政府部门、非政府组织、企业以及社会各界进行广泛合作，形成一个庞大的网络体系。

第二，与中央本级文化事业单位改革相比，地方文化事业单位的改革，情况更为复杂。在文化事业单位体制改革中，中央政府也只能制定中央本级文化事业单位改革的方略，而对地方的文化事业单位改革，只能提出一个原则，具体的改革办法需要地方政府根据各地的实际情况来制定。因为改革是需要成本的，中央本级文化事业单位改革的成本由中央财政负担，地方文化事业单位改革的成本由地方财政负担。中央财政既然不负担地方文化事业位的经费，也就不可能对地方文化事业单位的改革作出具体的、细致的规定。

第三，地方文化事业单位改革将会呈现出极大的差异性。以县级为例，改革开放前延续下的文化事业单位主要有图书馆、文化馆、文工团（艺术团）、地方剧团等，每个乡镇还有文化站。但这些文化事业单位中，真正还在发挥作用的有多少？名存实亡的又有多少？各地情况差别很大。经济发展程度高、地方财力充足、文化事业单位能够发挥公益性服务功能的地方，改革或许会比较顺利。文化事业单位经过结构调整，合并精简机构，有可能续作为公益性文化事业单位保留下来。但在地方财力不足、文化事业单位又没有很好地发挥作用的地方，地方政府就有可能对现有的文化事业单位实行“一刀切”，把它们全部推向高场，让它们自生自灭。对于这种做法，上级政府即使不赞同，实际上也无能为力，因为按现有的财政制度，上一级政府不可能为下一级政府提供文化事业经费。

四、我国文化事业组织改革的基本方向

随着时代的发展和文化事业的蓬勃发展，我们站在了改革开放的新起点上。为适应新形势、新任务、新要求，推动文化事业全面繁荣兴盛，我国文化事业组织改革已迎来了新的历史机遇。

（一）政事分开，推进文化事业组织分类改革

一方面，政事分开，建立文化行政管理部门与事业单位的新型关系。明确政府和文化事业的职责边界。政府将不再直接参与文化事业的具体运营和管理，而是通过制定政策、提供支持和加强监督等方式，为文化事业的健康发展创造良好环境。各级文化部门作为主管部门，对文化事业组织进行政策指导和宏观管理，搞好协调服务，管好领导班子，监管国有资产。各级文化行政管理部门要转变职能，简政放权，充分尊重事业组织的独立法人地位，避免过多的行政干预。

另一方面，将文化事业组织进行分类管理，根据其性质、功能和服务对象等特点，分门别类、因地制宜地开展管理和运营。这将有助于提高文化资源的利用效率，满足不同群体的文化需求，打造更加丰富多彩的文化生活。所有文化事业组织都要坚持把社会效益放在首位。公益型文化事业组织，应加快内部管理体制和运行机制的改革，精减富余人员，使国家核拨的事业经费更多地用于文化事业的发展。具有公益性同时又可以实行经营运作的文化事业单位，应努力提高自给率，积极开拓市场，采取多种方式促进优秀文化产品多渠道、多形式、多层次的增值，努力实现文化艺术产品的社会效益和经济效益的最佳结合。经营型的文化事业单位，要积极借鉴、利用和探索一切有利于文化事业发展的组织形式、管理模式和经营方式，自主经营，自负盈亏，自我积累，自我

发展，在市场竞争中不断壮大自己的实力。

（二）优化服务，促进文化事业组织的社会化

促进文化事业组织的社会化已成为一种必然趋势。通过调整、合并、转制等方式，最大限度地发挥文化事业组织在区域经济和社会公益事业发展中的积极作用。深化事业单位改革的核心，是要坚持遵循文化艺术发展规律和社会主义市场经济规律，紧紧围绕文化艺术产品的生产、服务和社会需求，进行合理的资源配置。要高度重视市场、开拓市场，注重减员增效、成本核算和市场营销，形成文化艺术生产的良性循环。社会化的背后是广泛而多样的参与，它不仅仅是政府、文化机构或专业人士的事务，更需要普通公众的积极参与和支持。比如，文化活动的组织与参与可以由社区、学校、企业等多个方面共同承担，通过各自的资源和力量共同推动文化事业的发展。

促进文化事业组织的社会化，需要一系列的措施和政策配套。首先，加强文化教育，提升公众对文化事业的认知和参与意识；其次，搭建文化交流平台，让不同背景、不同领域的人们可以进行更加广泛和深入的交流合作；最后，还要建立健全相关的政策法规和制度机制，为社会化参与提供保障和支持。

（三）制度改革，优化文化事业组织管理制度

在文化事业的发展过程中，组织管理的优化和制度化改革至关重要。只有建立科学、合理的管理制度，才能推动文化事业不断向前发展，为社会提供更加丰富多彩的文化产品和服务。

首先，推进财务制度改革。根据中央有关决定，国家将逐步增加对文化事业的投入，各级文化部门根据各级财政核定的文化事业经费以及分类指导的原则，强化对各级文化事业组织的预算约束。文化事业组织预算一年一定，根据国家财政预算情况作相应调整。同时，文化事业组织要加强财务管理，努力开源节流，根据国家有关财务、会计等法律法规，研究制定切实、有效的内部财务管理制度。要增强积累意识，在演出、社会赞助以及经营等收入中，提取一定比例作为本单位事业发展的公共积累。防止坐收坐支，分光用光。要保证国有资产的保值增值。

其次，推进人事制度改革。按照分类管理、放权搞活的原则，对文化事业

组织的领导体制、内设机构、用人制度和分配制度进行改革。文化事业组织实行行政领导人负责制。要改革对事业单位领导人的考察、选拔、任用和监督方式，逐步试行任前公示制和试用期制。文化事业组织的行政领导人由各级文化部门任命或聘任，各级文化部门应适当下放任免权限，使行政领导人具有更多的用人自主权。

最后，建立健全事业单位登记制度，文化事业组织要按照登记的宗旨和业务范围，自主开展生产、经营、服务等业务活动，独立承担民事责任。要全面推广和完善聘用制度。所有文化事业组织应实行聘用制，将对各类人员的身份管理转变为岗位管理。对管理人员实行职员制度，对专业技术人员实行专业职务聘用制度等。

第三节　文化产业组织

一、文化产业组织的含义

随着历史的推进，尤其是高科技的发展，“文化工业”这一词语最初产生的语境已被新的语境所置换，它渐渐发展成为一个中性概念——也就是我们今天所普遍使用的“文化产业”。① 1980 年初，欧洲议会所属的文化合作委员会首次组织专门会议，召集学者、企业家、政府官员共同探讨“文化产业”的含义、政治与经济背景及其对社会与公众的影响等问题，“文化产业”作为专用名词从此“正式与其母体脱离”，成为一种广泛意义上的“文化—经济”类型。“文化产业”一词，以英美圈为中心得到广泛介绍，是从 20 世纪 70 年代《启蒙辩证法》一书在美国译成英语出版后开始的。尤其是 1980 年以后，从“文化产业化”的观点出发，人们对文化产业的关心更加全面，也更加具体化了。由此，继法兰克福学派之后，西方关于文化产业的理论又有了长足的发展，基本上是沿着两个方向展开的。

中国文化产业研究起步较晚，在应用理论方面至今尚未形成完整的理论体

① 胡惠林．文化产业概论［M］．昆明：云南大学出版社，2005：10.

系。但由于中国文化产业应用理论的研究直接源于其文化产业实践的不断发展，所以理论与实践的吻合程度相对比较密切。从文化产业实践的发展阶段来看，以党的十六大“支持文化产业发展，全面提高我国文化产业的整体实力和综合竞争力”的战略部署为标志，中国文化产业的发展逐步由感性探索阶段转向理性成长阶段。实践的发展引发了理论的深入，从学术发展史的层面来看，以党的十六大召开的 2002 年为时间界限，如果说，之前中国关于文化产业的研究还仅仅属于“理论启蒙时期”，那么，之后的中国文化产业理论研究则全面进入一个“理性发展时期”①。2001 年 3 月 29 日，国家向各级统计机构下发了《文化及相关产业分类》，其中明确规定；“我国的文化产业是指为社会公众提供文化、娱乐产品和服务的活动，以及与这些活动有关联的活动的集合。”

文化产业组织，即为公众提供文化、娱乐产品与服务的组织。从提供产品的类别上可以分为演出业、影视业、音像业、文化娱乐业、文化旅游业、网络文化业、图书报刊业文物和艺术品业以及艺术培训业等行业门类。文化产业组织从业务流程上可以分为三类：第一类是文化产品与文化服务的创意组织，第二类是文化产品与文化服务的生产制作组织，第三类是文化产品与文化服务的流通、承销组织。这三个环节互相承接，形成了一个完整的产业链，并落实到文化消费市场接受价值检验，最终实现其效益目标。

二、文化产业组织的特征

文化产业组织是现代产业组织的一种特殊形态。它之所以存在一种特殊性，是因为，无论是作为市场行为的主体构成，还是作为市场结构的关系性构成，其都有作为一般意义上的产业组织所不具有的个性，即它的文化和意识形态性。文化产业组织承担着和一般的产业组织完全不同的社会责任和社会功能。文化产业组织具有以下特征。

（一）文化产业组织的多样性

无论是由政府主导的国家级文化机构，还是由民间力量推动的非营利性文

① 有关“理论启蒙时期”和“理性发展时期”的提法首见于，叶取源，王永章，陈昕主编．中国文化产业评论（第一卷）［M］．上海：上海人民出版社，2003：2.

化团体，抑或是以营利为目标的文化企业，各种不同性质的组织相互交织、相互促进，共同构筑起文化产业的繁荣生态。从传统的博物馆、图书馆到当代的影视公司、艺术机构，各种形式的文化机构层出不穷，为人们提供了丰富多彩的文化体验。

（二）文化产业组织的社会性

文化产业组织的社会价值不可忽视。它们不仅是文化艺术的守护者和传播者，更是社会凝聚力和文化认同的重要来源。通过举办展览、演出、教育活动等各类文化活动，文化产业组织为社会带来了无尽的精神享受和思想启迪。首先，文化产业组织的社会性体现在其对于社会文化的传承与创新上。这些组织通过艺术表演、文化展览、文学创作等形式，不断传承和弘扬民族文化，让传统文化焕发新的生机，同时也通过创新实践，为社会带来新的文化体验和思想启迪。其次，文化产业组织在社会发展中扮演着重要角色。它们不仅是经济增长的重要支柱，更是推动社会进步的引擎。通过文化活动和创意产业的发展，这些组织为城市发展注入了新的活力，促进了文化旅游业的繁荣，推动了相关产业链的发展，为就业增加了新的动力。最后，文化产业组织还承担着传播文化价值观念的重要责任。它们通过各种形式的文化产品和活动，向社会传递积极向上的文化价值观念，引导公众形成正确的文化认知和审美观念，促进社会和谐稳定发展。

（三）文化产业组织的商业运作

文化产业组织的商业运作也是其特征之一。尽管它们承载着文化使命，但也需要面对市场竞争和经济运作的挑战。因此，文化产业组织不仅要具备文化艺术素养，还需要拥有良好的商业管理能力，以确保自身的可持续发展。通过商业化运作，文化组织能够实现自身可持续发展，同时也促进了文化产品和服务的生产、传播与消费。首先，商业化运作为文化组织提供了稳定的经济来源。这包括门票销售、文化产品的销售、赞助商支持等方式，为文化组织提供了资金来源，使其能够开展更多的文化活动和项目，进而推动文化产业的繁荣发展。其次，商业化运作提升了文化产品和服务的品质。在市场竞争的压力下，文化组织必须不断提升自身的产品和服务水平，以吸引更多的观众和消费者。这种竞争促进了文化创意的不断涌现，推动了文化产业的创新发展。最后，商业化运作也加强了文化组织与市场的联系。通过市场化的运作模式，文化组织更加关注观众和消费者的需求和反馈，不断调整自身的策略和方向，使文化产品更加贴近市场需求，增强了与观众和消费者的互动和沟通。

三、文化产业组织的类型

文化产业组织的类型丰富多样，每一种都在不同的领域发挥着重要作用。我们将文化产业组织分为提供文化创意和文化产品的生产性的文化企业、文化中介机构和文化行业协会三种类型。

（一）文化企业

目前，我国丰富的文化资源基本还掌握在国有文化企事业单位手中，而依靠文化产品经营、具有强大经济实力的文化企业几乎没有。即使是国家赋予垄断权或专营权的国有文化企事业单位，与发达国家的文化企业相比，实力也相差很大。究其原因，国有文化企事业单位还没有跟上经济基础、体制环境、社会条件的变化，还没有从根本上改变计划经济体制下的文化发展模式，还没有将文化纳入产业化发展的范畴。因此，要加快文化产业的发展，就必须加快文化企业的改革。

文化企业是指从事新闻出版、广播影视和文化艺术的企业。包括：①文艺表演团体；②文化、艺术、演出经纪企业；③从事新闻出版、广播影视和文化艺术展览的企业；④从事演出活动的剧场（院）、音乐厅等专业演出场所；⑤经国家文化行政主管部门许可设立的文物商店等。其文化活动范围涵盖媒体传播、影视传媒、出版发行、文化产业及文化科技、艺术表演、文化服务业、文化设施管理等。

文化企业不仅是文化产业、文化科技和文化活动等一般意义上的活动，也包括文化艺术创造、文化教育传播，以及文化资源开发和利用等活动。文化企业是一个不断发展的多元化经济活动，不仅要拥护新文化，而且要保持文化传统，弘扬传统文化的精神与精髓，让传统文化与新文化共成熔炉，使文化资源发挥出更大的生命力，从而更好地服务于大众，彰显企业文化的价值，促进文化产业的发展，为提升行业核心竞争力和品牌形象起到积极的作用。

加快文化企业发展，首先，政府部门应该加大对文化产业的扶持力度，出台更加有利于文化企业发展的政策和措施。这包括但不限于提供财政资金支持、优惠税收政策、简化审批程序等方面，以及从制度上为文化企业的健康发展创造良好环境。其次，企业界和社会各界也应该积极参与到文化企业的支持和合作中来，通过投资、合作、赞助等方式，共同推动文化产业的蓬勃发展。只有形成全社会的共同努力，才能真正实现文化产业的繁荣昌盛。最后，作为广大民众，我们也应该积极关注和支持文化企业的发展。无论是通过购买文化产品、参与文化活动，还是通过传播和推广优秀的文化作品，都能为文化产业的繁荣贡献自己的一份力量。

（二）文化中介机构

文化产业是21世纪的朝阳产业，文化中介组织已成为构建文化产业链的关键环节。从1949年到1978年改革开放前，我国实行计划经济体制，生产、分配、消费高度集中，统一按计划运行，基本上没有中介组织生存的空间。我国文化中介机构组建始于20世纪80年代初，其组建大致有两种途径：一是由政府职能转变而来，承担政府的某些职能；二是由民营文化企业自发组建，进行自我管理和自我服务。由于体制性制约，我国文化中介机构发展十分缓慢。随着市场经济体制的建立和文化市场的日趋繁荣，特别是党的十六大以来，文化中介机构作为社会主义市场经济条件下文化产业链的重要组成部分，已进入快速发展阶段，在文化产品和服务交易中发挥着重要的桥梁和纽带作用。

文化中介机构，指的是文化经纪企业。一般来讲，文化中介机构是指在文化经济市场中，为交易双方提供信息、促成交易而收取佣金等报酬的文化服务机构。涉及文化信息、文化产品、文化人才，以及文化生产传播的资料、设备和技术等文化市场要素，从事文化的策划、居间、行纪、代理、咨询、出租等经纪活动，由自然人、法人在取得必要的文化经纪资格证书、在工商行政管理部门注册登记并领取文化中介机构的营业执照而成为文化市场的经营性主体，其形态包括文化个人独资企业、文化经纪人事务所与文化经纪公司。[①] 文化中

---

① 樊人龙等．上海文化中介机构发展思路与对策［J］．上海社会科学院学术季刊，2001（1）．

介机构可以分为交易型、准则型和管理型。交易型文化中介机构包括经纪类、代理类、交易类，如文艺演出经纪、文化产品销售代理以及文化拍卖组织等。准则型文化中介机构主要包括咨询类、认证、评估和担保类，如技术咨询、投融资担保、信用担保等。管理型文化中介机构主要是指民间文化组织、行业协会等社团类文化中介组织，这类中介组织承担着政府的一部分职能，能够提高政府的管理效率。

文化中介机构特征如下：①以文化中介为核心的市场经营主体。文化中介机构之所以能够成为现代市场经济领域中一种独特的经营主体，根本的原因就在于它所从事的中介对象是文化经济领域，包括有形的文化物态产品与无形的文化服务活动。因此，与一般经纪组织的中介对象不同，文化中介机构的经营范围只能是文化市场要素。②为交易的双方充当媒介。与一般的服务性行业不同，文化中介机构既不是文化产品的生产者，也不是文化产品的购买者。文化中介机构所经纪的文化产品是由他人生产制作的，在整个文化经纪的交易过程中，文化中介机构并不是文化经纪活动的交易双方，而是充当着促成文化交易的媒介。③以经纪人的名义从事文化中介活动。1995 年 10 月，国家工商行政管理局第 36 号令《经纪人管理办法》第二条规定："本办法所称经纪人，是指依照本办法的规定，在经济活动中，以收取佣金为目的，为成他人交易而从事居间、行纪或者代理等经纪业务的公民、法人和其他经济组织。"这一规定只是将居间、行纪与代理等归为经纪业务项目，并没有明确这些经纪人经营行为的法律特征。④以佣金为主要经济收入的文化服务报酬。作为一种国际惯制，经纪人的主要经济报酬是佣金，它通常由中介交易双方承担，并在经纪合同中明确规定。文化中介机构也不例外。不过需要指出的是，随着当代文化中介范围的扩大，文化经纪活动的开支日趋上升，特别是调查费、差旅费、交际费等各种文化经纪开支与日俱增，用传统的单项佣金已无法准确地反映文化经纪人的实际支出，而这些经纪费用有时直接影响文化中介业务的成败或者损害现有的佣金比率额度。

文化中介机构具有服务、沟通、公证、监督等基本功能。①服务功能。服务功能是文化中介机构的一项重要功能，其服务对象主要包括政府和文化经济主体、法人和公民。我国一部分文化中介机构是由政府职能转变而来的，承担着政府的部分职能，特别是管理型文化中介机构，如出版行业协会承担着贯彻落实政府的有关政策，促进出版行业的健康发展的职能。由于文化中介机构联系面广、信息渠道多、掌握的信息量大，能够凭借专业性特征，依靠专业人才和专业技术及时、迅速地获取市场信息，并对信息进行分析、归纳和整合，最终形成信息资料数据库。因此，文化中介机构的信息反馈功能可以为政府决策提供信息咨询服务。②沟通功能。文化供给和需求是文化商品流通领域中的两个重要方面。文化生产者专注于文化产品的生产，往往没有足够的时间和精力去了解需求市场、对产品和服务进行策划以及更好地营销等。文化中介机构是文化产品和文化市场沟通的“桥梁”。它活跃于文化生产、文化交换、文化消费三大领域，能够传播文化产品信息、促进文化产品和服务的流通，调节文化供需。文化中介机构也是政府与市场主体之间的“桥梁”和“纽带”。文化中介机构，一方面与政府部门保持着密切的联系，对政府的政策、方针有比较深入的了解；另一方面，与文化经济主体、法人和公民交往密切，比较了解他们的需求和呼声，文化中介机构可以代表文化企业与政府对话，充当政府和企业之间的“桥梁”和“纽带”。③公证功能。一方面，尽管文化中介机构的全部职能是提供文化中介服务并通过提供服务获取报酬，但文化中介机构的服务不同于其他商业服务，这种服务是居间性的、双向的，既要对政府负责，又要对文化企业负责，服务的质量和内容要接受政府的管理和社会监督。因此，公正性和客观性是对文化中介机构的必然要求。另一方面，文化中介机构是经过严格的资格审查、依法成立的独立法人组织，其从业人员具有明显的专业优势，能够对有关的法律法规和产业政策的落实进行查证核实，对市场主体发布的各种文化经济信息进行核实并发表客观、公正的核查报告，为政府制定行业规范提供咨询等。④监督功能。政府职能转变后，一部分权力还给企业，一部分权力交给市场，一部分权力放给社区组织，还有一部分职能转给中介组织。然而，市场经济本身具有自发性、盲目性、滞后性等弊端，一些文化企业习惯于计划管理，政府转变职能后，经济管理主体暂时空缺。我国文化市场体系发育不完善，文化生产者、经营者不成熟，必然会导致盲目竞争，因此，需要文化中介机构承担政府的某些社会职能，对文化市场运行进行监督和协调。文化中介机构的监督是一种综合性监督，且独立于行政管理之外，在某种意义上比政府监督更有效、更贴近市场，特别是非营利性文化中介机构，比如行业协会、同业公会、商会等，它们依据法律法规，制定并执行行规行约及各类标准，对文化产品和服务质量、竞争手段、经营作风进行严格监督，鼓励公平竞争，打击违法、违规行为。①

（三）文化行业协会

行业协会是指介于政府、企业之间，商品生产者与经营者之间，并为其服务、咨询、沟通、监督、公正、自律、协调的社会中介组织。行业协会是一种民间性组织，它不属于政府的管理机构系列，而是政府与企业的“桥梁”和“纽带”。行业协会属于《中华人民共和国民法典》规定的社团法人，是中国民间组织社会团体的一种，即国际上统称的非政府机构（NGO），属非营利性机构。行业协会具有相对于政府的独立性，这也决定了它在组织形成、人员编制及财政来源等诸多方面与政府组织存在极大差异。其区别具体体现在：由有关组织自愿组成，不是依政府命令而产生；其组织具有自主性，在内部实行自我管理，一般不受政府的直接控制，但有时要受政府监督；其工作人员不属国家公务员系列；主要经费来源不是国家财政拨款。

2015 年 6 月，中办、国办印发了行业协会商会与行政机关脱钩的总体方案，对脱钩的基本原则、主要任务、相关政策、方法步骤做了明确规定，是我们开展脱钩工作的行动指南。2017 年，国家发展改革委、民政部、财政部、国务院国资委联合印发的《关于进一步规范行业协会商会收费管理的意见》（以下称《意见》）。2018 年 10 月，民政部社会组织管理局有关负责人表示，从第一批全国性社团年检情况看，九成协会商会主动规范了收费行为。为落实《意见》，在全国性社会团体年检中，民政部社会组织管理局专门设计了调整规范会费的报表，提出工作要求，督促 780 余家全国性协会商会清理规范会费。

文化行业协会，是指由相关文化领域的从业者、爱好者或相关机构组成的组织，旨在促进该领域的发展、交流与合作。这些协会通常由志同道合的人士自发组建，或由政府、行业领袖等力量支持和推动成立。文化行业协会的含义十分丰富：首先，它们承载着传承与保护文化遗产的使命。通过举办展览、讲座、研讨会等活动，协会能够向公众传播、普及文化知识，增进人们对文化的理解与尊重。其次，协会还是文化创意产业的重要推动者。通过组织创意竞

① 朱静雯，孙庆庆．关于我国文化中介机构的思考［J］．出版科学，2014，22（03）：16－18.

赛、扶持艺术家创作、搭建文化交流平台等方式，协会为文化创意产业的繁荣发展提供了坚实支撑。最后，文化行业协会还扮演着行业监管者和服务提供者的角色。他们可以制定行业标准、规范从业行为，为会员提供培训、咨询等服务，促进行业良性竞争和健康发展。总的来说，文化行业协会的含义在于凝聚行业力量，促进行业发展，推动文化事业的繁荣与进步。它们是文化领域的重要组成部分，对于推动文化产业的创新发展、传承与传播文化精神具有不可替代的作用。

文化行业协会具有以下特点与功能：①促进交流与合作。文化行业协会作为汇聚行业精英的平台，促进了行业内外的交流与合作。通过举办各类研讨会、展览会和论坛等活动，协会为从业者提供了学习、交流的机会，推动了行业的良性发展。②制定标准与规范。文化行业协会扮演着制定行业标准与规范的重要角色。通过与政府部门、专业机构的合作，协会致力于建立行业内的标准体系，推动行业规范化、专业化发展。③倡导行业发展。作为行业的代表和发言人，文化行业协会积极倡导行业发展，为行业争取权益，推动行业政策的制定与实施。通过与政府和相关机构的合作，协会为行业发展提供了更广阔的舞台。④提升行业形象。文化行业协会致力于提升行业的整体形象和声誉。通过开展各类宣传活动和公共关系工作，协会努力树立行业的良好形象，增强行业的社会影响力。⑤服务会员企业。文化行业协会以会员企业的利益为核心，为其提供各类服务和支持。从政策咨询到市场推广，从人才培养到技术支持，协会为会员企业提供了全方位的服务，帮助其提升竞争力，实现可持续发展。

四、我国文化产业发展趋势

2023 年文化和旅游专家研讨会在京召开，讨论了我国文化产业发展呈现的六大特征：

（一）文化产业蓬勃发展，展现出较强韧性

据国家统计局对全国 7.3 万家规模以上文化及相关产业企业调查，全国 7.3 万家规模以上文化企业实现营业收入 12.95 万亿元，比上年增长 8.2%，并呈现三个特点，分别是文化产业规模持续扩大、文化服务业支撑作用增强、九

大文化行业整体向好。

（二）不同文化行业发展不均衡

发展不均衡是2023年我国文化产业发展的一大特点。对比2022年数据，2023年九大文化产业呈现“八升一降”整体向好局面，不同文化行业发展不均衡现象更加明显。其中，演出市场热度空前，带动文化娱乐休闲服务产业比上年增长63.2%。

（三）数字技术对文化产业的驱动作用突出

一是文化新业态成为最活跃、最具成长性力量。据国家统计局数据，规模以上企业中与互联网服务和数字内容相关的门类如游戏、网络视听等增速领先且继续保持两位数增长，短视频精品化、微短剧井喷、优质网剧迭出和互联网视频平台持续盈利成为标志性现象。二是数字前沿技术引领文化产业发展。以ChatGPT大模型为代表的人工智能科技为应用平台带来革命性变化，极大提高了创意、影视、娱乐等服务行业的生产效能。同时，传统文化产业“上云用数赋智”成为趋势，例如，博物馆以虚拟展览、数字文物进行了文化遗产资源的数字化创新，演艺机构积极打造“第二剧场”，开辟直播线上经营新路径。

（四）文化消费活力强劲恢复

据国家统计局数据，2023年我国居民人均教育文化娱乐消费支出2904元，同比增长17.6%，占当年人均消费支出比重的10.8%。与此同时，2023年教育文化娱乐支出增长比当年居民人均消费支出高8.6个百分点。近年来，各地政府坚持促进文化消费，通过前瞻布局与持续落实推进，一方面，通过加强文娱场景营造，打造促进文化消费爆款产品；另一方面，通过持续完善平台载体建设，一批具有浓郁地方特色、业态集聚度高、文化内涵丰富、多元业态融合的深受消费者喜爱的文旅消费集聚区相继涌现，成为释放大众消费潜能的重要渠道，进一步激发了文化和旅游市场活力。

（五）文旅融合的内涵和领域不断拓展

2023年以来，“相约看展游”“美食攻略游”“国风汉服旅拍”“跟着演出去旅行”“跟着赛事去旅行”等融合发展业态成为文旅新时尚。从“文旅融合”到“文体商旅”等融合发展，文旅融合领域有新拓展，融合模式更加多元化。

（六）文化产业赋能城乡发展的作用彰显

2023年，首批63个文化产业赋能乡村振兴试点名单发布后，以“文化产业特派员”制度为抓手，因地制宜、开拓思路，强化以城带乡、城乡互促，探索文化产业赋能乡村振兴的新路径。

第四节　群众文化组织

一、群众文化组织的类型

我国群众文化组织种类较多，以下是几种常见的群众文化组织类型：

（一）文艺团体

文艺团体是由一群对文学、音乐、舞蹈等艺术形式有共同爱好的人组成的组织。他们通过举办演出、创作比赛等活动，激发人们的艺术创作热情，丰富文化生活。

（二）文化志愿者团队

文化志愿者团队是由热爱文化事业的志愿者组成的团体，他们为社区文化活动、文化节庆等提供志愿服务。他们的存在和付出，为文化事业的发展注入了源源不断的活力。

（三）民间文艺团体

民间文艺团体是由民间文艺爱好者自发组成的团体，他们擅长于民间舞蹈、民间音乐、民间戏剧等形式的表演。他们的表演不仅丰富了民间文化生活，也为文化传统的传承保护作出了贡献。

（四）传统文化保护组织

传统文化保护组织致力于传承和保护本土传统文化，他们通过举办传统文化展览、讲座等活动，提高人们对传统文化的认知和理解，推动了传统文化的传承和发展。

总体而言，我国群众文化组织主要由三大体系构成。第一类是指由全国各级文联、作家协会等人民团体组成的网络体系；第二类是由基层文化馆、群众艺术馆、文化站等构成；第三类是指村级组织或社区举办的文化组织，如村文化活动中心，以及群众自发组织的各类业余民间社团组织，如曲艺演出团队、书画社等。①

（五）人民团体

人民团体是指由中国共产党领导，按照其各自特点组成的从事特定社会活动的全国性群众组织。一般把出席中国人民政治协商会议第一届全体会议的8个单位称为人民团体，包括工会、共青团、妇联、科协、侨联、台联、青联、工商联等。

国民政府在民国三十一年二月十日通过的《人民团体法》将人民团体分为三类，即职业团体、社会团体和政治团体。人民团体有发起人和主管机关、章程、会员，必须经审批和登记注册后方可设立。人民团体为独立法人，可以设置分支机构，不得主张分裂国土，事实上管制很严格。1949年，中华人民共和国成立以后，一直沿用“人民团体”的提法，内涵上和国民政府大陆政权时期相同，但没有法律界定。1998年10月25日，国务院发布《社会团体登记管理条例》，首次权威界定了“社会团体”范围，内涵上接近于“人民团体”。

中国文学艺术界联合会是中国共产党领导的由全国性的文艺家协会，省、自治区、直辖市文学艺术界联合会和全国性的产（行）业文学艺术联合会组成的人民团体，是党和政府联系文艺界的“桥梁”和“纽带”，是繁荣发展社会主义文艺事业、建设社会主义先进文化的重要力量。1949年7月，第一次中华全国文学艺术工作者代表大会召开，中华全国文学艺术界联合会成立；1953年

---

① 孙萍．文化管理学［M］．3版．北京：中国人民大学出版社，2015：81.

9月23日—10月6日，中国文学艺术工作者第二次代表大会召开，决定将“中华全国文学艺术界联合会”更名为“中国文学艺术界联合会”（简称“中国文联”）。截至2011年11月，中国文联共有团体会员56个，其中14个全国文艺家协会，32个省、自治区、直辖市、兵团文联，10个产业行业文联；设有全国性的文艺奖项12个。2019年9月，经党中央批准，十九届中央第四轮巡视将对中国文学艺术界联合会党组织开展常规巡视。中国文学艺术界联合会实行团体会员制。中国文学艺术界联合会及各级各类文学艺术界联合会实行分级管理。地方和基层文学艺术界联合会按行政区划、依托基层单位、根据专业特点建立组织，开展工作。上级文学艺术界联合会依法、依章程指导下级文学艺术界联合会的工作。

目前，中国文联有中国作家协会、中国电影家协会、中国戏剧家协会、中国美术家协会、中国音乐家协会、中国曲艺家协会、中国舞蹈家协会、中国摄影家协会、中国书法家协会、中国民间文艺家协会、中国杂技家协会、中国电视艺术家协会等团体会员。各大协会的任务是组织开展各种活动，组织作家、艺术家进行学习和探讨；组织各类文化演出的观摩；举办各类学术研究会、座谈会；举办旨在培养文艺新人的讲座、讲习班；开展纪念文化名人活动；鼓励和组织作家、艺术家深入工矿、农村、部队、边疆进行参观访问和调查研究，并提供必要的协助；举办文艺评奖活动。

（六）基层文化组织：文化馆、文化站、社区文化中心

文化馆、文化站、群众艺术馆、科技馆以及工人文化宫、俱乐部、青少年宫等（以下均简称“文化馆”或“文化站”），是政府、群众团体、各部门设立的以群众文化业务工作为服务手段的群众文化事业机构。它们对城乡群众文化工作网络的形成，对基层群众文化活动的繁荣，有着至关重要的作用。

1. 文化馆

文化馆是开展群众文化活动，并给群众文娱活动提供场所的机构。截至2023年末，全国共有文化馆3508个。文化馆是县、市一级的群众文化事业单位，有的地方称“文化中心”或“文化活动中心”，作用是开展群众文化活动，并给群众文娱活动提供场所。我国各省（市）基本都有文化馆，并且随着社会经济发展、人们精神文化水平的提高，越来越多的文化馆将被建设。在国

外，正在兴建的很多孔子学院就类似于宣传中国传统文化的文化馆。

文化馆的功能丰富多彩，为社区居民提供了丰富的文化资源和活动。首先，文化馆是一个展示和传承文化遗产的重要场所。通过展览、文物展示和传统工艺体验，人们可以深入了解本地区的历史和文化传统，增进对文化的认同感和自豪感。其次，文化馆也是一个教育和学习的平台。举办讲座、讲习班、工作坊等活动，使人们有机会学习和探索艺术、历史、文学等多个领域的知识，提升个人素养和文化水平。再次，文化馆还承担着社交和交流的功能。各种文化活动和展览吸引了众多人群前来参与，促进了居民之间的交流与互动，形成了一个文化共享的社区氛围。最后，文化馆还是一个文化创意产业的孵化基地。通过举办创意市集、艺术展销等活动，鼓励和支持本地区的文化创意人才，推动文化产业的发展，为经济增长和社会发展注入新的活力。

文化馆的主要职能包括：①举办各类展览、讲座、培训等，普及科学文化知识，开展社会教育，提高群众文化素质，促进当地精神文明建设。②组织开展丰富多彩的、群众喜闻乐见的文化活动；开展流动文化服务；指导群众业余文艺团队建设，辅导和培训群众文艺骨干。③组织并指导群众文艺创作，开展群众文化工作理论研究。④收集、整理、研究非物质文化遗产，开展非物质文化遗产的普查、展示、宣传活动，指导传承人开展传习活动。⑤建成全国文化信息资源共享工程基层服务点，开展数字文化信息服务。⑥指导下一级文化馆（文化站、社区文化中心）工作，为下一级文化馆培训人员，并向下一级文化馆配送文化资源和文化服务。⑦指导本地区老年文化、老年教育、少儿文化工作。⑧开展对外民间文化交流。

2. 文化站

文化站是乡（镇）人民政府、城市街道办事处、区公所一级的基层文化事业机构，隶属于乡（镇）政府、街道办事处、区公所，是当地开展综合性群众文化宣传娱乐活动、普及文化科学知识的组织辅导部门和活动场所。乡镇综合文化站建设是公共文化服务体系重要工程之一。文化站是向广大人民群众进行宣传教育，研究文化活动规律，创作文艺作品，组织、辅导群众开展文体活动，普及科学文化知识，并提供活动场所，进行公益性的文化传播与管理的文化事业机构。文化站建设是公共文化服务体系重要工程之一，是精神文明建设的重要窗口。截至 2021 年年底，全国共有乡镇（街道）文化站 4 万多个。文化站属于政府系列文化事业单位，但有别于其他事业单位，兼有很大一部分的社会行政管理工作。文化站宗旨：传播、发展、繁荣、管理文化。组织、管理所辖区域内的群众文体活动，繁荣群众文体事业。文化站业务范围：文体事业的组织建设与管理；文化宣传；文体活动组织管理；相关培训；业余创作团体管理；业余创作组织；公共文化资源配送与管理；村级、街道文化工作业务指导；群众文化理论研究；对外文化交流；文艺作品、大众科普资料编辑；文化市场管理；民间文化艺术遗产搜集整理与保护。

3. 基层综合性文化服务中心

基层综合性文化服务中心是以村（社区）为载体，从事具体文化服务供给的公共文化服务部门之一，其任务是为群众搭建公益性公共文化服务平台，提供丰富多彩、形式多样的文化活动和文化资源，满足群众日益增长的文化消费需求，提高居民文化素质，促进社会和谐稳定发展。

基层综合性文化服务中心承载着多种功能，为群众提供了丰富多彩的文化生活，具体为：①文化传承与教育：通过举办传统文化展览、讲座、工作坊等活动，传承和传播社区的历史、艺术、传统技艺等文化遗产，促进居民文化素养的提升。②艺术表演与展览：展示和推广艺术作品，举办各类音乐会、戏剧表演、美术展览等活动，为居民提供欣赏艺术、增进审美情趣的机会，丰富居民的精神文化生活。③社区活动与交流：组织举办各类活动，如文艺演出、读书会、手工 DIY 等，营造和谐、温馨的社区氛围，增强居民之间的凝聚力和归属感。④学习与培训：提供各种学习和培训课程，如绘画、音乐、舞蹈、书法等，满足不同居民的学习需求，丰富业余生活，培养兴趣爱好，提升个人素质和技能。⑤青少年活动与服务：重视青少年的成长与发展，开展丰富多彩的青少年活动，如夏令营、青少年俱乐部、义工服务等，为青少年提供健康、积极的文化娱乐方式，引导他们健康成长。

（七）群众自发的文化组织

群众自发的文化组织包括村级组织或社区举办的文化组织和民间社团组织。村级组织或社区举办的文化组织是一种最为普遍的文化组织形式，一般称为文化室、文化大院、俱乐部或文化教育活动中心等，有的地方还建立了社区文化管委会，这种组织是基层组织下设的文化机构，直接对基层组织负责，接受上级文化部门的指导。它们有自己的文化设施和活动器材，有自己的骨干队伍，接受基层组织指令，经费由基层组织列支，且被纳入基层社会发展规划。这种文化组织以宣传社会主义思想、服务经济建设等党的中心工作为宗旨，以活跃基层文化生活为基点，活动保持经常性和广泛性，能调动和聚集其他文化组织承办较大类型的文化活动项目，成为现阶段我国农村和社区文化组织中的主干力量。

二、群众文化组织的功能

（一）满足人民群众精神需求的重要保证

面对群众不断增长的精神文化需求，在抓好专业文化等各项文化事业的同时，必须进一步加强群众文化组织建设。因为群众文化活动是以广大群众自娱自乐、自我参与、自我开发为主要形式进行的，活动内容丰富，活动形式多样，活动方式灵活，具有很大的综合性。群众文化活动联系着千家万户，伸展到社会的各个角落，覆盖面广，社会性强，而且投入少、见效快、影响大，能满足人民群众多层次、多样化的文化需要，尤其是日益高涨的自我选择、主动参与的需要。

（二）加强社会主义精神文明建设的有效途径

首先，群众文化组织通过丰富多彩的文化活动，极大地满足了人民群众日益增长的精神文化需求。无论是文艺演出、书画展览、摄影比赛还是传统节庆活动，都为人们提供了展示才华、放松身心的平台，促进了社会和谐稳定。其次，群众文化组织通过组织志愿者服务、文化讲座等形式，积极引导广大群众树立正确的世界观、人生观、价值观。在这个过程中，人们不仅可以增长知识、开阔视野，更能够培养高尚的品德和良好的社会习惯，为构建和谐社会贡献自己的力量。最后，群众文化组织还在传承和弘扬中华优秀传统文化方面发挥着重要作用。通过举办传统文化讲座、传统手工艺展示等活动，传承了中华民族五千年文明的精髓，弘扬了民族文化，为中华民族的文化自信、民族自信注入了新的动力。

（三）我国文化事业的发展趋势

从发展趋势上看，群众文化必将在建设有中国特色社会主义文化全局中发挥更加重要的作用。群众文化组织作为文化事业的重要力量，其影响力日益凸显。它不仅是一种文化传承的载体，更是一种文化创新的源泉。通过各种形式的文化活动和传播，群众文化组织将文化融入人们的日常生活中，拉近了人与文化之间的距离，让文化更加贴近群众的生活。群众文化组织的崛起，为推动文化事业的繁荣发展提供了强劲动力。它促进了文化资源的广泛共享和流动，激发了文化创意的无限潜能，推动了文化产业的快速发展。同时，群众文化组织也成为文化软实力的重要窗口，通过各种文化交流和合作，增进不同地区、不同民族之间的文化认知和沟通，为构建人类命运共同体贡献积极力量。

本章参考文献：

[1] 张廷兴，岳晓华．中国文化产业概论［M］．北京：中国广播电视出版社，2008.

[2] 张延兴，岳晓华，董佳兰．中国文化产业概论［M］．济南：山东人民出版社，2015.

[3] 王凤苓．新时代艺术管理的新使命与新格局：高等院校艺术管理研究［M］．济南：山东教育出版社，2019.

[4] 戴言，倪巍，王全吉，等．制度建设与浙江公共文化服务［M］．杭州：浙江大学出版社，2013.

[5] 刘吉发，金栋昌，陈怀平．文化管理学导论［M］．北京：中国人民大学出版社，2013.

[6] 孙萍．文化管理学［M］．北京：中国人民大学出版社，2015.

[7] 朱静雯，孙庆庆．关于我国文化中介机构的思考［J］．出版科学，2014，22(03)：16－18.

[8] 范红丽，杨嘉乐，张晓慧．社会文化组织对农村居民幸福感的影响——基于中国劳动力动态调查数据的分析［J］．中国农村观察，2022（04）：170－184.

[9] 张广海．中国共产党早期文化组织实践考述［J］．文学评论，2017（05）：175－183.

第六章　文化市场管理

第一节　文化市场概述

一、文化市场管理的主要内涵

文化市场管理是现代社会公共管理的重要组成部分，其核心在于通过市场化手段优化文化资源配置，满足多样化的社会文化需求，并推动文化产业的可持续发展。文化市场是文化产品与服务生产者和消费者通过交易实现文化资源流动的场域，包括传统的新闻出版、广播电视、表演艺术等领域，也涉及网络文化、数字媒体和虚拟现实等新兴领域。其运行需要法治保障、政策引导和技术支持，平衡社会效益与经济效益。

学者们对于文化市场管理的内涵有不同的界定和核心观点（见表 6.1），认为文化市场管理既是一种经济管理活动，也是一种价值引导与社会治理的综合过程。它涵盖了政策设计、市场规范、技术支持等多层面内容，其核心在于实现多元目标的平衡。一方面，通过市场化机制提升文化资源配置效率；另一方面，通过政策与法治保障，推动文化市场的社会效益与经济效益协同发展。文化市场的运行机制需要在尊重文化多样性的基础上，建立完善的监管体系，确保文化产业的可持续繁荣，同时满足社会日益多样化的文化需求。

表 6.1　文化市场管理的内涵界定

学者	核心观点
李媛媛（2017b）①	文化市场管理通过市场机制优化文化资源配置，同时借助政策引导和监管维护市场健康发展，是深化改革的重要切入点
钱宁峰（2018）②	强调文化市场管理在大文化管理体制中的作用，通过整合行政管理权与运营权，提升文化市场的规范性与高效性
刘少华等（2020a）③	关注网络文化市场的法治化路径，提出完善法律法规、提升技术监管能力，并通过多元主体协作推动市场健康发展
祁述裕等（2021）④	聚焦综合执法改革，主张通过一体化执法机构建设解决职能交叉和执法效率低下问题，完善文化市场监督与管理机制
约翰·霍尔（John Hall）⑤	从文化经济学角度出发，认为文化市场高度依赖社会价值与文化符号，其管理需要兼顾文化多样性与经济效益的平衡

文化市场管理在功能定位上具有综合性和系统性，主要表现为以下几个方面：

第一，文化市场管理的首要功能在于满足公众的文化需求，通过提供多样化、高质量的文化产品和服务，满足不同层次的文化消费需求。文化市场以多元供给为基础，通过市场化机制实现文化资源的精准配置，提升公众的文化获得感。特别是在社会经济水平快速提升的背景下，文化市场的多样性和创新性成为满足个性化文化需求的重要保障。

第二，文化市场管理对于促进文化产业发展具有关键作用。通过建立公平竞争的市场环境，降低市场准入壁垒和信息不对称，激发文化企业的创新活力，提升产业竞争力。公平竞争机制不仅能够吸引更多资本和人才进入文化领域，还能通过竞争促进文化产品质量的提升，推动文化产业从规模增长向高质量发展转型。

---

① 李媛媛．现代文化市场体系建设的历史回顾、功能特点与政策建议［J］．西安交通大学学报（社会科学版），2017b，37（05）：119－124.

② 钱宁峰．大文化管理体制的组织法构建［J］．求索，2018（03）：120－128.

③ 刘少华，宋亚辉．我国网络文化市场监管的法治化路径研究［J］．湖南大学学报（社会科学版），2020a，34（04）：1－9.

④ 祁述裕，徐春晓．深化文化市场综合执法改革：演进、挑战与建议［J］．山东社会科学，2021（02）：52－59.

⑤ Hall J. Culture and the Economy：Understanding the Dynamics of Cultural Markets［M］．Routledge，2017.

第三，文化市场管理承担着引领价值观传播的重要使命。通过严格的市场监管和政策导向，确保文化产品和服务的内容符合社会主义核心价值观的要求，避免低俗化、过度商业化等现象。文化市场是主流价值观传播的重要载体，其管理目标之一在于通过文化输出和传播，增强国家文化软实力和国际影响力。

第四，文化市场管理在优化文化资源配置方面发挥着重要作用。市场化机制的引入提高了资源配置的效率，避免资源的浪费和分散。通过政府引导与市场调节的双重作用，促进文化资源向优质内容和创新领域倾斜，从而实现文化资源的高效利用与可持续发展。

二、文化市场管理的多元主体

文化市场管理需要协调多方主体的参与与合作，以确保市场的健康、有序发展。文化市场监管的目标主要体现在以下四个方面。第一，构建健康、有序的市场环境，严厉打击盗版、虚假宣传和恶意竞争等违法行为，维护市场公平性；第二，提升文化产品和服务质量，确保市场供应的产品符合国家质量和内容标准，避免低俗化和同质化现象；第三，平衡社会效益与经济效益，既鼓励市场活力又坚持文化导向，实现两者协同发展；第四，推动文化市场治理现代化，通过大数据和人工智能等技术手段，提升治理效率和科学性。

政府作为文化市场管理的核心主体，肩负着政策制定、法律法规实施和市场秩序维护的重要职责。文化和旅游部负责全国文化市场政策的顶层设计及宏观管理，地方文化管理部门则依据国家政策，负责本地区文化市场的监管与执法。行业专门机构，如新闻出版广电总局和网络管理办公室，负责各自领域的专项监管，确保文化产业的规范运行。

行业协会和中介组织在文化市场管理中发挥着辅助作用。它们的主要职能包括制定行业规范和技术标准、推动行业自律，并协助政府完善市场治理机制。企业作为文化市场的主要生产和运营主体，不仅要依法合规经营，还需主动承担社会责任，积极传播正能量，通过优质文化产品促进社会价值观的传播。同时，社会公众作为文化市场的消费者和监督者，积极参与市场监督，提出合理化建议，从而推动市场的健康发展。各主体的角色和合作方式如表 6.2 所示。

表 6.2　文化市场管理中的多元主体

主体	职责内容	协同关系
政府	负责政策制定、法律法规实施和市场秩序维护。文化和旅游部主导顶层设计，地方文化管理部门具体实施监管	政府与行业机构、企业及社会公众合作，通过法律法规和政策引导推动市场规范发展
行业专门机构	包括新闻出版广电总局、网络管理办公室，负责各自领域的专项监管和指导	与政府密切协作，依据政策指导实施领域监管，并与企业及公众保持信息流通，共同促进市场健康发展
行业协会与中介组织	制定行业标准、推动行业自律、协助政府优化市场治理机制	协助政府制定规范标准，推动企业合规经营，促进行业内部自律，与公众共同完善文化市场环境
企业	作为文化市场的主要生产者，依法合规经营，提供高质量的文化产品，承担社会责任，推动文化创新	通过与政府和行业协会的合作，遵守行业规范，提升文化产品质量，与消费者互动，促进文化产品创新
社会公众	作为文化市场的消费者和监督者，参与市场监督，提出合理化建议，推动市场的健康发展	与政府、企业和行业协会共同推动市场健康发展，通过监督和建议促进市场秩序的优化与资源配置

三、文化市场管理的主要特征

文化市场内容多样，迭代快速，表现出多样性、动态性、公共性与市场性并存的特征。第一，文化市场涵盖了从传统文化业态到新兴文化业态的广泛领域，具体包括新闻出版、广播电视、电影艺术、演出、网络直播和数字娱乐等多个层面，这展现了其独特的多样性（曹学娜等，2011）①。网络直播和短视频等新兴业态的崛起使传统文化产业的边界不断扩展，文化市场的形态与内涵也在不断变化。随着消费需求的快速变化，以及文化市场的形态持续创新，要求监管方式具备灵活性和适应性（刘少华等，2020b）。数字化、多元化生产，也使文化传播更加即时化和全球化，给传统的监管模式带来了新的挑战。因此，监管模式需更注重灵活性和跨市场带来的复杂性和挑战。

① 曹学娜，蔡静静．冲突融合中的网络文化与传统文化［J］．理论与改革，2011（05）：112－115.

第二，文化市场既承担着服务国家文化战略目标的公共职能，也需要遵循市场规则，实现自身的营利性目标。文化市场在促进社会文化认同和传承的同时，还应创造经济价值，这就要求政府不仅要发挥其公共治理职能，还需通过市场机制调动资源的优化配置。文化市场的双重性质使其更加具有监管的独特性，政府不仅要确保市场规则的公平性，还要保证文化产品的社会责任与文化价值的有序传递。

第三，文化市场具有高度的政策依赖性。文化市场的发展深刻依赖于政策支持与法律保障，尤其是在文化产业的政策制定、文化资源的合理分配以及市场秩序的维护等方面，政府的调控作用至关重要（李媛媛，2017b）。政府在文化市场中不仅担任市场秩序的守护者，也是文化价值导向的把关人。

四、文化市场管理的理论视角

文化市场管理是以法治为保障、创新为动力，通过多元主体的协同参与，推动文化产业的可持续发展和文化资源的最优配置。政府、企业和社会各界的协调与合作，是文化市场健康发展的必要条件。政府通过政策设计与法治保障，为市场提供制度支持；企业通过创新和质量提升，推动文化产品的多元化与高质量发展；社会公众通过监督与参与，推动市场规则的公平性和透明性。学者从不同的理论视角探讨了有效管理问题，为文化市场的治理与发展提供了不同的理解框架和实践路径，主要包括公共治理理论、文化经济学理论以及法治与德治结合理论。

公共治理理论强调多元主体的协作与共同参与，认为在复杂的社会治理中，政府、企业、行业协会和社会公众等多方主体应共同参与文化市场的治理和发展。公共治理理论的核心在于构建一个共治共享的文化市场环境。在这一环境中，各主体通过合作和协调实现文化市场的高效治理与可持续发展。该理论认为，政府应发挥主导作用，企业和社会公众则应在监管、评价和反馈方面发挥积极作用。通过多方主体的互动与合作，形成治理合力，提高治理效能，推动文化市场的健康发展。

文化经济学理论从经济学的视角分析文化市场的运作，特别关注文化产业与经济效益之间的平衡。文化市场作为一种特殊的经济活动，既具备市场属性，又承担着文化和社会责任。如何通过市场机制提升文化产品的竞争力，同时保证文化多样性和公共利益的实现，是文化经济学研究的核心问题。这一理论强调，文化产业不仅是营利性的经济活动，它还涉及公共利益和社会责任。政府在文化市场中的角色是平衡市场竞争与社会责任之间的关系，确保文化产业的可持续发展。

法治与德治结合理论主张，在文化市场管理中，必须以法治为基础，保障市场秩序的规范性，并通过道德引导提升社会责任感。该理论认为，法治能够确保市场主体的行为符合规范，推动市场的透明化与公正性；而德治则强调文化产品生产和消费中的道德引导，特别是在保持文化的社会价值和公共意义方面发挥着重要作用。通过法治与德治的结合，文化市场不仅可以在法律框架内有序运行，还能在道德层面实现文化产品和服务的社会责任与公共利益，确保文化市场的长期可持续发展。各理论视角的主要特点和贡献如表6.3所示。

表6.3　文化市场管理的理论视角

理论视角	核心观点	主要关注点	理论贡献
公共治理理论	强调多元主体协作，共同参与文化市场的治理与发展	多元主体的协作，政府、企业、行业协会和社会公众共同治理文化市场	提出了多方协作与共治共享的治理模式，推动公共治理的多元化
文化经济学理论	关注文化产业与经济效益的平衡，强调市场机制与社会责任的结合	文化产业的经济效益与文化多样性的平衡，文化产业的社会责任	强调文化产业不仅是经济活动，还具有公共责任，推动文化与经济双重目标的实现
法治与德治结合理论	强调法治保障市场秩序，通过道德引导提升社会责任感	法治保障市场规范性，德治引导文化产品的社会责任	提出了法治与德治结合的治理模式，确保文化市场有序运行并强化社会责任感

文化市场管理的本质在于通过法治保障、创新驱动和多元主体的协同参与，推动文化产业的可持续发展与文化资源的优化配置。不同的理论视角为文化市场管理提供了不同的实践路径。公共治理理论强调多元主体的协作与合作，文化经济学理论关注文化产业的经济效益与社会责任的平衡，法治与德治结合理论则为文化市场管理提供了法治保障与道德引导的双重路径。通过这三者的综合应用，能够有效促进文化市场的健康发展，并实现文化产业与社会的共同繁荣。

总之，文化市场管理不仅是文化事业发展的需求，更是实现国家治理现代化的关键环节。它通过多主体协同治理，不断优化文化资源配置，推动文化产业与社会的共同繁荣。随着全球化和技术进步的推进，文化市场的管理将面临更为复杂的挑战，这要求政府和社会各界继续推动制度创新与治理能力的提升，以应对新时代文化发展的新需求。

第二节 文化市场行政执法

作为政府管理的末端环节，行政执法的运行效能影响政策执行效果，与公民基本权益、企业利益和市场秩序紧密相关。2015 年 4 月，中央编办印发《中央编办关于开展综合行政执法体制改革试点工作的意见》（中编办发〔2015〕15 号）在全国 22 个省（自治区、直辖市）的 138 个城市开展综合行政执法体制改革试点，以推进综合执法，建立权责统一、权威高效的行政执法体制。2018 年 3 月，中共中央印发《深化党和国家机构改革方案》，将深化行政执法体制改革确定为深化机构改革的重要任务。如何有序推进和深化行政执法改革，成为政府治理创新的重要命题。综合行政执法是我国在推动行政执法体制改革方面的重要创新，它是伴随着相对集中处罚权制度的建立而逐渐发展和成熟的改革理念。政府条块分割、上下同构的管理体制导致机构林立、各自为政，执法权力的横向配置分散化，纵向配置则趋于雷同，这种碎片化的行政执法体制迫切需要进行整体性重构。纠正这种碎片化执法是一个系统性工程，这使我国行政执法体制改革必须由单项改革转为综合改革。随着“全面依法治国”的提出，综合行政执法体制改革成为国家执法能力建设的重要组成部分。

文化市场综合执法改革是我国综合行政执法改革的重要领域，由中宣部统筹部署，相关部门共同推进，自 2004 年正式开始试点。20 余年来，各地政府围绕转变政府职能、提高管理效能这条主线，针对文化市场监管中长期存在的职能交叉、监管空白、多层执法和多头执法等问题，通过重新组建各级文化综合执法机构，重新配置执法权力，逐渐理顺了文化市场综合行政执法体制。

一、文化市场综合行政执法改革的发展进程

2002 年 11 月，党的十六大部署推进文化体制改革。2003 年 6 月，中央召

开了全国文化体制改革试点工作会议。作为文化体制改革的一部分，文化市场综合执法改革从 2004 年开始，大致经历了探索试点、全面推进和深化改革三个阶段。

（一）探索试点阶段

20 世纪 80 年代末，中央和地方的有关部门开始逐步探索文化市场综合执法，将隶属于一个部门的多支执法队伍整合，或通过部门整合实现执法队伍的整合，或通过行政委托的方式将多个部门的行政执法职责委托给某一执法队伍行使。深圳市是我国最早开始进行文化市场综合执法改革的城市之一。1989 年，深圳市通过推动文化艺术、新闻出版、广播电视等文化管理部门的合并，实现了文化市场行政执法队伍的整合，成立了文化稽查队统一负责文化市场综合执法。2002 年 8 月 22 日，国务院发布《国务院关于进一步推进相对集中行政处罚权工作的决定》（国发〔2002〕17 号），授权省、自治区、直辖市人民政府在本行政区域内有计划、有步骤地开展相对集中的行政处罚权工作。为解决文化市场管理长期存在的职能交叉、多层执法等现象，2004 年 8 月，中办、国办转发中宣部等七部门《关于在文化体制改革综合性试点地区建立文化市场综合执法机构的意见》（中办发〔2004〕24 号）提出，直辖市、县级市和县现有的文化局、广播电视局、新闻出版局合并，设立文化广电新闻出版局，统一履行原文化局、广播影视局、新闻出版局等部门的行政管理职能，正式确定在北京、上海、浙江、广东、重庆、深圳、沈阳、西安、丽江等 9 个文化体制改革综合性试点地区开展综合执法改革试点。2005 年 6 月，9 个试点地区综合执法改革基本完成，形成了各具特点的综合执法模式，为下一阶段的改革提供了经验。

（二）全面推进阶段

2005 年 12 月，中共中央、国务院下发《关于深化文化体制改革的若干意见》（中发〔2005〕14 号），明确提出要整合有关行政执法队伍，组建文化市场综合执法机构，逐步推开文化市场综合执法改革。2007 年，按照中央要求，综合执法改革工作在面上进一步推开，新增了保定、鞍山、南京、淮安、仙桃、海口等 89 个试点地区，试点工作全面提速。2009 年 9 月，中宣部、中央编办、原文化部等五部门联合下发《关于加快推进文化市场综合执法改革工作的意见》（中宣发〔2009〕25号），要求推动全国范围内直辖市、副省级及副省级以下城市开展综合执法改革，并明确了时间表和路线图。同年10月，全国综合执法改革经验交流会议在杭州召开，标志着综合执法改革进入全面推进阶段。2011年12月6日，原文化部部务会议审议通过了《文化市场综合行政执法管理办法》，2012年2月1日正式施行。该办法的出台，是对过去十多年改革经验的制度性总结，为文化市场综合执法的规范化运行打下了基础。

（三）深化改革阶段

2016年3月，中办、国办印发《关于进一步深化文化市场综合执法改革的意见》（中办发〔2016〕20号，全国进入深化文化市场综合执法改革阶段。一是中央层面建立中宣部、文化部、全国“扫黄打非”办、教育部等10个成员单位组成的全国文化市场管理工作联席会议制度，97%的省（自治区、直辖市）、89%的省辖市、69%的区县成立文化市场管理工作领导小组，对本辖区文化市场管理和综合执法工作进行统一领导。二是将《关于进一步深化文化市场综合执法改革的意见》规定的执法事项全部纳入执法范围，切实履行规定的执法监管责任，并开始探索跨部门、跨领域综合执法。三是综合执法制度机制进一步完善，印发《文化市场举报办理规范》《文化市场综合执法档案管理办法》等7部综合执法规范，推进综合执法规范化建设。

党的十九大以来，深化行政执法体制改革继续成为推进国家治理体系和治理能力现代化的重要任务。2018年2月召开的党的十九届三中全会通过了《中共中央关于深化党和国家机构改革的决定》和《深化党和国家机构改革方案》，明确提出要深入推进综合行政改革，完善综合行政执法体制。党的十九届四中全会通过的《中共中央关于坚持和完善中国特色社会主义制度、推进国家治理体系和治理能力现代化若干重大问题的决定》，提出了“深化行政执法体制改革，进一步整合行政执法队伍，继续探索实行跨领域跨部门综合执法”的要求。

为落实党和国家机构改革中提出的要求，五大执法领域分别启动了新一轮市场综合行政执法改革。2018年11月14日，中办、国办印发《关于深化文化市场综合行政执法改革的指导意见》（中办发〔2018〕59号），从六个方面对深化文化市场综合行政执法改革作出全面而深入的部署，希望能够进一步破解文化市场综合行政执法的体制机制障碍，建立健全制度机制和运行机制，提升执法效率。该文件的发布意味着深化文化市场综合执法改革进入新的阶段。

二、文化市场综合行政执法改革的演进特点

（一）文化市场综合执法主体逐渐统一

统一执法主体是新一轮文化市场综合执法改革的重要任务。作为行政执法活动的承担者，根据宪法和有关法律规定，行政执法主体必须能以自己的名义作出具体行政行为并承担相应的执法责任。可见，是否具备独立的行政执法主体资格是行政执法主体成立的关键条件。各地自推进文化市场综合执法改革以来进行了不同的探索，也形成了不同的行政执法主体。主要包括三类：一是由省（直辖市）政府授权、可以自身名义进行执法的独立行政执法机构；二是不具备独立行政执法资格、以文化主管部门名义进行执法的执法机构；三是同样不具备独立行政执法资格、以地方综合行政执法局名义进行执法的执法机构。

2018 年推动的最新一轮文化市场综合执法改革将统一文化市场综合执法主体作为深化改革的重要任务，要求直辖市和市、县两级文化市场综合执法队伍，都要统一归口相关文化和旅游行政部门管理，并以文化和旅游行政部门名义实施执法。该改革意见下发后，过去独立于文化和旅游部门之外的执法机构开始以文化和旅游部门的名义进行执法，全国文化市场综合执法主体逐渐形成统一的态势。

（二）机构改革是推进文化市场综合改革的重要动力

政府机构改革是推进文化市场行政执法改革的重要动力。文化市场综合执法改革与文化领域机构改革紧密交织在一起，即在文化、广播电视、新闻出版等几个文化行政管理部门合并为“大文化”管理部门后，原隶属于不同文化管理部门的文化执法队伍在组建后的新部门内整合为一个综合执法机构，综合行使原由各文化行政管理部门执法机构行使的各类执法权。

不同地区的文化管理部门进行了不同程度的大部制改革，也意味着文化市场行政执法权综合范围大小的不同。这种通过外部机构合并推动内部行政执法权集中的方式，形成的是“一对一”的管理局面，即一个行政主管部门对一个行政执法机构，但随着党和国家机构改革的进一步推进，新闻、出版和电影的管理职能从文化管理部门划分出来，“一对一”的局面被打破，又形成了“一对多”的管理关系。如何理顺党委宣传部门、文化和旅游管理部门以及文化综合执法机构之间的关系，成为未来需要解决的一个重要问题。

（三）文化市场综合行政执法改革模式呈现多样化

自文化市场综合执法改革启动以来，各地根据机构改革、行政体制改革的不同情况，形成了不同的文化市场综合行政执法模式。一是文化行业内综合执法。即践行“大文化”理念，在文化、广播影视和新闻出版（版权）等文化行业领域内实行综合行政执法。随着文化管理的大部门制确立，文化市场行政执法的综合范围不断扩大，旅游、体育等也被纳入文化市场行政执法范围内。文化行业内综合执法形成的执法组织，主要包括地区政府直属机构和文化行政部门（现为文旅管理部门）内设或下属机构。其中，直辖市文化市场综合执法机构多为市政府直属机构，由地方性法规进行规定和授权，拥有独立的执法主体资格，上海、北京等地长期以来都有独立的文化市场综合执法机构；其他大部分市、县则多为文化行政部门内设机构或下属二级机构，不具备独立的执法主体资格，以文化行政管理部门的名义进行执法，并受其管理。二是将文化市场行政执法纳入跨行业、跨领域综合执法。在具体的改革实践中，撤销专门的文化市场综合执法机构，将其功能或职责并入成立的跨部门、跨行业的综合执法机构中，由综合执法局统一行使本地各领域的综合执法权。据有关数据统计，山东省已有多个地区将文化市场综合执法纳入跨领域、跨行业综合执法，包括日照市、莱芜市、胶州市、滕州市、高密市等。

（四）行政执法权配置是文化市场综合执法改革的主线

执法权的配置是指行政职权在各个职能部门之间分配、调整与取消等，推进行政执法权横向和纵向的合理配置是行政执法体制改革的重要内容。在综合执法改革中，将行政执法权赋予哪些政府机关是要解决的重点问题。

文化市场行政执法权的横向配置呈现出由分散到集中的特点。行政执法权的横向配置又被称为“功能性分配”，即根据行政执法权作用客体的不同和承担任务的不同而对行政执法权进行横向水平性分割，形成功能性权力，从而使行政执法主体呈现出专业性差别。行政执法权横向配置过于分散就会导致行政执法权力分散在多个管理部门，执法队伍过多、过滥。过去文化市场行政执法权力分散在文化、广电、新闻、出版、文物等多个部门，多头执法问题非常突出，改由一个机构综合行使多个管理部门的行政执法权，可以改善执法上的“分割治理”现象。因此，在文化市场综合改革中，行政执法权的横向配置呈现出由分散到集中的特点，并且横向集中范围越来越大，除了在“大文化”领域内集中，还进行了跨行业、跨领域集中。将旅游市场执法职责和队伍整合划入文化市场综合执法队伍，是党的十九届三中全会部署的重要任务。最终，文化、出版、广播电视、电影、文物、旅游等六大领域的行政执法权，以及“扫黄打非”和安全生产等执法事项全部由文化市场综合执法机构行使。

文化市场行政执法权的纵向配置则呈现出明显的向下转移特点：一是减少省级执法事项，取消省级文化市场执法队伍，省级文化市场综合执法机构只负责全省的文化市场行政执法的指导、监督职责，负责全省重大执法案件的监督指挥等。二是减少执法层级，逐步实现同城一支队伍，设区的市只保留其中一级执法队伍，压实基层文化市场执法职责，“同城一支队伍”正是减少市、县执法层级的主要措施。截至 2019 年底，已有 198 个市（州、盟）完成市、县两级执法队伍的整合改革任务。三是通过授权或委托方式将行政执法权下放到乡镇/街道一级。

第三节　文化新业态发展与监管困境

随着数字技术和沉浸式体验方式全面赋能文化产业，推动供给侧和消费端深刻变革，一大批文化新业态应运而生，成为文化市场中最富活跃度和成长性的力量之一，不仅丰富了人们的精神生活，增强了人们的文化获得感、幸福感，也深刻改变着文化的生产、传播和消费方式，推动着文化产业的转型升级和高质量发展。

国家统计局发布的2022年全国规模以上文化及相关产业企业营业收入数据显示，文化新业态发展韧性持续增强。文化新业态特征较为明显的16个行业小类2022年实现营业收入50106亿元，表现亮眼①。实践证明，文化新业态能够为文化产业提质增效提供新动能，有力推动着文化产业的结构优化与迭代升级。与此同时，文化新业态还催生出文化消费新模式，激活文化消费新体验。近年来兴起的沉浸式演艺、沉浸式展览、数字虚拟景区等消费新样式，以及交互性体验消费、知识产权衍生消费、虚拟文化符号消费和数字社群消费等，都是其中的新生代力量。随着文化新业态的快速发展，其内生的意识形态风险亟待重视，而厘清其生成机制，探究当前监管中存在的困境成为繁荣行业生态、助推可持续发展的关键。

一、文化新业态的概念及分类

（一）概念及动态迭代

文化产业是包含创作、生产、销售“内容”的产业②。国家统计局将“文化及相关产业”界定为，为社会公众提供文化娱乐产品和服务的活动，以及与这些活动有关联的活动集合，一般包括新闻服务、出版发行和版权服务，广播、电视、电影服务，文化艺术服务等行业。③ 文化新业态则是相对于传统产业的动态概念，是在原有业态自我扩张以及与其他产业融合对接的基础上衍生形成的，是在新历史条件下文化产业所呈现出新内容、新形式、新模式的总称，以文化科技融合为根本动力，以数字技术为基础支撑，以“互联网+”为产业形态，在不断优化文化产业的经济结构、引领产业创新和培育新消费增长点等层面发挥着重要作用④。新业态融合视角下的文化新业态（简表）如表6.4所示。

---

① 2022年全国文化及相关产业发展情况报告［EB/OL］，http：//www. stats. gov. cn/sj/zxfb/202306/t20230629_1940907. html.

② 联合国教科文组织对文化产业的定义。

③ 周正兵．文化产业导论［M］．北京：经济科学出版社，2009.

④ 周丽芬．新兴文化业态：核心概念及其初步分类［J］．商场现代化，2010（17）：111.

表 6.4　　新业态融合视角下的文化新业态（简表）

要素 A	要素 B	文化新业态	监管依据
沉浸式娱乐	文学	剧本杀 密室逃脱	《关于加强剧本娱乐经营场所管理的通知》（文旅市场发〔2022〕70 号）、《中华人民共和国未成年人保护法》
住宿	网络游戏	电竞酒店	《关于进一步优化营商环境推动互联网上网服务行业规范发展的通知》《互联网上网服务营业场所管理条例》《中华人民共和国未成年人保护法》
分布式经营场所	上网服务、网络游戏	电竞小站 迷你网咖	《关于进一步优化营商环境推动互联网上网服务行业规范发展的通知》《互联网上网服务营业场所管理条例》《中华人民共和国未成年人保护法》
沉浸式演艺	音乐类表演	LiveHouse	《营业性演出管理条例》《营业性演出管理条例实施细则》《中华人民共和国未成年人保护法》
沉浸式演艺	语言类表演	脱口秀、沉浸式话剧、先锋话剧、实验话剧	《营业性演出管理条例》《营业性演出管理条例实施细则》《互联网文化管理暂行规定》《网络表演经营活动管理办法》《网络表演经纪机构管理办法》《中华人民共和国未成年人保护法》
私密空间	影视点播	点播影院	《中华人民共和国未成年人保护法》
可移动空间	KTV、电玩	迷你歌咏亭、游戏游艺	《娱乐场所管理条例》《娱乐场所管理办法》《游戏游艺设备管理办法》《中华人民共和国未成年人保护法》
……	……	……	……

注：表格内容系项目组整理。

（二）分类及模糊性困境

文化新业态分类是产业统计、行业自治、部门监管的基础。国家统计局界定了新业态特质明显的 16 个行业小类①，吉林省文化和旅游厅梳理了 15 种文化市场新业态的具体形式，并提出了促进和规范的依据②，为文化新业态的统

① 新业态特征明显的 16 个行业小类是：广播电视集成播控，互联网搜索服务，互联网其他信息服务，数字出版，其他文化艺术业，动漫、游戏数字内容服务，互联网游戏服务，多媒体、游戏动漫和数字出版软件开发，增值电信文化服务，其他文化数字内容服务，互联网广告服务，互联网文化娱乐平台，版权和文化软件服务，娱乐用智能无人飞行器制造，可穿戴智能文化设备制造，其他智能文化消费设备制造。

② 吉林省文化和旅游厅关于促进和规范文化市场新业态发展的意见，http://whhlyt.jl.gov.cn/zwgk/zcfg/gfxwj/202207/t20220715_8512896.html.

计和监管奠定了基础。但由于文化新业态迭代周期短、内容更新快、产业融合特征显著等，现有的统计及监管分类并未形成标准一致的内容体系，在一定程度上造成了数据统计难、部门协同难、法制监管难的困境。

总体而言，文化新业态是在传统业态上的转型迭代，随着新技术、新 IP、新理念、新风尚的产生而动态演化，迭代周期短、内容变化快，对监管内容、监管模式、监管技术等提出了更高的要求，现有的监管体系和监管依据较难适应现行业态的需求。

二、文化新业态发展中的潜在风险

文化新业态对经济社会发展起着积极的促进作用，但其正在暴露或尚未暴露的风险也需引起足够的重视。一是业态内容上，一些违法有害内容经常掺杂其中，如脱口秀、剧本杀、密室逃脱等新业态中的恐怖、色情、暴力等元素，无形中以沉浸式感知和快速传播等极易影响年轻群体的方式，对其人生观、价值观产生负面影响。二是呈现形式上，当前出现的文化新业态多以小剧场、小组体验等方式呈现，其形成的小圈子消费群体容易成为不良信息的目标受众，可能成为严重威胁国家安全的不稳定因素。①三是服务对象上，当前文化新业态的消费群体以中青年群体为主，且对未成年群体具有较大的吸引力，当前新业态的内容分级、场所进入等还未清晰，可能对未成年群体的世界观、价值观形成产生一定的冲击。四是专业涉足上，文化新业态涉及的领域广泛，包括影视、游戏、音乐、文学、艺术等，每个领域都有其独特的意识形态和价值观，监管部门需要对每个领域进行深入了解和分析。但现实中还存在很多空白和模糊地带，一些违法违规行为难以得到有效的打击和处理。五是监管依据上，当前风险监管中的法律法规供给不充分，职能部门执法权受质疑；监管主体责任欠清晰，部门协同监管不到位；市场主体缺乏自律性，社会责任意识较淡薄等问题日益凸显，构建文化新业态意识形态的风险监管模式成为重要议题。

彭辉等（2012）提出文化产业价值的四阶段模型，认为文化产业起源于创意灵感与构思，随后通过进一步的创作，转化为依附于相应载体的创意作品，

① 张丽芬．论新业态领域中的社会风险及其治理［J］．北京社会科学，2021（06）：107－118.

再经一定规模的复制、生产成为创意产品或服务，在市场上进行传播与交换，并最终作为创意商品（或消费品），供消费者使用或体验。在这一价值链增值过程中，文化产业活动的核心内容分别围绕着阶段Ⅰ（创意创作），阶段Ⅱ（复制、生产），阶段Ⅲ（传播、销售）和阶段Ⅳ（使用、体验）展开，在不同价值增值阶段，意识形态风险点也各不相同，具体见图6.1。

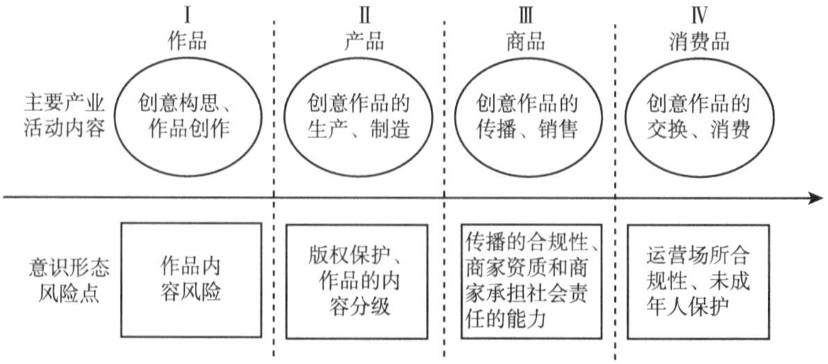

图6.1 文化新业态价值链及意识风险点①

以文化产业价值链传播为基础，构建文化新业态意识形态风险的分析框架，具体见表6.5。

表6.5 基于产业价值链的文化新业态意识形态风险分析

意识形态风险/产业链阶段	阶段Ⅰ（创作）	阶段Ⅱ（复制、生产）	阶段Ⅲ（传播、销售）	阶段Ⅳ（交换、消费）
演艺类（脱口秀、LiveHouse、演艺秀）	内容适宜性	版权保护	网络传播中的合规性	表演内容、表演形式、未成年人保护
剧本娱乐类（密室逃脱、剧本杀）	内容适宜性	版权保护、内容分级与内容演绎	销售平台（线上/线下）的合法性与内容监管职责	沉浸式体验的过程控制
上网服务类（电竞酒店、电竞小站）	/	/	/	未成年人保护、上网过程监管

① 彭辉，姚颉靖．版权保护与文化产业：理论与实证研究——基于价值链分析为视角［J］．科学学研究，2012，30（03）：359－365.

续表

意识形态风险/产业链阶段	阶段Ⅰ（创作）	阶段Ⅱ（复制、生产）	阶段Ⅲ（传播、销售）	阶段Ⅳ（交换、消费）
综艺类（私人影院、轰趴馆）	/	版权保护、内容分级	传播中的不良引导	未成年人保护、消费场所管理
监管关键点	内容监管清单、AI 创作产生的新问题	版权、内容分级	线上传播内容监管/传播平台的主体责任/商家资质	演出内容报备、内容监管清单、演出场所的主体责任/举报反应机制/整体性监管

注：本表内容系项目组整理。

三、文化新业态监管的政策基础及监管难点

（一）政策基础

文化新业态以文化和科技融合创新为内生动力，以移动化、数字化、智能化和产业化为发展路径，是涉及多领域的系统性工程。尤其是在 5G 以及下一代数字技术支撑下，文化新业态所推动的数字文化产业对文化及其产业化变革的深度、广度存在着巨大未知，这就需要在文化新业态的发展中不断完善文化发展的政策体系。① 当前，我国政府在文化业态监管方面已出台了不少政策，消防、网络运营、场所管理、未成年人保护等领域都出台了相应的政策，见表 6.6。

表 6.6　　当前我国各地文化新业态治理的主要政策（简表）

序号	发布日期	名称	发文部门
1	2023 年	《关于印发剧本娱乐经营场所消防安全指南（试行）的通知》	国家消防救援局 文化和旅游部
2	2023 年	《关于加强电竞酒店管理中未成年人保护工作的通知》（文旅市场发〔2023〕82 号）	文化和旅游部 公安部

① 王林生，“十四五”时期文化新业态发展的战略语境、历史机遇与行动路线［J］. 行政管理改革，2021（08）：48－56.

续表

序号	发布日期	名称	发文部门
3	2023 年	《全国文化和旅游市场信用体系建设报告》	文化和旅游部市场管理司
4	2023 年	《关于规范网络演出剧（节）目经营活动推动行业健康有序发展的通知》	文化和旅游部
5	2022 年	《关于加强剧本娱乐经营场所管理的通知》（文旅市场发〔2022〕70 号）	文化和旅游部 公安部 住房和城乡建设部 应急管理部 市场监管总局
6	2022 年	《营业性演出管理条例实施细则》	文化和旅游部
7	2020 年	《关于进一步优化营商环境推动互联网上网服务行业规范发展的通知》	文化和旅游部
8	2020 年	《关于深化“放管服”改革促进演出市场繁荣发展的通知》（文旅市场发〔2020〕62 号）	文化和旅游部
9	2018 年	国家新闻出版广电总局令第 14 号《点播影院、点播院线管理规定》	国家新闻出版广电总局
10	2016 年	《关于推动文化娱乐行业转型升级的意见》	文化部
11	2016 年	《营业性演出管理条例》	国务院
12	2014 年	《关于加强执法监督完善管理政策 促进互联网上网服务行业健康有序发展的通知》	文化部 工商总局 公安部 工业和信息化部
13	2023 年	《关于印发清理隐性壁垒优化消费营商环境实施方案的通知》（京发改〔2023〕20 号）	北京市发展和改革委员会 北京市商务局
14	2022 年	关于印发《上海市密室剧本杀内容管理暂行规定的通知》（沪文旅规〔2022〕1 号）	上海市文旅局
15	2022 年	《广东省“剧本杀”行业发展现状及管理建议》	广东省文化和旅游厅
16	2022 年	《关于加强剧本娱乐经营场所管理的通知》（苏文旅发〔2022〕96 号）	江苏省文化和旅游厅
17	2022 年	关于开展《“私人影院”文娱场所联合执法检查的通知》（苏文旅发〔2022〕48 号）	江苏省文化和旅游厅等十部门
18	2022 年	《成都市促进剧本娱乐行业健康有序发展的办法（试行）》	四川省成都市文化广电旅游局、市公安局、市住房和城乡建设局等部门
19	2022 年	吉林省文化和旅游厅关于《促进和规范文化市场新业态发展的意见》	吉林省文化和旅游厅

随着文化新业态法治化水平的持续提升，文化执法过程中的问题情境和判罚依据也逐步明晰。针对问题情境的法律法规政策见表6.7。

表6.7　涉文化新业态的主要法律法规政策一览

领域	问题	法律政策依据
电竞小站	无证	《浙江省文化和旅游厅关于加强“电竞小站”等新业态管理的通知》（浙文旅市〔2023〕10号）
	接纳未成年人	《互联网上网服务营业场所管理条例》第三十一条第（二）项；《关于进一步优化营商环境推动互联网上网服务行业规范发展的通知》
脱口秀	演出节目及演员与实际审批不符	《营业性演出管理条例》《关于深化“放管服”改革促进演出市场繁荣发展的通知》《中华人民共和国行政处罚法》第三十三条第一款
	演出中涉嫌侮辱人民子弟兵	《营业性演出管理条例》第二十五条和第二十六条规定，第四十六条为判罚依据 《中华人民共和国军人地位和权益保障法》第三十二条、第六十五条
Livehouse	未经批准举办营业性演出案	《营业性演出管理条例》《营业性演出管理条例实施细则》
电竞酒店	存在接纳未成年人进入和未设置未成年人禁入、限入标志	《关于加强电竞酒店管理中未成年人保护工作的通知》《未成年人保护法》第五十八条、第一百二十三条以及公安相关处罚规定
剧本杀	未经著作权人许可，发行其作品案	《中华人民共和国著作权法》第五十三条第（一）项、《关于加强剧本娱乐经营场所管理的通知》、《中华人民共和国著作权法实施条例》第三十六条
	部分剧本包含恐怖、血腥等可能影响未成年人身心健康内容的，但未以显著方式作出提示	《中华人民共和国未成年人保护法》第五十一条、第一百二十一条，《关于加强剧本娱乐经营场所管理的通知》

（二）监管难点

文化新业态的政策制定和法治基础都有了显著的提升，但由于文化新业态的对象繁多，内容迭代快速，一些监管难点急需破解。一是资质和门槛之争。文化新业态是文化产业发展的新增长点，对产业的创新和可持续发展具有重要意义，但不管就乱、一管就死的现象依然存在，处理业态繁荣和规范发展之间的关系刻不容缓。如电竞小站的许可问题。由于电竞小站面积较小，消防备案通道还未打通，业主主观意愿无法实现，该现状下，是否可罚有待商榷。二是内容之变。由于文化新业态内容生态迭代较快，如何把控内容尺度，评估内容中可能存在的意识形态风险尚不明确。如现行剧本杀行业，剧本的版权无法申请备案，内容分级基本未实施；密室逃脱的分级体系未建立；网络传播的合规性、合法性判断依据缺乏等，均成为制约监管有效性的难点。三是权益维护之辨。用户消费过程中，一般具有较强的私密性，在保护隐私、不影响用户体验的情况下实行无感监管成为重要趋势。现行的监管方法通常会对用户体验产生不良影响，如何平衡公共利益与用户权益的关系成为关键，基于风险等级评估的监管模式有待进一步创新。

第四节　文化市场网络监管平台建设

一、文化市场网络监管平台建设的实践路径

（一）文化市场网络监管平台建设现状

按照国务院“互联网＋监管”工作部署，各地区以系统建设强化监管支撑，以系统应用提升文化市场监管水平，“互联网＋监管”的能力和水平显著提升。面向文化市场监管中的各地文化市场网络监管平台建设情况如表6.8所示。

表6.8　各地文化市场网络监管平台建设情况

序号	名称	主要功能
1	全国文化市场技术监管与服务平台	市场准入、动态监管、综合执法业务、经营主体/经营活动统计、政策法规宣传等功能
2	全国文化和旅游市场网上举报投诉处理系统	娱乐场所、营业性演出、艺术品、网吧、网络游戏、网络音乐等市场的群众举报，法律法规宣贯

续表

序号	名称	主要功能
3	浙江省文化市场执法在线	线下文化场所动态监管、综合执法业务、网络文化经营主体24小时监测、自动取证、风险预警、信息归集、政企协同处理
4	北京文化市场综合监管平台	市场主体“风险+信用”评级的应用，不同评价适用不同的监管力度和强度；实现执法数据和评价数据的实时联动，设置加减分规则，积分实施动态升降和分级管理，以科技手段打造更有温度的法治化营商环境
5	上海市文化市场自主监管与服务系统	建立文化市场监控大数据，对线上线下的网络文化市场重点场所及市场经营活动实行实时监管和远程监控，运用技术手段，提高监管效能。引导企业配合构建无障碍市场监控平台，打破监管壁垒
6	广东文化市场监管信息公共服务平台	提供文化市场主体注册信息查询、文化市场经营许可证明查询、投诉举报渠道、政策法规宣传、文化市场监管数据统计与分析等功能
7	江苏省文化市场网络监管平台	围绕企业注册登记、行政许可、企业投标、投诉举报等信息，从注册登记、事前审批到事中事后监管全过程对企业进行综合分析、精准画像，为部门开展信用评级、信用监管、精准监管、风险预警等提供有力支撑
8	新疆维吾尔自治区文化市场互联网自主监管与服务系统	通过互联网+大数据技术手段定期采集互联网图书、互联网电子音像、网络出版、网络视听、网络表演、网络游戏、在线旅游经营等服务类企业动态，监测其经营行为，针对可能发生的风险进行预警预报并及时处置
9	珠海市网络文化市场巡查监控与取证系统	巡查任务管理、在线巡查、网站库、敏感词库、企业库等
10	深圳文化市场监管平台	提供文化市场主体注册信息查询、文化市场经营许可证明查询、在线业务办理、政策法规宣传、文化市场监管数据统计与分析等功能
11	金华市“清朗文化市场智管”	建立网络文化市场风险防范机制，构建面向网络内容，文化和旅游场所文字、图片、音视频信息，进行精准识别、智能告警、联合处置，形成网络文化监管执法闭环，实现了“网络企业天天巡、网络内容帧帧辨、全链治理处处联、全域考核时时新”

续表

序号	名称	主要功能
12	杭州市“文管在线”	24小时监测、系统自动取证，建设三色预警处置机制、四色企业分级管理机制、快速协同处置机制，形成了横向协同相关执法部门，纵向贯通市、县（市、区）、乡镇（街道）、企业预警处置智控体系
13	三亚市文化市场执法可视化监测平台	实现城市文化执法可视化信息化网络全覆盖，与各有关行政部门信息系统的衔接共享，互联互通。通过视频监控、在线监测等远程监管措施，加强非现场监管执法；采用移动执法、电子案卷等手段，提升综合执法效能
14	信阳市文化市场智慧监管平台	实现对全市中心城区180余家文旅场所（网吧、KTV、书店、印刷厂、电影院等）、500余个点位覆盖监管，实现实时监控、智能抓拍、自动预警功能，能够智能识别疑似未成年人、违禁歌曲、含有违禁内容剧本等违法行为，结合数据大屏点位分布、定位分析，灵活调动执法人员核查现场情况

总体而言，各地区积极推进“互联网＋监管”系统建设，积极整合资源要素，保障“互联网＋监管”工作有力推进。充分运用大数据、云计算、人工智能等新技术手段，在全面梳理文化市场监管信息资源和系统的基础上，推动监管方式创新。全国31个省（自治区、直辖市）和新疆生产建设兵团均已按照统一标准建设了省级“互联网＋监管”系统，实现了服务界面、事项管理、风险预警、行政执法监管、“双随机、一公开”监管、联合监管、信用监管、非现场监管、综合分析等系统功能，基本完成“互联网＋监管”系统主体框架和主体功能的建设①。

（二）加快数据资源整合共享

文化市场综合执法网络监测平台建设涉及多部门数据共享，以现有的网络监测平台为例，各部门可能提供更具体的数据类型。具体文化市场综合执法网络监管平台数据集见表6.9。

---

① 中央党校（国家行政学院）电子政务研究中心课题组．省级政府“互联网＋监管”系统建设调研报告（2020）［M］//李季，王益民．中国数字政府建设报告（2021）．北京：社会科学文献出版社，2021：34－42.

表 6.9 文化市场综合执法网络监管平台数据集

部门	数据类型
文化市场管理部门	文化市场经营数据：包括各类文化市场的经营情况，如文化展览、演出、艺术品交易等的经营状况和数据统计； 文化活动许可数据：包括文化活动的许可情况、审批流程、审核标准等； 文化市场投诉举报数据：包括公众对文化市场违规行为的投诉举报情况，如未经授权展览、文物侵权等
版权管理部门	版权登记数据：包括版权登记情况，涉及各类文化作品的版权登记信息； 侵权案件数据：包括侵犯版权、盗版、盗版唱片等侵权案件的数据
广电和新闻出版部门	节目播出数据：包括电视节目、广播节目的播出时间、频率、内容等信息； 报纸、期刊出版数据：包括报纸、期刊的出版时间、发行量、发行地区等信息
市场监管部门	价格监管数据：包括文化产品定价情况、价格违规情况等； 企业登记信息：包括文化企业的注册信息、法定代表人信息、注册资本、注册地址等基本信息； 经营状况数据：包括文化企业的经营状态、经营范围、经营期限等信息，以及企业的经营变更情况； 信用评价数据：包括对文化企业信用状况的评价数据，可能包括信用等级、信用评分等信息； 其他信用相关信息：包括企业的信用记录、信用报告等其他与企业信用状况相关的信息
公安部门	—
其他	司法诉讼信息：包括文化企业涉及的司法诉讼信息，如涉及的诉讼案件、案件结果等情况； 行政处罚信息：包括文化企业受到的行政处罚信息，如罚款、责令停业整顿等处罚情况； 文化市场违法犯罪数据：包括盗版、侵权、非法经营等文化市场违法犯罪行为的案件数据，以及打击取缔的情况统计

目前，各地区文化市场网络监管平台基本形成了以全国文化市场技术监管与服务平台为依托的数据汇集体系，持续深化“一网统管”的数字化总平台建设。

（三）优化应用系统

推进“互联网+监管”，运用数字化、网络化、智能化手段，构建业务全量覆盖、信息全程跟踪、手段动态调整的信息化监管平台。构建大数据监管模型，发挥大数据监管效能。完善与行业组织、重点企业联系制度，加强监管信息归集共享，增强平台数据支撑能力。建设文化和旅游市场经济运行监测体系和风险监测预警体系，加强市场分析预判和风险跟踪预警。建立全国演出票务信息采集与服务平台。各地区依托省级“互联网+监管”系统，积极推动现有监管系统整合，实现各类事中、事后监管数据汇聚，开展监管数据共享和深度挖掘，在实现监管信息全程可溯、监管部门协同化办公和智能化决策等方面涌现出一批创新经验和做法。

浙江省建设全省文化市场统一执法监管系统，实现90个县（市、区）全接入，实现人员管理、业务培训、线下监管、办案管理等业务全覆盖。执法人员通过“浙政钉”APP实现移动端掌上执法，全省OA系统行政处罚办案全程网办、自动留痕，线上办案率高达100%。

广东省积极探索监管移动化，对接统一的身份认证、电子印章、电子签名、人口库和法人库等11种公共支撑能力，打造全省统一移动执法办案系统。支持执法人员快速出动、科学取证、自动留痕，提高工作效率和监管实效。

江苏省依托省级“互联网+监管”系统，围绕企业注册登记、行政许可、企业投标、投诉举报等信息，从注册登记、事前审批到事中、事后监管全过程对企业进行综合分析、精准画像，为部门开展信用评级、信用监管、精准监管、风险预警等提供有力支撑。

北京市依托“互联网+监管”系统数据中心，结合企业信用系统归集数据以及互联网采集数据，搭建市场监管风险洞察平台，将163万余户企业纳入监测范围，监测企业重点行为41项，监测重点行业77类，建立了风险线索核查反馈机制，向18家市级部门下发了共计755条国家平台推送的风险预警线索，将监测结果广泛运用于随机抽查、消费维权、执法办案等多个领域，显著提升了监管效能。①

（四）加强问题处置能力

探索网络文化市场监管大模型应用。一些地区的文化市场网络监管平台的监测能力持续提升，逐步实现了加强文化和旅游市场常态化24小时网络监测，系统自动取证，快速协同处置机制，初步构建以移动执法、应急指挥、动态监

---

① 中央党校（国家行政学院）电子政务研究中心课题组．省级政府“互联网+监管”系统建设调研报告（2020）［M］//李季，王益民．中国数字政府建设报告（2021）．北京：社会科学文献出版社，2021：34－42.

管、风险预警为核心的智慧型全流程执法办案新模式，以信息化建设促进执法规范化，切实提升文化市场综合执法信息化水平。

健全文化和旅游市场信用体系。建立健全文化和旅游市场信用监管工作综合协调机制，完善信用管理制度，编制文化和旅游领域公共信用信息基础目录和失信惩戒措施基础清单。完善文化市场、旅游市场信用监管系统，完善市场主体和从业人员信用档案。推进信用分级分类监管，组织开展企业信用评价。研究建立信用修复机制，加强协同联动，提高修复效率，保障市场主体权益。增强信用监管效能，依法依规将符合条件的失信主体列入失信名单并实施信用惩戒。

（五）拓展平台功能

文化市场网络监管平台通常会提供一系列在线和线下的监管功能，以确保文化市场的规范运行。具体文化市场综合执法网络监管平台系统功能汇总见表 6.10。

表 6.10　　文化市场综合执法网络监管平台系统功能汇总

序号	功能
1	文化市场主体注册信息查询：提供公众和相关机构查询文化市场主体的注册信息，包括企业名称、注册地址、经营范围等
2	文化市场经营许可证明查询：提供查询文化市场经营主体的经营许可证明，包括许可证号码、有效期限等信息
3	投诉举报渠道：提供公众在线提交文化市场违规行为的投诉和举报，便于监管部门及时介入处理
4	在线业务办理：允许文化市场主体在线提交各类业务申请，如经营许可证的申请、变更、注销等
5	政策法规宣传：在线发布文化市场相关的政策法规、监管措施等信息，为市场主体提供合规经营的指导
6	培训与指导：提供在线培训课程和指导材料，帮助市场主体了解文化市场相关法律法规和管理要求
7	监测和分析：通过网络爬虫等技术，实时监测文化市场上的信息发布和传播情况，对文化产品、服务、活动等进行全方位监测和分析
8	数据整合与分析：将监测到的数据进行整合、清洗和分析，生成相关报告和统计数据，为决策提供支持

续表

序号	功能
9	风险预警：基于监测数据和分析结果，提供风险预警服务，及时发现并应对文化市场中的违法行为和不良现象
10	跨部门协作：实现文化市场监管部门与其他相关部门之间的信息共享和协同工作，提高监管效率和水平
11	案件管理：管理文化市场违法案件的处理流程，包括案件录入、调查取证、处罚决定等环节的管理
12	现场检查和督导：监管部门会进行定期或不定期的现场检查和督导，确保文化市场主体的经营行为合规
13	处罚与制裁：对违规文化市场主体进行处罚和制裁，如责令停业整顿、罚款等
14	督促整改：对存在问题的文化市场主体进行督促整改，确保其合规经营
15	执法监督：监管部门对文化市场的执法活动进行监督，确保执法公正、透明
16	行业协作：与文化市场从业者和行业协会密切合作，共同维护文化市场秩序和规范

二、文化市场综合执法网络监管平台建设存在的问题

以当前文化市场综合执法平台网络监测系统建设现状为基础，聚焦平台建设四个维度的功能需求拓展目标，即基础设施体系、数据资源体系、应用支撑体系和业务应用场景体系，系统剖析平台网络监测系统建设存在的问题。从最为关键的“数据—技术—机制”切口进入，建构“I—P—O”（输入 Input - 处理 Process - 输出 Output）数据分析模型，归纳文化市场综合执法平台网络监测建设的共性困境。具体“I—P—O”数据分析模型的框架思路如图 6.2 所示。

当前文化市场综合执法平台网络监测建设存在四重困境。一是“I”数据输入。数据采集的碎片化与数字化识别技术局限（监管对象数据来源分散，在存未能进行细分、跨条线数据整合困难、同一条线跨层级数据整合困难）。二是“P”数据处理。数据分类依据缺失与数据协同流转困境（未能区分针对不同监管对象的差异化功能，特别是监管 VS. 服务、AI 模型检索数据的层级细分难度大、数据在职能部门之间的协同流转、数据权限、信息共享与区块链技术应用困境）。三是“O”数据输出。数据汇集后的后端治理困境（数据画像、高频数据分析、“中枢”大脑搭建的困境）。四是基础配套。审批—执法信息共享与执法队伍专业化困境。

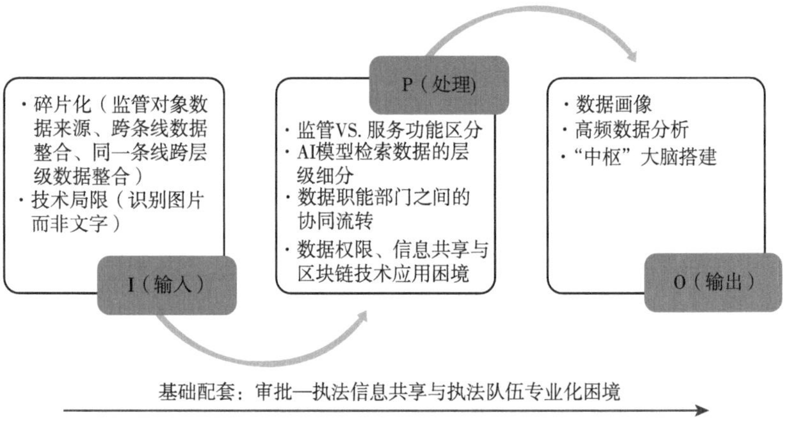

图 6.2 “I—P—O”数据分析模型的框架思路

（一）采集困境：数据碎片与数字识别局限

1. 数据采集碎片化

聚焦文化市场动态监管难题，构建“全域感知”的子场景，重塑数字化巡查闭环，但子场景内的数据搜集存在碎片化的困境。一是监管对象类型多样。文化市场综合执法平台网络监测子场景所监管的对象众多，如传统监管对象，线下的网吧、娱乐场所，线上的演出、直播等，传统与新型的监管对象类型多样，均呈现快速增长态势，数据来源难以明晰。二是部门间数据共享难题。一方面，各部门出于数据安全的考虑，不愿意共享信息；另一方面，各个部门的数据存储类型不同，例如，文化市场管理部门包含文化市场经营数据、文化活动许可数据等，市场监管部门含违规广告数据、价格监管数据等，不同类型的数据缺乏一致的存储归口。三是上下联动困境。省—市—区—街镇层级数据通道难以打通，信息共享难度大，特别是平台建设时的厂商不同、端口不一，多平台难以对接兼容。四是数据生产力的权益博弈。平台上汇聚了大量数据，平台由谁开发和建设，数据产权归谁所有，都是博弈的焦点。

2. 采集技术运用受限

目前，文化市场新问题不断涌现，监管内容快速扩充，现有技术应用相对滞后。一是不同场景的技术适用性存在差异。如，网络直播、网页因为场景相对简单，背景变化不大，比较容易识别。但是，网娱场所、文保单位、景区等场景，环境多样、人物混杂，误报较多，算法还需不断迭代。二是监管涉及的网络用语等变化较快，针对新的网络、直播话语体系，监管数据难以即时捕捉。如，AI技术可以对图书的图片、标识、关键字进行识别，但难以识别是否为正规出版物；AI技术可以对不良场景进行识别，但难以判断是否存在隐喻、暗讽情况。

（二）处置困境：类别模糊与协同流转难题

1. 数据源与数据分类依据模糊

多源数据、海量数据在带来全量信息的同时也带来了网络监测数据精准处置的困境。一是数据搜集汇总后的场景分类与清洗难题。使用算法模型处置不同类型数据时，数据清洗成为一大难题。文化市场监管场景变化较快，场景画像缺失，监管场景中的主旨功能需求尚未厘清，进一步导致数据分析难，海量数据处置有效性较低。二是数据加工的执法层级分类难题。当前数据处置难以做到对高频风险事件进行精准画像，进一步导致高频事件难以高效处置。如，网络主播的直播行为风险等级评估，风险评估后的标准化处置等还未形成标准、可行的方案。

2. 数据融合与协同流转困境

当前政府、行业组织、互联网企业、社会组织、新闻媒体、公民等主体共同参与文化市场综合执法网络监测信息内容治理的格局已初步形成。但各种主体之间关系界定不够清楚：一是主体间参与文化市场网络信息内容治理的权责关系没有得到明确界定。一些主体在参与网络信息内容治理中的参与权、监督权、救济权等缺乏法律规定，降低了多元主体的协同效率，一定程度上加大了文化市场网络信息内容的监管执法成本，多元主体参与治理效益未得到充分释放。二是不同职能部门的整合治理还需提升。从文化经营主体的运行来看，相关管理部门包括市场监管部门、文化综合执法部门、税务部门、公共事业服务部门等多个条线，相关数据资源存在于不同职能条线，监管数据的协同流转还需从整体性治理的框架厘清条线职能和流转路线。

3. 数据信息共享与区块链技术应用难题

平台数据涉及数据所有权与使用权是否分离，信息能否共享的问题。例如，一个老裁缝和徒弟，老裁缝设计服装样式在H市有版权了，徒弟把服装样式在B市又注册了一个，这样一来容易导致在文化市场综合执法过程中出现“公说公有理，婆说婆有理”的困境。如果能够引入数据的区块链技术，对每个对象的注册数据信息内容进行分布式的储存，若在H市备案，其他地方就备案不了，则可以有效解决文化市场里面较多的版权问题、信息共享问题。但是，目前区块链技术在文化市场综合执法监管领域的应用还不够成熟。

（三）数据画像：数据分析与后端治理困境

1. 数据壁垒与虚实融合隔膜

一方面，数据壁垒带来跨部门协同困境。数据监管过程存在“数据上行容易下行难”的问题，导致数据无法实现“属地返还”、基层处事效率降低、部门协同优势受损。同时，横向跨部门共享过程中，部门利益、数据风险、权责不清等问题也会导致跨部门协同不足。“多跨事项”的责任清单及事项清单缺乏、业务责任及属地责任交叉等，导致整体协同过程中容易出现“部门本位、推诿扯皮”等问题，降低了数字化转型中文化市场综合执法网络监测的整体性及协同性优势的发挥。另一方面，虚实融合隔膜带来协同治理困境。数字界面与环境的信息交换不足，影响网络监测平台的延伸性和可扩展性；数字界面与治理界面的融合程度不足，后端治理的“中枢”功能还未体现。

2. 场景分析与高频事件处置难题

文化市场网络监管内容快速扩张，类型不断演化，对动态监管和高频事件处置提出了更高的要求。由于数据归集、场景类别不清等问题，当前文化市场网络监管的效能有待进一步提升。一方面，由于不同地区的文化产业生态不同，文化市场的监管场景相对模糊。另一方面，场景分类的一致性缺失，进一步导致数据画像和高频事件处置难以规范、高效。

三、基于“I—P—O 模型”的对策建议

针对“I—P—O”模型的四重困境，立足优化基础设施体系、数据资源体系、应用支撑体系和业务应用场景体系，以数据搜集、流通的场景应用、平台赋能与界面互动为主线，采用“场景—平台—界面”的“圈层放大”框架进一步系统优化网络监测建设，从场景、平台、界面、基础四个维度提出破解网络监测平台建设困境的针对性建议：一是场景，即利用数字化场景精细识别破解数据采集困境；二是平台，即利用数字化平台赋能网络敏捷性监测；三是界面，即利用数字化界面治理破解后端问题处置困境；四是基础，即利用规范审批

与执法信息共享机制，加强执法技术工具配备和专业化执法队伍建设。具体“场景—平台—界面”的“圈层放大”分析框架及创新特色如图 6.3 和图 6.4 所示。

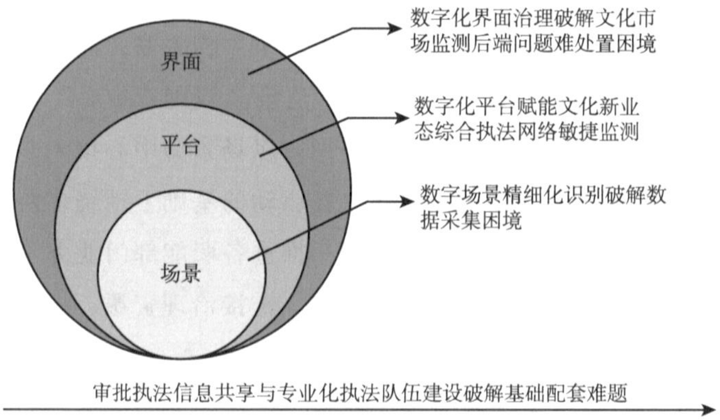

图 6.3 “场景—平台—界面”的圈层放大分析框架

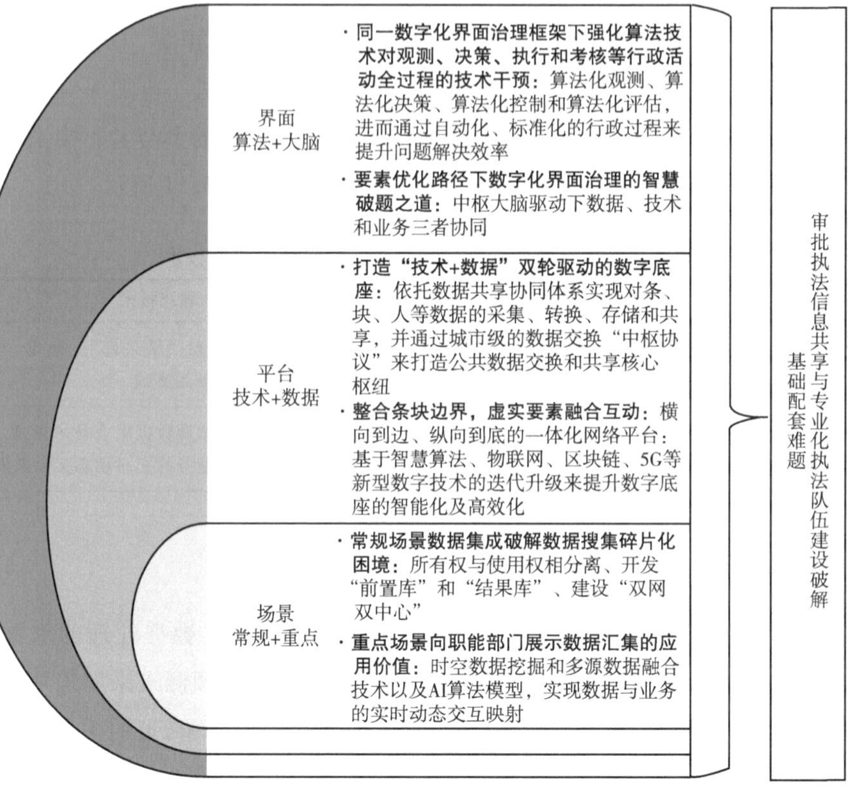

图 6.4 “场景—平台—界面”的圈层放大分析框架细化技术创新特色

（一）场景精细识别破解数据采集困境

1. 数据集成破解数据搜集的碎片化困境

聚焦不同文化执法场景，将数据与场景内事项相关联，通过所有权与使用权相分离、开发“前置库”和“结果库”、建设“双网双中心”和接口调用的方式，实现多跨协同场景的数据共享与使用。以场景为中心接入多元数据，满足隐私性和安全性需求；在需求牵引和业务驱动的基础上围绕多跨协同场景分门别类推进数据协同、稳步夯实数据底座；推进各职能部门业务平台的碎片化信息向应用场景集成，为全面刻画治理需求、链接治理资源、根据不同治理场景开发标准化和个性化的处置方案提供数据支撑。

2. 打造重点监测场景提升治理效能

打造网络监测重点场景，通过时空数据挖掘和多源数据融合技术以及 AI 算法模型，实现数据与业务的实时动态交互映射，并建立监测预警项。依托重点场景的精准数据汇集，自动研判监管风险、启动决策预案、分配场景任务、反馈处理结果并形成治理闭环。各条线部门和块块单位进一步加深对数字化转型认识，积极融入、主动衔接，成为新的场景应用建设的参与者、推动者。具体以场景为创新载体破解数据采集困境的核心技术如表 6.11 所示。

表 6.11　以场景为创新载体破解数据采集困境的核心技术

破解困境	创新载体（场景）	核心技术
破解数据采集困境	依托常规场景实现数据集成破解数据搜集的碎片化困境	开发“前置库”和“结果库”、建设“双网双中心”和接口调用方式
	依托重点场景向职能部门展示数据汇集的应用价值	时空数据挖掘和多源数据融合技术以及 AI 算法模型、数据与业务的实时动态交互映射

（二）数字平台赋能文化市场敏捷监测

网络检测平台需解决以下三个方面的问题：第一，数据处理的依据是什么？第二，数据处理过程该如何对数据进行分类？如何预测未来属地可能发生的文化市场高频风险事件？第三，如何完成省—市—区—街镇的信息贯通？国内外数字化转型驱动超大城市敏捷治理经验给文化市场综合执法监管平台网络敏捷监测提供了经验借鉴。具体如表 6.12 所示。

表 6.12　国内外数字化转型驱动超大城市敏捷治理经验

城市	技术创新	特色数字项目经验
洛杉矶	未来之城	以“非接触式、一站式”的数字服务来促进城市治理敏捷性及可持续性提升
东京	智慧社会 5.0	以数据驱动、人工智能为核心的城市敏捷协调新模式
上海	一网统管	一网管全城、一屏观天下，城市精细化治理
北京	接诉即办	街乡吹哨、部门报道，破解城市治理中的条块权责矛盾
杭州	城市大脑	“大脑”中枢运行实现城市数字化治理中的多方协同运行

其经验可概括为数字平台通过跨边界的数据融合与业务协同整合各主体的信息资源、知识资源与工具资源，整体性协同多元信息实现敏捷治理。具体表现为以下三点。

1. 打造“技术 + 数据”驱动

（1）打造整合的技术平台架构。以上海“一网统管”为例，其整体架构在于“三级平台、五级应用”，基于三级城运平台，“一网统管”借助移动终端将技术应用进一步延伸到网格、社区，以实现逐级赋能并促进治理重心下移，驱动上下级有效联动。文化市场综合执法网络监测平台需要在市、区、街镇三个层级进行立体搭建，为构建灵敏、高效的纵横交织网络提供技术支撑。

（2）在建设过程中积极完善数据赋能，优化数据共享及应用系统建设。多渠道收集与聚合网络监测数据的同时，推进后台精准化存储及前台结构化呈现，为快速感知问题、高效灵敏回应奠定基础。依托数据共享协同体系实现对条、块、人等数据的采集、转换、存储和共享，并通过城市级的数据交换“中枢协议”打造公共数据交换和共享核心枢纽。

2. 整合“虚实要素”融合互通

（1）建设统合化的数字平台柔化条块壁垒，实现条块协同。打造横向到边、纵向到底的一体化网络平台，为“市—区—街镇—网格”等纵向“条条”以及各辖区内的横向“块块”提供整合性的协同交互场域，整合条块边界，塑造扁平化、整体性的治理结构。平台遵循功能集成原则，将问题感知、问题受理、事项转办、限时督办、绩效考核等各项功能统一融于平台运行的全流程中，以统合化的平台功能改善文化市场网络监测中职责分散、沟通效率缓慢、事项处置拖延低效等困境。

(2) 打破虚实边界，虚实要素融合互构。将技术手段与数字工具纳入线下治理框架及规范之中，强化技术与业务有效衔接、线上与线下高效融合，促进文化市场网络监测的敏捷性与高效性。基于智慧算法、物联网、区块链、5G等新型数字技术的迭代升级来提升数字底座的智能化及高效化。

3. 推进“标准化数据”纵深贯通

首先，分类分批贯通相关执法业务。根据基层权责清单和需求能力，循序渐进、急用先行，分类梳理、分批贯通相应综合行政执法业务。其次，加快制定纵深贯通的标准和规范。专业主管部门引入并明确标准化的理念、原则、方法，充分发挥高位推动的优势，实现执法体系的“标准化+”改革。在实战运行的同时加快纵深推进和业务协同，根据省、市、县、乡镇不同平台和体系统一制定数据标准和规范、数据共享和使用的管理办法，对接专线平台，加快实现数据全域共享。充分利用“块数据”解决文化市场数据“烟囱”和数据壁垒等问题，借助新技术、新手段嵌入文化市场，提升监管执法效能。以平台为创新载体破解数据处理困境的核心技术，具体如表6.13所示。

表6.13　以平台为创新载体破解数据处理困境的核心技术

破解困境	创新载体（平台）	核心技术
破解数据处理困境	打造“技术+数据”双轮驱动的数字底座	依托数据共享协同体系实现对条、块、人等数据的采集、转换、存储和共享，通过城市级的数据交换“中枢协议”来打造公共数据交换和共享核心枢纽
	整合条块边界，虚实要素融合互动	智慧算法、物联网、区块链、5G等新型数字技术的迭代升级
	标准化数据集成平台	执法体系的“标准化+”改革、充分利用“块数据”解决文化市场数据“烟囱”和数据壁垒等问题

（三）界面治理破解监管问题处置困境

监管问题处置存在双重治理困境：一方面，数字治理框架下文化市场网络监测的问题识别和处置难度较大；另一方面，不同场景高频事件（高频事件的画像）的关键要素难以识别，尚未形成标准化处置方案。浙江杭州“城市大脑”这一智慧城市运营的界面治理范式提供了良好的经验借鉴。

1. 强化监测、决策、处置、考核全过程技术干预

网络监测效能提升是技术赋能与制度赋权共同作用的结果。通过算法识别

（拓展“自动发现”渠道）、算法学习（对不同问题处置记录的算法学习识别出不同问题处置的“最优”方案，并将“最优”方案算法化，明确不同问题的执法单位、处置时长、处置流程等）、算法匹配（在标准化处置规范的基础上，建立标准处置方案与实际执法流程的算法匹配系统，能够将实际执法过程中的处置单位、处置时长、处置流程与“最优”标准方案进行实时匹配，并识别出实际方案的执行偏差，进而进行过程控制）等技术对观测、决策、执行和考核等行政活动全过程进行“算法化”改造。构建自动化和标准化运行“算法行政”，实现对文化市场经营公共问题的算法观测、算法决策、算法控制和算法评估，进而通过自动化、标准化的行政过程来提升问题解决效率。

2. 推进“界面—环境—功能—结构”要素优化

界面治理包括界面（要素1）、环境（要素2）、功能（要素3）和内部结构（要素4）四个要素，要素间的关系决定了破题切口，交互性切口主要讨论要素1和要素2之间的关系，结构性切口主要针对要素3，协同性和演化性切口是对所有要素的讨论，而评价性切口则针对要素4。下面以杭州城市大脑的界面治理为例，选取交互性与结构性切口进行分析，归纳对破解文化市场网络监测后端问题难处置困境的启示。

（1）交互性切口，强化数字界面与环境间的信息交换。外部环境构成了数字界面的约束，开发系统的可延伸性和可扩展性越强，则系统的智能性越强。数字界面需要接收和感知来自环境的信息，获取更多的信息，以方便及时发现问题，寻找解决问题的方案。文化市场综合执法网络监测平台的数字化转型，需要通过建立数字空间与物理空间并行的“孪生数字平台”。

（2）结构性切口，整合数字与治理，优化网络监测的内部结构。2020年出台的《杭州城市大脑赋能城市治理促进条例》，将城市大脑的内部结构进行了调整，规定其由中枢、系统与平台、数字驾驶舱和应用场景等要素组成。该内部结构提出了“中枢”的概念，强调“中枢”是城市大脑赋能城市治理的核心系统。文化市场综合执法网络监测平台的后端治理，也应发挥“中枢”功能，各系统与平台数据通过中枢协同机制互联互通，实现业务协同与数据协同，提升文化市场协同能力。具体以界面为创新载体破解平台后端治理困境的核心技术如表6.14所示。

表 6.14　以界面为创新载体破解平台后端治理困境的核心技术

破解困境	创新载体（界面）	核心技术
破解后端治理困境	强化算法技术对观测、决策、执行和考核等行政活动全过程的技术干预	算法识别、算法学习、算法匹配、自动化和标准化运行“算法化行政”
	推进“界面—环境—功能—结构”要素优化	中枢、大脑、系统与平台、数字驾驶舱和应用场景、业务协同与数据协同

（四）机制创建联动文化执法数字要素

审批、监管以及执法信息的互联互通，需打破部门间的信息壁垒，形成信息共享机制。第一，做好全国文化市场技术监管服务平台与各级文化市场综合行政执法部门的数据共享，推进各地自建技术平台与全国文化市场技术监管服务平台对接，构建全国信息共享网络。第二，对信息公开、动态共享和共享内容提出具体要求，强化信息共享的责任，形成信息共享的动力机制。第三，强化文化市场审批信息和执法信息统合匹配。第四，加快制定、完善和细化各文化管理领域的权责清单，并及时补充和调整监管事项，建立完善的文化市场监管权责清单制度。

（五）强化技术工具配备和人才队伍建设

第一，进一步强化执法队伍能力提升。完善文化市场综合执法资格等级认证制度，规范执法程序，确保依法行政，全面提升文化市场执法人员专业储备、执法能力和精神作风，强化人员“办案＋实战”能力的提升。第二，推进文化市场综合执法部门干部挂职培训，使他们熟练掌握网上安全处置、网上生成案件（案卷）等实战技能，提高运用数字化平台的能力。第三，统一管理和考核标准，增强文旅条线派驻人员的工作保障和激励机制。构建派驻人员个人绩效和部门绩效的关联机制，加强条线对派驻人员的专业指导和培训。依托技术团队开发更多、更实用的算法模型，借鉴多部门、多数据库优势，强化深度学习训练。研发纠错算法模型，优化算法模型，提升识别率。第四，提高文化市场综合执法队伍规范化水平。全面提升“执法规范化、队伍正规化”建设水平，打造一支“全科”执法队伍。

第七章　公共文化服务体系建设

第一节　公共文化服务体系概述

一、公共文化服务体系的含义及特征

（一）公共文化服务体系的内涵

目前，关于公共文化服务体系的内涵，国内外学术界尚未达成共识。不同学者根据研究背景、目的和方法提出了多种不同的定义和解读。根据认识视角不同，对公共文化服务的理解大致可以归纳为以下几类。

1. 组织和参与者结构

该视角侧重于从组织者和参与者认识公共文化服务，其认为公共文化服务体系是一个多方参与、互动合作的系统。其中：政府负责制定相关政策，统筹资源分配，并监管服务的质量和效率，以确保公共文化服务的普及与公平①。非政府组织、私营部门、志愿者以及社区团体等社会力量则通过贡献专业技能、资金投入和志愿服务，为文化服务体系注入多样性与创新动力。为了实现有效协作，政府往往会与主要社会参与者建立合作框架，包括沟通机制和政策激励，以促进资源共享和优势互补。这种合作模式不仅提升了公共文化服务的覆盖面和质量，也推动了文化服务的创新与多样性，进而满足了公众日益增长的文化需求。

---

① 胡税根，李倩．我国公共文化服务政策发展研究［J］．华中师范大学学报（人文社会科学版），2015（02）：11.

2. 服务内容与目标

该视角侧重于公共文化服务供给内容和实现目标。其中，服务内容应涵盖先进文化理论的研究、文艺作品的创作与展示、文化知识的普及与教育、文化信息的传播、文化娱乐活动的提供，以及文化遗产的保护和传承等方面。通过服务内容体系的完善和优化，不断丰富民众的文化生活，培养文化自信、推动文化创新①。服务目标应包括确保公民能够自由获取文化资源、积极参与文化活动，并享受文化成果等内容②。

3. 运营和管理机制

该视角侧重于推进公共文化服务体系运行所依赖的综合管理机制和评估体系。其中：运营环节涵盖公共文化设施的建设与维护、文化产品与服务的生产与供应、人才队伍的建设与培训，以及公共文化服务的财政保障等，这些环节确保文化服务的质量和效率，同时响应社会文化需求的变化③。管理与评估机制包括政策制定、项目监督、质量控制和绩效评估等。管理和评估机制的建立，旨在监控和提升公共文化服务的成效，确保资源的合理分配和使用，以及服务的公正和可持续性④。

综合以上分析，本书认为，公共文化服务体系是政府主导，为满足公众基本文化需求而提供的一系列文化设施、活动和服务的总和。该体系旨在促进文化的普及和提升，确保各类社会成员都能享受到基本文化权益。

（二）公共文化服务体系特征

公共文化服务体系是国家基本公共服务体系的重要组成部分，体现着国家文化治理的制度安排与社会公平的价值追求。从文化管理学视角，其主要特征包括：

1. 公益性

公共文化服务的本质属性是满足人民群众的基本文化权利，实现文化公平与社会福祉最大化。其运作逻辑遵循国家责任优先、社会效益优先原则，强调

---

① 苏超．上海市公共文化服务供给模式研究［J］．图书馆学研究，2017（08）：7.

② 马艳霞．公共文化服务供给模式研究综述［J］．图书情报工作，2013，57（23）：7.

③ 陈世香，张静静．基于“价值链－政策工具”框架的我国公共文化服务政策分析［J］．吉首大学学报（社会科学版），2021.

④ 王学琴，陈雅．国内外公共文化服务绩效评估比较研究［J］．情报资料工作，2014（06）：6.

文化服务作为公共产品应由政府主导供给，不以营利为导向。

2. 普惠性

公共文化服务强调“人人参与、人人享有”，覆盖城乡、群体、年龄与社会阶层的文化需求。无论个人经济能力、居住地域或社会身份，均有平等享受基本文化权益的保障。这种普惠性不仅体现在设施网络覆盖广度上，还包括内容供给的包容性与多样性。

3. 基础性

公共文化服务体系属于国家基本公共服务的重要组成部分，是保障人民精神文化生活的“基本盘”。其保障底线性质，决定了其优先性和不可替代性，特别是在欠发达地区、特殊群体文化权利保障中更为关键。

4. 多元供给性

尽管政府是主导力量，但现代公共文化服务体系更强调“政府主导、社会参与、市场补充、公众共建”的多元协同格局。文化馆、图书馆、非遗传承机构、数字平台与社会组织共同构建了立体化、融合化的服务网络。

5. 可持续性

公共文化服务体系建设重视制度的长效机制与服务效能的持续优化，体现为财政保障的稳定性、资源配置的效率化与数字技术的赋能化。推动文化服务从“项目驱动”走向“制度驱动”，从“单点服务”走向“系统供给”，确保服务的常态化和可持续发展。

6. 适应性与协同性

面对新时代多元化文化需求，公共文化服务体系具备较强的弹性与调整能力，能够适应城市化、人口结构变化、数字化转型等外部环境变迁。同时，其运行机制强调部门协同、资源整合与社会参与之间的协同效应，推动供需精准对接与服务链条延展。

二、中外公共文化服务体系历史演进

（一）全球视野中的公共文化服务体系演变

1. 文化服务观念与初步组织的萌生

公共文化服务的萌芽可以追溯至欧洲文艺复兴时期和近代早期社会转型阶

段。在这一时期，文化资源开始从封闭的教会或宫廷体系逐步向公众开放，形成早期的公共文化服务理念和雏形机制。

（1）人文主义推动知识共享观念兴起。文艺复兴时期，随着人文主义的发展，强调理性、教育和平等获取知识的理念逐步兴起。彼得拉克等思想家主张通过古典文化的复兴促进社会进步，这一理念催生了私人藏书的公开化和学术社团的形成，构建了知识共享的雏形。图书馆、学术论坛等早期机构成为知识平等传播的起点，为后来的公共图书馆、文化馆制度提供了思想根基。

（2）印刷术革命与知识的制度性扩散。15 世纪中叶，古腾堡活字印刷术的发明，打破了文化资源传播的技术“瓶颈”。书籍的复制成本大幅降低，使文化传播从贵族走向市民阶层，孕育了“文化教育权”观念的扩展。印刷术推动了公共图书馆、学术沙龙的兴起，形成了以“普及教育、传播知识”为目的的早期公共文化服务机制。此时，文化服务开始摆脱教会主导，迈向市民社会主导的转型。

（3）艺术公共化：城市空间与文化民主的雏形。15 世纪中叶，艺术作品逐渐脱离宗教场所，走向广场、市政厅等公共空间。城市通过艺术展示强化身份认同、提升公民文化素质，奠定了“文化设施服务社会公共目的”的基本逻辑。这一阶段，艺术不再是贵族特权，而成为城市文化治理的一部分。例如，佛罗伦萨的市政厅（Palazzo Vecchio）内部装饰着许多表现该市历史的壁画，这些作品不仅是视觉的享受，也是公民教育的工具，向市民展示他们共同的历史和文化遗产。通过这种方式，艺术作品增强了市民对城市的认同感和归属感，同时也是展示城市文化开放性和包容性的一个重要标志。

2. 制度化发展与文化权利的确立

第二次世界大战之后，西方社会进入福利国家时代，“文化”逐步从精英阶层的审美消费，转化为全民公共福祉的重要组成部分。文化不再仅是社会象征，而是国家治理与社会重建的重要政策工具。公共文化服务体系也随之迈入制度化、普及化阶段。

（1）制度驱动下的文化普及政策。1946 年，英国政府设立“艺术委员会”（Arts Council of Great Britain），标志着国家开始系统介入公共文化事务。该机构打破了过去文化资源主要服务上层阶级的局限，转向普及化导向，资助地方艺术、普通民众文化活动，强调“艺术面向每一个人”的政策理念。艺术委员会不但承担资金支持职责，还推动文化教育、区域均衡和文化参与平权。通过剧院、展览、巡演、艺术节等形式，将艺术嵌入公民生活日常中。这一转型代表了政府从“文化审美的守护者”转变为“文化服务的提供者”。其后，法国、瑞典、德国等国家也先后建立文化部级专门机构，推动公共文化设施建设、文化教育普及及多元文化融合，形成具有制度保障、财政支撑与专业执行的现代文化服务体系。

（2）文化权利的国际确立。1972 年，联合国教科文组织发布《文化权利宣言》，首次明确提出“文化参与是一项基本人权”。这一宣言在国际法层面推动各国将文化服务纳入基本公共服务范畴。该宣言强调：每一个人，不论种族、性别、阶层或地域，应享有“接近文化资源、参与文化生活、创造文化成果”的平等权利。它推动了“文化福利”概念在全球传播，促使各国从国家层面立法保障文化参与权。文化权利的提出，不仅提升了公共文化服务的伦理高度，也促使文化政策从“服务提供型”向“权利保障型”转变，为弱势群体、边缘地区和少数族群的文化权益提供制度性回应。

（3）多样化实施机制的构建与本土化适配。各国在文化权利理念指引下，发展出具有本土特色的公共文化服务政策体系，体现出制度的差异性与多元路径：加拿大实行文化多样性政策，强调原住民文化与少数族裔文化的权利保障，通过 CBC 等公共媒体构建多语种文化传播网络；瑞典设立区域文化基金，重点资助偏远地区文化设施和社区文化计划，缓解城乡文化发展差距；法国城市政策（Politique de la Ville）通过资助社区文化项目，改善贫困地区的文化生态，实现“文化抗贫”；澳大利亚设立原住民文化专项基金，推动非物质文化遗产保护与社区文化复兴。这些政策显示出现代公共文化服务体系不仅关注“普遍覆盖”，更强调“公平可及”“文化多样性”与“文化认同”。文化从“物的供给”向“人的参与”转变，治理理念也从“行政管理”转向“协同共治”。

3. 全球化背景下的多元化与数字化转型

自 20 世纪末以来，伴随信息社会的兴起和全球治理理念的演进，公共文化服务体系正在经历深刻的转型。这一转型体现为两个关键路径：一是服务方式的数字化重构；二是服务理念的多元包容。数字技术不仅改变了文化资源的组织方式和传播路径，也引发了文化服务治理结构和文化权利边界的深层变化。全球范围内，公共文化服务的核心价值正在从“提供文化”转向“促进文化参与”，从“设施建设”转向“平台共治”，并进一步向“数据驱动”“智能匹配”“文化共创”拓展。

（1）数字基础设施建设。欧洲、北美、亚太等地区通过建设国家级文化数字基础设施，实现了文化资产的系统化、网络化和开放化。如，欧盟（Europeana）项目整合28个国家的博物馆、图书馆与档案馆资源，形成超过5000万项的数字化文化数据库，并以开放API形式提供给学术、教育和公民用户；美国国家数字图书馆计划（NDLP）推动国会图书馆数字馆藏开放，开发面向中小学生与边缘群体的适配界面，强调“技术民主”下的信息文化平权；澳大利亚Troves平台集合国家图书馆、原住民资料、地方报刊等资源，注重文化多样性背景下的资料保存与普及。这一阶段的公共文化服务不再以物理场馆为中心，而以数字平台为中枢，构建起面向全民，跨平台、跨领域的文化资源生态系统。

（2）参与性与互动性。数字化服务不仅扩展了可达性，也重塑了文化参与方式。公共文化服务逐步从“静态展示”转向“动态交互”，从“单一供给”走向“共建共享”。虚拟展览成为主流形式之一，世界主要博物馆（如大英博物馆、卢浮宫、纽约大都会）普遍推出线上馆藏导览、三维交互文物展示；众包模式广泛应用于文化内容建设，如芬兰国家档案馆通过公众协作完成历史文档标注和口述史数字整理；沉浸式体验（AR/VR）被用于艺术教育与文化记忆激活，如荷兰国家博物馆推出“沉浸式艺术教育车”，深入偏远地区学校开展文化教育流动服务。互动性与个性化成为文化服务的核心属性，服务体系从“均等供给”走向“精确适配”。

（3）治理结构转型。传统公共文化治理结构以政府垂直管理为主，而当前更趋向于“平台—多元参与—数据反馈”型的网络化治理结构。①平台治理机制，如英国国家公共文化数字服务平台由文化、教育、科技等跨部门联合运营，负责内容审核、数据安全与用户参与机制建设；②合作治理网络，如北欧国家将文化服务纳入“福祉治理”（welfare governance）框架，构建地方政府、非营利组织、公民社群三元参与的治理体系；③数据驱动型政策反馈，德国、荷兰等国已构建基于用户访问行为、浏览数据与参与频次的文化服务“实时感知—智能优化”机制，实现政策与公众需求的同步调整。这种平台化治理模式突破了过去以“国家—机构—民众”为主的线性结构，建立起分布式、自组织和数据驱动的文化服务网络。

（二）我国公共文化服务体系发展历程

中国的公共文化服务体系是伴随着国家的政治、经济和社会发展逐步建立和完善的。从新中国成立初期的政治动员和文化普及，到改革开放后的市场经济影响和服务模式创新，再到21世纪信息技术的广泛应用，公共文化服务体系经历了深刻的变革和快速的发展。这一过程不仅反映了国家对文化建设重要性的认识，也展现了文化服务在提升公民文化素养、丰富人民精神生活以及促进社会和谐中的关键作用。

1. 早期的公共文化服务（1949—1978年）

新中国成立初期，文化馆和图书馆的建设成为提升全民文化素质和推广社会主义文化的重要策略。根据《中国文化年鉴》和《中国图书馆年鉴》的数据，1954—1957年，中国新建和重建的文化馆和图书馆超过2000所，到1978年，全国公共图书馆数量达到3098家，藏书总量超过2亿册。这些文化设施不仅为公众提供了丰富的书籍资源，覆盖政治、经济、文学等多个领域，还经常举办读书会、政治教育讲座及各类展览，以普及科学知识和社会主义理念。特别是在农村和偏远地区，通过巡回电影队和移动图书车等形式，极大地丰富了群众的精神文化生活，增强了政治意识。此外，文化馆还定期组织文艺演出和美术展览等文化推广活动，成为地方文化发展和文化交流的中心，加强了不同地区和民族间的文化融合。这些文化设施的建设和运营，不仅极大地提升了全民的文化素质和政治觉悟，也为社会主义文化的建设和发展奠定了坚实基础，是中国公共文化服务体系初步形成和发展的关键阶段。

新中国成立初期，公共文化服务不仅提供了基本的文化设施和活动，更深刻地承担了政治和意识形态的宣传工具功能。这一时期，图书馆和文化馆成为普及社会主义和共产党理论的核心平台，通过组织马克思列宁主义和毛泽东思想的学习班、辩论会和政治教育活动，不仅加深了群众对社会主义理论的理解，也为政府政策的实施提供了坚实的舆论支持。同时，公共文化服务在思想改造和社会整合方面发挥了关键作用，通过戏剧、电影和文学作品展现社会主义建设的成就和未来的美好生活，有效地改造了旧中国的封建思想，塑造了新的社会主义人，从而在广大群众中培育了对社会主义未来的信念和期待。此外，政府还重视通过恢复和发展中国传统文化，如书法、国画等，去除其封建残余，强化民族认同和文化自信，这不仅恢复了民族文化的尊严和自豪感，也促进了中国文化的现代化。这些策略的综合运用，不仅加强了社会主义理论在群众中的根基，增强了国家的凝聚力和统一性，也为后续几十年的文化政策和公共服务提供了重要的历史经验和基础。

2. 改革开放初期的发展（1978—2000 年）

改革开放初期，中国公共文化服务体系进入到一个重要的转型期。在这一时期，公共文化服务从以政治宣传为主转向更加注重文化多样性、服务质量和公众参与度。

（1）公共文化服务体系的转型。随着 1978 年改革开放的推进，中国社会经济结构发生了深刻变化，这些变化对公共文化服务体系提出了新要求。首先，政府开始逐步放宽对文化活动的控制，允许更多的社会力量参与到文化服务的提供中来。这一时期，公共文化设施如图书馆、文化馆和博物馆开始注重提升服务质量，丰富服务内容，以适应广大民众日益增长的文化需求。为了扩大文化服务的覆盖广度，政府不仅在大中城市加强了文化基础设施的建设，也开始向农村和边远地区延伸服务。例如，通过建立乡镇（街道）文化站、村级阅览室等，使公共文化服务下沉到基层，更好地服务于广大农村地区的居民。此外，这一时期也见证了第一批社区文化中心的建立，这些中心旨在满足居民日常的文化需求，提高文化生活的便利性和实用性。

（2）多元化资金来源与运营模式。在市场经济的影响下，公共文化服务开始探索多元化的资金来源和运营模式。政府虽然仍是主要的资金提供者，但开始鼓励私人企业、非政府组织以及国际合作伙伴参与文化项目的投资和运营。这一时期，一些文化机构开始尝试商业运作模式，如通过票务销售、文化产品销售和服务收费等方式进行自我融资。这种模式不仅为文化机构提供了额外的收入来源，还促进了服务质量的提升，因为市场竞争迫使这些机构不断优化服务以吸引更多的观众和用户。此外，公共文化服务也开始利用广告、品牌赞助等方式来增加收入。例如，一些博物馆和图书馆与企业合作，举办由企业赞助的展览和活动，这不仅增加了文化机构的资金来源，也扩大了其社会影响力。

改革开放初期的公共文化服务体系经历了从政策依赖向市场导向的重要转

变。这一转型不仅改善了文化服务的质量和覆盖范围，也为文化服务的可持续发展探索出新的路径。这一时期的发展对于理解当前中国公共文化服务体系的形成和演变具有重要的历史价值。

3. 21 世纪的快速发展（2001 年至今）

自 21 世纪初以来，中国公共文化服务体系经历了显著的现代化和信息化变革，政府的角色和策略在这一过程中发挥了决定性作用。

（1）公共文化数字化改革。自 2002 年启动“文化共享工程”试点开始，中国公共文化服务的数字化改革已经历了从初步探索到战略实施、再到高质量发展的全面进程。在这一过程中，早期的重点项目如“文化信息资源共享工程”和“农村电影放映”，标志着对新兴信息技术的初步应用。随着技术的快速发展，中国进一步系统推进数字图书馆、数字博物馆等基础设施的建设，提高了文化服务的普及率和效率。2021 年发布的《“十四五”公共文化服务体系建设规划》和 2022 年发布的《关于推进实施国家文化数字化战略的意见》，则分别标志着全面部署和战略实施阶段的开启，专注于推动文化服务的数字化、网络化和智能化，旨在构建一个线上线下融合的文化服务体系。根据规划，“十四五”时期末预期将基本建成文化数字化基础设施，到 2035 年形成全民共享的国家文化大数据体系，体现了对技术革新和社会需求变化的敏感性和前瞻性，确立了数字化在未来文化服务中的核心地位。

（2）在线文化资源推广。在中国政府的资助和推动下，公共文化服务领域的数字化改革取得了显著进展，尤其体现在多个重要的文化项目和资源的整合与在线提供上。例如，全国文化信息资源共享工程作为一个标志性的项目，其核心目标是通过建立统一的在线平台，集中优质的文化资源，从而实现资源的最大化利用和公众的广泛访问。这个平台不仅包括了丰富的图书馆藏书、档案资料，还涵盖了博物馆展品的数字化信息和各类艺术作品。这种集中化的资源整合为城乡居民提供了平等获取文化资源的机会。无论用户身处何地，都能通过互联网访问到同样丰富的文化内容。这不仅促进了文化知识的普及，也实现了文化服务的均等化。政府在推进这一项目的过程中，特别强调了技术基础设施的建设和优化，如提升网络速度和稳定性，以保证用户体验的连贯性和高质量。此外，这些在线平台还特别设计了多种互动功能，如在线咨询、虚拟导览和互动教育程序，进一步增强了文化服务的吸引力和教育价值。

在线文化服务通过其多样化的内容和便捷的访问方式，极大地丰富了公众的选择，并显著提升了文化服务的普及率和参与度。这些服务包括电子书籍、在线教育课程、虚拟展览以及文化讲座等多种形式，满足了不同用户群体的需求。例如，电子书籍提供了从文学经典到现代科技等广泛主题的资料，方便用户随时阅读；在线教育课程则涵盖了艺术、历史、哲学等多个领域，支持自主学习与持续教育；虚拟展览允许用户足不出户即可欣赏到世界各地的美术馆和博物馆的展品；文化讲座则通过网络直播或录播，让公众有机会听取专家学者的深入讲解与讨论，拓宽了知识视野。

第二节　公共文化服务体系建设主要内容

一、公共文化设施

（一）公共文化设施的定义及分类

公共文化设施是指由政府主导建设并提供，或在政策引导下由社会组织、市场主体等共同参与建设、运营的，面向全体公众、以实现基本文化权益保障与文化公平为宗旨的非营利性文化服务空间与载体。其核心功能在于提供普及性、基础性、多样性的公共文化产品和服务，满足公众日常文化生活、教育学习、审美体验、社会交往等基本精神需求。

公共文化设施作为提供公共文化服务的重要场所，可以根据不同的功能、规模和服务对象进行分类。按照功能可以分为：展览型设施、教育型设施、娱乐型设施、体育型设施、综合性设施；按照规模可以分为：大型设施（通常是国家级或省市级的重要文化设施，如国家大剧院和省级图书馆）、中型设施（通常是市县级的文化设施，如市立博物馆和文化宫）小型设施（通常是社区级的文化设施，如社区图书室和小型艺术画廊）；按照服务对象可以分为：全民性设施、特定群体服务设施、专业群体服务设施；按照管理性质可以分为：政府运营设施、民营设施、公私合作设施；按照地域特性可以分为城市设施、乡村设施；按照文化特性可以分为传统文化设施、现代文化设施。

（二）公共文化设施的建设与布局

1. 基本原则

公共文化设施的建设不仅是提供公共文化服务的物理空间，更是文化传播和社区发展的重要平台。为确保这些设施能够最大限度地发挥其社会和文化功能，它们的规划、设计与实施必须遵循如下原则：

（1）普惠共享原则。坚持文化服务面向全体社会成员，保障不同年龄、性别、阶层与族群群体平等享有文化参与权，落实“人人可享”的文化权利理念。

（2）均衡布局原则。注重城乡统筹、区域协调，合理配置各类文化设施，缩小发展差距，提升边远地区与弱势群体的文化服务可及性。

（3）功能复合原则。推动设施集约化、复合化发展，鼓励图书馆、美术馆、文化馆等多种文化功能空间协同建设，提升使用效率与文化效能。

（4）数字融合原则。预设数字服务功能与技术接口，实现线上线下一体化运营，拓展服务边界，提升文化资源的可获取性与互动性。

2. 布局策略

在现代公共文化服务体系中，设施布局不仅是空间配置问题，更是实现文化权利、提升服务效能与促进社会融合的重要策略。根据全球经验与城市规划逻辑，公共文化设施布局应遵循以下四项策略：

（1）核心—节点—网络布局。以城市核心区为高能级文化集聚中心，设立标志性文化设施（如国家图书馆、博物馆、艺术中心）；以各级节点城市或社区为基础单元，布设区域性文化馆、图书馆等服务中心；通过移动服务车、数字平台等形成“点线面结合”的服务网络，提升覆盖广度与连通性。

（2）分类分级配置策略。根据设施功能、服务半径与使用频率进行分级布设，如国家级、区域级与基层文化设施三类，分别承担展示、教育与日常文化供给功能。高层级设施强调专业性与辐射带动，基层设施注重普及性与便捷性，形成有机互补的层级体系。

（3）嵌入式与场景化布局。鼓励将文化设施嵌入居民生活场景，如学校、商圈、公园、交通枢纽等，形成“文化 + 教育”“文化 + 商业”“文化 + 休闲”的复合场景，增强市民使用频率与文化生活体验。

（4）数字与实体融合布局。在实体设施基础上，叠加数字文化平台与远程服务节点，实现线上线下融合布局。尤其在偏远地区或人口稀疏区域，通过建设数字文化驿站、移动文化终端等，保障文化服务无盲区。

（三）公共文化设施的功能与服务

1. 功能角色

公共文化设施在社会文化系统中扮演着多重功能角色，这些设施不仅是文化传承与创新的重要基地，也是社会教育和公民培养的关键场所。

（1）文化传承与普及功能。公共文化设施，如博物馆、图书馆及艺术画廊等，主要承担着收藏、保护和展示文化遗产的责任。

（2）教育与启蒙功能。公共文化设施提供各类教育活动和学习资源，如举办讲座、研讨会、工作坊及各种培训课程，这些活动有助于提高公众的文化素养和审美能力。特别是针对儿童和青少年的教育项目，可以在早期阶段培养其对艺术和文化的兴趣和认知，对形成健康的社会观念和个人价值观具有重要影响。

（3）社会交流与凝聚功能。公共文化设施作为社区中的集会点，提供了一个供人们聚集、交流思想和共享文化体验的空间。通过组织展览、演出和其他文化活动，这些设施促进了不同文化背景的居民之间的相互理解和社会整合，增强了社区的凝聚力和身份认同感。

（4）创新与创意激发功能。公共文化设施也是创新和创造力发展的重要平台。艺术和文化的环境能激发个人的创意思维，支持艺术家和创作者展示其作品，促进文化创新。此外，现代公共文化设施逐渐融合了科技元素，如数字艺术展览与虚拟现实体验，这不仅扩展了文化的表现形式，也为公众提供了体验和参与现代科技的机会。

2. 服务内容

公共文化设施是实施文化传播与教育的重要场所，各类设施根据其功能定位，提供一系列细化的公共文化服务内容。

（1）图书馆。提供广泛的图书、期刊和其他印刷资料的借阅服务；实施信息检索和参考咨询服务，帮助用户获取和利用所需信息；组织文化教育活动，如读书会、讲座和作者见面会，促进文化交流和知识分享；提供电子资源和远程访问服务，包括电子书、数据库订阅和数字档案。

（2）博物馆和美术馆。展示和保护文物及艺术品，提供展览服务，使公众能够近距离欣赏和学习；开展教育和研究活动，包括导览服务、专题讲座和学术研讨会；举办临时展览和国际交流项目，拓宽观众视野，促进文化多样性。

（3）文化馆和社区文化中心。提供多样化的艺术教育和文化学习课程，如绘画、音乐、舞蹈和戏剧等；组织社区文化活动和节庆活动，增强社区凝聚力和文化身份感。设有特定的展览空间，展示地方历史、文化遗产和居民艺术作品。

（4）剧院和演出场所。提供各类艺术表演，如戏剧、歌剧、音乐会和舞蹈表演，丰富公众的文化生活、设施多功能使用，可举办大型公共活动、会议和研讨会、开展艺术教育和推广活动，包括艺术工作坊和青少年艺术教育项目。

（四）文化设施的管理与运营

在现代社会，公共文化设施不仅是城乡文化生活的重要组成部分，也是推动文化普及和提升公民文化素养的关键平台。为了有效地建设、管理和运营这些设施，采取适当的管理体制至关重要。本节将详细探讨几种主要的管理模式，包括政府主导、社会参与、公私合作（PPP）以及网络化管理，旨在揭示这些模式的运作机制和实施效果，以及它们如何共同促进文化设施的持续发展和服务质量的提升。

1. 政府主导模式

政府主导模式是公共文化设施管理中的主流模式，其中政府不仅负责策划和建设文化设施，还涉及日常管理和资金投入。在这一模式下，政府通过制定文化政策、拨款和直接管理，确保文化设施能够符合公共服务的目标和标准，同时也保障了基本的文化服务供给。政府部门通常设立专门的文化事务机构来负责这些任务，如文化部门和地方文化局等。

2. 社会参与模式

随着文化需求的多样化和公共管理理念的更新，社会参与模式日益成为公共文化设施管理的重要补充。这一模式鼓励非政府组织、企业以及个人通过各种方式参与到文化设施的建设和运营中来。具体形式包括公私合营（PPP）、捐赠支持、志愿服务和社区管理等。社会参与不仅可以引入更多的资源和创新管理理念，还能增强公众对文化设施的归属感和满意度。

3. 混合管理模式

在实际操作中，越来越多的公共文化设施采用混合管理模式，即政府与社会力量共同参与。在这种模式下，政府依然承担主要的策划和资金支持角色，而私人企业、非政府组织及社区组织则在具体的运营、管理或特定项目中发挥作用。这种模式有助于集合各方面的优势，提高管理效率和服务质量，同时促进文化创新和多元化服务的发展。

二、公共文化人才队伍

（一）公共文化人才队伍类型

公共文化人才队伍的构成体现了多元化和跨领域的特点，涵盖了从高层管理到基层实施的各个层面，具体包括：

1. 文化管理人才

包括负责文化事业单位与企业的管理层人员。他们负责协调、组织和引导文化工作、人力资源、财务与相关资源。这类人才应具备深厚的文化领域专业知识及优秀的沟通、规划、组织和协调能力。

2. 专业文化工作者

包括艺术家、演员、作家、策展人等，是公共文化建设的中坚力量。他们直接参与文化产品的创作与传播，丰富社会的文化生活。

3. 基层文化人才

主要包括乡村文化工作者和社区文化活动组织者等。这类人才在基层推动文化活动，致力于提高广大群众的文化生活质量，是文化改革和发展的基础力量。

4. 文化科技人才

随着科技进步，文化与科技的融合日益加深。此类人才需具备现代科技知识和研发能力，以推动文化产业的技术创新和发展。

5. 乡土文化人才

在乡村文化振兴的进程中，乡土文化人才，如当地的文化传承人和民间艺术家等，承担着不可替代的角色。他们专注于保护和传承地方独有文化，增强文化认同感和归属感。

6. 公共文化服务人才

这类人才在公共文化服务体系中扮演着关键角色，包括图书馆员、博物馆和文化馆工作人员等。他们通过提供专业的文化服务，促进文化的普及和教育，提升公众文化素养。

（二）公共文化人才职业能力体系

在当代公共文化服务体系中，人才不仅是文化资源转化为公共服务的关键中介，更是制度功能与社会价值落地的核心推动力。相较于传统以专业分工为核心的人才范式，现代公共文化人才呈现出复合型知识结构、跨界化职业能力与公共性价值导向等新特征。为适应快速变化的技术环境与多样化的社会需求，公共文化专业人才应当具备以下四类核心职业能力。

1. 公共精神与服务伦理能力

公共文化服务本质上是一项基于社会公平与文化权利的公共事业。公共文化人才首先应具备深厚的公共精神，理解文化服务的非营利性与普惠性，尊重多元群体的文化表达权，关切边缘与弱势群体的服务可及性。同时，应树立良好的职业伦理意识，在文化资源使用、服务对象选择、内容传播等实践中恪守公平、透明与责任原则。

2. 文化策划与内容生产能力

公共文化服务的实效性高度依赖于内容策划与传播表达的能力。专业人才应能够围绕社会热点、公共议题或地方文化资源，开展主题化、系列化的活动设计与内容生成，涵盖展览策划、艺术编导、讲解设计、讲座组织等方面，具备将抽象文化资源转化为公众可接受、可理解、可参与的实践能力。

3. 媒介素养与数字化应用能力

数字技术已成为公共文化服务不可分割的基础设施与运行平台。人才需具备基本的媒介素养，熟悉主流数字平台与工具，能够使用图像处理、视频剪辑、内容管理系统（CMS）及社交媒体工具进行文化内容生成与传播；同时，应理解数据分析在服务评价与用户画像中的基础性功能，并能够配合数字平台实现智能化服务供给。

4. 组织协调与跨界协同能力

公共文化服务广泛嵌入教育、旅游、社区治理等多个领域，其运行过程高度依赖跨机构、跨部门乃至跨专业的协同机制。专业人才需掌握项目管理、资源整合、公共沟通与社会动员等技能，能够有效联动文化机构、社会组织、志愿者、社区居民等多元主体，提升服务整体协同性与社会参与度。

（三）公共文化人才培育机制

在现代公共文化服务体系转型升级的背景下，单一学科出身、封闭性成长路径已难以支撑复合型人才的持续供给与结构优化。构建多层次、系统化、实践导向与终身学习并重的人才培养机制，是实现人才专业化、服务精准化与体系韧性化的关键路径。当前，国际与国内公共文化领域主要通过以下四种机制推进人才培养。

1. 学科支撑下的专业化学历教育

高等教育体系是公共文化人才的基础供给渠道。许多国家在文化政策、图书馆学、文化遗产管理、文化创意产业等领域设有专门本科与研究生课程，培养具备理论基础、专业知识与研究能力的储备型人才。例如，英国伦敦城市大学设有“文化政策与管理”硕士项目，美国多所高校在信息科学学院下设图书馆与文化服务方向。当前趋势强调多学科融合，如文化学与传播学、社会学、教育学、信息技术等领域的交叉教学，以适应文化服务的复杂实践需求。

2. 岗位导向的职业培训与实践导入机制

在学历教育之外，公共文化人才的能力提升更多依赖岗位内外的职业培训体系。各国文化主管部门与地方政府普遍设有文化从业者培训平台，内容涵盖项目管理、社区工作、数字技能、文化营销等应用模块。值得关注的是，“实践即教育”的理念正日益成为主流，通过“培训＋实操＋评价”的闭环设计，使人才在真实工作场景中不断迭代知识与技能。

3. 跨界型人才的跨部门联合培养机制

针对数字化、平台化转型背景下对技术型与协同型人才的迫切需求，越来越多国家推动公共文化人才“从单轨走向复合”，构建跨部门、跨系统的人才联合培养机制。例如，法国文化部与教育部、科技部共建文化信息学人才联合项目，德国则推动图书馆系统与IT企业联合开展数字资源建设人才培训。此类机制打破了传统文化系统“自循环”的培养惯性，推动文化人才结构向“技术+管理+服务”复合型转化。

4. 终身学习与社区赋能导向的柔性机制

公共文化人才成长周期长、更新节奏快，必须依托终身学习制度提供持续支持。诸如欧美图书馆系统推行的“持续职业发展计划（CPD）”，或社区文化馆联合高校开设的“文化工作者进修学院”等，构建起“正式教育—非正规培训—自组织学习”三位一体的支持体系。数字化平台的兴起也为远程学习、混合教学、在线评估等提供了技术基础，使基层文化人才与偏远地区从业者获得更多公平学习机会。

三、公共文化服务内容

（一）公共文化服务内容分类

公共文化服务内容是公共文化体系运行的实质载体，体现国家文化政策的导向性、公民文化权利的实现程度，以及社会文化生活的深度和广度。从国际比较与发展趋势来看，现代公共文化服务内容呈现出层次多元、形态融合、需求导向与文化多样性共生等基本特征。为系统把握其构成逻辑与服务重点，可从以下四个方面进行界定与分类。

1. 基础型文化服务内容

基础型服务是保障公民文化基本权利的核心内容，体现服务的普及性、公平性与公益性，主要包括：

（1）基本阅读服务，如图书馆借阅、文献阅览、读书活动等，保障知识获取与文化启蒙的基础权利；

（2）普及性文艺演出，如公益电影、戏曲进社区、文艺轻骑队下乡等，提供群众可接受、可参与的文化活动；

（3）流动与数字化服务，如流动图书车、数字图书馆、云展览平台，解决偏远地区与特殊人群的文化服务可达性问题；

（4）基础文化教育，如工艺美术、音乐、舞蹈、书法培训班，覆盖青少年、老年人、农民工等重点群体。

2. 延伸型文化服务内容

在保障基本权利之上，延伸型服务致力于满足人民群众不断增长的精神文化需求，推动文化生活方式的多样化。

（1）专题文化讲座与知识普及活动，如历史、哲学、科技、心理学等领域的公共讲座与讨论会；

（2）创意手工与艺术实践课程，如社区陶艺、手工编织、非遗技艺体验等，以“做中学”方式提升文化亲近感；

（3）数字互动文化服务，如线上音乐会、VR 博物馆、数字艺术展，结合科技手段延展文化参与空间；

（4）节庆与纪念性文化活动，如传统节日主题活动、地方历史纪念日文艺巡演等，强化文化认同与情感归属。

3. 多样性与包容性文化服务内容

现代公共文化服务强调文化多样性保护与文化平等的实现，突出对不同社会群体的文化表达与文化需求的响应。

（1）少数民族与原住民文化支持服务，如多语种读物、民族节庆活动、民族文艺创作扶持；

（2）残障人士无障碍文化服务，如盲文图书、有声读物、手语讲解、无障碍展览；

（3）老年人友好型服务，如适老化界面、传统文化传承课程；

（4）青少年数字文化空间建设，如青少年图书分馆、数字游戏化学习工具、公共科技体验站等。

（二）公共服务内容的创新与发展

创新与发展是实现公共文化服务持续性和效能的关键。创新公共文化服务内容不仅可以满足公众多样化的文化需求，还可以促进文化的传播与交流，增强公共文化服务的吸引力和影响力。

1. 数字化转型

数字化转型为公共文化服务内容的创新提供了广阔的平台和可能性。传统文化资源与现代数字技术结合，可以显著扩展和丰富公共文化服务的内容，从而满足更广泛的社会需求和审美期待。首先，利用数字化技术的多媒体和跨媒介整合功能，传统文化内容得以转化为包含动画、视频、音频等多种表现形式的多媒体体验。这种整合不仅提升了内容的生动性和直观性，还增强了用户的参与度和体验感。其次，通过开发虚拟现实（VR）和增强现实（AR）应用，创建全新的虚拟文化体验场景和增强现实文化展示，让用户在虚拟和现实的融合环境中深入体验文化遗产和历史事件，实现身临其境的探索。再次，开发交互式教育内容，如互动电子书籍、在线课程等，通过实时反馈和互动讨论的方式，极大地提升了教育的效率和趣味性。用户不仅可以获取知识，还能通过与其他学习者和专家的互动，深化理解和批判性思考。同时，建立全面的数字档案库并配备智能搜索工具，使得用户能够便捷地访问广泛的文化资料，推动个性化和精准化的文化搜索体验。最后，鼓励原创数字内容的开发，支持文化创作者利用数字工具创作新颖的文化作品，如数字艺术和在线戏剧等。这不仅拓展了艺术的表现形式，也为传统艺术的传承与创新提供了新的途径。

2. 跨界合作与资源整合

首先，在推动公共文化服务内容的创新发展中，跨界合作与资源整合显得尤为重要，通过与跨行业协作，可以丰富和扩展传统公共文化服务的内容。例如，结合教育行业，可以开发具有教育性质的文化项目，如结合科普活动的文化展览或研学性质的文化项目。与环保组织联合，可以通过公共文化活动增强公众的环保意识，如通过艺术展览展示环保主题，使观众在享受文化的同时，增加对环保问题的认识和参与。其次，加大地方政府与非政府组织的合作，挖掘和保护地方文化遗产，将传统文化与现代表达方式结合，使之更适应现代社会的消费习惯。最后，探索国际合作新模式，打破不同国别的制度文化差异，开辟公共文化交流的新渠道，通过国际文化节、艺术展览等形式，引入国际优秀的文化资源，为公众提供了解和欣赏不同文化的机会，从而促进文化的全球交流和多样性的认知。

3. 社区和草根文化的振兴

首先，深入挖掘和展示本土文化资源，如历史故事、民间传说及传统手工艺，不仅保留了珍贵的文化遗产，也增强了社区成员的文化归属感和自信。这种文化的直接展示和互动参与能够有效提升社区凝聚力。其次，保护和传承民间艺术，通过支持民间艺术家及手工艺人在公共文化活动中展示其技艺，如传统织造、陶瓷制作等，促进了文化多样性的保护，提高这些艺术形式的社会价值和经济效益。同时，推动社区文化活动的多样化，如节日庆典、社区剧场和街区艺术展等，直接反映居民的生活风貌和文化需求，增强公共文化服务的互动性和参与性，使公共文化服务更加生动具体。最后，收集和展示社区故事及口述历史，通过录音、视频或文本形式保存社区的集体记忆，这不仅是对历史的记录，也丰富了公共文化服务的内容层次。这些策略的实施，使得公共文化服务不仅仅局限于传统的形式，而是成为一种更具生活化、多样化和参与性的文化展现方式，有效提高了公众对文化活动的兴趣和参与度，从而推动公共文化服务的创新发展。

4. 国际交流与全球视野

国际交流与全球视野的扩展对公共文化服务内容的创新起到了至关重要的作用，通过引入多元的国际文化元素、教育理念、艺术创作手法以及新的文化观念，极大地丰富和提升了公共文化服务的质量和吸引力。首先，国际文化的引入使公众能够接触和体验到世界各地的文化艺术，例如，通过公共图书馆、博物馆举办的国际艺术展览和文化节，展示不同国家的艺术作品和传统文化。其次，国际先进的教育理念和学习方法的融入，如数字艺术、多媒体制作等，为公共文化教育带来了新的内容和互动方式。再次，通过国际艺术界的合作项目和艺术交流活动，公共文化服务中的艺术创作和表达方式得到了创新和革新，融合了不同文化的元素和表达方式。最后，国际交流还可以促进多元文化价值观和现代文化理念的交流与传播，例如，探索和介绍关于文化多样性和社会包容性的国际文化实践，增强了公众对全球性议题的理解和参与。这些策略的实施不仅提高了公共文化服务的内容多样性和教育价值，还拓宽了公众的国际视野，强化了公众的文化理解，推动了公共文化服务内容的持续创新和发展。

四、公共文化服务制度体系

公共文化服务制度体系是国家文化治理体系的重要组成部分，承担着规范服务供给、保障文化权利、提升治理效能的基础职能。随着中国特色社会主义制度体系不断完善，中国逐步建立起一套覆盖广泛、结构清晰、运行有序的公共文化服务制度体系。这一体系以法律确权为核心，以政策规划为引导，以组织机制为支撑，以财政投入为保障，以监督评估为调控，形成了多维互动、动态调节的制度性结构，支撑着公共文化服务的整体运行与持续发展。

1. 法律制度

2017 年施行的《中华人民共和国公共文化服务保障法》是我国首部系统规范公共文化服务的专门法律，明确了政府在公共文化服务中的主导职责、公民的基本文化权利以及服务内容的法定标准，标志着公共文化服务从政策倡导走向法治保障的新阶段。在此基础上，《中华人民共和国图书馆法》《中华人民共和国文物保护法》《博物馆条例》《中华人民共和国非物质文化遗产法》等相关法律和部门规章逐步完善，构建了较为完备的文化服务法制框架。同时，各级地方政府也在不断制定本地配套法规与实施细则，实现了法治体系的纵向延伸与制度嵌入。

2. 政策规划

自“十一五”时期以来，公共文化服务体系建设连续被纳入国家经济社会发展五年规划之中，逐步上升为国家战略性任务。特别是《“十四五”公共文化服务体系建设规划》的发布，明确提出“高质量发展”导向，推动公共文化从“有没有”向“好不好”转变。与此同时，围绕全民阅读、非遗传承、乡村文化振兴、数字文化建设等重点领域，国家和各级政府出台了一系列专项政策与行动方案，形成了由总纲领统筹、专项政策支撑、区域计划协同的分层式政策体系，提升了制度运行的针对性与适应性。

3. 组织管理机制

我国公共文化服务体系形成了以政府主导、机构执行、社会参与为特征的组织网络结构。各级政府设有明确的管理部门，县级以上普遍设立了文化馆、图书馆、美术馆、博物馆等公益性服务机构，构建起“市—县—乡—村”四级公共文化服务网络体系。近年来，总分馆制建设和资源共享平台的推进，有效整合了区域文化资源，提升了服务协同效率。同时，政府大力推动文化志愿服务、政府购买服务、社区文化自治等新型机制，引导社会力量广泛参与公共文化服务供给，增强了制度的柔性与开放性。

4. 财政投入机制

我国通过建立政府主责、分级投入、分类支持的财政体系，实现了“保基本、兜底线、促均衡”的目标。中央财政设立专门转移支付资金支持中西部地区和基层文化建设，地方政府根据职责分工和财力状况安排年度预算，逐步形成“中央有统筹、地方有重点、社会有参与”的多元投入格局。与此同时，鼓励通过税收优惠、文化基金、企业赞助等方式引导社会资金参与公共文化项目，提高了资源配置的效率与灵活性。

5. 监督评估机制

我国建立了覆盖服务标准制定、绩效考核、群众反馈与第三方评估相结合的综合调控体系。国家层面颁布了《国家基本公共文化服务指导标准》和服务目录，为内容设计和服务供给提供规范依据。各地普遍建立了以服务数量、覆盖率、参与度与满意度为核心的绩效考核指标体系，并将考核结果纳入干部政绩评估与财政资金分配之中。同时，群众评议、问卷调查、数字平台数据反馈等手段不断完善，推动公共文化服务评估从“行政自评”向“社会参与”“智能感知”转型，实现了从数量导向向质量导向的制度进化。

总体而言，中国的公共文化服务制度体系已形成法律明确、政策联动、组织严密、财政稳定、评估有效的“五位一体”格局，在保障人民群众基本文化权益、推动城乡文化均衡发展与提升国家文化治理能力等方面发挥了基础性作用。面向未来，制度体系的进一步优化应聚焦提升制度韧性与适应性，推动公共文化服务从资源供给型向治理协同型转型，构建更加开放、精准与高效的制度运行机制，以回应新时代人民日益增长的多样化、高品质文化需求。

第三节　公共文化服务体系建设困境及路径选择

一、公共文化服务体系建设困境

尽管我国公共文化服务体系在制度建设、设施布局、内容供给、技术应用等方面取得了显著进展，但在全面推进高质量发展的过程中，仍面临一系列深层次、结构性和阶段性并存的现实困境。这些问题不仅制约了服务体系效能的充分释放，也对现有制度的适应性与持续性提出了新的挑战。全面认清和系统分析当前公共文化服务体系的主要困境，是推动治理模式优化与制度创新的前提条件。

（一）供需结构错配仍是突出问题

近年来，公共文化服务总量不断增长，设施数量和活动频次均有显著提升，然而在一些地区，服务内容仍显单一，活动方式趋于同质化，难以满足群众日益多元化、个性化的文化需求。特别是在城乡接合部、产业转型区和人口老龄化严重的地区，文化服务“供了但未用”“有场无客”现象普遍存在，暴露出供给结构与现实需求之间的结构性错位。一方面，服务内容未能及时对接基层民众的精神生活实际，缺乏针对性和实用性；另一方面，部分基层群众对优质文化资源的获取能力不足，文化参与的能力与机会仍存在壁垒，形成“资源过剩与文化贫困并存”的悖论①。

（二）区域发展不平衡问题仍然突出

由于经济基础、财政能力与治理水平差异较大，东西部、城乡之间在文化设施数量、人员配备、数字资源可达性等方面存在显著差距。中西部部分地区基础设施薄弱，服务网络不健全，基层文化站点常常陷于“建而不管、建而不用”的困境；部分农村和边远地区尚未形成稳定的文化服务机制，公共文化空间空置率高、利用效率低。区域不均衡不仅体现为服务覆盖层面的“洼地”，更反映在内容层次、服务能力、人才支撑等制度性短板上，直接影响国家文化治理整体效能的均衡性与普惠性②。

（三）人才队伍能力与结构难以支撑服务转型

当前，公共文化服务转向高质量发展对人才提出更高要求，但现实中，一线从业人员普遍存在专业化水平不高、复合型能力缺乏、职业成长路径不清晰等问题。部分基层文化岗位长期依赖临时工、公益性岗位与志愿者，导致服务不稳定、创新能力不足③。同时，现有人才激励机制与绩效考核体系不完善，

---

① 李少惠，尤佳．公共文化服务治理图景：理念、模式与运行机制［J］．图书馆建设，2025（01）：106－117.

② 肖鹏．公共文化服务体系运转的理论框架、制度逻辑和健全路径［J］．中国图书馆学报，2024，50（05）：4－28.

③ 傅才武，张伟锋．基本公共文化服务均等化研究——模型构建与实证分析［J］．图书馆杂志，2018，37（08）：4－13.

难以激发文化工作者的积极性与创造力，优秀人才“引不进、留不住、用不好”问题尚未根本解决。随着数字化服务需求提升，信息技术人才与内容创意人才的紧缺愈发成为制约服务现代化的因素。

（四）体制机制仍存在协同不畅的问题

公共文化服务涉及多个部门、多类机构及多元主体，当前的部门分工模式仍以“条线管理”为主，协作机制不健全，信息共享不足，服务重复建设与资源分散问题突出。在“文化＋教育”“文化＋旅游”“文化＋社区”等融合发展场景中，缺乏有效的统筹协调机制，跨部门联动常常流于形式，服务整合效应未能充分释放。与此同时，服务绩效评估机制仍以数量指标为主，忽视了群众参与度、满意度与文化获得感等主观性维度，无法全面反映服务质量与社会效应，影响制度优化的科学性与针对性①。

（五）数字鸿沟与技术依赖并存，影响服务普惠性

数字化转型虽为公共文化服务带来新机遇，但也暴露出“数字红利”向“数字壁垒”转变的风险。部分基层文化工作者缺乏数字技能，服务平台开发与运维能力不足，导致数字资源“建了不用”或“用而不精”；同时，老年人、农村居民、残障群体等在数字平台获取服务中存在能力障碍和技术壁垒，形成新的“文化排除区”。技术导向的服务创新若缺乏制度性调节与人文关怀，可能进一步加剧文化服务的不均衡与不可及。

二、公共文化服务体系建设路径选择

在进入高质量发展阶段的背景下，我国公共文化服务体系的建设路径已从单纯追求设施数量与服务覆盖率，逐步转向体系优化、结构协调、机制创新与质量提升的综合性路径。路径选择不仅关系到公共文化服务供给的制度基础与治理方式，更体现国家在实现文化权利、推动社会公平与增强文化软实力方面的战略导向。从当前理论发展、政策逻辑与实践经验来看，未来公共文化服务

① 李少惠．公共文化服务政策空传的生成及其消解——公众参与的视角［J］．山东大学学报（哲学社会科学版），2023（05）：48－59.

体系建设的路径应聚焦以下几个关键方向，形成系统集成、协同推进的建设格局。

（一）应坚持法治化导向，完善制度保障体系

制度供给是服务体系可持续运行的前提，必须以《中华人民共和国公共文化服务保障法》为核心，加快推动相关法律法规、行业标准与地方规章的配套落地，明确服务内容、职责分工、投入机制与监督程序①。通过制度刚性保障服务的连续性、覆盖性与公平性，强化制度执行力，使公共文化服务真正从“政策倡导”转向“权利实现”。

（二）应构建以需求为导向的精准供给机制

现代公共文化服务应超越“供给驱动”逻辑，转向“群众参与 + 数据支持 + 精准匹配”的复合型服务模式。应建立常态化的文化需求调查与用户反馈机制，依托数字平台动态掌握不同群体的文化偏好和服务盲点，推动服务从“千篇一律”向“千人千面”转变。针对不同年龄层、职业群体、生活方式的文化需求，应开发多样化、分层级的内容产品与参与方式，特别关注老年人、青少年、新业态从业者等重点群体，实现服务设计的差异化、精细化与适配化。

（三）应强化服务体系的协同治理能力

公共文化服务涉及多部门、多层级、多主体，必须推动治理结构由“部门分割”走向“协同共治”。应完善跨部门协同机制，建立文化、教育、民政、科技、旅游等部门之间的常态化联动机制，实现政策协同、资源共享与功能整合②。同时，要积极引导社会组织、企事业单位、社区组织与公众参与公共文化服务的规划、执行与监督，形成“政府引导—社会参与—公众共建”的多元治理格局。

（四）应以数字化转型为牵引，推动服务体系智能升级

数字技术为公共文化服务的再组织、再传播与再分配提供了前所未有的可

---

① 李国新．以法律的力量推动公共文化服务高质量发展［J］．图书馆建设，2021（02）：6－10.

② 李少惠，袁阁臣，王婷．公共文化服务政策层级协同的几点思考——基于中央—C市—N区政策文本分析［J］．理论探索，2023（02）：95－104.

能。应加快推进数字文化基础设施建设，提升数字图书馆、数字文化馆、云展览平台等公共平台的可达性与互动性。鼓励各级文化机构开发移动端、沉浸式、交互型文化产品，拓展“线上＋线下”“平台＋社区”的服务融合模式。同时，应注重弥合“数字鸿沟”，提升基层机构与弱势群体的数字接入与使用能力，防止技术带来的新的服务不平等①。

（五）应优化人才结构与能力体系，夯实服务支撑基础

高质量服务体系离不开高素质人才队伍。应健全公共文化人才培养、培训、流动与激励机制，提升从业人员在内容策划、数字技能、社会沟通与项目管理等方面的专业能力。鼓励高校与地方政府合作建立公共文化人才实训基地，推动人才向基层流动，通过“文化特派员”“挂职交流”“服务轮岗”等机制②，缓解人才地域分布不均与基层力量薄弱问题，增强体系的整体运行能力与基层响应能力。

（六）应建立科学的绩效评价与反馈机制，推动服务质量持续提升

服务成效不仅体现在覆盖面，更体现在群众的获得感与参与感上。应建立以服务成效、用户满意度、参与度为核心的多元绩效评价体系，强化数据监测、第三方评估与公众监督机制。通过闭环式的评估反馈机制，及时发现问题、调整策略、优化资源配置，使公共文化服务体系实现动态更新与持续改进。

综上所述，我国公共文化服务体系的建设路径必须以法治为基础、以需求为导向、以协同为方式、以数字为工具、以人才为支撑、以评估为闭环，在保障文化权利的同时，不断提升服务的精准性、响应性与可持续性。只有这样，才能真正实现公共文化服务体系从“广覆盖”走向“高质量”、从“设施主导”走向“人本治理”的战略转型。

本章参考文献：

［1］胡税根，李倩．我国公共文化服务政策发展研究［J］．华中师范大学学报（人文

---

①　李国新．“十四五”时期公共图书馆高质量发展思考［J］．图书馆论坛，2021，41（01）：12－17.

②　李阳，刘晓东，胡林，等．社会力量参与公共文化服务的实践探索与机制创新研究［J］．图书馆建设，2024（05）：41－50.

社会科学版），2015（02）：11.

［2］苏超．上海市公共文化服务供给模式研究［J］．图书馆学研究，2017（08）：7.

［3］马艳霞．公共文化服务供给模式研究综述［J］．图书情报工作，2013，57（23）：7.

［4］陈世香，张静静．基于“价值链－政策工具”框架的我国公共文化服务政策分析［J］．吉首大学学报（社会科学版），2021.

［5］王学琴，陈雅．国内外公共文化服务绩效评估比较研究［J］．情报资料工作，2014（06）：6.

［6］李少惠，尤佳．公共文化服务治理图景：理念、模式与运行机制［J］．图书馆建设，2025（01）：106－117.

［7］肖鹏．公共文化服务体系运转的理论框架、制度逻辑和健全路径［J］．中国图书馆学报，2024，50（05）：4－28.

［8］傅才武，张伟锋．基本公共文化服务均等化研究——模型构建与实证分析［J］．图书馆杂志，2018，37（08）：4－13.

［9］李少惠．公共文化服务政策空传的生成及其消解——公众参与的视角［J］．山东大学学报（哲学社会科学版），2023（05）：48－59.

［10］国新．以法律的力量推动公共文化服务高质量发展［J］．图书馆建设，2021（02）：6－10.

［11］李少惠，袁阁臣，王婷．公共文化服务政策层级协同的几点思考——基于中央—C市—N区政策文本分析［J］．理论探索，2023（02）：95－104.

［12］李国新．“十四五”时期公共图书馆高质量发展思考［J］．图书馆论坛，2021，41（01）：12－17.

［13］李阳，刘晓东，胡林，等．社会力量参与公共文化服务的实践探索与机制创新研究［J］．图书馆建设，2024（05）：41－50.

第八章　社会力量参与公共文化服务

我国公共文化服务供给模式以改革开放为界，可分为计划经济时期供给模式和转型期供给模式。在供给主体上经历了公共文化服务由单一政府供给逐渐向多元主体供给转变，在政府职能上经历了政府由“生产者”逐渐向“安排者”的转变。总的来说，公共文化服务供给模式的转变是顺应国家政治经济制度的发展、满足人民群众日益增长的精神文化需求的必然选择。

计划经济时期公共文化服务供给模式是实行高度集中的计划经济体制，文化体制也呈现自上而下的垂直领导格局，从中央延伸到地方。1949 年 9 月，中央设立了“政务院文化教育委员会”，负责对公共文化和教育等活动进行统筹管理。而在地方上，不再设立文化主管单位，只设立文化和教育厅（局）。1950 年，《关于设立、调整中央和地方国家机关及有关事项的通知》的颁布，结束了“政府院文化教育委员会”这一部门。该通知提出了设立专门的文化管理部门，明确了文化行政机构的具体职责，并将其列入政府机构序列，实现了文化和教育分离。此后，我国在中央设立了文化部，在省、市、县级单位设立文化厅（局），地方上文化厅（局）隶属于文化部。自此，我国从中央到地方逐层设立了文化主管行政机构，而文化部通过行政隶属关系管理全国文化工作。

改革开放后，我国在公共文化服务供给领域，厘清了政府与市场、政府主管部门与直属单位的关系。伴随着市场化改革的深入，市场也逐渐代替计划成为资源配置的主要方式。与之相对应，政府也逐步由公共文化服务的直接管理者转变为间接管理者。在此背景下，1978 年我国文化事业单位开始汲取国家经济体制改革经验实施改革，主要改革措施包括推行企业化管理、承包经营责任制等内容。这些改革，一方面缓解文化事业单位财务压力，另一方面提高了公共文化服务供给效率。与此同时，我国开始对文化事业单位实施“双轨制”改革，引导和鼓励文化事业单位通过市场经营增加资金来源、提升单位活力。随着政府一系列财税政策的支持和市场化经营，一部分文化事业单位实行了市场化改革。文化事业单位一系列改革提高了公共文化服务供给水平，同时也为引导社会力量参与公共文化服务供给提供了实践支持。2015 年，党的十八届三中全会审议通过的《关于加快构建现代公共文化服务体系的意见》指出："引入市场机制，激发各类社会主体参与公共文化服务的积极性，提供多样化的产品和服务，增强发展活力，积极培育和引导群众文化消费需求。"

公共文化服务的供给与需求日益凸显，而社会力量的参与成为推动公共文化事业发展的重要推动力量。本书将探讨社会力量参与公共文化服务的重要性以及可能的路径。首先，社会力量参与公共文化服务具有重要的意义。一方面，公共文化服务涉及广泛的领域，包括图书馆、博物馆、文化艺术表演等，覆盖面广泛。而社会力量的参与可以为这些服务提供更丰富的资源和更多样化的服务内容，丰富了公共文化的形式和内涵。另一方面，社会力量的参与可以促进公共文化服务的社会化和市场化，提高其服务水平和效率，更好地满足公众的文化需求。其次，实现社会力量参与公共文化服务需要探索适合的路径。一是政府引导下的多元合作。政府作为公共文化服务的主体，可以通过政策引导和资源整合，吸引社会各界的力量参与到公共文化服务中来，形成政府、企业、社会组织等多方共同参与的格局。二是市场机制下的激励约束。通过建立健全的市场机制和激励约束机制，引导市场主体参与公共文化服务，提高其服务质量和竞争力。三是社会组织的自主创新。鼓励社会组织积极创新公共文化服务的内容和形式，发挥其灵活性和创造力，为公众提供更具吸引力和价值的文化产品和服务。

第一节　社会力量参与公共文化服务概述

随着我国政府职能的转变与治理理论的拓展，公共文化服务经历了由"文化统治"到"文化管理"、再到"文化治理"的供给逻辑变迁。传统公共文化服务主要是由文化主管部门（官方）提供的，社会力量处于从属的、补充性的地位。经济迅速发展使人们对于公共文化服务呈现出需求内容快速增长与需求结构渐趋复杂并存的特点，在此情形之下，社会力量参与公共文化服务既耦合了文化治理理念要求多元参与的价值目标，又回应了保障与实现群众文化权益的现实需求。

2021 年 3 月，文化和旅游部、国家发展改革委、财政部发布《关于推动公共文化服务高质量发展的意见》（文旅公共发〔2021〕21 号），提出“进一步强化社会参与”要求，加大政府购买公共文化服务力度，引导社会资本积极参与建设文化项目。2024 年 7 月，党的二十届三中全会通过的《中共中央关于进一步全面深化改革、推进中国式现代化的决定》提出，完善公共文化服务体系，建立优质文化资源直达基层机制，健全社会力量参与公共文化服务机制，推进公共文化设施所有权和使用权分置改革。建设文化强国是全党全社会的共同任务，深化文化体制机制改革，既涉及各级党委和行政部门，又涵盖国有企业、文艺院团、新闻媒体等众多社会主体。确保改革始终沿着正确方向阔步前行，必须统筹多元主体，锚定建成文化强国战略目标，形成协同效应，发挥合力作用。一方面，要完善文化建设领导管理体制机制。通过改革完善文化领域组织机构和决策机制，明确各级党委担负的文化建设责任，加强文化管理干部队伍建设，不断提升党对文化建设的凝聚力和引领力。另一方面，要加强社会力量参与机制建设。通过设立多元参与平台，健全社会力量参与公共文化服务机制，鼓励并规范社会力量参与文化建设，促进文化治理多元化和民主化，凝聚起文化体制机制改革的强大合力。

一、社会力量参与公共文化服务的必要性

（一）有利于弥补政府经费投入的不足

我国公共文化服务供给的资金主要来源于中央与地方的财政拨款。尤其是分税制改革后，财政收入向中央集中，但是财政支出向地方政府倾斜，因此造成了地方政府财权和事权不对等的问题。虽然中央通过转移支付制度支持地方政府，但总体上地方政府财政压力依然很大。① 2011 年 2 月，文化部、财政部

① 安彦林．财政分权对政府公共文化服务供给水平与区域差异的影响研究［D］．济南：山东大学，2017.

联合发布了《关于推进全国美术馆、公共图书馆、文化馆（站）免费开放工作的意见》，指出要免费提供基本公共文化服务项目，提升服务质量。实施免费开放政策之后，公共文化服务部门不但少了以往赖以生存的门票收入，而且服务对象大幅增多，相关运营成本也不断增加。近年来，人民群众对公共文化需求日益增加，文化需求成为他们对美好生活向往的重要组成部分。在地方政府财政有限、基层公共文化服务发展滞后的情况下，来自社会力量的资金支持越发显得重要。

（二）有利于提高公共文化服务效能

我国实行的是政府单一管理的文化管理体制。政府既是公共文化市场的管理者，又是公共文化服务的生产者、提供者。这种高度集中的文化管理体制能够最大限度地集中力量规划和配置文化资源，但是也存在高度依赖政府财政、供给侧结构性矛盾突出、发展效率低下、公众参与不足等问题。随着公共文化事业的发展，我们越来越发现公共文化服务问题的解决只单纯依靠政府是难以实现的。我们需要用政府治理理念代替政府管理理念，从强调政府管控变为政策指引。政府应当通过制定政策和法规对社会组织和市场秩序进行规范化管理，实现政府主管部门、社会力量、公众的良性互动，充分调动各方面的积极性和创造性，提高公共文化服务效能。

公共文化服务供需不匹配，严重降低了公共文化服务效能，导致人民群众公共文化需求无法得到满足，同时也造成了大量资源浪费的现象。同时，这也将严重降低公共文化服务培育和促进文化消费的功能。因此，如何通过一系列体制机制的改善，以人民群众的文化需求为导向，形成“自下而上”的供给模式，丰富公共文化服务供给内容，有效对接群众文化需求，提高公共文化服务供需匹配度，是当前公共文化服务供给领域亟待解决的问题。

（三）有利于增强人民群众的民主意识

鼓励社会力量单独兴建或参与政府部门提供的公共文化服务是对公民社会公共事务参与权的保障。社会力量通过理事会、监事会等法人治理结构参与公共文化服务管理工作，可以更好地发出自己的声音、贡献自己的智慧、维护自己的权益。将社会力量纳入公共文化服务质量和水平的考核则有利于保障公民的监督权和评价权。公共文化服务的社会化有助于提升社会文化素质和公民意识。通过多样化的文化活动和服务，可以增强公民的文化自信和认同感，培养社会成员的良好文化习惯和道德观念，促进社会和谐稳定的发展。同时，通过开展文化教育和培训活动，还可以提升公民的文化素养和创新能力，为社会的进步和发展注入源源不断的动力。

总之，社会力量在公共文化服务体系中的引入是实现好、维护好、发展好人民群众基本文化权益的重要途径，有利于提高人民群众的民主意识和整个社会的民主水平。

二、社会力量参与公共文化服务的内涵

《中华人民共和国公共文化服务保障法》第二条规定："本法所称的公共文化服务，是指由政府主导、社会力量参与，以满足公民基本文化需求为主要目的而提供的公共文化设施、文化产品、文化活动以及其他相关服务。"这一界定明确了我国公共文化服务的责任主体是政府，社会力量是参与者。《中华人民共和国公共文化服务保障法》第十三条、第二十四条、第二十五条、第二十九条、第三十二条、第三十七条、第四十二条、第四十三条、第四十八条、第四十九条、第五十条、第五十二条、第五十三条、第五十四条等从政府支持、培育社会主体、鼓励志愿参与、财税政策方面为社会力量参与公共文化服务建设提供了法律依据。公共文化服务是政府公共服务的重要内容，但无论是中央、省级层面鼓励文化发展的政策引导，还是政府职能转变的时代趋势，抑或是当前政府部门相对低效的公共文化服务供给与人民群众日益多元的公共文化需求相脱节的现实矛盾，都为社会力量参与公共文化服务提供了可能。

（一）社会力量参与公共文化服务的概念

社会力量是指国家力量之外的其他力量的总和，即在政府部门、文化事业单位和国有企业之外的组织和个体的总和。组织类的社会力量包括企业、高校、非营利组织、群众文艺团体，个体类的社会力量即热衷于文化事业、志愿于公共文化服务工作的公民个人。对我国社会力量参与公共文化服务问题的认

识，首先需要厘清社会力量的主体。一般而言，社会力量的参与主体主要包括以下几种类型：第一类是营利性组织，包括公有制企业、私营企业、各种混合所有制企业；第二类是非营利组织，包括社会团体、民办非企业单位、科研机构、基金会、工会、合作协会、经营者协会等；第三类是志愿于公共文化服务工作的公民个体。

在我国，公共图书馆、文化馆（站）、博物馆或广播电视等公共文化设施构成公共文化服务网络。现有体制下，一般坚持一级政府建一级公共文化服务设施。政府作为建设主体始终在公共文化服务体系建设中处于主导地位。① 单靠政府建设运营公共文化服务设施，慢慢暴露一些弊端，如财政投入不足、分配不均等。近年来，随着加快现代公共文化服务体系建设、实现普遍均等服务建设目标的提出，公共文化服务体系建设提出“政府主导，社会力量参与”的建设理念，即在坚持政府主导、财政保障的前提下，进一步简政放权，引入市场力量和社会力量，依靠市场机制实现公共文化服务的生产与供给，激发社会力量参与公共文化服务的积极性。

社会力量具有以下特征：一是非政府性，社会力量不包括政府及事业单位等公共部门。二是合法性，社会力量应当符合有关部门登记条件。三是自治性，即社会力量应具有处理自身事务以及独立承担民事责任的能力。北京大学李国新教授指出，我国公共文化服务社会化的主要进展体现在政府购买公共文化服务、基层公共文化服务社会化管理运营、社会力量参与公共文化新空间建设运营和文化志愿服务四个方面。在高质量发展和社会化发展的双重要求下，发展基本公共文化服务、普惠性非基本公共文化服务、市场化文化服务需要划清几条界限：一是基本公共文化服务与普惠性非基本公共文化服务的界限。基本公共文化服务要做到内容无缺项、人群全覆盖、标准不攀高、财力有保障、服务可持续，非基本公共文化服务需要依据各地的经济社会发展水平研究划定。二是普惠性非基本公共文化服务与市场化文化服务的界限。公共文化服务并不能包揽所有的文化事业需求，从总体上来说不能冲击文化市场和文化产业。而在防止公共文化服务的完全政府路径依赖的同时，还要防止社会化发展成为政府事权“推责任”“甩包袱”的借口。

---

① 彭秋平．基于政策文本分析的我国社会力量参与公共文化服务路径研究［J］．图书馆学研究，2020（06）：25－32.

（二）社会力量参与公共文化服务的历程

从2003年文化体制试点改革提出“吸收社会资金参与”起，我国社会力量参与公共文化服务体系建设经历了三个阶段。①

阶段一：鼓励社会力量参与的初步探索（2003—2006年）。2003年文化体制改革政策中首次提出公益性文化事业可吸收社会资金参与。此后，农村文化建设、民营文艺表演团体等领域相继出台政策鼓励社会力量参与。由于公共文化服务体系本身尚未完全明确和完善其政策内涵和意义指向，因此这一阶段政策以调动参与积极性为主要内容、以税收优惠为单一的激励形式。

阶段二：鼓励社会力量参与的体系化（2007—2015年）。2007年出台的《关于加强公共文化服务体系建设的若干意见》作为公共文化服务体系建设的纲领性文件，在完善公共文化服务体系内涵和外延的同时，首次将坚持社会力量参与公共文化服务体系建设列为基本原则，确立了其政策地位。此后，国家陆续出台专门针对志愿服务制度、绩效评价机制、政府购买制度、捐赠制度等方面的政策文件，进一步明确社会力量参与的内容、方式、制度保障等，政策制度逐步系统化、体系化。

阶段三：鼓励社会力量参与的法治化（2016年至今）。2016年出台的《公共文化服务保障法》将社会力量参与公共文化服务体系建设上升至法律层面，并确立了“政府主导、社会力量参与”的公共文化服务建设方针，明确规定了社会力量参与的合法性，提出培育社会组织、鼓励多元参与机制，推进政府购买、规范文化志愿服务等法定动议，推动社会力量参与公共文化服务体系建设法治化。

三、社会力量参与公共文化服务的引导机制

当前我国社会力量参与公共文化服务体系建设尚处于初级阶段，因此需要政府有意识地引导。目前的引导机制主要有三种，即资金资助机制、项目合作机制和志愿服务机制。这三种机制分别从资金、项目、组织三个方面为社会力

---

① 陈庚，崔宛. 社会力量参与公共文化服务的实践、困境及因应策略［J］. 学习与实践，2017（11）：133-140.

量参与公共文化服务提供参与平台、方式与途径。

（一）资金资助机制

首先，资金资助机制为社会力量提供了参与的直接通道。通过设立各种文化基金、奖励基金等机制，吸引了更多企业、社会组织以及个人的参与。这些资金不仅可以用于文化项目的资助，还可以用于人才培养、文化创意产业的扶持等方面，从而全方位地促进了公共文化事业的发展。其次，资金资助机制激发了社会各界对文化事业的关注和热情。通过参与文化项目的资助和支持，社会各界不仅可以提升自身的社会形象和文化软实力，还可以为公众提供更加丰富多彩的文化产品和服务，满足不同群体的文化需求，促进文化的多样性和包容性发展。最后，资金资助机制促进了文化事业的可持续发展。通过建立长期稳定的资金支持机制，可以确保文化项目的持续运行和发展，为文化事业的长期发展打下坚实的基础。同时，还可以激励更多的社会力量积极参与文化建设，形成良性循环，推动公共文化事业不断向前发展。

（二）项目合作机制

以项目的形式引导社会力量在政府主导下积极开展公共文化服务是一种较好的地方实践形式。这一方面可以规范公共资金的使用和公共文化服务的范围；另一方面，能够实现社会力量与政府的有效合作，创新政社合作治理模式。目前该形式在郑州、开封、新乡、安阳、漯河等多个地市已经积极展开，以安阳市“321”公共文化共建项目为例，“3”是指政府、高校与社区的合作，“2”是指公共文化实践基地和公共文化培训基地的建设，“1”是指面向群众文化需求的公共文化服务。该项目旨在引入地方高校，如安阳师范学院、安阳工学院、安阳职业技术学院等，通过项目共建实现政府、高校、社区的三方合作，建构基于群众需求的公共文化服务平台，如社区公益课堂、社区公益舞台、弱势群体援助、文化干部学校、文体赛事活动等。通过项目合作，激发了社会力量的积极参与，实现了共生合作型的公共文化服务良性循环与发展。

（三）志愿服务机制

我国传统文化中蕴含的互帮、互助、互爱与现代公共精神的内在理念高度一致，志愿服务正是现代公共精神的具体表现。随着公民社会的不断发展，志愿服务精神正在作为一种时代潮流引领着公共精神的实践。地方政府充分挖掘这种公共精神，以志愿服务为引导机制，吸引了众多的公民个体和社会组织参与到公共文化服务中，尤其是有关志愿服务方面的政策制定与发布，进一步提高了志愿服务引导机制的地方自觉性，将其作为现代地方公共文化服务体系建设的一个主要工作机制。以政策为依据，以招募、培训、激励为激发机制，建立了区、街道办事处、社区三级文化志愿者服务网络，建立文化志愿者团队。

第二节　社会力量参与公共文化服务的模式

在我国积极推进现代公共文化服务体系，构建和鼓励社会力量参与公共文化服务建设的背景下，各地积极开展实践探索，初步形成了六种实践参与模式。

一、管理决策型参与模式

管理决策型参与是指个人依托理事会，通过资金筹措、行使集体决策权的参与模式。这种模式源于西方非营利机构的理事会制度，利用理事会来吸引社会知名人士参与机构决策和管理。近年来，我国文化馆、图书馆等公共文化机构试行理事会制度就属于这种参与模式。如深圳市福田文化馆建立了由多位专家和企业代表组成的理事会，负责场馆发展规划与战略实施以及监督评估等，集体行使对重大事项的议事权和决策权，实现理事会管理模式。

2017 年 8 月 31 日，文化和旅游部发布《关于深入推进公共文化机构法人治理结构改革的实施方案》（以下简称《实施方案》）通知，要求公共文化机构根据其功能定位，建立健全法人治理结构，吸收有关方面代表、专业人士和公众参与管理，落实法人自主权，形成多元治理结构，提升管理水平和服务效能。在《实施方案》出台后，各级政府制定相关政策，引导公共文化服务机构开展法人治理结构改革，推进管理决策优化。推进法人治理结构改革，首先要明确，理事会是公共文化机构的决策机构，为确保理事会成员的社会代表性，其成员需由政府有关部门、公共文化机构、服务对象和其他有关方面的代表构成，且本单位以外人员担任的理事占多数。理事会负责本单位的发展规划、财务预决算、重大业务、章程拟定和修订等决策事项，严格实行集体审议、独立表决、个人负责的决策制度，接受党组织的领导，接受政府监管和社会监督，理事会作出的决策由公共文化机构的管理层负责执行。具备条件的公共文化机构可单独设立监事会作为监督机构，或在理事会中明确若干名承担监督职能的兼职监事，监督理事会履行权责。此外，部分政策指出，具备条件的理事会可设立咨询或专业委员会，聘请该领域专业人士担任委员，对地区重大文化项目、重大决策进行事先调查、咨询论证和事后评估，实现决策专业化。

公共文化服务是指由政府或其他非营利机构提供的文化服务，旨在满足社会大众的文化需求，促进社会文化的繁荣发展。而要实现公共文化服务的良性发展，需要吸引社会各界的广泛参与，形成多元化的管理决策模式。一种参与模式是建立起多层次、多方参与的决策机制。在这种机制下，政府部门、非政府组织、文化机构、企业以及普通公民都可以参与到公共文化服务的管理决策中来。通过建立协商、磋商的平台，各方可以共同商讨和制定相关政策，确保决策的科学性和民主性。另一种模式是注重信息公开和透明度。在公共文化服务的管理决策过程中，及时公布相关信息，向社会公众开放决策的过程和原因，接受社会各界的监督和评价。这样做不仅可以增强决策的合法性和公信力，还能够激发社会各界的参与热情，共同推动公共文化服务事业的发展。此外，还可以通过激励机制来促进社会力量参与。政府可以通过设立奖励机制或者提供相应的补贴政策，鼓励社会各界积极参与到公共文化服务的管理决策中来。这样一来，可以更好地发挥社会各方的智慧和力量，推动公共文化服务事业的不断创新和发展。

典型案例：文化事业项目理事会制度

“文化事业项目理事会制度改革试点”是2014年深圳福田区委、区政府改革试点项目之一，选取福田区图书馆、非遗、书画、舞蹈、戏剧等主题文化馆全面铺开，成立由各艺术领域的专家学者、物业管理专业人士、文化市场运营行家、专业策展人士等组成的理事会，负责各场馆发展规划等。福田区成立区公共图书馆理事会，对全区公共图书馆实施公共文化机构法人治理结构理事会项目改革，逐渐形成了“理事会+总分馆”的治理模式。福田区文化馆总分馆理事会，是由福田区公共文体中心组建，旨在促进福田区公共文化服务高质量发展的议事决策咨询机构，共设理事12名，由政府部门代表、社会人士、行政执行人、员工代表等组成。福田区在全国首创区级文化决策性咨询机构“文化议事会”，推行街头艺人自治管理模式，打造公共文化数字服务平台。2020年12月24日，福田区文化馆总分馆理事会成立大会暨一届一次会议在深圳市福田区公共文体中心六楼会议室简朴而隆重举行。首届理事会成员和福田区公共文体中心领导班子成员出席会议。

二、政府购买型参与模式

政府向社会力量购买服务，即在市场机制作用下，把政府向社会公众提供的部分或全部公共服务事项，按照一定的方式和程序，交由具备条件的社会力量承担，并由政府根据服务数量和质量向其支付费用。① 政府购买型参与是指在承接项目和合同契约的基础上，由社会力量承担公共文化服务的生产与服务过程，再由政府通过招投标等形式购买以实现提供公共文化服务供给。

这一路径中，需要明确购买主客体、购买内容、购买机制、资金交付管理以及监督管理机制等各方面内容，各级政府根据实际情况制定相应的实施办法和指导意见。根据《国务院办公厅转发文化部等部门关于做好政府向社会力量购买公共文化服务工作意见的通知》，购买主体主要为承担提供公共文化与体育服务的各级行政机关以及具有行政职能的文化事业单位，将适合采取市场化方式提供、社会力量能够承担的公共文化服务，采取公开招标、邀请招标、竞争性谈判、竞争性磋商、单一来源等方式承办给承接主体。承接主体，即提供服务的社会力量需要具备提供公共文化服务能力并符合市场机制要求的相关条件，通过竞争择优的方式选择承接主体，要求其严格履行合同义务，按时完成

---

① 包锦阳．八组容易混淆的行政公文文种辨析［J］．档案学通讯，2009（03）：36－39．

服务项目任务。在这一合作过程中，要求购买主体结合政府出台的购买公共文化服务的指导性目录或具体购买目录，明确项目选定、信息发布、组织采购、项目监管、绩效评价为主要内容的规范化购买流程，以签订合同文件等形式规范双方权力与职责。另外，在合作过程中，需要保证资金运转机制及绩效管理机制，保障购买服务项目的顺利开展。

目前，我国政府向社会力量购买服务包含两种形式：一是政府购买部分产品和服务，如青岛市南区文化新闻出版局将具体的剧目生产工作交由民间剧团负责，通过社会化招标的形式按需购买演出剧目。二是政府把场馆或项目的运营整体外包，如北京市西城区文化委员会将宣阳驿站的整体经营管理权交由民营书店“第二书房”负责，政府通过购买阅读服务的方式实现对公众的免费开放。

典型案例：临平文化艺术长廊——市民身边的品质文化集聚区

2023 年，“临平文化艺术长廊：市民身边的品质文化集聚区”项目从全国 196 个申报案例中脱颖而出，成为全省唯一公共文化空间服务类高质量发展典型案例。杭州市临平区始终注重公共文化空间的打造，以创建省级公共文化服务现代化先行区为契机，打造城乡一体的“15 分钟品质文化生活圈”，让幸福在家门口唾手可得。漫步国家 3A 级景区艺尚小镇，国际一流的临平大剧院、国内领先的文化馆、时尚潮流先锋地国际秀场等一批“高大上”的公共文化建筑傲然挺立，构建起临平城市文化品质提升的新空间。临平文化艺术长廊采用专业化运营，提升公共文化空间的管理效能。引入第三方运营团队进行专业化运营，即使在疫情常态化防控下，圈内各场馆通过线上预约、一进一出，实现开放服务不停歇。聚合“家门口”文化服务资源，拓展社区文化活动阵地；定期公告服务开展情况，建立投诉渠道，完善反馈机制，接受社会监督。目前，群众对文化空间满意率均在 95% 以上。临平区抓住老城区有机更新的契机，在城市小区核心地块新建戏曲交流中心、图书馆、文化艺术交流中心、小舞台、活动广场等文化场馆，通过专业化运营管理，为建设有辨识度的“15 分钟品质文化生活圈”作出探索。

三、合资参股型参与模式

合资参股型参与是指社会组织或个人以参股的方式，投资政府兴建的文化设施或项目，以此实现融入式参与。在政府鼓励民间资本进入文化领域和推进文化金融合作的背景下，合资参股型参与模式日渐增多。如 CJ CGV 公司以合资参股的方式，联合政府性质的宁波文化广场投资发展公司共同成立宁波文化广场希杰影城，以股东身份参与场馆建设运营，共同承担影院的投资、建设、招商和市场运营。

公共文化机构与社会力量合建分馆：一方面，鼓励具备条件的学校、科研机构、企业等的图书馆或图书室、职工书屋、文化室等在自愿原则下经专业化改造成为公共文化服务体系分支；另一方面，鼓励社会力量结合自身的需求，在公共文化机构的支持下，提供场地、资金、人员等资源，新建并管理符合建设标准的新馆。无论是改造还是新建，前提条件均为在公共文化机构的专业指导下，引入社会力量和社会资本，共同打造符合建设规范和标准的公共文化服务空间，为用户提供无差别的专业文化服务。合建分馆专门政策较少，相关政策仅提及社会力量可以以合建分馆方式参与总分馆建设，而广州市则率先发布针对性政策，指导开展实际合作工作。

合建分馆成本高，选取的合作对象，其社会力量需要具备长期稳定性并且能够保证服务质量。分馆选址需综合考量分馆建设需求、服务人口情况、拟建馆地点场地设施设备条件，社会力量分馆需与街镇分馆建设工作协调配合，联合构筑基层图书馆服务体系。图书馆可主动向社会力量发起合作建馆邀请，社会力量也可主动申报合作建设分馆，经过考察评估后，双方签署合作协议，明确合作细节后，分馆按照相关标准和规范设计建设。原则上，合作双方中，图书馆负责提供图书、业务管理系统和专业业务指导，社会力量合作方负责提供场地设施、设备、人员等，承担图书馆的日常运营和管理责任，图书馆方则根据相关绩效评估机制，对社会力量方作出评估和考核。

典型案例：广东省中山市共享型总分馆服务体系

广东省中山市以共享为理念，将图书馆、文化馆总分馆建设作为推进公共文化服务机构体制改革的重要举措和创建第四批国家公共文化服务体系示范区的重要抓手，形成了以纵横结合、畅通体制内外资源为特点的模式，有效扩展了图书馆、文化馆的服务阵地和服务资源，推动优质服务向基层延伸。中山共享型图书馆、文化馆总分馆服务体系之横向，是指以市级场馆为总馆、社会力量参与建设的共享文化空间为分馆或服务点的横向社会力量结构，打破了体制内不同层级间、体制内与社会力量之间的资源隔阂，全面实现了公共文化资源共建共享的目标。通过横向结构，中山市联合社会力量拓展公共文化阵地，丰富公共文化服务供给，建成了一批主题化、特色化、共享化、多元化的公共文化空间。目前，中山市已建成以中山纪念图书馆为总馆，联合社会机构建设18家共享阅读空间为分馆，在机关、企事业单位、学习型组织设立的53家“图书馆之友”为服务点的横向型图书馆总分馆服务体系，同时建成了以中山市文化馆为总馆，依托社会机构主办的18个主题化、特色化文化休闲场馆建立的共享文化馆为分馆，联合企事业单位、社会组织发展设立的20多个“文化馆之友”为服务点的横向型文化馆总分馆服务体系。中山市对共享阅读空间和“图书馆之友”、共享文化馆和“文化馆之友”，按照分级分类的方式，从资金补助、服务开展等方面进行差异化管理。

四、自建共享型参与模式

自建共享型参与是指以政策优惠、补贴为支持，社会组织或个人自筹资金参与公共文化服务体系建设的模式。如深圳市福田区政府以政策补贴为激励方式，按总造价的30%给予补助，鼓励集体股份公司自筹资金建设文化设施。

自建是指由社会力量自主创建和管理公共文化服务资源的过程，共享则意味着这些资源可以被社会各界共同利用和享受。在这种模式下，社会各方可以通过捐赠、合作等形式共同参与公共文化服务的建设和运营，形成一个多元化、共享化的文化服务网络。这种模式可以充分调动社会各界的积极性和创造力，推动公共文化服务的创新和发展。通过共享资源，可以最大程度地满足不同群体的文化需求，实现资源的优化配置和利用。自建共享型参与模式可以促进文化产业的发展，推动文化产业与社会经济的融合发展。首先，政府应该提供政策支持和管理指导，为社会力量参与公共文化服务创造良好的环境和条件。其次，社会组织和企业可以发挥自身优势，积极参与公共文化服务的建设和运营。最后，广泛动员社会各界的力量，形成共建共享的良好氛围和合作机制。

典型案例：浙江朱炳仁铜雕艺术博物馆

浙江朱炳仁铜雕艺术博物馆位于浙江省杭州市上城区河坊街221号，是中国第一座铜雕大宅，被誉为“江南铜屋”。该博物馆由中国工艺美术大师朱炳仁及其子朱军岷共同打造，建筑面积近3000平方米，耗资150余吨铜料建造而成。博物馆整体风格以明清时期典型的江南民居风格呈现，回廊穿连，厅楼叠筑，铜光闪烁，古朴华贵。馆内陈设包括铜书画、铜壁画、熔铜艺术、铜建筑艺术和佛教文化等，展示了中国传统造型艺术中的绘画、雕塑、建筑和书法等元素的交融和合作。

作为国遗保护单位和浙江省文化产业示范基地企业的重要展示、交流基地，“朱炳仁·铜”借文旅融合的大好形势，打造特色文旅线路，积极参与国内外各类线上线下文化展览、展示及推广活动。在2020年上海“一带一路”国际艺术展上，朱炳仁熔铜艺术作品《地气》首次在国内以组合的形式亮相，它曾在“中国非遗·铜雕技艺”朱炳仁柏林展上展出，朱炳仁把自然万物的变化融入其间，形态各异，或诉说或祈盼，讲述一场从地里诞生，又回归土地的故事。作为浙江省第一批传统工艺振兴项目、杭州市第一批传统工艺振兴项目，“朱炳仁·铜”主动作为，充分发挥带动作用，使得传统工艺得以发展和延续。

五、资助捐赠型参与模式

社会捐赠，即社会力量通过捐赠资金、物资、冠名资助、免费服务等方式，自愿、无偿向公益性群众文化团体和公益性文化单位捐赠其合法财产、赞助相关费用，或协助完成、独立承担、合作承办相关公益性文化项目①，推动建立健全公开、透明的社会捐赠管理制度，或成立相关捐赠基金会等。

资助捐赠型参与是指社会组织或公民个人基于自身意愿以出资捐赠的形式参与公共文化服务建设的模式。目前，我国的公共文化服务建设资助捐赠主要存在两种形式：一是自发性捐赠，如企业、协会等组织或知名企业家、知名人士等对文化机构或文化服务的捐赠；二是政府引导的民间众筹捐赠，如岳阳临湘市、云溪区等地方政府在公共文化服务领域以以奖代补的政策优惠形式面向社会公众筹集捐赠资金，集中负责建设当地公共文化服务设施和项目。

社会力量的参与为公共文化服务提供了更多的资金来源。由于政府在文化事业方面的投入总是有限的，而文化事业又需要大量的资金支持，因此社会力量的资助和捐赠成为填补资金缺口的重要途径。许多企业通过设立文化基金、捐助文化项目等方式，为公共文化事业提供了可观的资金支持，推动了文化事业的发展。社会力量的参与丰富了公共文化服务的内容和形式。不同的社会组织、企业和个人在资助和捐赠文化项目时，往往会根据自身的特点和需求选择不同的项目和形式，这样就使得公共文化服务更加多样化和丰富化。例如，一些企业会资助举办音乐会、艺术展览等文化活动，而个人则可能资助图书馆建设、文化传承等项目，这些不同形式的资助和捐赠共同促进了公共文化服务的全面发展。社会力量的参与提升了公共文化服务的社会影响力和可持续发展能力。社会组织、企业和个人作为公共文化服务的资助者和捐赠者，往往会借助自身的影响力和资源优势，积极宣传和推广文化项目，吸引更多的人参与其中，从而扩大了文化服务的受众群体，提升了文化服务的社会影响力。同时，这种参与也促进了公共文化服务的可持续发展，使其能够更好地适应社会的发展需求，实现长期稳定发展。

典型案例：各界热心群众自发筹资捐款隆恩堂修缮工程

隆恩堂始建于大明成化十六年（1480 年），历经五百余载风雨，见证了无数历史变迁，是高安市文物保护单位。隆恩堂采用砖木结构，硬

① 深圳市宝安区人民政府．深圳市宝安区人民政府办公室关于印发《宝安区关于鼓励和支持社会力量参与公共文化服务的若干措施（试行）》的通知，2019－08－01.

山顶设计，三进三井，阔面三间相连，望先楼、隆恩堂、思親堂一气呵成，两侧庑廊巧妙相连。其进深二十丈，左右宽约六丈，高六丈有余，占地面积达900平方米，尽显伟岸雄姿。但岁月的侵蚀使得隆恩堂内部墙体斑驳，栋柱中空腐朽，柱梁倾斜，修缮工作迫在眉睫。

眼见着隆恩堂险情告急，担心古迹毁于一旦的龙城村各界群众，纷纷建议筹集捐款修缮。隆恩堂修缮理事会发出募捐倡议书后，众多青年企业家和各地群众积极响应，踊跃捐款。在隆恩堂修缮工程捐款仪式上，龙城村村民敖春辉率先捐款十万元，他表示："修缮隆恩堂是传承龙城文化根脉的务实之举，我们有责任也有义务保护好、传承好、利用好龙城的历史文化资源。"这次捐款活动不仅得到了国内各地群众的支持，还吸引了海外乡亲的积极参与，从数百元到成千上万元，汇成暖流，形成"文物保护，人人有责，个个出力"的良好氛围。理事会收到善款230余万元，工程资金得到了保障。

六、志愿服务型参与模式

志愿服务型参与是指由社会组织或公民按照意愿组成文化志愿者团体并以此形式参与公共文化服务建设。据《国务院关于公共文化服务体系建设工作情况的报告》(2015) 统计，截至2014年底我国登记的县级以上文化志愿服务组织机构有6337个，文化志愿者达91万人。成都市文化馆通过"万名志愿者"工程鼓励公民个人以文化志愿者形式参与公共文化服务。岳阳市政府出台《文化志愿服务促进办法》，建立"文化志愿者之家"网络平台，促进文化志愿者服务发展。

《公共文化服务保障法》第四十三条专门提出："国家倡导和鼓励公民、法人和其他组织参与文化志愿服务。"各级政府及有关单位支持和指导文化志愿活动的开展，吸纳社会力量参与公共文化志愿服务，并根据相关规定建立志愿者注册招募、服务记录、管理评价、教育培训和激励保障等服务机制，调动志愿者参与公共文化服务的积极性，提高其专业服务水平，保障志愿服务机制长期、有效运作。社会力量一般以个人或组织的形态参与文化志愿服务，个人志愿者以日常基础工作为主要内容，组织则以承办阅读推广服务为主要志愿服务。无论是个人还是组织形态，社会力量参与公共文化服务需形成志愿服务机制和品牌效应，以长期、有效开展文化志愿服务。

典型案例：北京市石景山区以文化志愿服务推动公共文化服务创新

近年来，北京市石景山区以国家公共文化服务体系示范区创新发展为契机，积极开展各类文化志愿服务活动，不断发展壮大文化志愿服务队伍，持续提升文化志愿服务水平，以基层文化志愿服务有力助推区域公共文化服务水平高质量发展，将文化送到居民家门口。

·鲁谷街道综合文化中心：小小志愿者成为文化传播新力量。鲁谷街道综合文化中心以“小手牵大手，共赏石景山文化之美”为主题，召集“小小讲解员”为公众讲解石景山文旅资源；发布“山与理想”全民阅读季——图书馆小小志愿者招募令，号召辖区少年儿童齐聚鲁谷街道图书分馆，进行图书管理培训、图书分享、小小“主理人”茶话会等活动。

·老山街道综合文化中心：“一老一小”助力街道文化志愿服务发展。老山街道综合文化中心志愿服务队以“一老一小”为主要抓手，积极开发文化志愿服务项目，主动服务社区治理，设立“小小图书管理员”“银龄图书管理员”“文化志愿服务岗”“文明宣传引导员”等岗位，协助开展图书整理、借书导引、活动期间文明宣传引导、活动场地布置等文化志愿服务。同时，以社区为阵地，通过小手牵大手，中心动员青少年志愿者带动家长一同参加社区文明引导等志愿服务活动。

·八角街道综合文化中心：深挖志愿者特长，打造文化志愿服务联盟。八角街道积极组建文化志愿服务联盟，打造八角文化志愿服务品牌，通过微信公众号、居民微信群、工作人员招募宣传等方式，打造社区熟人圈，组建文化志愿服务队伍。依托“志愿北京”平台，发掘辖区内的各类志愿者资源，打造新颖、丰富、有趣的文化志愿活动，如新春庙会文化志愿者项目、学雷锋志愿者项目、“落日音乐会”演出文化志愿者项目等，让志愿者们在乐趣中服务。活动的开展吸引了很多小志愿者的积极参与，也间接带动了家长一起参与到文化志愿服务中。

·金顶街街道综合文化中心：聚才汇智打造专业志愿服务“生力军”。为推动公共文化服务高质量发展，金顶街街道综合文化中心聚才汇智，以自愿参与和单位推荐的形式进行报名，以各级文化、教育、新闻界从业人员，专业文艺团体从业人员等为对象，招募热衷文化宣传工作的社会力量积极参与文化志愿服务。同时聘请宣传文化工作者、思想政治工作者为志愿者提供专题培训。

·苹果园街道综合文化中心：多元形式将志愿服务融入百姓日常。苹果园街道综合文化中心志愿服务队以多元的形式和丰富的内容，持续用爱心和行动诠释志愿精神的内涵，践行为人民服务的崇高宗旨。“北京中轴线”文化宣讲让大小志愿者们感受历史与文化的交织，传承中轴文化；养老院慰问演出则为老人们带来无尽的欢乐和温暖，培养志愿者尊老、爱老、敬老的良好品德；图书志愿活动不仅方便居民借阅，更成功营造了书香四溢的辖区氛围，将志愿服务融入百姓日常。

第三节　社会力量参与公共文化服务的挑战与对策

目前，社会力量参与公共文化服务处在探索阶段，虽在政策和具体实践中取得了一定成绩，但依然无法忽略发展过程中存在的“瓶颈”问题，如公共文化服务社会化专门性政策措施缺乏、文化类社会组织发育不完善、参与公共文化服务实践受限、项目运行缺乏过程监督和考核评价等。

一、社会力量参与公共文化服务面临的挑战

（一）社会化主体能力较弱，运营质量有待提升

党的十九届五中全会通过了《中共中央关于制定国民经济和社会发展第十四个五年规划和二〇三五年远景目标的建议》，对提升公共文化服务水平作出

明确要求。近年来，群众文化需求逐渐呈现多元化趋势，公共文化服务的发展正面临着从“有没有”到“好不好”的转型，这对公共文化服务供给主体专业化运营能力提出了更高的要求。而且随着科学技术的革新，公共文化服务社会化主体也应该在专业运营管理、创新场景设计、新技术应用等方面有突破性进展。

但从现阶段总体发展水平来看，不断增长的公共文化服务社会化投入并未能带来高质量的文化服务供给，当前中国公共文化服务的社会化主体面临着供给效能不足的问题。以北京市为例，2018 年，北京市、区两级文化部门用于购买公共文化服务的支出已达 5.2 亿元，比 2017 年增长了 67.8%。但实地调查显示，除美后肆时景山市民文化中心、角楼图书馆等小部分成果突出的运营项目外，大多数已经实现社会化运营的公共文化服务未能充分发挥社会力量的专业优势，服务质量、活动创新性、品牌化运营度、受众参与程度等仍有待提升。

究其原因，一是在当前的公共文化服务建设环境下，以企业为代表的民间资本投入公共文化服务的项目总量仍然十分有限，符合公共文化领域建设条件且有意愿的社会承接主体数量相对较少。二是大多数已承接公共文化运营的社会主体本身实力较弱，相关运营公司、社会组织多为新兴行业主体，发展时间较短，尚未积累起足够的行业资源和成熟的运营经验。三是当前的税收、补贴等优惠政策准入门槛较高，难以对较多的小企业的运营主体形成支持。

（二）公共文化社会化专门性政策措施缺乏

纵观中国现有的公共文化服务相关政策法规，在社会力量参与方面的举措大多是鼓励和引导性质，多数地方政府的政策法规制定过于笼统，缺少地域针对性。特别是中国当前在公共文化服务社会化运营的具体实施方面缺乏明确的、具备可操作性的制度标准，科学、有效的评估机制，以及审慎、适度的监管机制，这使社会力量难以充分享受政策优惠和保障。比如，国家层面出台的《中华人民共和国公共文化服务保障法》中强调“推动公共文化设施运营和管理的社会化”，以及地方出台的《北京市基层公共文化设施服务规范》第五十七条规定的“鼓励文化设施管理社会化和专业化，区县文化行政主管部门或文化服务机构可面向社会公开招标基本公共文化服务项目，实施政府采购服务，委托管理文化设施，提高服务专业化水平”，这些政策虽然都对公共文化服务的社会化运营给予高度重视，但并未指出社会化运营与传统运营方式之间的差异，缺乏更为明确、具体的方法论。此外，政策缺位使诸如在社会化运营的公共文化是否可以对除基本公共文化服务以外的个性化延伸服务进行适度的文创产品开发、设置差异化的收费项目，以及相关的收费标准如何、财务管理方式如何等问题频现，进而导致公共文化主体在实际运营过程中公益性与经营性边界不明晰、行业制度标准不明确等弊病。

（三）文化类社会组织发育不健全

文化类社会组织是文化治理体系中的第三部门，政府采购等是文化类社会组织市场化、专业化供给能力的重要依托力量。首先，社会组织发展较快，但专门提供公共文化服务类社会组织规模有限，多元化和专业化能力欠缺，还无法支撑当前对公共文化类社会化的需要。目前参与公共文化社会化运营的主体主要以文化或艺术类企业为主，从市场中筛选运营单位，专门培育的文化类社会组织不足。其次，当前社会力量参与公共文化服务的专业素质较弱，竞争意识不强，还处于过度依赖政府的阶段，依靠政府来指导或运营。最后，社会公众对社会组织的信任程度远不如政府，社会组织承担的运营需要政府部门的协调与辅助，仅凭社会文化组织难以形成组织化、规模化和体系化的公共文化服务。

（四）项目落地资金不足，可持续发展能力较弱

当前中国公共文化服务社会化的运营经费主要由政府部门拨款，资金来源单一，社会捐赠、基金会资助等多元化的筹资能力不足。比如，当前中国社会力量支持公共文化服务建设的捐赠激励机制、捐赠税收优惠政策并不规范，存在着政策奖励时效短、政策奖励权责不清等问题，尚未形成固定、统一的制度体系，使得众多企业仍然保持观望态度。此外，公共文化服务以社会效益为先，社会运营主体缺乏足够的营利手段来弥补运营成本，很难实现长久的可持续发展。

实际上，单纯依靠政府部门的现有拨款难以维持社会化运营的高质量建设。第一，资金不足的问题直接造成社会化主体在多方面压缩运营成本，迫使

运营方降低供给标准，导致服务质量下降。第二，资金不足也导致现阶段中国大多数公共文化服务激励机制的缺失，在超额、超质完成任务指标的情况下缺少附加利益，打击了运营团队的积极性。第三，运营单位现有薪资待遇难以吸引到高质量的专业化运营人才，制约了公共文化社会化主体内部的机制创新和服务提升。

（五）社会化项目运行缺乏过程监督和考核评价

首先，社会化项目运行监管过程有待完善。当前社会力量参与公共文化服务方式主要由政府部门与托管主体间签订购买合同，对社会化项目运作过程也主要依赖条款的约定，容易造成因社会化项目运行过程中缺乏监管而导致购买的服务无法保质保量地提供。例如，由政府购买的“送戏下乡”项目，合同规定了社会力量提供几次演出，对演出的效果、群众的反映缺乏相应的监督考核。其次，从监管主体上看，存在主体单一问题，依然过度依赖政府相关部门监督，对社会力量及公众监督利用不足，缺乏第三方评估机构进行评估验收，群众作为被服务对象的评价尚未引起相关文化主管部门的重视，评价结果对政策完善的影响并不是很理想。最后，考核评价不够专业化。社会力量供给文化设施的目的就是提高文化设施的专业化，如果由政府部门进行考核评价则容易出现“外行人”考核“内行人”的问题，可能出现考核结果与实际运行不符等情况。

二、社会力量参与公共文化服务的对策

公共文化服务社会化专业化实践虽然取得突出成效，但在实践过程中也出现了诸如制度规范缺乏、体制机制不足以及扶持培育较弱等问题，影响了社会力量参与公共文化服务的实际效果。为进一步提升社会力量参与公共文化服务的专业化，本书从以下几个方面提出政策建议。

（一）优化社会力量参与公共文化服务的顶层设计

制度是推进公共文化服务社会化专业化的重要保障。目前我国在公共文化社会化方面的政策法规还不健全，各省（市、区）处于社会力量参与公共文化

服务的积极探索阶段，仍未形成可复制、推广的完整经验。

1. 规范政府采购，进行运营指导

政府采购一般以《中华人民共和国政府采购法》为采购依据，但公共文化服务具有一定的特殊性，需要在公共文化领域对政府采购进行制度规范，出台相应的审查制度和合同管理等。除此之外，仍需加快对基本公共文化、普惠性非基本公共文化、限定的经营性服务等不同类型的公共文化服务运营进行规范和指导。

2. 建设标准化体系，优化运营管理

标准化体系建设能够引领和支撑公共文化的发展水平，而公共文化服务社会化标准体系的缺失可能会影响到公共文化服务的高质量发展。加快建设标准化体系，包括由准入标准、运营标准、志愿标准以及评估标准组成的公共文化服务社会化标准体系架构等内容。优化公共文化服务社会化运营管理，在标准体系构建的基础上，建设社会力量参与公共文化活动和服务的优质资源库，搭建起公共文化服务荣誉评比平台，建立积分管理制度，对社会组织进行星级评定等，为后续政府购买服务提供选择依据。

3. 创新合作模式，加大激励扶持

根据具有不同特点的服务类型和场所功能，定制公共文化服务的合作模式，能够提高合作的效率，降低政府采购的成本，让民众享受到更优质的服务。在合作的基础上，加大对社会力量的扶持激励，在已有项目补贴、定向资助、税收减免等扶持政策基础上，结合社会力量参与公共文化服务的具体需求，增加或补充更多的扶持激励措施，调动社会力量参与的主动性和积极性。

（二）加快社会力量参与公共文化服务的体制机制创新

社会力量参与公共文化服务是加快供给侧结构性改革的重要内容，也是服务侧改革的基本方向，因此在探索的过程中新的体制机制至关重要。

1. “供给侧+需求侧”治理改革

“十四五”时期，公共文化服务高质量发展应更加重视供给侧和需求侧的双向对接。供给侧方面，公共文化服务社会化专业化必不可少，充分发挥社会力量在公共文化领域的专业化水平至关重要，但供给侧改革要以需求侧为依据，公共文化领域内，需要精准识别公众对公共文化服务的需求，特别是当前阶段对公共文化高质量、多元化、便捷性等方面需求的提升。因此，公共文化服务社会化专业化提升需要积极推进“供给侧＋需求侧”的对接，最后实现对“服务侧”改革的根本目标。

2. “社会化＋专业化”机制协同

积极开展社会力量参与公共文化服务，虽然提高了公共文化服务的供给能力和水平，但鉴于当前缺乏对社会力量资质、运营、标准等各方面的规范，导致社会力量参与的专业化水平无法完全体现。因此，应全方位布局社会力量参与的体制机制，尤其在供给和运营机制上创新。例如，“菜单式”“订单式”服务模式，从项目招募、项目评审、项目点选、配送执行、评估评优等各个环节进行机制探索和创新，尤其重视各环节之间的机制对接，达到协同治理的目标。

3. “公益性＋智能化”平台优化

公共性、公益性属性，要求在公共文化供给中注重平衡采购价格和服务质量的关系。从专业化角度观察，公共文化服务的社会化供给确实提高了公共文化服务的质量和水平，但从政府治理的角度来看，政府应寻求以最低的成本达到最好的效果为目标。政府应积极倡导公共文化服务的公共性与公益性价值，尤其是对社会力量而言，参与公共文化服务供给能够提升社会认识和认同，提高社会力量的社会声誉。同时构建智能化参与平台，包括政府采购、运行与社会力量参与间的沟通平台，智能化监控平台等，帮助托管双方实时交流和对接，提高合作效率。

（三）鼓励社会力量参与公共文化服务，加强社会力量管理

社会力量参与公共文化服务，供给质量的保证需要加强对社会力量运营的管理，可以从社会力量的准入、退出，监督考核及宣传推广几个角度加强对社会力量的管理。

1. 放宽准入门槛，提高违规成本

从培育社会力量的目的出发，放宽社会力量参与公共文化服务的准入门槛，吸引社会力量广泛参与到公共文化服务的供给中来。“宽进”的条件是“严管”。放宽准入可以提高政府采购的可选择范围，严格的管理制度或程序能够保证社会力量供给的水平。此外，设置高违规成本，对不履行采购合同、不

按程序、服务质量不达标的社会力量进行严格的惩罚，防止社会力量行为的失范。

2. 强化过程监督，健全评价考核

一方面，托管单位应重视对公共文化服务社会供给过程的监督，包括运营资金的审批与监管、收费项目的标准与价格、设施的具体用途等，加强对社会供给公共文化服务的过程监督，保障社会化运营的通畅，对项目的实施范围、标准、程序等进行明确，以便更好地开展项目事前、事中、事后监管。另一方面，当前公共文化社会化专业化考核主要以政府牵头组织团队进行考核，但社会参与的专业化程度较高，仅凭借政府内部资源难以精准识别设施供给的质量，因此需要引进第三方绩效评估，这样才能保证以专业的视角对专业的服务进行打分，形成评估结果的转化，同时也能够为后续的政府采购提供科学的依据。

3. 加强试点推广，推广优秀案例

目前公共文化服务社会化专业化处于实践探索阶段，在实践过程中各区也形成了公共文化服务的托管模式、合作运营模式、自营模式、志愿参与模式等，可以在试点的基础上筛选出社会力量供给公共文化服务的优秀案例，打造社会力量参与公共文化服务的专业化样板案例，并进行推广。

本章参考文献：

[1] 韦景竹，王杉，张桐瑞．社会力量参与公共文化服务机制研究：来自珠三角地区的实证证据［J］．图书馆学研究，2025（01）：27-36.

[2] 李阳，刘晓东，胡林，等．社会力量参与公共文化服务的实践探索与机制创新研究［J］．图书馆建设，2024（05）：41-50.

[3] 郭嘉．中国公共文化服务社会化：现实困境与破解路径［J］．河北大学学报（哲学社会科学版），2022，47（02）：118-125.

[4] 刘晓东．打造公共文化服务创新实践的示范样板——国家公共文化服务体系示范区创建的成效、经验与创新意义［J］．图书馆论坛，2021，41（07）：18-24.

[5] 李少惠，崔吉磊．政府与社会力量在公共文化服务供给中的互动机理研究——以Z市“乡村舞台”建设为例［J］．图书与情报，2021（02）：99-107.

[6] 黄梦航．农村公共文化服务体系建设中社会力量参与的路径问题——以湖北D市文化礼堂建设为中心的考察［J］．福建论坛（人文社会科学版），2018（04）：73-81.

[7] 陈庚，崔宛．社会力量参与公共文化服务的实践、困境及因应策略［J］．学习与

实践，2017（11）：133－140.

［8］陈艳．社会力量参与公共文化服务供给研究——以佛山市智能图书馆建设为例［J］．新世纪图书馆，2017（05）：17－20.

［9］吴理财，贾晓芬，刘磊．以文化治理理念引导社会力量参与公共文化服务［J］．江西师范大学学报（哲学社会科学版），2015，48（06）：85－91.

［10］杨松．积极探索和不断完善公共文化服务领域政府与社会资本合作模式（PPP模式）——关于社会力量参与公共文化（图书馆）服务专题访谈［J］．图书馆杂志，2015，34（11）：9－11.

第九章　社区文化管理

第一节　社区文化与社区文化管理

一、社区

“社区”原来是社会学的基本概念，目前已成为主流的政策话语和家喻户晓的日常话语。一般认为，“社区”概念出自德国学者滕尼斯1887年的社会学名著——*Community and Society*，20世纪30年代我国社会学者将其翻译为《社区与社会》。滕尼斯对人类结合形式做出“共同体”和“社会”的抽象二元划分法，共同体的本质是指由“本质（自然）意志”（表现为本能、习惯和记忆）推动的，以统一和团结为特征的社会联系和组织方式，它以血缘（家庭）、地缘（村庄）和精神共同体（友谊或信仰团体）为基本形式①。滕尼斯在提出“社区”这一概念时，强调的是社会共同体、团体，并没有强调其地域性。帕克在1936年发表《人类生态学》一文，强调了“社区”概念中“地域、一定数量人口和互动性关系网络”这三个要素，并基于此发展起来人文区位学理论。“社区”一词于20世纪30年代进入中国，费孝通等燕京大学社会学系部分学生首次将英文的“community”译为“社区”。社会学、政治学、经济学分别从地域、人口、利益关联性、行政区划的独立自治性、公共产品消费单元等要素框架下来对“社区”进行界定。费孝通把社区概念表述为“社区是若干社会群体或社会组织聚集在某一地域里形成的一个在生活上相互关联的大集体”。

① 肖林.“‘社区’研究”与“社区研究”——近年来我国城市社区研究述评［J］.社会学研究，2011（04）.

黎熙元、何肇发认为，“社区就是区域性社会，换言之，社区就是人们凭感官能感觉到的具体化了的社会”①。

从本体论来看，一般将社区看作一个有共同特质和归属感，并且形成社会联系和进行社会互动的共同体。注重共同的文化与价值，不仅包括血缘、地缘和业缘关系，还包括超越社区地域的某些共同体，如信息时代的网络交往共同体等，是相对于传统社区的“陌生人社会”，而不过分强调地域的界定。有的学者指出，在很大程度上社区已成为街道办事处（乡镇）以及居委会（村委会）这些基层管理机构的代名词。而实际上政府部门关心的社区是区域性“社区建设”的结果和成就。民政部文件曾指出，“社区是指居住在一定地域范围内的人们所组成的社会生活共同体”。学界对社区概念界定陷入迷思，而理论与政府部门实践之间的张力，推动着社区研究的螺旋式上升。本章将“社区”界定为：在一定地域范围内，人们基于共同的利益和需求、密切的交往而形成的具有较强认同的社会生活共同体。

二、社区文化

文化是社会的黏合剂，也是社区认同的基础。文化不仅赋予个人生存和生活以一定的价值和意义，引导人们的思考和行动，也为社区提供共同的认知和精神纽带，赋予社区以独有的内涵、品格和品位②。最早明确给“文化”定义的是英国人类学家爱德华·泰勒。他在《原始文化》一书中指出：“文化是一个复杂的整体，包含知识、信仰、艺术、道德、法律、习俗以及作为社会成员的个人而获得的任何能力和习惯。”③ 格尔茨从符号学的角度，把“文化”定义为“一些由人自己编织的意义之网”，他因此主张“对文化的分析不是一种需求规律的实验科学，而是一种探究意义的解释科学”④。

中国著名社会学家吴文藻把文化分为四个方面：第一，物质文化，是顺应物质环境的结果；第二，象征文化，或称“语言文字”，是表示动作或传递思

① 黎熙元，何肇发．现代社区概论［M］．广州：中山大学出版社，1998：12－13.
② 项继权等．中国农村社区建设研究［M］．北京：经济科学出版社，2016：245－247.
③［英］爱德华·泰勒．原始文化［M］．连数声译．上海：上海文艺出版社，1992：1.
④［美］克利福德·舒尔茨．文化的解释［M］．韩莉译．南京：译林出版社，1999：5.

想的媒介；第三，社会文化，亦简称“社会组织”，其作用在于调试人与人之间的关系，乃应付社会环境的结果；第四，精神文化，有时仅称为“宗教”，其实还有美术、科学、哲学也须包含在内，因为他们同是应付精神环境的产品。精神的文化是文化的结晶，是与各个特殊的文化系统相别的枢纽①。费孝通先生在《文化下乡》中把抽象文化概念带入具象社会场域，指出“文化是依赖象征体系和个人记忆而维持着的社会共同经验。人不能离开社会生活，就不能不学习文化。文化得靠记忆，不能靠本能，所以人在记忆力上不能不力求发展。我们不但要在个人的今昔之间筑通桥梁，而且在社会的世代之间也得筑通桥梁，不然就没了文化，也没有了我们现在所享受的生活”②。

把文化带入社区场域进行分析，在费孝通先生的“文化自觉”反思中也可以窥见踪迹。在回应文化是否有边界的问题时，他反思，当下世界若干主要文化正处于大规模的接触、冲突、转嫁，一直到融合的过程中，是否应当引入“场”这个概念来认识这个过程。西方欧美国家出现了一种把文化和国家制度挂钩的倾向。把国家的领土概念引申到文化领域中来，把不同文化划出界线，以强调文化冲突论。如果把边界的概念改成“场”的概念，也许可以纠正这个倾向。“场”就是由中心向四周扩大，一层层逐渐淡化的波浪，层层之间只有差别没有界线，而且不同中心扩散的文化场在同一空间互相重叠。人在感受上可以有不同的生活方式，不同的规范，可以自主地选择③。从文化自觉“场”的视角来理解，社区文化其实是指社区场域内一套处境化的经验以及论证该套经验合理性的话语和相应的维护机制，即社区居民在长期的共同生活与交往中创造形成的具有鲜明地域特色的生活方式、行为模式和价值观念的总和。

社区文化的内在特性包括四个维度。第一，社区文化是一种在地性文化，在地性具有本地性、地方性和区域性等多种意涵。也就是说，社区文化是社区本地人所共享的文化，也是一种“地方性知识”。第二，社区文化具有特定的文化适应性。社区文化只适应那个社区的社会生活需要，与该社区特定的物质条件与生产方式相统一。第三，社区文化跟社区居民的日常生活相关联，一方面，个体的行动受制于该文化；另一方面，个体在某种成俗上实际地影响着该

---

① 吴文藻．人类学社会学研究文集［M］．北京：民族出版社，1990：146.

② 费孝通．乡土中国 乡土重建［M］．北京：生活·读书·新知 三联书店，2021：20－21.

③ 费孝通．孔林片思 论文化自觉［M］．生活·读书·新知 三联书店，2021：37－38.

社区文化。例如，一些社区中的居民多是从事艺术工作者，那么这一社区的艺术氛围相对浓厚。如果某社区的居民以本地居民居多，则传统习俗积淀厚，民俗文化活动参与多，气氛热烈①。第四，社区文化是一套呈现差序格局的经验体系：环境设施是其物质外表，行为和生活是其动态体现，组织制度是依托和保证，精神文化则是灵魂。

三、社区文化特征

（一）地域性

社区文化形成于特定的社区，必然带有浓厚的地域特色。社区文化的产生是地理环境、生产方式、社会制度、意识形态和风俗习惯等因素相互作用的结果，其发展带有本社区特有的印记②。随着这种地域性社区文化的长期发展和积淀，其地域性的特点更为明显。我们可以根据一个人带有的文化特点，来推断其生活的社区文化环境。社区的文化传统越悠久，文化积累越深厚，其社区文化的地域性特征就越鲜明、越独特。这种地域性特征通常通过社区居民的日常文化艺术活动表现出来，同时在每个社区居民的生活习惯及言行特点中也可以窥见一斑。例如，山东泰安的泰山文化，其浓郁的地方特色是我国其他地区无法具备的；秦腔作为一种地方文化，它的一大特点是所谓的唱、念全都是以陕西关中方言为基础的，同时也融入了我国汉唐时期的一些诗、词、曲的语言，这些语言特点与音乐特点相融合，共同形成了秦腔艺术独特的声腔风格，即语调高亢激昂、语音生硬、语气硬朗结实等风格。西湖绸伞从诞生之初就融入了杭州的地域文化，它是传统工艺在岁月长河中不断演变的结晶，宛如一颗历经打磨的明珠，散发着独特的光芒。

（二）群众性

社区文化是在社区群众的相互交往和相互作用过程中形成的，是所有社区群众共同创造的产物。群众对社区文化的积极、广泛参与，是社区文化的一个

---

① 唐濛，龙长征．浙江城市社区文化建设研究［M］．杭州：浙江大学出版社，2013：24.

② 孙萍．文化管理学（第3版）［M］．北京：中国人民大学出版社，2015：228.

显著特点。尽管社区每一位个体都对社区文化产生一定的影响，但都不能代表社区居民群体的文化。社区文化作为社区居民的普通文化，只有群众参与的文化活动才能构成社区文化的主流。每一位社区居民无论其地位高低、工作状况如何，仅仅是社区中普通的一员。社区文化并不是特殊社区成员个体的文化，而是群体作用的结果。比如，福建土楼，每个土楼可以容纳几个家族或几十个家庭，相互之间密切联系，共同生活和分享资源。土楼遗产构成要素不仅有土楼建筑本身及其营造工艺，还应包括遗产地传统村落环境、农业景观、自然环境风水格局等环境要素，以及遗产地居民“聚族而居”的生活方式及理念、民俗文化和精神信仰，以及传统农业手工业生产方式等非物质要素。为激发群众参与社区公共文化的积极性，杭州知行社区全面加强文化阵地建设，打造书香社区、老年学堂、米粒图书室、知己社会工作室等一批惠民阵地，开展民俗邻里节、“启航计划”、晓春读书节等活动，充分敞开社区公共文化服务圈，将社区文化阵地衔接到居民日常生活、融入社区生活场景中，构建“嵌入式”文化设施体系，让群众愿意走进来，共享文化生活并乐在其中。

（三）多样性

由于在文化的服务对象、目的和设施等方面的差异，社区文化体现在文化的形态、体制和运行方式上便具有一定的多样性。社区文化不仅将娱乐、教育、审美等作用融为一体，表现出强烈的时代感和鲜明的地域特色，同时，社区居民还可以根据自己的意愿选择文化生活的形式和内容，从而使社区居民在活泼、健康的文化氛围中满足自己的文化需求①。社区居民的构成越来越呈现出多元化的趋势，有来自农村进城务工的农民，有来自外地迁户的居民，亦有土生土长的本地居民大众等；职业属性、文化需求、文化基础设施、组织机构、人员架构、风俗习惯、历史渊源、文化形式与内容、文化建设方式、文化管理机制等因素，构成了文化领域多元性内涵②。此外，为了满足不同居民群众的不同需求，社区负责人也开展了形式丰富、内涵深远的文化活动，多样性的文化推广是势在必行的。

---

① 孙萍．文化管理学（第3版）[M]．北京：中国人民大学出版社，2015：229.

② 李子田．城市社区文化建设存在的问题及对策研究——以湘潭市为例．湘潭大学硕士学位论文，2016：11.

（四）交融性

社区是一个全方位开放的场所，因此在社区文化中，无论是本土文化与外来文化、传统文化与现代文化，还是高雅文化与通俗文化、公益文化与消费文化等，都必将在这里存在，并随着社区文化发展而不断融合①。社区文化的交融性主要体现在以下两个方面：一是社区内部主流文化与各种非主流文化间的相互融合；二是不同社区之间由于文化传播和文化接触后所产生的文化转换。一般而言，在一个开放度较大的社会中，某一社区与其他社区间会出现频繁的文化接触和信息交流现象。接触和交流的结果既可以使文化相互融合，又可以使文化相互碰撞。文化的融合会造成异质文化间的彼此渗透，从而改变文化的旧有形态，创造出新的文化体系。原有本土社区文化与外来文化、传统文化与现代文化、高雅文化与通俗文化等无时无刻不在相互发生碰撞、融合，最终形成一种新的社区文化。它既保留原有社区文化的特点，又带有外来文化的色彩，成为一种复合型的文化系统。例如，萧山新街街道文化走亲活动，文艺爱好者们大多来自街道各村社和单位，因为热爱文艺表演，自发加入三团三社，利用业余时间排演节目，把对文艺的热爱融入一个个精彩的节目。通过文化走亲，大家获得了难得的学习和锻炼机会，也促进了两地的文化交流。

四、社区文化管理

在社区文化管理视域下，社区文化既是社区管理的对象也是社区管理的工具。因此，社区文化管理的内在逻辑便是在推进以“公共性”为基础的社区文化建设的同时，凭借文化政治场域的隐性权力，不断开展个体规训和群体认同强化，进而凝聚社区共识，增进社区团结，培育社区共同体要素成长，重建社区共同体②。社区文化管理隐含着国家统合社会的目的，由政府主导的社区文化管理不仅是为了更好地满足社区群众的文化需求，实现社区公共文化利益最大化；同时也是为了夯实国家政权合法性的社会基础，发挥文化整合社会的功

---

① 孙萍．文化管理学（第3版）［M］．北京：中国人民大学出版社，2015：229－230.

② 李山．社区文化管理的理论逻辑与行动路径［M］．北京：高等教育出版社，2017：5.

能，把社区建设得既充满活力又和谐、有序①。

本书对社区文化管理的界定是：社区多元化主体整合社区文化资源，以公开讨论、平等协商、沟通谈判及妥协互让等多样化的方式，反映公共文化利益诉求，实现公共文化资源分配等，实现强化社区文化功能、增强社区文化活力、培育居民对社区的归属感的效果。社区文化管理包括四个方面的内容。第一，社区文化管理主体的多元化。尽管政府在社区文化管理过程中依然会发挥决定性的作用，但是政府不是社区文化管理的唯一主体。在政府之外，还有其他文化管理主体。包括街道办事处、社区中的党组织、居民委员会、中介组织、非营利组织、业主委员会以及社区居民等多元化的主体，通过同政府机构，以及彼此之间建立起多种多样的协作关系。第二，社区文化管理内容的扩充化。社区文化管理的内容可以概括为文化秩序与文化服务两个维度。文化秩序层面涉及社区内的行政管理、社区权力结构、15 分钟品质文化生活圈等；服务层面涉及社区公共文化服务基础设施架构、公共文化服务机制完善以及公共文化服务队伍建设等。第三，社区文化管理方式的多样化。社区文化管理的方式逐步实现“去行政化”，通过公开讨论、平等协商、沟通谈判以及妥协退让等多样化的方式吸引社区居民参与到社区文化管理过程中来。第四，社区文化管理绩效的可测评化。社区文化管理所达到的效果，社区文化管理的愿景目标，包括社区文化功能的强化、社区文化活力的激发、社区居民公共文化权益的实现、对社区文化认同等，可以用公平、效率、回应性等指标进行绩效测评。

第二节　社区文化管理的类型、功能与方式

一、社区文化管理类型

社区文化管理不可能离开一定的形态而存在，这种形态既可以是物质的、精神的，也可以是物质与精神的结合。具体来说，社区文化管理包括社区环境文化管理、社区制度文化管理和社区精神文化管理三种类型。

---

① 马洪亮．社区文化管理视域下的城市书房内涵式发展研究［J］．图书馆，2024（3）．

（一）社区环境文化管理

社区环境是社区文化管理的第一个层面。它是由社区成员共同创造、维护的自然环境与人文环境的结合，是社区精神物质化、对象化的具体体现。它主要包括社区容貌、休闲娱乐环境、文化设施、生活环境等。通过社区环境管理，可以感知社区成员理想、价值观、精神面貌等外在形象。如残疾人无障碍通道设施可以充分体现社区关怀、尊重生命、以人为本的社区理念。当然，怡人的绿化园林、舒心的休闲布局、写意的小品园艺等都可以营造出理想的环境文化氛围。例如，浙江省杭州市和睦新村位于杭州市拱墅区和睦街道，建于20世纪80年代，总建筑面积约20万平方米，共有居民楼54幢，老年人口占比约30%。和睦新村改造前基础设施简陋，居住环境杂乱，配套功能与设施缺失，适老化设施不足、绿化杂乱、立面陈旧等问题较为突出，是典型的“老破旧”小区。通过社区环境文化管理，项目适老化改造取得显著成效，包括以下两个方面：一是住房适老化改造，推动旧楼加装电梯，每幢楼的楼梯转角处、人行道中间安装休息椅，并打造居家适老化改造样板间，推进适老化改造空间由公共场所向家内环境延伸；二是社区环境适老化改造，改造提升总面积为1万多平方米的口袋公园和阳光客厅、阳光餐厅、微型养老院等适老化服务设施，构建5分钟适老化服务圈，满足老年人日常生活、休闲娱乐、日间照料、康复护理等多元化多层次的需求。

（二）社区制度文化管理

制度文化是社区成员在生活、娱乐、交往、学习等活动过程中形成的，与社区精神、社区价值观、社区理想等相适应的规章制度、组织机构等。它们对保障社区文化持久、健康地开展具有一定的约束力和控制力。制度文化可以粗略地分为两大类：一类是物业管理企业的各种规章制度，另一类是社区的公共制度。企业的规章制度和社区的公共制度都可以反映出社区价值观、社区道德准则、生活准则等。如奖罚分明可以体现出社区的严谨风格，规劝有加可以体现出社区的人性感悟，条分缕析可以反映出社区的细腻规矩等。为保障社区文化活动深入、持久地开展下去，现在很多小区物业管理部门都成立了专门社区文化部，负责社区文化活动建设工作。例如，上海市闵行区古美路街道红色物业实践探索社区制度文化管理。强化基层党组织的领导、引领作用，落实社区大党委制，建立健全“1＋7＋X”联席会议制度。推动物业企业规范服务，着重推进物业服务规范化、可视化建设，及时、有效处置“物业服务直通车”案件。促进业委会规范运作，着重建立工作约束机制。建立业委会任前谈话、诚信承诺制度，建立业委会重大事项事前报备制度，建立业委会信息公开公示制度，建立业委会定期通报、述职制度。

（三）社区精神文化管理

精神文化是社区文化的核心，是社区独具特征的意识形态和文化观念，包括社区精神、社区道德、价值观念、社区理想、行为准则等。这是社区成员价值观、道德观生成的主要途径。环境文化、制度文化都属于精神文化的外在体现。特别是将那些指向性强烈、精神性突出的活动等也算作精神文化建设的范畴，如社区升旗仪式、评选文明户、学雷锋演讲等。如杭州市钱塘区湾南社区始终坚持党建引领，深耕“一老一小”特色服务品牌，充分挖掘现有文化资源优势，将强化基层党建与丰富社区文化建设紧密结合，以“党建＋文化融合”“养老＋文化服务”“育小＋文化育人”为方向，着力推进文化繁荣和全民精神富有，推动辖区居民“精神文化共富”。湾南社区户籍老龄人口共有600多人，占社区总人口约26%，其中大部分都是“沙地围垦”的亲历者。为深化推进农村型社区文化特色，持续推进“沙地围垦文化”与城市文化有机融合，湾南社区以党委班子为核心，以党建引领打造“四心两园”服务阵地，建成一个围垦文化老物件展示区域、两个喜马拉雅有声图书馆（城市书房）、四个居民服务中心，积极融入钱塘区“15分钟品质文化生活圈”建设。同时借助辖区社会力量，整合现有资源，提升社区功能、服务、生态和文化品质，加快构建“文化＋”融合发展新格局。

二、社区文化管理功能

社区文化建设越来越为社会、社区成员及物业管理企业所重视，因为社区文化有其特殊功能，这种特殊功能主要可概括为约束功能、凝聚功能与激励功能。

（一）约束功能

“现代制度的主要作用就是以规则约束下的行为替代个人自发的行为。通过规范参与者、政策问题、解决方案的选择机会，有助于减少因开放结构和垃圾桶过程而导致的不确定性。”① 规则有效约束的关键在于程序规则具有引导与规制效应，为参与者的意见表达与观点探讨提供了良好的互动机制，从而在很大程度上避免了跑题、争吵甚至相互攻讦，使主体间有效达成平等对话、达成同意。社区文化管理对社区成员的思想、心理和行为具有约束和规范的作用，主要表现在社区文化中的制度文化管理上。为了加强对社区文化工作的管理，必须建立和健全各项规章制度。通过营造社区特有的文化氛围，制定行为规范和行为准则来维持社区秩序，调整人与人之间的社会关系，使社区居民懂得哪些事该做，哪些事不该做，产生一种自我约束作用，从正面保证社区文化健康、稳定地发展。

（二）凝聚功能

社会凝聚力的整合纽带在追求共同目标中巩固了该群体，群体凝聚力促进了关于规范标准的共识发展及这些共享规范的有效实施，因为伙伴关系的整合纽带加强了群体的非正式制裁（比如谴责和排斥）对每个个体成员的意义，群体凝聚力既是社会支持也是规范性控制的一个主要来源②。社区文化管理的过程中，通过增长、集约方式，扩展文化展示空间与集中娱乐空间，建立在文化相连的基础之上。一定地域内人们情感相通、习俗相同、信仰相继、价值相似以及行为方式大体一致③。社区成员在共同目标、利益和信念的基础上，通过共建机制，使社区各种力量相互作用、相互吸引，从而形成一种特有的集聚、凝结的社区合力和整体效应。社区文化犹如黏合剂，把社区内的成员“黏合”在一起。社区通过多种文化活动吸引居民参与，使他们从生疏到认识，从认识

---

① 詹姆斯·G. 马奇，约翰·P. 奥尔森．重新发现制度——政治的组织基础［M］．张伟译．北京：生活·读书·新知 三联书店，2011：23.

② 彼得·M. 布劳．社会生活中的交换与权力［M］．李国武译．北京：商务印书馆，2012：113－114.

③ 任路．文化相连：村民自治有效实现形式的文化基础［J］．华中师范大学学报（人文社会科学版），2014（04）.

到熟悉，增加认同感和归属感，从而产生一种凝聚力，形成共同的理想和希望。

（三）激励功能

激励是指给予某一层级政府资源与收益的预期，使其具有行为的主动性。基层政府的体制来源，主要是各类民生项目具有政策激励，它促使基层政府努力完成项目任务，以获得上级给予的项目奖励及追加投入①。社区文化管理对普通社区群众具有物质激励和非物质激励，动员群众积极参与社区治理。社区文化管理有效动员社区居民参与社区治理，通过利益关联与荣誉关联，实现对居民的物质激励与非物质激励，实现基层社会共建、共治与共享的治理目标。激励功能使社区成员从内心产生一种积极上进和进取的精神。这种激励表现在正面的引导而不是消极地满足需求，表现在内在的引导而不是表面的推动。例如，在社区住着各种各样的人，其中包括老、弱、病、残等人士，他们中有些人对生活和生存产生厌恶的不正确心理，因此，为使他们重新找回自信和人生目标，有必要让他们多参与社区文化活动，通过参加活动使他们重拾信心，积极面对人生。

三、社区文化管理方式

文化管理从来都是比行政规约治理更深刻、更有效的社区管理方式。着眼于加强新时期社区管理实效的社区文化管理，要以形式丰富、文化价值高、特色鲜明的艺术文化来充盈社区文化体系，使社区文化管理行稳致远，不断达到新高度。

（一）以形式多样的体育文化营造良好社区文化氛围

体育文化活动具有种类丰富、趣味性强、增益明显、参与门槛低、自由灵活等特点，是广大社区居民乐于接受、积极参与的一种大众文化。在“全民健身”倡议的号召下，国家不仅下达了具体的体育健身文化事业建设的指导

---

① 陈颀．“公益经营者”的形塑与角色困境——一项关于转型期中国农村基层政府角色的研究［J］．社会学研究，2018（02）．

文件，还加大了对体育运动基础设施的建设力度，多数社区都设置了体育馆、体育广场、文娱健身室，设施齐全。社区治理要形成协调一致、秩序井然的格局，关键在于调动社区居民参与社区治理、发展的积极性，这种参与感和积极性不是凭空而来的，需要治理者进行适当的引导，基于上述关于体育文化活动特征的描述，体育文化活动无疑是调动居民参与意愿的最佳载体。

临平滚灯操是一种融竞技、武术、舞蹈于一身的汉族民间舞蹈，不仅体现传统文化韵味，更是突出了强身健体的运动主题，其滚灯元素更是临平文化的一张“金名片”。作为传统体育健身项目之一的健身秧歌，同样给社区居民以美的享受。健身爱好者们踏着节奏，舞出幸福，用舞蹈展示老百姓乐观、健康的精神风貌，跳出对美好生活的憧憬，真正展现全民健身促进全民健康。运河街道发布文化礼堂“共富五百行动”，即以文化礼堂为主阵地打造百姓健身房、百姓非遗馆、百姓书画社、百姓舞蹈厅、百姓宣讲室，积极打造运河首个“杭州书房”。计划建设6—7个集展示、教学、传承于一体的运河非遗文化空间，培育各类文体队伍120支，全年开展各类活动1250余场，丰富群众精神文化生活。

（二）以内蕴深厚的艺术文化凸显社区文化品位

如果说体育文化是促进居民身心健康发展、完善更新社区基础设施建设的有效途径之一，那么以书法、绘画、音乐、文学、棋艺为代表的艺术文化则凸显出一个社区的文化品位。文化管理所要求的层次性，不仅是指要开展适宜不同人群的文化活动，同样也是指文化活动本身的层次性和丰富性。体育文化、艺术文化联动，共同构成社区文化管理的有机组成。艺术文化具有陶冶情操、愉悦身心的效果，对人的正面影响具有深刻性和持久性的特点。俗语说“高手在民间”。社区居民的兴趣爱好、所从事的职业各不相同，许多居民在艺术文化方面有较深厚的造诣。社区管理者可以此为契机，组织不同形式的艺术文化活动，如举办社区书法大赛、亲子绘画比赛、棋艺比赛，组建社区音乐合唱团、文学社、棋艺社，举办书画展览、文学作品品评会，以及象棋、围棋交流会等。

杭州市余杭区和美文化艺术发展中心是一家4A级社会组织，成立于2019

年7月。和美以社区公益为基地，助力未成年人成长，以文化和艺术为载体，推动社区学习共同体建设与区域文化发展。以软性的力量，助力社会善治。和美主要服务方向包括“和美绘成长”“和美共学体”“和美国学堂”。“和美绘成长”服务对象为未成年人，内容涵盖文学、艺术、游学、家庭教育、心理健康等。“和美共学体”服务对象为社区居民，通过共学共融，打造基层社区文娱活动品牌。“和美国学堂”内容包括未成年人自我保护与家庭亲子教育课堂，古诗词吟诵、国学故事分享会，户外采风写生、涂鸦、道具绘画、手工制作、书法，音乐欣赏与合唱，纯正外教英语，阅读与写作思维法等。

（三）以科学、合理的家庭文化促进社区家庭和谐

在社区文化管理过程中，不仅要调节邻里之间的矛盾，也要注重“家庭”这个最小的社区群体的建设。只有形成良好的家庭文化风尚，家庭成员之间互敬互爱、关系融洽，才能使社区文化管理走得更远。在家庭文化建设中，首先是教育文化，许多家庭矛盾的产生来自对孩子的教育问题。社区文化管理者应该有意识地引导家长革新教育理念，给予孩子成长的空间，重视孩子的心理健康问题，积极与孩子进行沟通，促进亲子关系的良性发展。其次要调节夫妻、父母之间的关系，引导形成互敬互爱的家庭文化氛围。虽说“家家有本难念的经”，但家庭成员之间融洽关系的营造也是有据可循的。社区文化管理若能重视家庭文化的建设，就能化解生活中许多家庭的矛盾，为形成良好的社区治理格局减小阻力。

上塘街道蔡马社区位于沈半路以北，南与善贤社区接址，西邻红建河，东与皋亭坝隽家塘河相邻，北与瓜山陈家桥一河之隔，系口字形状，面积1.2平方千米，于2002年5月正式撤村建居。蔡马人家小区整个氛围充满着文化底蕴，整个蔡马社区下辖蔡马人家、望澜府和国樾湾三个小区，浙江树人学院、浙大城市学院、杭州市源清中学以及天瑞、吉瑞等众多学校和商务楼云集。蔡马社区非常注重“家文化”的建设，一进社区就看到非常有名的“家文化标志”，这个标志中的一个圆代表着蔡马大家庭平安圆满，三条围绕着圈的锦鲤预示着年年有余，雕塑承载着蔡马的和美家文化。它伫立在小区西门入口，不仅提升了小区的整体文化涵养，同时也向居住在这里的人们传递了家一样温暖的归属感。

第三节　社区文化管理的现状与优化对策

一、社区文化管理现状

20世纪80年代以来，我国社区文化有了长足的进步，社区文化工作网络基本形成，社区文化设施正在逐步完善，社区文化活动从内容到形式有了相应的变化和发展。首先，文化设施社会化，形成了区—街道—村居三级及社区单位提供的多层次阵地并存的格局，社区企事业单位的娱乐设施也开始向社会免费开放，文化活动阵地迅速扩大。例如，上城区持续健全完善设施网络主干，建成功能完善、城乡均衡的公共文化设施体系。全区201个村（社区）建有文化家园或文化礼堂，其中三星级（含）以上农村文化礼堂（或社区文化家园）建成率达67.17%。其次，社区文化活动的层次由单一转向多元，出现了官办、民办社区文化的新格局，在形式上极大地丰富了社区文化的内涵与外延。各地充分整合文化、旅游、体育、商贸等资源和项目，通过社会力量参与、丰富供给、营造氛围等方式，打造群众喜闻乐见，参与度高，让老百姓的文化获得感、幸福感成色更足。最后，社区文化从福利化向产业化转变，一方面，社区文化积极利用自身的优势发展第三产业，社区文化实力增强；另一方面，社区文化积极开拓文化经济资源，从市场经济的要求出发，服务经济，参与经济活动，体现社区文化自身价值。

但是，从总体来看，我国社区文化管理还存在以下问题。

（一）社区公共文化设施管理脱节

基层社区公共文化设施建设管理使用中存在的主要问题集中体现为四个脱节：一是基层公共文化设施的建设和管理使用脱节。“重建设、轻管理”“重硬件、轻软件”的现象在部分地区依然十分突出。二是基层社区公共文化服务体系的保障能力和政策要求存在脱节。基层公共文化工作还面临着人才不足、资金不足等诸多困难，这和相关政策的要求是不匹配的。三是文化部门的权力和责任存在脱节。文化部门在基层社区公共文化建设工作中责任重大，但在资金分配、人员配置等方面话语权有限，实际管理手段有限。四是基层公共文化产品的需求和供给存在脱节。文化机构提供的文化产品和服务还不能完全满足人民群众多样化文化需求。

具体表现在三个层面。第一，设施缺位。通过多年快速建设，我国基层公共文化设施网络已经基本形成，但整体上看依然是“低水平、广覆盖”，部分地区基层公共文化设施仍存在数量不足、标准不高的现象。第二，管理缺位。特别是从资金总量看，近年来，以“三馆一站”免费开放为契机，已经初步建立了基层公共文化服务中央与地方共担的经费保障机制，但从总体上看，经费投入仍然相对不足，难以满足基层人民群众的基本需求，难以满足建设文化强国的需要。一方面，受整体经济社会发展水平等因素的制约，部分地区文化财政投入水平较低；另一方面，由于税收减免程序和手续繁杂等，社会力量参与公共文化服务体系建设的积极性不高。第三，制度缺位。一是政策不到位。关于社区公共文化服务体系建设的经费、机构、人员、管理等，在国家层面缺乏刚性要求和制度安排；公共文化服务的设施建设标准、服务标准的制定也相当滞后。二是实施不到位。在很多方面，尽管已经出台相应政策，但在执行中很难落实，也没有相应的制约措施。如中宣部、中编办等六部委出台的《关于加强地方县级和城乡基层宣传文化队伍建设的若干意见》中明确要求确保每个乡镇综合文化站配备 2 个以上的人员编制，尚未得到真正落实。三是考核不到位。基层公共文化服务的绩效考核评估机制尚待建立，许多基层文化部门和公益性文化单位工作积极性不高。

（二）社区公共文化服务供给理念较为单一

长期以来，政府在社区公共文化服务供给体系中拥有绝对的主导地位，且由于多数社区的公共文化服务多元供给模式尚处于雏形，在供给模式转变后，虽然一些企业、社会组织也以提供活动场所、进行资金支持等方式参与其中，但总体而言其所发挥的作用仍然有限，自上而下的文化服务供给方式尚未得到根本转变。此外，尽管当前社区文化管理已成为政府、社区居委会、社区内其他组织的重点建设任务之一，但是相较于经济建设等主要任务而言，仍处于次要地位，优先发展经济而忽略文化建设的现象屡见不鲜。而对于类似于企业的社区内组织而言，更加倾向于参加慈善活动以提升自身形象，对社区公共文化服务供给的参与重视不足。政府对公益性文化服务的资金投入不足、参与文化活动的人员有限、缺乏政策保障、未能充分了解民众精神文化需求，导致社区公共文化服务流于形式，文化工作止于完善公共文化设施和开展活动等方面。

（三）社区居民文化参与意识相对薄弱

社区居民参与文化活动的程度是衡量社区文化服务水平的重要指标之一。城市化进程快速发展、生活节奏提速导致社区居民之间较为疏远，相互之间的沟通交流较少。而且由于科技飞速发展、社会的网络化与信息化的程度不断提升，尤其是在智能手机与电脑普及之后，人们更加倾向于以高科技手段满足自身的文化需求，较少使用社区所提供的公共文化设施和参与社区组织的文化活动。一些居民缺乏参与社区活动的意识，认为社区的文化建设与自己并无关系，对社区开展的各类文化活动认同程度较低。另外，人口流动加剧，致使社区居民群体结构趋于复杂，居民安全感下降，防范意识不断增强，对社区的归属感也随之减弱。这些因素导致多数居民并不是主动参与文化活动，而是被动作为“围观者”①。此外，社区所提供的公共文化服务内容缺乏创新，文化活动内容陈旧，对民众的吸引力不足，特别是难以吸引多数中青年人群。民众参与社区活动意识相对薄弱，因此难以充分发挥社区在民众精神文化建设方面的积极作用。

（四）社区公共文化工作队伍人才匮乏

人才队伍是社区文化建设的重要基础之一，高素质的社区文化人才队伍是搞好社区文化建设的必要条件。近年来，各地在加强社区文化建设、培育基层文化人才队伍方面做了很多工作，也取得了一定成效，但社区文化人才队伍的建设还不能适应形式发展的需要。主要表现在：一是社区文化工作者中基本是兼职人员。目前，多数社区是由街道办事处的兼职工作人员领导协调社区文化，因兼职人员有其他的工作，这使他们很难全身心地投入到社区文化建设中来。同时，由于街道文化干部的待遇偏低，加之工作任务繁杂，不同程度上存在着现有文化管理干部队伍人员不稳定问题。二是社区文化骨干队伍缺乏。搞

① 甘露，韩隽．哪些因素阻碍社区文化建设［J］．人民论坛，2018（07）．

好社区文化建设，需要有一支具有较高文化素质，同时具有文化专业的一技之长、热心于社区文化的骨干队伍。然而，现实的情况是社区文化建设的骨干力量、各类文化人才普遍较为缺乏，支撑社区文化工作的多数为年纪较大的非专业工作人员。由于开展文化活动和培训的经费不足，社区文化骨干队伍的培养力度不够。以上情况严重地制约了社区文化活动的开展和文化水平的提高。

二、优化社区文化管理的对策

（一）完善社区文化管理体制

完善城市社区文化管理体制是推进城市社区文化管理的关键。只有明确主管部门，理顺政府与社区在社区文化管理中的关系，明确两者在社区文化管理中的地位及职责分工，才能有效避免目前有的社区出现的文化活动行政化，重形式、轻内容，重过程、轻效果的不良状况和有的社区出现的自发、放任自流的现象，进而真正实现通过社区文化管理将广大社区建设成为规范有序、服务完善、文明祥和的社会生活共同体。第一，明确社区文化的管理主体。从政府职能分工来看，社区是属民政部门管理，但在社区文化管理上还存在不足，可建立社区文化管理由地方宣传部门牵头，民政、文化参与的齐抓、共管机制。第二，明确社区对文化的管理权。社区居委会是群众性自治组织，应参与社区文化的管理，明确其在社区文化管理中的权限，使其参与到社区文化管理的全过程，推动社区文化活动的有序管理。第三，明确政府是社区文化的“掌舵者”。虽然从对社区文化资源的调配方面看，政府起着主导作用，但随着我国政府职能的不断转变，政府在提供公共服务方面应该从过去的“划桨者”变为“掌舵者”，在社区文化管理中起引导作用，为城市社区文化建设把握方向，而不是事无巨细、全盘直接管理。

（二）整合资源，建立资源共建、共享机制

城市社区文化管理中较为突出的问题是资金短缺。无论是社区文化设施的购置、添加，社区文化场馆的建设，还是文化设施、场馆的管理与维护，社区文化人才的引进、培养，都需要资金。随着城市社区居民对文化方面的需求日益增长，社区文化建设对资金的需求也越来越大。统筹资源、实现文化共建共

享是加强公共文化服务体系建设的重要内容，也是弥补社区公共文化服务短板的重要途径。要按照中央要求，建立跨部门的公共文化服务体系建设协调小组，加强部门统筹协作；合理统筹区域内文化资源，整合文化人才资源、文化团队资源及各类图书馆、科技馆、文化宫、活动中心等，建立健全“总馆分馆服务点”制度，推动文化机构、文化单位、文化团体、文化人才的互联互通、共建共享、协同合作、融合发展，推进优质公共文化服务向基层延伸、向社区发展；科学推进文化场馆建设，根据人口比例、区域面积合理规划布局，防止出现文化场馆扎堆现象。

具体来看：第一，政府应是投资主体。提供公共服务是政府基本职责，因此，无论是在社区文化设施的建设、设备的维护，还是在人员培训、活动经费上，政府财政应当给予适当经常性的投入。第二，整合社区资源，减少社区文化活动经费的压力。当前社区文化管理中存在着两种情况：一方面，社区文化建设设施不够、经费不足；另一方面，驻区企业、事业单位的某些服务设施却存在闲置或者利用率不高的情况。要有效整合社区辖区范围内的文化资源，充分利用这些资源，实现社区资源共享、共建，同时可以为社区文化管理减少很大一部分的费用支出。第三，采取市场化运作，适当收费，低偿服务。社区文化建设中也要贯彻取之于民、用之于民的原则，在开展社区文化活动服务项目时，应适当收费，以维持社区文化的持续运转，否则，社区文化建设会由于经费短缺，难以为继。同时，低偿服务也能促使社区文化活动不断提高质量，提升品质，真正满足社区居民的精神文化需求，促进社区文化的可持续发展。

（三）推进供给侧结构性改革，优化运作机制

应建立便捷、有效的需求反馈机制，找准文化供给与不同区域、不同人群文化需求的适应点，推动文化供需有效对接，让居民需求尽量得到满足、政府供给能被广泛接受；创新供给手段，实现由“政府端菜”向“百姓点菜”转变，编制服务菜单，打造“文化超市”，落实“文化惠民卡”制度，提供个性化、“订单式”服务；借助“互联网”，通过搭建文化云平台，汇聚各类文化活动、文化场馆资源，为社区居民提供活动预约、场馆预订等文化服务，有效促进供需对接，激发参与积极性；充分借鉴欧美等发达国家公共文化建设经验，积极推进公共图书馆、文化馆（站）、博物馆、科技馆、纪念馆等公益性

文化设施向社区居民免费开放，提高公益性文化设施的使用效率。

优化运作机制，推进市场化服务。应创造条件，采取合作办学、合作办班、委托管理等方式，吸纳社会组织、文化企业参与社区公共文化服务。比如，长沙市八方社区与快乐老人大学通过合作办学，将公益性办班与市场化办班结合起来，满足了不同人群的文化需求，提高了社区文化服务水平。又比如，上海城市社区文化活动中心、湖州市文旅驿站等，通过招标委托专业化企业或社会组织进行运营管理，也取得了很好效果。此外，应加大对文化志愿服务的支持和引导，鼓励文化志愿者深入社区开展文艺演出、技能培训、讲课授课、指导阅读等。

（四）加强社区文化工作者队伍建设

建设一支高素质的社区文化人才队伍是搞好社区文化建设的必要条件。第一，应重视抓好社区文化工作者队伍的建设。建立一支社区文化工作者和专业人才队伍成为社区文化建设的必然要求。一是建立一支思想政治素质高、业务能力较强的专（办事处）职、兼（社区）职的社区文化工作队伍，同时创造条件对基本符合条件的人员评定职称，真正稳定社区文化工作者队伍；二是加强对现有社区文化工作者专业技能的培训，提高其专业技能与职业素养；三是引进社会优秀人才以及高校的优秀毕业生，充实到社区文化服务行列当中。第二，应充分发挥社区业余文化工作者的作用。社区业余文化工作者通常是真正热爱社区文化事业的热心人士，他们或者本身就是文艺工作者，或者是长期居住在本社区的老居民，又或者是具有良好的沟通协调能力的热心人士，充分发挥他们的力量与作用，有助于整合社区内的文化资源，提高社区文化资源的利用效率。

（五）提升社区成员的民主管理能力，强化社区的民主管理文化

切实以落实社区成员知情权、参与权、决策权和监督权为出发点，从治安、消防、绿化、文化、宣传、物业、选举等维度，拓宽社区成员的民主参与路径，提升社区成员的民主管理能力。一是通过网上协商议事平台，促进居民自治制度化、规范化和程序化。积极开展民情恳谈、社区对话等活动，鼓励社区居民和驻区单位广泛参与。二是统筹利用社区公共文化资源，促进共建共

享，循序渐进地提升社区成员的参与意识，形成参与共识。三是建立健全以社区党组织领导为核心、居民自治为基础、居民广泛参与、各类社区组织互动合作的民主治理机制，不断更新、完善社区民主选举、民主决策、民主管理和民主监督制度。

（六）建立评价体系，加强监督评估

人民群众需不需要、满不满意是评判公共文化服务质量的重要标准。应建立起包括公众评价和绩效考核相结合的城市社区公共文化评价体系，以提高城市社区公共文化服务效能、保证良好的投入产出比率。建立社区文化的政绩考核体系，强化社区文化的发展动力。建立健全对社区党组织的政绩考核体系，做到可量化、可评价和可检查，进而做好绩效沟通与绩效反馈，使绩效考核的结果与薪酬挂钩。通过科学的政绩考核，引领社区文化建设的正确方向，强化社区文化建设的持续动力，并以此倒逼布局合理、设施完善、功能齐备、服务方便的社区公共文化服务体系的演化与发展。聘请独立的第三方效能评估机构，利用其专业化人员、专业化方法，对社区公共文化服务进行严格评估，确保评估结果的精准性。通过常态化评估，加强对城市社区公共文化服务的日常监督，确保各项社区公共文化投入资金得以合理、合规、合法、有效使用。

第四节　社区文化管理创新实践

党的二十届三中全会发布的《中共中央关于进一步全面深化改革、推进中国式现代化的决定》提出，完善公共文化服务体系，建立优质文化资源直达基层机制。社区文化管理创新实践的探索是优质文化资源直达基层目标实现的“最后一公里”，关系到基层社区否有效承接上级下沉的优质文化资源，同时也是优质文化资源能否与基层社区实际状况契合的关键。本章选取杭州市临平区“油车弄口袋公园”的小微公共文化空间更新、“临品书房”社区微空间改造与南苑街道综合文化站打造15分钟品质文化生活圈的案例，探索社区文化管理创新实践的路径。

一、传统与现代空间穿梭助推老旧城区更新

杭州市临平区文旅部门培育出多种小微公共文化空间的建构形态，装扮临平文化新生态。“以文化人、润物无声”，群众透过小微公共文化空间参与，对临平的认同感显著提升。依照嵌入的场景-功能、空间建构的常规动作与特色动作，归纳多元主体力量所付出的行动努力，进而生成独特的运营模式。

（一）嵌入式基础设施建设，助推公共文化服务网络向角落延伸

2021年，临平街道在推进城市有机更新中，通过嵌入式基础设施建设，在榨油厂旧址上新建遗址公园，通过设置文化景墙、地雕等形式，再现榨油传统工艺场景。小微空间改造后的“油车弄口袋公园”西侧主要以文化展示、历史记忆为主要功能，通过在林荫广场设置文化景墙、地雕、雕塑小品等元素，再现榨油的传统工艺技术和场景。东侧主要以为居民服务为主，考虑到周边居民需求，在其南面和东面分别设置健身和儿童活动设施，为居民提供健身、休闲的活动场所。

（二）特色民俗、美丽元素嵌入新型公共文化服务空间

在嵌入式基础设施打造过程中，注重景观环境，重点对榨油厂公园进行规划设计，嵌入特色民俗、美丽元素。例如，凝聚宋韵文化、承载油车弄历史记忆的文化长廊，使之成为油车弄人共同记忆的地域名片。油车弄文化客厅“时光隧道”，引入“雾森系统”，穿过“时光隧道”，轻薄、柔和的雾气在四周绿植之中缭绕，自身就仿佛踏入了一隅城中仙境，给油车弄文化客厅增添了别样魅力。

（三）空间功能模块划分在地化嵌入本土文化彰显空间活力

首先，口袋公园改造后，共享文化客厅的一个功能在于为存在心理问题的人群提供疏导的空间/平台，邀请专业化的人员来进行指导，或者通过沟通交流，或者通过开展活动，一定程度上拓展了文化空间的社会功能。政府主动沉浸式打造空间，实现国家、社会与居民的无缝衔接，更加有效地解决部分群众

的心理需求问题。其次，文创空间的中间区域为培训授课区和直播展示区，目前除了茶道、花道、香道等传统文化培训授课之外，还与 JYPC 全国职业资格考试认证中心合作，进行网络直播师技能鉴定培训授证工作。最后，平台搭建/资源整合的特色在于目标人群聚集，分类整合。例如，与高校进行联络，大学生志愿者可以来这里开展相应的花卉修剪培训。

二、社区微空间共治助推居民文化共享

以“嵌入空间”植入各级、各类公共文化场馆和利用社会闲置场馆及其他可利用设施为建设形式，积极开展“临品书坊”和“临品艺站”的布局。

（一）图书资源整合嵌入“临品书坊”高效辐射社区居民阅读

以区级图书馆为总馆所辖的基层服务点，开展内容丰富的公共阅读服务为组织形式，用更高质量的空间布局、更高品质的服务内容、更高效能的服务管理，让市民在家门口享受到有知识、有温度、有情怀的公共阅读空间及服务。龙兴社区书坊目前已面向社区居民开放使用。书坊采用错时开放，同时配置了 24 小时图书馆，方便居民在任意时间使用，而且书坊内所有数据都与临平区图书馆共享，实现了通借通还。

（二）品牌文化资源整合嵌入临品艺站提升社区居民认同

以区级文化馆为总馆所辖的基层服务点，实现资源共建共享，网络互联互通，开展内容丰富的公共文化服务为组织形式，向社会提供文化分享、艺术普及、互动交流、文旅资讯等多种形式服务的场馆型文化设施。新梅社区二楼临品艺站内设核心分享区、观众交流区、品牌展示区等七大多功能区块。展示非常逼真的塘栖枇杷、小林黄姜、运河甲鱼、崇贤藕粉等临平十大特产复制品，让社区的居民了解、认识临平。让新居民融入临平文化，打通居民精神文化服务的“最后一公里”，传播“融美、和美、智美、韵美、劲美”的社区“五美”文化内涵。

（三）可持续公益服务运营之道

庙东社区文化艺站探索可持续公益模式，“庙街拾铺”积极探索“公益金

—公益卡—公益日”循环“造血”制度，走出一条自我需求、自我服务、自我管理的新路径。该制度将公益商家的部分盈利、爱心企事业单位捐赠、各类义卖所得款项等投入公益金。公益金则用于日常运营管理开支及采购公益卡积分兑换的商品和服务，公益卡积分则由志愿者参与志愿服务认证所得，可兑换“庙街拾铺”所有的商品及服务。

三、南苑街道综合文化站打造15分钟品质文化生活圈

南苑街道综合文化站在文化事业中取得了显著的成绩。凭借出色的空间运营和质效管理，先后获得浙江省特级综合文化站和杭州市级社科普及基地等荣誉。南苑街道综合文化站现有运营人员20人，其中，常驻人员10人，本科以上人员14人（研究生1人）。运营团队专业素质过硬，定期进行专岗培训，是文化站为大众做好文化服务的重要保障。南苑街道以让人民群众从丰富优质的公共文化服务中享受更多精神共富成果为基本目的，在上级有关部门的领导和指导下，以“嵌入空间”植入各级、各类公共文化场馆和利用社会闲置场馆及其他可利用设施为建设形式，积极开展“临品书坊”和“临品艺站”的布局，加快推进“15分钟品质文化生活圈”建设，全力打造高质量发展建设共同富裕示范区样板。

（一）标准化打造嵌入式公共文化服务空间

南苑街道按照《临平区“临品书坊”建设与服务规范》的要求，以区级图书馆为总馆所辖的基层服务点，开展内容丰富的公共阅读服务为组织形式，用更高质量的空间布局、更高品质的服务内容、更高效能的服务管理，让市民在家门口享受到有知识、有温度、有情怀的公共阅读空间及服务。与此同时，还按照《临平区“临品艺站”建设与服务规范》，以区级文化馆为总馆所辖的基层服务点，实现资源共建共享，网络互联互通，开展内容丰富的公共文化服务为组织形式，向社会提供文化分享、艺术普及、互动交流等多种形式服务的场馆型文化设施。

（二）文化空间运营的社会化模式创新

在社会化模式创新方面，累计创设6个品牌活动，如南苑名家讲堂、南苑

读书会、南苑少儿艺术剧场、宋韵文化精品课、南苑文化公益行等，以不同形式推动社区文化的发展和繁荣。创建了特色空间，如“宋味生活馆”、曲艺讲堂等，提高市民对文化的能动认知和了解；成立了“袁明华文学”“李渐明书画”等10个名家工作室，通过多元化的功能空间和第三方专业化运营，不断满足市民多元化、个性化的文化需求。同时，创新载体形态，组建了12支志愿者队伍，以提高市民对文化服务的认知度和满意度。在综合文化站新馆启用的同时，“南苑文化志愿者队”也正式宣告成立。这支文化志愿者队伍中既不乏家住一旁的南苑居民，也包括来自周边兄弟街道的文化爱好者。在名家工作室的指导下精心创作、编排优秀文艺作品，从而帮助南苑街道组织参加各项赛事活动，并为南苑街道和下属社区开展点单式服务。

“文化富裕是推进精神富裕的重要载体，设施齐全、布局合理、环境整洁的综合文化站，就是要让居民真真切切感受到共同富裕在精神文化上也能看得见、摸得着、享受得到。”南苑街道党工委书记说，以综合文化站新馆启用为起点，街道力争通过5年左右时间打造“文化南苑”品牌工程，搭建一个“综合文化服务平台”，培育一批“本土文化名人名家”，抓好一批文化精品项目，形成一种“南苑文化”现象，着力提升南苑街道文化的引领力、传播力、服务力、影响力，让更多居民积极参与到南苑街道文化强镇创建中来，不断丰富南苑文化精神内涵，切实提升居民群众的文化获得感、幸福感，提升居民精神世界，实现共同富裕。

第十章　文化产业管理

第一节　文化产业概述

文化产业作为21世纪的朝阳产业和绿色产业，不仅是高成长服务业的核心组成部分，更是全球经济发展的重要引擎。随着经济全球化和信息技术的迅猛发展，文化产业在调整产业结构、推动经济转型升级、提升经济发展质量和效益方面发挥着不可替代的作用。作为兼具文化属性与经济属性的特殊产业形态，文化产业不仅满足了人们日益增长的精神文化需求，还成为国家软实力和国际竞争力的重要体现。当前，文化产业越来越成为支柱性、先导性和引领性的产业形态，成为世界经济、文化发展的重要增长点。

一、文化产业的定义与内涵

（一）国外对文化产业的定义

由于“文化”概念本身具有广泛性和复杂性，各国从自身社会、产业发展和产业利益角度，对文化产业给出了不同的定义。例如，法国将文化产业定义为“传统文化事业中特别具有可大量复制性的产业”；韩国将其界定为“与文化商品的生产、流通、消费有关的产业”；美国从知识产权角度界定文化产业；日本则强调文化产业的精神属性，认为与文化相关联的产业均属于文化产业。[①]

不同国家对文化产业的称谓和分类也有所不同。例如，美国称为“版权产

---

① 赵尔奎．文化产业管理干部学习读本［M］．西安：陕西人民出版社，2019.

业”，涵盖文化艺术业（如表演艺术、艺术博物馆）、影视业、图书业和音乐唱片业四大类。欧盟称为“内容产业”，主要包括制造、开发、包装和销售信息产品及服务。日本称为“感性产业”，分为内容产业、休闲产业和时尚产业等。

联合国教科文组织对文化产业的定义在国际上引用较为普遍，即“按照工业标准，生产、再生产、储存以及分配文化产品和服务的一系列活动”。具体而言，文化产业的核心活动是生产或提供精神产品，以满足人们的精神文化需求，其重点领域在于对文化本身的创作和销售，包括文学、艺术、音乐、摄影、舞蹈、工业设计及建筑设计等方面作品的创作与销售。

（二）我国文化产业的定义与发展历程

1998 年，文化部成立文化产业司，标志着我国文化产业进入“从自发到自觉”的新阶段。2000 年，中共十五届五中全会上首次正式使用“文化产业”一词。2002 年，党的十六大报告明确提出发展文化产业的战略构想。2003 年，文化部在《关于支持和促进文化产业发展的若干意见》中将文化产业定义为“从事文化产品生产和提供文化服务的经营性行业”，并指出文化产业是与文化事业相对应的概念，两者都是社会主义文化建设的重要组成部分。

2004 年，我国提出了“创意中国”的口号，文化产业开始走上加速发展的轨道。同年，国家统计局发布《文化及相关产业分类（2004）》，将文化产业定义为“为社会公众提供文化、娱乐产品和服务的活动，以及这些相关活动的集合”。

2011 年，国家统计局成立社会科技和文化产业统计司，进一步加强文化产业统计工作，推动文化产业发展，也标志着我国文化产业统计工作进入新的发展阶段。

2012 年，修订发布的《文化及相关产业分类（2012）》，将文化及相关产业界定为“为社会公众提供文化产品和文化相关产品的生产活动的集合”。2018 年再次修订的《文化及相关产业分类（2018）》，延续了 2012 年的定义，同时适应新业态的发展需求。

（三）文化产业的内涵辨析

准确理解文化产业的内涵，需要厘清文化产业与文化事业的区别与联系。

文化产业与文化事业是文化建设过程中既相互交叉又相对独立的两种形态，两者在运作方式上存在较大差异。

文化事业是一种社会公益事业，其核心目标是向社会提供公共产品和公共文化服务，属于非营利性活动。尽管文化事业在运作过程中可能会产生一定的经济收益（如门票收入等），但这些收入通常无法覆盖其文化活动和艺术生产的成本。文化事业的运作资金主要依赖于政府拨款和社会赞助，其主体行为以公益性和非营利性为特征。

文化产业是以产业化的方式运作，以营利为目的的经济活动。其涵盖的领域包括娱乐业、电影电视业、出版业、音像业等，是文化与经济深度融合的产物。文化产业的主体通过市场化运作，依法经营，以满足人民群众多样化的文化需求。

综上所述，文化事业主要依靠政府扶持和社会赞助，旨在为公众提供普惠性的公共文化服务；文化产业则面向市场，通过商业化运作实现经济效益与社会效益的双重目标。尽管两者在运作机制上存在差异，但其根本目的都是满足人民群众日益增长的精神文化需求，共同推动社会主义文化繁荣发展。

二、文化产业的分类

（一）联合国教科文组织文化产业分类统计框架

为了收集各国文化统计数据，联合国教科文组织于 1985 年建立了文化产业分类标准，并于 1986 年制定了统计框架。该框架在 1993 年进行了进一步修订，成为指导各国文化统计工作的重要文件。联合国教科文组织将文化产业定义为“以艺术创造表达形式和遗产古迹为基础而引起的各种活动和产出”，并将其划分为十大类别：文化遗产、出版印刷业的著作文献、音乐、表演艺术、视觉艺术、音频媒体、视听媒体、社会文化活动、体育和游戏、环境和自然。每一类别均从资源投入、活动过程、产出等环节进行划分，涵盖创作与生产、传播与发布、接受与消费、各项活动规模和参与等文化统计指标，形成了一套完整的文化统计框架矩阵。具体而言：①资源投入：包括从事文化活动的能力和资金筹集情况，衡量指标包括公共和私人用于文化活动的经费支出、从事文化活动的人员规模等。②活动过程：涉及文化活动的组织、安排与传播，衡量指标包括居民花费于文化艺术活动的时间、活动参与人次、文化艺术活动举办次数等。③产出：指文化活动的成果，包括人们从中获得的知识、技能和满意程度。衡量产出时，要求指标具有可量化性、社会普遍接受性以及一定的灵活性，通常通过专门的社会调查来收集相关数据。

在《2009 年联合国教科文组织文化统计框架》（The 2009 UNESCO Framework for Cultural Statistics，FCS）中，文化领域被进一步细化为以下部分：①六个基本领域：A. 文化和自然遗产；B. 表演和庆祝；C. 视觉艺术和手工艺；D. 图书和出版；E. 视听与互动传媒；F. 设计与创意服务。②两个相关领域：G. 旅游；H. 体育和休闲娱乐。③四个横向领域：非物质文化遗产、教育和培训、归档和保存、设备及辅助材料。

（二）我国文化及相关产业分类

1. 文化及相关产业分类标准的演变

（1）2004 年首次制定。为贯彻党的十六大关于文化建设和文化体制改革的精神，国家统计局联合中宣部及国务院相关文化部门，依据《国民经济行业分类（GB/T4754—2002）》，制定并发布了《文化及相关产业分类》。该标准首次明确了我国文化产业的统计范围、层次、内涵和外延，为文化产业的统计工作奠定了基础。

（2）2012 年第一次修订。为适应文化产业发展的新变化，国家统计局参考联合国教科文组织《文化统计框架—2009》，依据《国民经济行业分类》（GB/T4754—2011）对分类标准进行修订，形成《文化及相关产业分类（2012）》。此次修订使分类更加符合实际发展需求，为文化体制改革和宏观决策提供了更精准的统计依据。

（3）2018 年第二次修订。随着“互联网＋”时代的到来，文化新业态快速发展，成为文化产业的重要增长点。2017 年，国家统计局发布新版《国民经济行业分类》（GB/T4754—2017），将新兴业态纳入统计范围。为与之相对应，同时衔接联合国教科文组织的《文化统计框架—2009》，国家统计局于 2018 年 4 月修订形成《文化及相关产业分类（2018）》。此次修订在保持原有定义和分类原则的基础上，新增加了符合文化及相关产业定义的活动小类，重点是调整了分类类别结构。

（三）《文化及相关产业分类（2018）》的主要内容

1. 定义和范围

文化及相关产业仍沿用原有定义，即“为社会公众提供文化产品和文化相关产品的生产活动的集合”，范围包括两部分：

（1）以文化为核心内容，为直接满足人们的精神需要而进行的创作、制造、传播、展示等文化产品（包括货物和服务）的生产活动。具体包括新闻信息服务、内容创作生产、创意设计服务、文化传播渠道、文化投资运营和文化娱乐休闲服务等活动。

（2）为实现文化产品的生产活动所需的文化辅助生产和中介服务、文化装备生产和文化消费终端生产（包括制造和销售）等活动。

2. 分类方法

新分类采用线分类法和分层次编码方法，将文化及相关产业划分为三层，分别用阿拉伯数字编码表示。第一层为大类，用01—09数字表示，共有9个大类；第二层为中类，用3位数字表示，共有43个中类；第三层为小类，用4位数字表示，共有146个小类。

3. 文化及相关产业分类表

大类中01—06为文化核心领域，是指以文化为核心内容，为直接满足人们的精神需要而进行的创作、制造、传播、展示等文化产品（包括货物和服务）的生产活动，是文化产业的主体部分。见表10.1。

07—09为文化相关领域，是指为实现文化产品生产所需的文化辅助生产和中介服务、文化装备生产、文化消费终端生产（包括制造和销售）活动，是文化产业的补充部分。见表10.2。

表10.1 文化核心领域类别名称

第一部分　文化核心领域	
一、新闻信息服务	四、文化传播渠道
（一）新闻服务	（一）出版物发行
（二）报纸信息服务	（二）广播电视节目传输
（三）广播电视信息服务	（三）广播影视发行放映
（四）互联网信息服务	（四）艺术表演

续表

第一部分　文化核心领域	
二、内容创作生产	（五）互联网文化娱乐平台
（一）出版服务	（六）艺术品拍卖及代理
（二）广播影视节目制作	（七）工艺美术品销售
（三）创作表演服务	五、文化投资运营
（四）数字内容服务	（一）投资与资产管理
（五）内容保存服务	（二）运营管理
（六）工艺美术品制造	六、文化娱乐休闲服务
（七）艺术陶瓷制造	（一）娱乐服务
三、创意设计服务	（二）景区游览服务
（一）广告服务	（三）休闲观光游览服务
（二）设计服务	

表 10.2　文化相关领域类别名称

第二部分　文化相关领域	
七、文化辅助生产和中介服务	（三）摄录设备制造及销售
（一）文化辅助用品制造	（四）演艺设备制造及销售
（二）印刷复制服务	（五）游乐游艺设备制造
（三）版权服务	（六）乐器制造及销售
（四）会议展览服务	九、文化消费终端生产
（五）文化经纪代理服务	（一）文具制造及销售
（六）文化设备（用品）出租服务	（二）笔墨制造
（七）文化科研培训服务	（三）玩具制造
八、文化装备生产	（四）节庆用品制造
（一）印刷设备制造	（五）信息服务终端制造及销售
（二）广播电视电影设备制造及销售	

三、文化产业主要特征

文化产业是兼有文化属性和经济属性的产业形态，既包括满足社会精神需要的产业活动，也包括满足社会物质生产和物质生活领域需要的产业活动。其主要特征体现在以下两方面。

（一）文化产业的精神属性

文化产业的精神属性是其区别于其他非文化产业或物质产业的本质特征。文化产业生产的文化产品作为商品具有使用价值和价值。使用价值表现为两种形态：一是具有物质外壳的文化产品，如书画、影视、工艺制品等；二是不具有物质形态的即时性文化服务，如各种形式的艺术表演、娱乐活动等，其生产过程与消费过程同步完成。物质生产部门生产产品的使用价值，以其物质属性满足消费者需求，而文化产业生产文化产品的使用价值，是用它文化内涵中的精神属性或精神要素满足消费者的需求，消费者接受和消费的是文化产品和文化服务中可以感觉却不可触摸的精神要素。这种文化产品的精神属性，是其不同于物质产品物质属性的一个重要本质特征。

文化具有意识形态属性，属于上层建筑范畴。文化产业及其生产的文化产品同样具有意识形态属性，文化产品必然反映特定的价值观和思想导向。文化生产设备（如影视器材、互联网平台等）作为物质载体，与具有意识形态属性的各种文化相结合，生产出具有相应意识形态特征的文化产品。与此同时，文化产业还具有政治导向性，通过文化产品传递政治立场、思想内涵和文化形象，引导社会舆论和公众认知。

（二）文化产业的市场属性

文化产业及其产品虽然具有精神属性和意识形态特征，体现政治导向性，但其最终要接受市场的检验，因而具有市场属性。这一属性决定了文化产业必须遵循经济规律运行，脱离市场规律的产业发展将难以实现可持续性。从需求端看，随着社会生产力发展和居民收入提升，文化消费需求持续增长，为文化产业化提供了广阔的市场空间。从供给端看，技术进步推动了文化生产方式的革新，提高了生产效率和供给能力，使规模化生产成为可能。

文化产品一旦能够按照工业化模式实现批量化生产，其消费主体将由小众精英转向普通大众。文化产品的产业化生产将“精品”文化转化为大众文化，通过标准化和规模化生产扩大文化服务的覆盖范围。在这种模式下，文化产品不再局限于传统意义上的精品文化特质，而是作为满足日常需求的普通商品进入市场。标准化生产降低了文化生产对劳动者个人技能的依赖性，使企业能够突破技术限制，以工业化方式组织文化产品的生产和供给。

文化产品的生产者在产业化过程中，首先将其视为商品，其次才赋予其文化内涵，因此，文化产业具有强大的市场属性。文化产业化必然要求按照市场规律对文化产品进行改造，表现为对阻碍文化产品标准化和批量化的因素进行改造，从而实现大规模生产和满足大众文化消费的需求。

第二节　文化产业管理的内涵与特点

文化产业管理是推动文化产业发展、维持其系统运行的重要环节。我国文化产业的发展要实现既有民族传统文化传承，又具备国际发展战略视野，并向高端产业价值链转型升级，其关键在于科学、有效地管理。

一、文化产业管理的概念

文化产业管理是文化产业管理者为了有效实现文化产业发展目标，以文化为基础，创意为核心，依托现代信息技术手段和传统产业，运用各种管理职能进行协调的管理活动。文化产业管理涵盖受文化产业活动影响的各个方面，包括对文化活动的管理、对文化产品生产过程和质量的管理、对文化服务企业的管理、对文化资源的管理、对国家文化产业政策的管理等。由于管理活动依托于组织，组织形态与层次的差异决定了管理的特色。从组织层面来看，文化产业管理可分为微观管理和宏观管理。

（一）文化产业微观管理

文化产业微观管理是指生产文化产品和提供文化服务的企业所开展的经营管理活动。这些企业涉及多个经济部门，如印刷、广播电视、网络、文化娱乐等。在现有国民经济管理体制下，文化服务企业主要指接受文化产业主管部门行业管理的企业。

文化产业企业的经营管理是文化企业在国家宏观管理政策的框架下，整合各类资源以实现企业目标的过程。管理者是文化企业的各级管理人员，管理对象包括企业的人力、财力和物质资源，管理目标在于使企业实现理想的经济效益和社会效益。

（二）文化产业宏观管理

文化产业宏观管理是指文化产业主管部门从国家文化产业发展战略出发，对文化产业活动进行的整体性调控与管理。其管理主体包括政府相关部门、授权机构以及文化产业各行业协会等；管理对象涵盖文化产业从业者的活动、文化产品生产与服务企业、文化产业资源等；管理方式以政策引导、行业规范与监督等间接手段为主，旨在实现国家文化产业的整体协调发展，而非追求单一组织的经济利益。

宏观管理主要包括以下两方面内容：一是文化产业活动的引导与管理。依据国民经济发展水平和社会发展与进步需求，对文化消费者的活动制定促进或限制性政策，引导文化消费行为，协调文化产业与社会经济的关系，确保其健康有序发展。二是文化产业的行业管理。通过制定文化产业各行业相关的政策、规划和标准，对文化产业各行业进行优化调整，并对文化产业的生产与服务企业实施间接调控与管理，推动产业向高质量方向发展。①

二、文化产业管理的内容

（一）文化产业制度管理

文化产业制度管理是指国家为有效配置和合理利用各类资源，推动文化产业健康、可持续发展，以文化资源、文化市场及文化企业为管理对象，遵循文化产业发展的客观规律，通过文化体制与机制的改革创新，运用法律法规、政府拨款、政策指导等制度手段，对文化产业发展的战略性、全局性问题进行组织、指导、协调和控制的管理活动。

文化产业制度管理的主体是政府，具体执行者为各级政府机构。其主要任务是保持产业供需的基本平衡，促进产业结构优化，引导文化产业持续、快速、健康发展。

---

① 张友臣．文化产业管理学［M］．福州：福建人民出版社，2013.

（二）文化产业业态管理

文化产业业态管理是指国家及地方政府文化管理部门及其附属机构、国有文化资产投资管理机构、文化行业协会等组织，基于文化及相关产业分类体系，对文化产业各行业进行的系统性管理。文化及相关产业分类是业态管理的基础，其分类体系针对文化产品和服务的生产、提供及销售，构建了统一、系统的框架，以便对产业经济产出进行确认、计量和管理。

文化产业业态管理的主要内容是文化产业各行业的管理与协调发展问题，如动漫产业管理、网络文化产业管理、文化产业园区管理、文化旅游业管理等内容。通过行业标准制定、市场准入规范、产业扶持政策等手段，实现文化业态的结构优化和转型升级。

（三）文化产业资源管理

文化产业资源管理是对文化产业相关人力、物质、资金等资源进行系统协调与管理的过程。其管理内容包括文化资源的挖掘与整理、保护与留存、开发与利用；文化企业对文化投融资，以及人力资源的计划、组织、领导、控制和协调等管理行为；政府部门对文化经营活动的宏观调控和监管评估。

文化产业资源管理需要兼顾市场规律和文化特性。一方面，文化企业的经营活动受经济规律支配；另一方面，政府通过制定政策、提供文化产业发展资金等方式对文化产业进行调控。①

三、文化产业管理的性质

文化产业管理具有以下五个基本属性：

（一）经济属性

文化产业管理必须遵循产业经济发展的基本规律，运用产业经济学理论的理论与方法，对文化产业发展过程中的一般规律进行研究与归纳。

---

① 詹一虹．文化产业管理概论［M］．北京：中华书局，2017.

（二）管理属性

文化产业管理归根结底是管理活动，是指管理者在文化产业经营管理过程中，运用管理学的原理、职能及方法，完成文化产业管理行为，实现组织目标，同时肩负一定的社会责任。

（三）文化属性

文化产业管理要以文化为基础，必须顾及文化的特点，符合文化的要求、体现文化的品质，在产品和服务中注重文化内涵的挖掘和表达，确保文化产品的思想性、艺术性和价值导向。

（四）技术属性

在数字化时代背景下，文化产业管理需要与现代信息技术深度融合。5G、AI、VR 等新技术不断重塑文化产业形态，数字技术推动了传统文化产业的转型升级。文化产业管理不论在外部环境、内部构成、管理方式还是文化产品的生产或服务的提供上，都需要与技术紧密结合。

（五）服务属性

文化产业管理要为文化企业提供全方位服务支持，如政策、信息、设计、展览、咨询、广告等，助力文化企业提升市场竞争力和可持续发展能力。

四、文化产业管理的特点

（一）综合性

文化产业管理的综合性特征主要体现在其跨领域、多层次的产业属性和管理维度上。按照国内外对文化创意分类的界定，文化产业涵盖领域广泛、类型丰富。根据国家统计局 2018 年修订的《文化及相关产业分类（2018）》，文化产业具体包括新闻信息服务、内容创作生产、创意设计服务、文化传播渠道、文化投资运营、文化娱乐休闲服务、文化辅助生产和中介服务、文化装备生产、文化消费终端生产等 9 个大类，并被划分为文化核心领域和文化相关领域两大部分，包含43个中类和146个小类。这一精细化的分类体系充分展现了文化产业边界的延展性和包容性。正是这种管理对象的多业态性、管理要素的复杂性和管理目标的多元性，共同构成了文化产业管理的综合性特征，也为推动文化产业高质量发展提出了更高要求。

（二）复杂性

文化产业管理的复杂性主要体现在业态多样性、地域文化差异和需求多元化等方面。从业态维度看，文化产业既包含图书、影视等传统产业，又涵盖文化旅游、动漫游戏、文化创意等新兴业态，这种多元业态交织的产业格局大大增加了管理难度。从地域上看，我国经济发展不平衡导致文化产业呈现明显的地域差异：东部地区凭借科技优势更易发展文化与科技融合的新兴业态，西部地区依托丰富的特色文化资源更适合发展特色文化产业，这就要求管理政策必须因地制宜。此外，文化产业以提供精神文化产品和服务为核心，其服务对象虽然统称为文化消费者，但与物质产品消费者相比，由于文化背景、经济实力、精神需求层次和消费志趣等方面的显著差异，消费群体具有较大不确定性。这种需求端的多元化特征，加上文化产业本身兼具经济效益和社会效益的双重属性，使得文化产品质量把控、服务标准制定以及市场秩序维护等管理工作面临更大挑战，进一步增加了文化产业管理的复杂性。

（三）科学性与艺术性的统一

文化产业管理是科学性与艺术性的有机统一，这是由文化产品的特殊属性决定的。文化产品作为文化创造的成果，主要呈现为两种形态：一是无形的精神文化产品，它通过影响人们的精神世界而发挥作用，并内化为个体的文化素养；二是具有物质载体的文化产品，如书籍、雕塑、博物馆等实体形态。这种双重特性使得文化市场既具有普通商品市场的共性特征，又展现出独特的功能属性，因而对管理活动提出了更高要求，需要管理者在遵循科学规律的同时，也要注重对艺术性的把握和运用。

（四）发展性

文化产业具有动态发展的特征，其形态和管理模式随着时代变迁、需求变化和技术革新而不断演进。在数字化时代背景下，网络技术、虚拟现实和数字技术的快速发展深刻改变了文化产品的创造、生产、流通和消费方式，推动传统文化产业转型升级，促进不同文化业态的跨界融合，催生出交互媒体、数字文化等新兴业态。技术进步不仅为文化产业提供了新的内容载体和发展动力，更通过扩大市场规模为产业创造了更广阔的发展空间。与此同时，经济发展带来的居民收入增长和生活水平提升，显著扩大了文化消费的时空维度，刺激了文化产品供给的快速增长。这种技术与经济的双重驱动，要求文化产业管理必须与时俱进，根据不同发展阶段和区域特点采取差异化的管理策略，实现管理的动态优化和精准施策。

第三节　文化产业管理的任务、原则及方法

一、文化产业管理的任务

文化产业是综合性的产业，文化产业管理在文化产业发展过程中所应承担的任务主要有如下几方面：

第一，促进文化活动健康发展，提高人民生活质量。健康的文化活动是提升社会文明程度的重要途径。政府部门需要通过制定政策、加强宣传教育来引导文化产业发展，同时要规范文化企业的生产经营活动，确保提供健康向上的文化产品和服务，防止文化产业活动中的不良文化倾向，维护文化市场秩序。

第二，科学制定文化产业发展目标。在确定产业发展目标时，既要考虑国家经济发展需求，又要借鉴国际文化产业发展经验。我国文化产业尚处于发展初期，需要立足国情，制定符合实际的发展规划，并配套实施相应的政策措施，确保文化产业实现社会效益和经济效益的统一。

第三，完善文化产业管理体制。当前我国文化产业管理存在条块分割的问题，制约了横向经济协作及文化产业协同发展。需要通过改革管理体制，理顺各部门关系，加强产业协作。文化产业宏观管理者在制定文化产业发展计划时，要充分考虑与其他产业的协调配合，理顺文化产业部门内部的各种关系，

搞好部门内部的分工与协作，从而激发各方面发展文化产业的积极性。

第四，提升文化企业经营管理水平。文化企业是文化产业发展的主体，提高企业效益是产业持续发展的基础。一方面，主管部门要加强引导和服务，推动企业管理现代化；另一方面，企业要加快建立现代企业制度，学习先进管理经验，结合自身实际创新管理模式，提升市场竞争力。①

二、文化产业管理的原则

文化产业兼具文化属性和经济属性，因而文化产业管理要遵循一定的原则。

（一）社会效益和经济效益有机统一的原则

文化产业具有经济价值和精神价值的双重属性，这要求文化产业管理既要实现经济回报，又要注重社会效益。作为产业形态，文化产业必须遵循经济运行规律，通过市场机制实现经济回报，确保产业可持续发展所需的资本积累。同时，作为精神产品生产者，文化产业直接影响社会意识形态、价值观念和生活方式。因此，必须坚持社会效益优先，在确保正确价值导向的前提下追求经济效益，实现两个效益的良性互动和有机统一。这既是文化产业健康发展的内在要求，也是其价值引导功能的重要体现。

（二）发展社会主义先进文化的原则

文化产业在创造精神文化产品方面具有双重影响：一方面能够生产健康向上的文化产品，为青少年成长营造良好环境；另一方面，在市场机制作用下可能产生价值偏差，特别是在全球化背景下，西方文化产品可能夹带不良价值观念。因此，文化产业管理必须坚持社会主义先进文化发展方向，既要积极开拓市场，又要防范文化霸权主义威胁，通过政策引导和市场调控相结合的方式，支持健康文化，改造落后文化，坚决抵制腐朽文化，切实维护国家文化安全。

---

① 张友臣．文化产业管理学［M］．福州：福建人民出版社，2013.

（三）优秀文化资源传承与保护的原则

面对工业化和全球化带来的挑战，文化产业管理必须重视优秀传统文化的保护与传承。文化产业管理需要通过相应的法律手段，借助政府和民间的多方力量，保护本民族的历史文化资源。一方面，要通过立法保护、资金支持等手段，抢救濒危文化遗产；另一方面，要推动文化资源与现代产业融合发展，如文化旅游等新型业态。同时要建立文化安全屏障，在吸收外来优秀文化成果的同时，抵御不良文化渗透，为民族文化发展创造良好环境。这一原则既是对历史负责，也是为未来发展奠基。

（四）遵循产业发展规律的原则

根据马克思主义政治经济学原理，艺术创作本质上是一种特殊的生产力。文化产品与物质产品一样，都包含生产、流通、消费等环节，受生产关系和价值规律制约。因此，文化产业管理既要遵循市场经济的一般规律，又要尊重文化生产的特殊性，在把握意识形态属性的同时，充分发挥市场机制作用，推动形成既符合社会主义精神文明建设要求，又适应市场经济规律的产业发展模式。

三、文化产业管理的方法

文化产业管理的综合性和复杂性，决定了文化产业管理方法的多样性。在方法上，需要从多领域、多视角进行系统分析和研究。以下从宏观与微观、定性与定量、文化与经济等维度，探讨文化产业管理的具体方法。

（一）宏观分析与微观分析相结合

宏观分析方法是从社会整体角度考察文化产业的运行过程，包括分析文化产业在国民经济中的地位与作用，研究其发展水平、发展方式、市场特征、消费状况以及资源配置等方面。这种方法有助于把握文化产业发展的总体趋势，为宏观管理决策提供重要依据。微观分析方法则是从具体业态或项目层面入手，深入分析文化产业的发展变化规律。通过对典型案例的剖析，可以揭示文化产业运作的内在机理。在实践中，文化产业管理必须将宏观与微观视角有机结合，既要把握整体发展方向，又要关注具体实施环节，这样才能形成科学、完整的管理体系。

（二）定性分析与定量分析相结合

传统上，文化生产部门常被视为非生产性领域，研究重点多集中于其意识形态功能的定性分析上，而忽视了经济指标的定量研究。随着文化产业逐渐发展成为国民经济的重要组成部分，单纯依靠定性分析已难以全面反映产业的运行状况，更难以满足科学化、精细化的管理需求。行业统计、成本核算、财务分析等定量方法，已成为现代文化产业管理不可或缺的管理工具。2018 年，我国国家统计局修订颁布了《文化及相关产业分类（2018）》，这一分类标准根据当前我国互联网时代文化新业态不断涌现的新形势，进一步完善了文化及相关产业的界定范围，明确了文化产业的统计口径，为规范文化产业统计工作提供了重要依据。

（三）文化管理与经济管理相结合

文化产业管理早期主要是从文化管理视角，在文化、历史等领域，运用传播学、历史学、哲学等人文科学方法，通过文本和语义结构分析，研究大众文化消费特征。这种方法有助于从文化产品的生产、消费和交换过程中，深入理解文化特征和社会关系。然而，文化产业管理不能仅停留在文化层面，需要结合经济学的分析方法，深入研究产业的生产和交换规律。现代文化产业管理广泛采用调查方法，但简单的数据罗列仍然无法满足管理需求，应运用实证分析方法深入挖掘数据背后的经济规律，实现文化价值与经济价值的统一。

第四节　文化产业不同行业的管理

文化产业各行业的管理是国家和地方政府文化管理部门及其附属机构、国有文化资产投资管理机构、文化行业协会等组织对文化及其相关行业实施的管理活动。这种管理活动以文化产业分类为基础，以区域文化产业管理为重点，针对不同行业的特点制定相应的管理策略。以下将针对我国文化产业主要行业的管理进行具体介绍。

一、新闻出版业管理

新闻出版产业是指从事新闻报道、评论、编辑、发行、出版及相关活动的产业，包括报纸、杂志、图书、音像制品、电子出版物等。新闻出版产业作为文化产业的重要组成部分，兼具文化属性和意识形态属性，其管理内容涵盖准入管理、内容管理、市场管理以及产业发展管理。国家新闻出版署主管全国新闻出版事业与著作权管理工作，拟定新闻出版业发展规划、政策法规，监督管理出版物内容和质量。相关管理部门依照《出版管理条例》等法规，规范出版单位的设立与管理机制，明确出版物的内容要求。在信息技术和人工智能快速发展的背景下，管理部门还需加强对数字出版等新兴出版业态的监管，推动传统出版与数字出版的融合发展。

二、广播影视业管理

广播影视业是以电子技术为支撑，通过视听媒介进行内容创作、生产、传播及商业化运营的文化产业形态。其管理由国家广播电视总局主导，包括行业政策与法规制定、内容监管与导向管理、行业准入与机构管理、市场监管与行政执法等。管理部门依照《广播电视管理条例》《电影产业促进法》等法律法规，规范广播电视机构的设立和管理、确立广播影视作品内容审查标准。在影视剧管理方面，实行剧本备案制和成片审查制，确保影视作品的思想性和艺术性。鼓励影视产业技术创新，推动4K/8K超高清、虚拟现实（VR）等新技术的应用，提升影视作品的质量和观赏体验。此外，管理部门还通过政策扶持和资金引导，促进影视产业基地建设，推动国产影视作品走向国际市场，增强文化软实力。

三、演艺业管理

演艺业是以演艺产品的创作、生产、表演、销售、消费及经纪代理、艺术表演场所等配套服务机构共同构成的产业体系。演艺行业产业链上游主要为内容制作方，以艺人资源及内容为核心竞争力；产业链中游主要为演出场地、票务平台及品牌赞助方；产业链下游为消费者。目前国内演艺行业在拉动文化消费、带动地方文旅发展方面取得显著成效，成为国民经济高质量发展中的重要一环。演艺业的管理涉及演出内容、市场秩序和行业规范等多个方面。文化和旅游部负责制定演艺行业政策，规范演出市场的经营行为，确保演出内容健康向上。各地文化和旅游行政部门按照《营业性演出管理条例》及其实施细则的规定，严格执行演出市场主体准入制度，实施演出内容监管，打击非法演出和票务乱象。鼓励演艺团体创新表演形式，推动传统与现代艺术的融合，提升演艺作品的艺术价值和社会影响力。通过举办艺术节、演出季等活动，为演艺行业提供展示平台，促进优秀作品的传播。

四、会展业管理

会展业是指一系列与会议、展览、展示相关的服务和经济活动的总称，是加强企业间交流、促进合作和推动经济发展的重要手段。该行业涉及广泛，包括会议和展览的组织、场地租赁和设计、活动策划和执行、展品运输和咨询服务等各个环节。随着全球交流合作的加强以及科技的快速发展，会展行业已经成为全球经济发展和贸易促进的重要领域。在会展业管理方面，主要包括以下内容：制定实施会展业法律法规和发展规划，合理配置会展业发展专项扶持资金，强化行业自律和监管，制定和完善行业标准，规范会展交易行为和市场秩序，建立展会品牌保护、知识产权保护和安保反恐机制，推动会展业规范化健康发展。未来，数字化和技术创新将成为会展业发展的重要驱动力，线上线下融合的展览模式将成为主流，国际化和品牌化也是未来发展的重要方向。

五、动漫游戏产业管理

动漫游戏产业作为新兴文化产业，包括动画、漫画及其衍生的游戏、服装、文具、玩具等产品，产业链涵盖内容生产、内容传播和衍生变现三个环节。其主管部门涉及多个政府部门。例如，文化和旅游部负责动漫游戏产业的规划、政策制定、市场监管以及内容审查等工作。国家新闻出版署负责出版审批、版权保护以及内容审核等。国家广播电视总局负责动漫影视作品的播出管理。在产业扶持方面，通过设立专项资金、举办行业赛事鼓励原创作品创作，推动优秀作品孵化和推广；同时地方政府积极建设产业园区，提供优惠政策和完善配套吸引企业和人才。此外，管理部门大力推动产业与科技、教育、旅游等领域的跨界融合，拓展产业链条，并通过加强知识产权执法打击盗版侵权，为产业健康发展营造良好环境，助力优秀文化产品走向国际市场。

六、文化旅游业管理

文化旅游业是以文化资源为核心吸引力，通过旅游活动实现文化体验、传播与消费的综合性产业形态。它融合文化遗产、艺术表演、节庆活动、创意设计等文化要素与旅游服务，既包括对历史文化遗迹、博物馆、非物质文化遗产等静态文化资源的旅游开发，也涵盖实景演出、文化节庆、主题公园等动态文化体验活动。文化和旅游部是主要主管部门，负责制定行业政策，推动文化旅游资源的合理开发和利用。各地方管理部门依照《中华人民共和国旅游法》《中华人民共和国文物保护法》等法律法规，规范旅游市场秩序，实施文物保护。鼓励挖掘地方文化特色，打造具有文化内涵的旅游产品，如文化遗产旅游、红色旅游、民俗旅游等。通过举办文化旅游节、推广文化旅游线路等方式，提升文化旅游品牌的知名度和吸引力，并促进文化与旅游的深度融合。

七、创意设计产业管理

创意设计产业是战略性新兴产业和国民经济先导性产业，是推进供给侧结构性改革、加快新旧动能转换的重要支撑。创意设计产业的主管部门涉及多个部委的协同管理，管理内容涵盖产业规划、政策扶持、产业培育、知识产权保护、人才培养等方面。中央层面上，文化和旅游部主管文化创意领域的产业发展，制定行业规划；工业和信息化部主导工业设计、数字创意设计等与制造业相关的领域；国家知识产权局负责管理设计专利、版权等知识产权保护，共同推动创意设计产业发展。地方层面通过文旅厅、工信局等实施属地化管理，并依托行业协会开展标准制定和行业自律，部分省市还通过设立文化创意产业办公室强化跨部门协同效能。近年来，随着数字化和产业升级需求，管理重点逐步向设计赋能实体经济、绿色设计、AI与设计融合等新兴领域延伸。

八、数字文化产业管理

数字文化产业是以计算机、互联网、数字采集与传输技术为基础，通过VR/AR、3D建模、大数据等技术手段，实现文化资源数字化共享与创新表达的新兴业态，涵盖在线娱乐、数字内容创作、虚拟现实体验等领域。其核心特征在于依托技术赋能，突破时空限制，打造兼具创新性、体验性与互动性的文化服务模式。作为高速增长的新兴产业，其发展面临内容监管、技术标准与数据安全等挑战。目前，国家网信办、文化和旅游部等部门通过《网络信息内容生态治理规定》等法规协同推进规范管理，重点加强网络音乐、文学、短视频等内容审核，同时加快制定数字产品技术标准，推动区块链、人工智能等技术在版权保护与内容分发中的应用，并强化数据安全与用户隐私保护，构建健康可持续的产业发展生态。

文化产业各行业的管理需要根据不同行业的特点和发展阶段，采取差异化的管理策略。随着文化产业的快速发展，管理部门需要不断创新管理方式，完善政策体系，加强跨部门协同，推动文化产业高质量发展。同时，要充分发挥市场在资源配置中的决定性作用，激发文化企业的创新活力，促进文化产业与其他产业的深度融合，为经济社会发展注入新的动能。

本章参考文献：

[1] 赵尔奎. 文化产业管理干部学习读本［M］. 西安：陕西人民出版社，2019.

[2] 张友臣. 文化产业管理学［M］. 福州：福建人民出版社，2013.

[3] 詹一虹. 文化产业管理概论［M］. 北京：中华书局，2017.

第十一章　文化立法

党的二十大报告强调全面依法治国，推进法治中国建设。作为法治中国建设不可或缺的元素，中国特色社会主义文化立法既是应对现代化、全球化和娱乐化所造成的“文化国危机”① 的重要利器，也是进入新时代、新征程，加速推动文化繁荣、增强文化自信、建设文化强国和中华民族现代文明的关键之举。然而，相比经济、政治、社会、生态领域，我国尚未彻底摆脱“文化领域的立法数量总体偏少”“文化立法层次仍然较低”“文化建设各领域立法不平衡”等滞后局面②。何为文化立法？文化立法为何？文化立法如何？如何文化立法？文化立法的概念内涵、价值意蕴、现实进展、完善方向等一系列问题亟待细致研判和清晰阐明。

第一节　文化立法的概念内涵

源于“文化”一词的丰富内涵和多元理解，文化立法也有着诸多释义。周叶中倾向于从“大文化”视角解读中国特色社会主义文化立法所指向的“文化”，即公民的价值观念认知领域，以及相应寄托或承载这种观念认知的领域，包括知识、信仰、艺术、道德、习俗、习性等非物质文化领域，蕴含人们某种价值诉求、观念认知的文化遗址、现代艺术品等物质

---

① 周刚志，李琴英．论“文化法”：契机、体制与基本原则［J］．江苏行政学院院报，2018（06）：125－132.

② 韩业庭．时隔九年，全国文化法治工作会议再次召开，雒树刚表示 5 年内改变文化法治滞后局面［N］．光明日报，2015－05－20（04）.

文化领域，以及承载物质文化与非物质文化的文化事业、文化产业领域等。而中国特色社会主义文化立法则是调整社会主义文化领域的各种社会关系，维护社会主义文化市场秩序，引导、规范和促进中国特色社会主义文化事业、文化产业发展，保障公民文化权利的各种法律规范的总称①。刘承韪则从文化法学层面，将文化限定为与物质文明相对的人类精神文明成果，并指出文化法应面向国家文化利益、民族文化利益和个人文化利益，构建涵盖文化基本法、文化事业法、文化产业法三个层次的法制体系②。刘谢慈认为新时代背景下，文化法律体系的范畴定位应重点着眼于文化建设之具体形态改革与秩序维护、我国独特文化土壤之上文化权利与文化责任之协调、以社会主义核心价值观为基点的文化诉求满足与权利救济三方面，落脚于文化建设上的促进保障法、文化土壤上的责任规范法以及文化诉求上的权利实现法③三大板块。从文化立法的多种定义中，我们可以提炼出以下几个共性认识：

一、文化立法旨在维护国家、民族、个人的文化利益

法的价值存在于人类的需要和法律满足人类需要之间的特定关系之中④。也就是说，法存在的意义即为调整法律主体之间的利益关系。文化立法加以确认与保护的主要有三种文化利益：

第一，国家文化利益。根据文化学理论，国家所保障的社会整合，并不仅仅依赖于国家组织机构的功能化，还依赖于文化所建立的整合基础的存在。面对现代化浪潮中“物质主义价值观”冲击下的“文化遗产之殇”、全球化浪潮中“东西方文化冲突”对抗下的“本土文化危机”、娱乐化潮流中“娱乐至上理念”侵蚀下的“社会价值观困境”⑤，迫切需要加快文化立法以保护本国文化、维护文化主权、提升文化软实力、实现国家文化利益。

---

① 周叶中，蔡武进．中国特色社会主义文化立法初论［J］．法学论坛，2014（05）：83－93.

② 刘承韪．我国文化法学的内涵与原则［J］．山东大学学报（哲学社会科学版），2023（05）：181－192.

③ 刘谢慈．新时代背景下文化法的范畴界定与实施方法［J］．求索，2018（03）：139－146.

④ 徐向华．中国立法关系论［M］．杭州：浙江人民出版社，1999：130.

⑤ 同上④。

第二，民族文化利益。文化是一个国家、一个民族的灵魂。文化立法所要确认和保护的民族文化利益，是指以56个民族为基础的“多元一体”格局下的中华民族文化利益。具体包括，尊重和保护各民族文化多样性和差异性、增进各民族文化间的交流互动和融合创新、铸牢夯实中华民族共同体意识和强化文化认同感凝聚力。

第三，个人文化利益。文化权利关系着人类社会是否全面发展和公民是否有尊严地生活，其不仅是国际法所承认的基本人权，也是我国宪法所规定的基本权利。根据《经济、社会及文化权利国际公约》的规定，文化权利是现代国家公民的基本权利，应当处于和经济权利、社会权利同样重要的地位。我国《宪法》第四十七条也规定公民有进行科学研究、文学艺术创作和其他文化活动的基本权利与自由。文化立法在微观层面以维护文化选择权、参与权、受益权、遗产权、传播权等个体文化权利为旨归。

二、文化事业发展、文化产业发展、文化权利保障是文化立法的核心内容维度

对于“建构何种文化立法内容框架”这一问题，学界进行了广泛讨论。肖金明指出，应加快构建由宪法文化权利与宪法文化政策两块基石、文化事业法则与文化产业法则两个侧面、中央文化立法与地方文化法规两个层面、文化政策与文化法律两个方面有机构成的文化法则体制①。朱兵认为，我国应建立以宪法为根本，以文化基本法律、专门法律和行政法规为主干，以地方性法规和部门规章为补充的中国特色社会主义文化法律制度框架②。总体上，学界对文化立法的内容维度基本达成共识。本书以周叶中教授的观点③为参照，考虑到我国文化领域社会关系的庞杂性，中国特色社会主义文化立法应当按照基础法加单行法的模式建构内容体系（如图11.1所示），具体包括：

---

① 肖金明．文化法的定位、原则与体系［J］．法学论坛，2012（01）：26－35.
② 朱兵．建立和完善中国特色社会主义文化法律制度［J］．中国人大，2012（10）：8－13.
③ 周叶中，蔡武进．中国特色社会主义文化立法初论［J］．法学论坛，2014（05）：83－93.

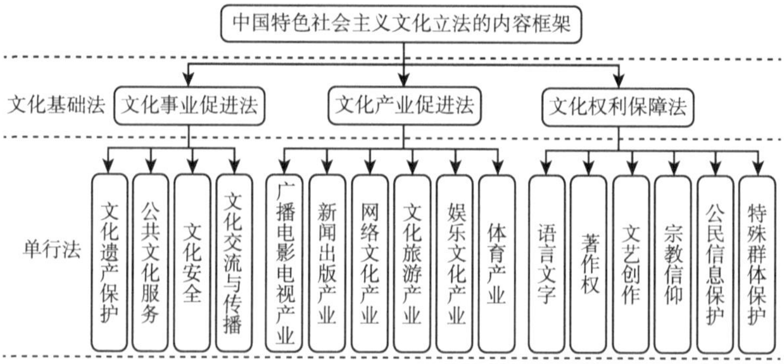

图 11.1　中国特色社会主义文化立法的内容框架

（一）文化基础法

文化基础法，指调整某一文化领域之基础性关系的法律规范，其构成各大文化领域的“顶层设计”，意在明确相应文化领域的基础性运行原则和规则，并对该文化领域各种单行法律法规进行一定意义上的统合。具体应包括作为文化事业领域基础法的《文化事业促进法》、作为文化产业领域基础法的《文化产业基础法》与《文化市场管理法》、作为文化权利保障领域基础法的《文化权利保障法》。

（二）文化事业单行法

文化事业是为社会公益目的、由国家机关或者其他组织利用国有资产举办的、在文化领域从事的研究创作精神产品和进行公共文化服务等活动的统称①。文化事业强调文化利益、文化目标的公共性，以及国家对文化市场缺陷的干预与补足。文化事业法则是调整文化事业领域社会关系的法律规范的总称。文化事业领域应构建涵盖文化遗产保护、公共文化服务、文化安全维护、文化交流与传播等领域的单行法。

（三）文化产业单行法

文化产业是指生产文化产品或提供文化服务以满足社会需要的各类行业门

① 熊文钊．文化法治体系的构建（上卷）［M］．北京：中国社会科学出版社，2021：346.

类的总称①。文化产业法是调整我国文化产业领域社会关系的法律规范的总称。文化产业领域应建构涵盖广播电影电视产业、新闻出版产业、网络文化产业、文化旅游产业、娱乐文化产业、体育产业等领域的单行法。

（四）文化权利保障单行法

公民文化权利保障是文化立法的根本目的。文化权利保障领域应构建涵盖有关语言文字权利保障、著作权保障、文艺创作权利保障、宗教自由保护、公民信息保护、特殊群体保护等方面的单行法。

三、文化立法强调现实适应性和时代进步性

文化是一条不断流淌的河流，呈现历史继承性和现代发展性的辩证统一。进入新时代，我国文化建设迎来发展重大机遇，也面临诸多挑战。一方面，随着社会主要矛盾的深刻转变，人民群众精神文化需求已经从有没有、够不够转化为好不好、精不精，人民日益增长的美好生活需要对文化事业发展提出了更高要求，为文化产业发展开辟了更大空间，将文化权利提升到更高层面。文旅融合发展、文化创新能力建设、科技赋能、文化共富等一系列新热点、新战略、新议题不断涌现，需要文化立法及时回应、强化引领。

另一方面，随着世界百年未有之大变局加速演进，大国地缘政治博弈加剧，全球经济复苏乏力，逆全球化思潮抬头，恐怖主义、网络安全、重大传染性疾病、气候变化等非传统安全威胁持续蔓延，人类社会面临的不稳定性、不确定性渐成常态。国家文化安全和意识形态安全、中华文化传承和文脉赓续等领域重大风险的防范化解，离不开文化立法奠定的基础性、根本性制度底座。

四、文化立法有赖于中央与地方、国家与社会的多元协同

文化立法是一项系统工程，有赖于国家立法、部门规章、地方规章以及行业内部规章制度建设等多方协同。从中央与地方双向互动的角度来看，地方文

① 张曾芳，张龙平．论文化产业及其运作规律［J］．中国社会科学，2002（02）：98－106.

化规章是文化立法体系不可分割的重要组成部分，在尊重本地文化特色和秉持开放理念的基础上，创造性的地方规章经过先行先试为国家立法提供经验①；国家文化立法则在坚持统一规划的基础上，对地方文化规章起指导、监督作用，是地方规章的遵循。

从国家与社会双向互动的角度来看，要深入推进文化领域科学立法、民主立法、依法立法，使文化立法成为发展全过程人民民主的生动实践，则离不开公民、行业主体等社会主体的支持。2023 年新出台的《中华人民共和国立法法》第六条规定："立法应当坚持和发展全过程人民民主，尊重和保障人权，保障和促进社会公平正义。"文化立法必须走好群众路线、大兴调查研究、汲取人民智慧、反映人民愿望、尊重人民首创精神②，交好"人民之问"的高分答卷。

第二节　文化立法的价值意蕴

一、文化立法是中国特色社会主义法律体系的重要组成

法律是治国之重器，良法是善治之前提。党的十五大确立了"依法治国，建设社会主义法治国家"的基本方略，明确提出到 2010 年形成中国特色社会主义法律体系。经过长期共同努力，一个立足中国国情和实际、适应改革开放和社会主义现代化建设需要、集中体现党和人民意志，以宪法为统领，以宪法相关法、民法商法、行政法、经济法、社会法、刑法、诉讼与非诉讼程序法等多个法律部门的法律为主干，由法律、行政法规、地方性法规三个层次的法律规范构成的中国特色社会主义法律体系如期形成，社会主义经济建设、政治建设、文化建设、社会建设、生态文明建设基本实现有法可依。但正如习近平总书记在中央人大工作会议上曾指出的："时代在进步，实践在发展，不断对法

---

① 杨志今．建立健全文化法律制度 为建成社会主义文化强国提供有力法治保障［EB/OL］．中国人大网（http：//www. npc. gov. cn），2021－11－01.

② 闫萍．深刻把握党的理论创新的时代性［EB/OL］．经济日报（https：//baijiahao. baidu. com），2023－08－30.

律体系建设提出新需求，法律体系必须与时俱进加以完善。”① 进入新时代，中国特色社会主义法律体系的立法重心已从以经济立法为主转向经济、社会、文化等各领域立法均衡发展的新轨②。新中国成立以来，特别是改革开放以来，国家已制定了一定数量的文化相关法律、行政法规和行政规章，各地方权力机关和行政机关也根据各自的实际情况，制定了不少地方性法规和规章。但无论文化立法的数量层次，还是文化法律意识的树立普及，都与多元化的文化发展趋势、常态化的文化服务需求、扩大化的文化影响半径不相适应。文化立法在中国特色社会主义法律体系建设中的紧迫且重要地位进一步彰显。

二、文化立法是建设社会主义文化强国题中应有之义

中华民族伟大复兴需要以中华文化的发展繁荣为条件。党的二十大提出到2035年建成文化强国、国家文化软实力显著增强的目标任务，作出推进文化自信自强、铸就社会主义文化新辉煌的重大部署。2023年6月，习近平总书记在文化传承发展座谈会上进一步强调：“在新的起点上继续推动文化繁荣、建设文化强国、建设中华民族现代文明，是我们在新时代新的文化使命。”党和国家关于文化强国建设的一系列战略谋划离不开法律制度的保驾护航。文化法律法规是对文化建设规律的概括和总结，相对于文化政策而言更具有稳定性、规范性和强制性。加快文化立法，通过法定程序把党在文化领域的政策主张上升为国家法律，使党的政策主张获得国家强制力的保障；把文化建设实践中形成的新成果、新经验用法律形式固定下来，为文化改革发展提供更为科学且具体的遵循；各级政府在文化建设中的责任，通过立法加以明确和强化③。强化文化强国建设的法律制度供给，善于运用法治来大力推动社会主义文化繁荣发展、不断满足人民群众日益增长的精神文化需求、有力应对激烈国际文化竞争和捍卫国家文化安全，成为提升国家文化软实力，建设中华民族现代文明的必然要求。

---

① 廖文根等. 良法善治开新篇——以习近平同志为核心的党中央引领建设中国特色社会主义法治体系纪实［N］. 人民日报，2023－03－15.

② 张生. 中华人民共和国立法史（1949—2019）［M］. 北京：法律出版社，2020.

③ 王晓晖. 建立健全文化法律制度［N］. 光明日报，2014－11－04.

三、文化立法是维护公民文化权利的有力武器

现代化的最终目标是实现人的自由而全面的发展，人民群众的精神文化生活是否得到满足以及满足程度如何，直接影响这一目标的实现。在法学视野下，公民基本文化权利属于基本人权的重要范畴，是公民诸多基本权利中的一项。近年来，随着改革开放步伐不断加快及人民生活水平不断提高，公民权利意识日趋觉醒，保护公民文化权利的立法需求与立法进程间的矛盾逐渐显现。为此，通过文化立法，强化社会主义核心价值观引领，促进文化事业高质、均衡发展，推动知识产权保护和文化产业振兴，以切实保障公民文化创造权、参与权、选择权、受益权、共享权等基本文化权利。促进社会成员公平参与文化生活、共享文化成果、获得成果收益，这既是人民群众的诉求回应，是国家义务的坚决履行，亦是文化自觉意识之培育、文化规范素养之提升、文化创新创造活力之激发、文化自信认同之铸就的基础引擎。

第三节　文化立法的现实进展

“文化立法”是党中央推进依法治国的重要领域，也是我国深化文化体制改革、实现文化大发展大繁荣的法制保障，更是新中国成立 76 年以来治国理政的重要经验之一。在这段漫长历史进程的前三十年，我国“文化立法”曾经历过新民主主义文化向社会主义文化建设的历史转型，以及“文革”十年的停滞。改革开放以来，在经济建设取得举世瞩目成就、综合国力取得极大提升的同时，我国的文化建设和文化立法也重新转回正轨。1982 年宪法对“加强社会主义精神文明建设”“促进文化事业和文化产业发展”“保障公民文化权利”均进行了重点强调和重新规定，这在相当程度上构成了我国文化立法的“方针条款”，随后我国文化立法逐步进入“快车道”，《中华人民共和国文物保护法》(1982)、《中华人民共和国档案法》(1987)、《中华人民共和国国旗法》(1990)、《中华人民共和国国徽法》(1991)、《中华人民共和国著作权法》(1990)、《中华人民共和国国家语言文字法》(2000)、《中华人民共和国非物

质文化遗产法》（2011）、《中华人民共和国国家勋章和国家荣誉称号法》（2015）、《中华人民共和国电影产业促进法》（2016）、《中华人民共和国网络安全法》（2016）、《中华人民共和国公共文化服务保障法》（2016）、《中华人民共和国公共图书馆法》（2017）等法律及大量行政法规、地方性法规相继出台，社会主义文化大繁荣大发展的法制之基不断夯实。

2018 年，以“社会主义核心价值观”入宪为契机，我国社会主义文化立法工作以前所未有的力度和速度推进。为更好服务新时代文化自信与文化强国建设需要、应对尚存在和不断涌现的新问题新情况，文化遗产保护法体系、公共文化服务法体系、文化产业促进法体系、文化教育管理法体系快速建构形成，比如，文化教育管理领域的《中华人民共和国英雄烈士保护法》（2018）、《中华人民共和国爱国主义教育法》（2023）、文化产业领域的《中华人民共和国文化产业促进法（草案）》（2019）等。

截至目前，我国现行有效的法律共计 303 件，包括宪法 1 件、宪法相关法 52 件、民法商法 25 件、行政法 97 件、经济法 85 件、社会法 28 件、刑法 4 件、诉讼与非诉讼程序法 11 件①。与“文化”直接关联的立法 19 件②，具体包括《中华人民共和国爱国主义教育法》（2023）、《中华人民共和国国旗法》（2020 修正）、《中华人民共和国国徽法》（2020 修正）、《中华人民共和国国歌法》（2017）、《中华人民共和国国家勋章和国家荣誉称号法》（2015）、《中华人民共和国英雄烈士保护法》（2018）、《中华人民共和国著作权法》（2020 修正）、《中华人民共和国专利法》（2020 修正）、《中华人民共和国商标法》（2019 修正）、《中华人民共和国档案法》（2020 修订）、《中华人民共和国公共图书馆法》（2018 修正）、《中华人民共和国文物保护法》（2017 修正）、《中华人民共和国公共文化服务保障法》（2016）、《中华人民共和国电影产业促进法》（2016）、《中华人民共和国非物质文化遗产法》（2011）、《中华人民共和国国家通用语言文字法》（2000）、《中华人民共和国旅游法》（2018 修正）、《中华人民共和国广告法》（2021 修正）、《中华人民共和国网络安全法》

---

① 北大法宝．现行有效法律目录［EB/OL］．北大法宝 V6 数据库（https：//weekly. pkulaw. cn），2024 - 07 - 08.

② 如从“大文化”视角梳理相关法律，教育法、教师法、科学技术普及法等涉及教育科技的法律也属于“文化立法”范畴，统计的法律件数将更多。

(2016) 等。此外，从职能部门角度来看，当前我国“文化旅游直接相关”的现行有效法律共5部、行政法规12部、部门规章40部、规范性文件245部①。

回溯文化立法的历史脉络可以看到，我国文化立法与全面依法治国、社会主义文化建设的战略步调一致，演进轨迹重合。自改革开放特别是党的十八大以来，我国文化立法工作获得了两次跨越式发展，在文化事业、文化产业和文化权利保障领域均取得了显著成绩，积累了宝贵经验。总的来看，以宪法为统领，全方位、多层次的文化法律制度体系已经基本形成并不断趋于健全和完善。

一、文化事业立法现状

按照文化事业的立法框架，当前我国尚未制定颁布“文化事业促进法”之类的文化基础法，但在文化遗产保护、公共文化服务、文化安全维护、文化交流传播等领域的单行法立法工作方面已取得了显著进展。

(一) 文化遗产保护

文化遗产承载着中华民族的基因和血脉，是不可再生、不可替代的中华优秀文化资源，需要薪火相传、代代守护。我国是文化遗产大国，76.7万处不可移动文物、1.08亿件/套国有可移动文物②，以及43项世界级非物质文化遗产项目③，星散在广阔中华大地上、绵延于岁月长河中，筑牢文化遗产保护传承的法制保障意义重大且十分紧迫。当前，文化遗产保护领域已经建成以《中华人民共和国文物保护法》《中华人民共和国非物质文化遗产法》等法律为引领，以《文物保护法实施条例》《水下文物保护管理条例》《历史文化名城名镇名

① 数据来自“中华人民共和国文化和旅游部—政府信息公开—政策法规库”(https://zwgk.mct.gov.cn)。其中，5部法律具体指《中华人民共和国旅游法》《中华人民共和国公共图书馆法》《中华人民共和国公共文化服务保障法》《中华人民共和国非物质文化遗产法》《中华人民共和国文物保护法》；12部行政法规具体指《互联网上网服务营业场所管理条例》《中华人民共和国水下文物保护管理条例》《旅行社条例》《博物馆条例》《营业性演出管理条例》《长城保护条例》《公共文化体育设施条例》《娱乐场所管理条例》《中华人民共和国文物保护法实施条例》《中国公民出国旅游管理办法》《导游人员管理条例》《中华人民共和国考古涉外工作管理办法》。

② 贾旭东．筑牢文化遗产保护传承的法治保障［N］．光明日报，2024-06-11.

③ 蒋肖斌．中国非遗数量居世界第一［EB/OL］．光明网（https://m.gmw.cn），2022-11-30.

村保护条例》《博物馆条例》《长城保护条例》《考古涉外工作管理办法》等行政法规为基石，相关部门规章和司法解释为补充，地方文化遗产保护立法为延伸的法律法规体系，建立了一系列保护管理、传承弘扬方面的制度措施，为文化遗产保护工作提供了坚实支撑①。

但需要指出的是，当前的法律框架呈现出文物保护和非物质文化遗产保护“条块分割”、文化遗产保护和自然遗产保护“交叉重叠”、文化遗产保护和产业开发利用“相互掣肘”等问题。比如，在民族村镇保护与建设过程中，物质文化遗产与非物质文化遗产是一种深度依存关系，有待统一立法加以保护（具体见“案例延伸 1”）；又比如，《自然保护区条例》《中华人民共和国城市规划法》在文化遗产保护上与《中华人民共和国文物保护法》存在管理对象重叠现象。此外，伴随现代文明、城市更新进程加速，传统文化过度商业化带来的文化遗产破坏问题，重视单体保护忽略整体性保护、重视遗产展示忽略更新活化等问题仍然突出，文化遗产保护法律体系仍待进一步统合与完善。

案例延伸 1：物质文化遗产与非物质文化遗产保护的深度依存关系②

云南哈尼梯田分布于哀牢山脉中下段的红河流域，具体指红河州元阳县县城附近的四块梯田，2011 年 6 月 14 日，哈尼梯田被世界粮农组织列为“全球重要农业文化遗产”，2013 年 6 月 22 日在第 37 届世界遗产大会上入选世界文化遗产。作为持续性文化景观，它在当今社会与传统的生活方式的密切交融中持续扮演着重要角色，具有突出的普遍价值。按照世界文化遗产保护的要求，哈尼梯田的保护体现在如下一些方面，缺一不可：

· 梯田景观的完整性；

· 梯田文化遗产要素的完整性；

· 在不可移动文化遗产保护方面，即梯田、森林、灌溉设施、村寨等（坟冢、房屋、神树林、水池）的完整性；

---

① 蒲晓磊．全国政协举行社会科学界别协商座谈会 与会委员建议用最严密法治保护文物和文化遗产［EB/OL］．光明网（https：//baijiahao. baidu. com），2024－05－07.

② 田艳，艾科热木·阿力普．《文化遗产保护法》的统一立法模式考量［J］．西南民族大学学报（人文社会科学版），2019（02）：58－62.

·在可移动文化遗产保护方面，即传统生产工具、生活用品、民族服饰、传统工艺品等代表性实物的完整性；

·在非物质文化遗产保护方面，传统知识和农艺、手工技艺、节日仪式、民间故事、农耕礼仪与信仰、特色饮食、歌舞艺术等的完整性；

·梯田生命循环系统的完整性，即森林→沟渠→梯田→粮食→人；

·梯田农事活动系统的完整性；

·梯田农耕礼仪的完整性。

以上所有这些要素都保护好了，红河哈尼梯田才算是保护成功了。可见，世界文化遗产以及全球重要农业文化遗产保护的要求就是要将物质文化遗产与非物质文化遗产一同保护，两者在保护实践中也是无法截然分开的。

（二）公共文化服务

发展公共文化服务，是保障人民文化权益、改善人民生活品质、补齐文化发展短板的重要途径①。公共文化服务立法则是将公共文化服务体系建设中的实践经验转化为法律规定、上升为国家意志，运用国家强制力保障民众基本文化权益的必要手段。我国公共文化服务立法实践从广东起步［《广东省公共文化服务促进条例》（2011）］，经过地方实践探索，国家层面于2014年4月启动公共文化服务保障立法工作，2016年12月颁布《中华人民共和国公共文化服务保障法》②。随后，浙江、天津、湖北、陕西、贵州、重庆、安徽、湖南、上海、江西、四川等22个省份先后出台本行政区域内的公共文化服务法规③，为《中华人民共和国公共文化服务保障法》的实施提供了更广泛的地方实践支撑。作为公共文化服务领域综合性、全局性、基础性的重要法律，《中华人民共和国公共文化服务保障法》对公共文化设施建设与管理、公共文化服务提供、保障措施和法律责任均进行了明确规定，奠定了公共文化服务的法律制度基础框

---

① 杨瑜．推动公共文化服务高质量发展［N］．人民日报，2024-02-01．

② 耿达，田欣．公共文化服务立法的实践场景：国家与地方互动视角［J］．图书馆论坛，2022（05）：86-95．

③ 数据来自北大法宝数据库检索平台，检索时间2024-07-10．

架，扭转了公共文化领域法制建设长期严重滞后的局面，开启了公共文化领域有法可依的新阶段。

除了《中华人民共和国公共文化服务保障法》外，另一部具有重要地位的法律《中华人民共和国公共图书馆法》于2017年颁布。作为我国图书馆领域第一部国家法律，《中华人民共和国公共图书馆法》早在2001年就启动了立法工作，但因对图书馆法涉及的基本问题未能达成共识，该法的研究制定一度陷入停滞窘境。2013年，十二届全国人大常委会立法规划将《中华人民共和国公共图书馆法》列入第一类项目，与此同时，随着《中华人民共和国公共文化服务保障法》立法工作启动，《中华人民共和国公共图书馆法》立法迎来了前所未有的社会环境和推动力量，经过近20年的曲折历程、几代人的艰苦努力，终得颁布。《中华人民共和国公共图书馆法》以宪法为依据，对接公共文化服务保障法的要求，确定了公共图书馆的基本原则和目标方向，构筑了公共图书馆的制度体系，强调了公共图书馆的公益属性，重视社会力量参与公共图书馆建设，为促进图书馆事业健康发展、保障人民群众基本文化权益提供了强有力的法律支撑。

当前，以《中华人民共和国公共文化服务保障法》《中华人民共和国公共图书馆法》"两法"为核心的公共文化服务保障法律制度基本框架初步形成。但我们也可以看到，这一领域的法制体系仍然有很大的完善空间：第一，在国家和地方共同推进立法工作的同时，与法律相适应的配套制度尚未完全建立，法律的进一步贯彻落实缺乏操作层面的程序性规定。比如，《中华人民共和国公共文化服务保障法》建立了有公众参与的评价反馈机制，但地方层面尚未明确公众参与的渠道、时间等操作细则。第二，公共文化服务领域的立法不平衡问题较为明显。比如，以文化馆为代表的其他公共文化机构专门立法滞后；公共文化和旅游融合发展，城市更新背景下公共文化设施更新等新情况新问题在制度层面仍有空白①。第三，公共文化服务地方立法不平衡问题较为突出。比如，虽然公共文化服务立法得益于地方立法工作创新，但仍有较多地区的立法工作存在照搬中央立法的形式化问题②，体例统一、内容相似、缺乏地方特色。

---

① 宗何婵瑞．我国公共文化服务保障法制建设的回顾与展望［J］．图书馆论坛，2024（01）：16－23.

② 李元华．我国公共文化服务地方立法：现状考察、问题检视与纾困路径［J］．图书馆建设，2023（05）：84－94.

第四，部分法律制度“打架”问题仍然存在。比如，《国家基本公共服务标准》2021年版和2023年版，都规定包括公共图书馆在内的公共文化设施在“国家法定节假日应当适当延长开放时间”；《公共文化体育设施条例》（第十七条）要求公共文化体育设施在“国家法定节假日和学校暑假期间，应当适当延长开放时间”。这实际上是有违《中华人民共和国公共图书馆法》规定的：公共图书馆作为主要依靠公共财政支持运行的公共文化服务机构，必须在满足公众需求和公共财政保障能力之间取得平衡，超出人财物保障能力的服务是不符合规定因而也是不可持续的①。

（三）文化安全

文化安全是国家安全的重要组成部分。《中华人民共和国国家安全法》第二十三条规定：“国家坚持社会主义先进文化前进方向，继承和弘扬中华优秀传统文化，培育和践行社会主义核心价值观，防范和抵制不良文化的影响，掌握意识形态领域主导权，增强文化整体实力和竞争力。”面对西方文化的扩张和渗透、现代科学技术尤其是网络信息技术的潜在风险，在世界百年未有之大变局下加快构筑国家文化安全法制体系成为又一立法重点。国家文化安全主要关涉主权国家整体文化体系的运行和发展安全，特别是本土文化传统、意识形态、文化产业以及公共文化实践能否最大限度地减少外部或内部力量的侵蚀、操控和破坏，以及文化领域的立法权、管理权是否完整且不易撼动，进而有效维护国家的合法性、统一性和连续性②。

当前，文化安全立法工作主要有三条主线：一是国家安全、教育等领域专门法体系中涉及的维护意识形态安全、培育社会主义核心价值观、凝聚国家认同等的相关法律法规，如《中华人民共和国国防法》第四十三条、《中华人民共和国教育法》第六条第七条、《中华人民共和国高等教育法》第五十三条、《中华人民共和国刑法》第一百零三条、《中华人民共和国网络安全法》第十二条等。二是文化立法中巩固和维护意识形态安全，推进国家软实力建设的相关法律条款，如《中华人民共和国公共文化服务保障法》第三条、《中华人民共和国公共图书馆法》第三条第二款、《中华人民共和国电影产业促进法》第

① 李国新.《公共图书馆法》施行五年：回望与前瞻［J］. 图书馆建设，2023（06）：14－21.

② 孙英春. 逆全球化趋向下的文化安全与文化治理［J］. 浙江学刊，2021（05）：32－40.

三十六条等。三是专门针对维护国家标志和象征、加强爱国主义教育的法律法规，如《中华人民共和国国歌法》《中华人民共和国国旗法》《中华人民共和国国徽法》《中华人民共和国国家勋章和国家荣誉称号法》《中华人民共和国英雄烈士保护法》以及全国人大常委会关于宪法宣誓、国家宪法日、国家安全教育日、抗日战争胜利纪念日等仪式和纪念日的决定等①。

从文化安全立法的现有成果中可以看到，我国现行文化安全法制体系尽管已初步成形，但与新时代"文化安全"的重要地位和急迫需求之间仍不相称：一是仍缺乏保障文化安全的基础性综合性立法，文化安全的定义、目标、范围、任务等基本要素尚未得到具体明确和总纲指导；二是现有部分规定以原则性为主，缺乏可操作性，如《中华人民共和国国家安全法》中"掌握意识形态领域主导权"尚未有相应具体规定相配合落实；三是在文化安全宣传教育、文化产业发展融入文化安全工作、社会主义核心价值观融入法治建设等立法领域仍然任重而道远。

（四）文化交流传播

在人类历史长河中，文化交流一直是推动文明发展的重要动力。它不仅促进了文化的传承，更推动了不同文明之间的交流互鉴。文化交流的实践形式多种多样，从文学艺术、音乐舞蹈到科技、教育、体育等各个领域，都存在着文化交流的身影。为此，通过立法明确文化交流传播的重要地位、保障各类交流活动有序开展，也成为文化事业领域立法的一个重要分支。《中华人民共和国对外关系法》第四十四条"国家推进国际传播能力建设，推动世界更好了解和认识中国，促进人类文明交流互鉴"，这是国际传播能力建设首次被写入国家法律，也是"促进文化交流传播，讲好'中国故事'，塑造中国国际形象"的重要地位获得法律明确的一大体现。

目前，我国文化交流传播领域尚未出台如《中华人民共和国新闻法》《中华人民共和国出版法》之类的法律法规，2021 年国家广电总局起草《广播电视法（征求意见稿）》，将成为新中国首部真正意义上的广播电视法。当前文化交流传播领域的立法工作成果主要集中在行政法规、部门规章和规范性文件层

---

① 莫纪宏，诸悦．论完善我国意识形态安全的法治保障［J］．甘肃社会科学，2021（06）：133 - 143.

面，如《出版管理条例》《印刷业管理条例》《音像制品管理条例》等。此外，各省市在推动文化交流传播立法方面也有创新成果，如江门市制定了《江门市华侨华人文化交流合作促进条例》，成为全国首部促进华侨华人文化交流合作立法的地方性法规；吉林省政府发布《对外文化交流管理规定》，规定了涉外文化交流的工作程序和政策法规依据；伊犁哈萨克自治州出台《伊犁哈萨克自治州各民族交往交流交融促进条例》，是全国首部促进各民族交往交流交融的地方性法规。相信，随着地方性法规实践的创新经验积累、相关立法条件的逐步具备，我国文化交流传播领域的法制体系将不断完善。

二、文化产业立法现状

自2000年中共十五届五中全会《中共中央关于制定国民经济和社会发展第十个五年计划的建议》正式提出“文化产业”概念开始，党的十七大、十八大、十九大、二十大报告逐步明确了“发展文化产业”的重要目标及“健全现代文化产业体系和市场体系”的新任务。相应的，文化产业领域的立法工作也在不断提档升级。1999年，文化部颁布了《文化立法纲要》，其中文化产业相关立法的目标是“根据我国文化产业的发展目标和发展规划，不断完善文化产业政策并适时转化为文化产业法规，为文化产业的高速发展提供有力的法律保障”。在这一思路指导下，我国文化产业的立法工作稳步推进。据不完全统计，当前我国已制定颁布的文化产业相关法律主要有《中华人民共和国著作权法》《中华人民共和国广告法》《中华人民共和国旅游法》《中华人民共和国电影产业促进法》《中华人民共和国网络安全法》《中华人民共和国商标法》《中华人民共和国专利法》等7部。行政法规层面，当前国务院共制定文化产业相关行政法规31部（详见表11.1），其内容广泛涉及旅游、电影、广播电视、音像制品、营业性演出、互联网信息、出版印刷、广告、设计、工艺美术等具体业态的行政管理。

根据国家统计局发布的《文化及相关产业分类（2018）》对“文化产业”的最新界定，文化及相关产业指的是“为社会公众提供文化产品和文化相关产品的生产活动的集合”，并将“文化及相关产业”区分为“新闻信息服务”“内容创作生产”“创意设计服务”“文化传播渠道”“文化投资运营”“文化娱乐休闲服务”“文化辅助生产和中介服务”“文化装备生产”“文化终端消费生产”九个大类①。鉴于未来文化和旅游等产业融合发展不断产生新兴业态等形式，文化产业的类别将会进一步发生变化和调整，这也给我国文化产业立法带来了极大的挑战。从传统法学视角来看，我国文化法体系乃是在中国“文化宪法”规范的统领下，所形成的“文化公法”“文化私法”和“文化公私混合法”复合规范体系②。在文化产业领域，亦当主要由“文化产业公法”与“文化产业私法”构成，“文化产业公法”主要体现为“文化市场管理法”与“文化产业奖助法”（或称“激励法”），“文化产业私法”主要体现为以《中华人民共和国著作权法》为主干的知识产权法体系。因此，相比从产业门类视角展开的相对碎片化和个性化的立法回顾，我们将从文化产业促进、文化市场管理、知识产权保护三个维度展开对文化产业立法进展的分析。

（一）文化产业促进立法

有学者曾经提出要区分传统“裁判法学”与“新兴赋能法学”，“赋能法学”相当重视当事人具有充分之诱因与能力，以就法律上之互动作双方之协商与调适③，文化产业促进法体系正好属于引导和激励市场主体发展文化产业的“赋能法”和“激励法”范畴。当前，《中华人民共和国电影产业促进法》是目前唯一在文化产业层面的激励法，但局限于电影产业。另有《中华人民共和国文化产业促进法（草案送审稿）》（2019）已公开征求社会各界意见，有望出台。

《中华人民共和国电影产业促进法》作为“电影产业第一法”，具有很强的代表性和示范性。电影产业在文化产业里的占比很大，同时兼具文化和经济双重属性。2023 年，中国电影票房达到 549.15 亿元，比 2022 年增长 83.5%，全球占比达 23.3%④。不过，繁荣背后，行业资金投入、市场准入、内容审查等方面都需要规范化、法治化。为进一步引导和促进电影产业的繁荣发展，《中华人民共和国电影产业促进法》重点就促进电影产业投融资增加、明确国家电影产业扶持政策的地位价值、完善电影产业市场及主体行为监管等方面展

① 该分类将“文化产业”界定为大口径的“大文化产业”.
② 周刚志．论中国文化法律体系之基本构成［J］．浙江社会科学，2015（02）：28－32，156.
③ 纪振清．产业发展与法制变革论坛 2014［M］．中国台北：台湾论证出版有限公司，2016.
④ 刘汉文，石航．2023 年中国电影产业发展分析报告［J］．当代电影，2024（02）：15－24.

开立法设计，对电影产业的长期发展具有深远影响和里程碑意义。

行政法规层面，虽然我国已出台30余部文化产业相关行政法规，但在法规性质上，以管制性法规居多，激励性行政法规仅6部，内容以知识产权的私法规定居多（详见表11.1）。其中《传统工艺美术保护条例》涉及“建档”“保密”等公法措施，但是依然缺乏公法上的激励奖助措施①。地方立法层面，不少地方率先制定了促进文化产业发展的地方性法规，如太原市《促进文化产业发展条例》、深圳市《文化产业促进条例》、汕尾市《文化旅游发展促进条例》、潮州市《文化旅游促进条例》、泉州市《文化旅游发展促进条例》等，此类法规更多以激励性措施为主要抓手。

表11.1　文化产业相关行政法规②

序号	名称	性质
1	《外国常驻新闻机构和外国记者采访条例》（2008）	管制性
2	《广播电视管理条例》（2020修订）	管制性
3	《卫星电视广播地面接收设施管理规定》（2018修订）	管制性
4	《卫星地面接收设施接收外国卫星传送电视节目管理办法》（2018）	管制性
5	《广播电台电视台播放录音制品支付报酬暂行办法》（2011修订）	管制性 激励性
6	《广播电视设施保护条例》（2000）	管制性
7	《有线电视管理暂行办法》（2018修订）	管制性
8	《电影管理条例》（2001）	管制性
9	《出版管理条例》（2020修订）	管制性
10	《印刷业管理条例》（2020修订）	管制性
11	《音像制品管理条例》（2020修订）	管制性
12	《地图管理条例》（2015）	管制性
13	《广告管理条例》（1987）	管制性
14	《互联网信息服务管理办法》（2011）	管制性
15	《信息网络传播权保护条例》（2013修订）	管制性 奖励性

① 周刚志，姚锋．论中国文化产业的立法模式——以社会主义核心价值观为价值引导［J］．湖南大学学报（社会科学版），2019（02）：133－141.

② 文件来自国家法律法规数据库，https：//flk. npc. gov. cn.

续表

序号	名称	性质
16	《营业性演出管理条例》（2020 修订）	管制性
17	《娱乐场所管理条例》（2020 修订）	管制性
18	《互联网上网服务营业场所管理条例》（2022 修订）	管制性
19	《中国公民出国旅游管理办法》（2017）	管制性
20	《旅行社条例》（2020 修订）	管制性
21	《风景名胜区条例》（2016 修订）	管制性
22	《传统工艺美术保护条例》（2013 修订）	管制性 激励性
23	《专利法实施细则》（2023 修订）	管制性 激励性
24	《实施国际著作权条约的规定》（2020 修订）	管制性 激励性
25	《著作权集体管理条例》（2013 修订）	管制性
26	《著作权法实施条例》（2013 修订）	管制性 激励性
27	《知识产权海关保护条例》（2018 修订）	管制性
28	《计算机软件保护条例》（2013 修订）	管制性
29	《计算机信息系统安全保护条例》（2011 修订）	管制性
30	《计算机信息网络国际联网安全保护管理办法》（2011 修订）	管制性
31	《计算机信息网络国际联网管理暂行规定》（2024 修订）	管制性

此外，自 2000 年以来，“发展文化产业”一直是中共中央与各级政府坚定不移的重要政策目标。由文化产业发展规划及综合性政策、文化产业发展与其他产业融合发展的政策、促进文化产业的财税金融扶持政策等构成的全方位产业支持政策体系为文化产业勃兴提供了强有力支撑。与此同时，基于“税收法定原则”“辅助性原则”① 等法治原则，政府扶持特定产业发展的政策性措施

① 现代宪法理念与制度设计，所依据的核心假设，仍然是公共领域与私人领域、国家与社会的二元划分。这种二分法决定着我们如何理解国家行为的合法性、个人自由以及按照自己方式追求自身目的的问题。这里首要问题就是国家与社会权限的界分，而在经济领域则是政府与市场的界分，辅助原则就是划分两者界限的一项基本原则。该原则的基本理念是，直接影响私人生活的决定，应当由最接近所影响对象的单位优先做出，只有当较小的社会单位不能胜任时，才由上一级单位做出决定。在整个组织谱系中，单位离影响对象越远，就越具有“辅助”或备位的功能，故而是一种“自下而上”的权力配置和组织原则。//毕洪海．国家与社会的限度：基于辅助原则的视角［J］．中国法律评论，2014（03）：149－164.

均需纳入法治轨道。

（二）文化市场管理立法

伴随文化市场在整体市场经济中地位和作用的日益提升，以及“文化＋”趋势下各种文化新业态的快速发展，文化市场管理的重要性日益突出。当前，我国文化产业立法的注意力主要集中在文化市场管理层面，无论是《中华人民共和国旅游法》《中华人民共和国广告法》《中华人民共和国著作权法》等相关法律中对文化市场主体行为及文化市场环境的规范性条款，还是《出版管理条例》《音像制品管理条例》《广播电视管理条例》《营业性演出管理条例》《娱乐场所管理条例》等行政法规对重点领域文化市场的规制，大量法律法规都倾向于从规制角度对文化产业进行管理引导。目前，除上述相关法律和行政法规外，文化市场管理的法制成果主要集中于部门规章、地方性法规及以下法律效力位阶的法规政策层面。比如《文化市场综合行政执法管理办法》（2011）、《西藏自治区文化市场管理条例》（2021 修正）、《云南省文化市场管理条例》（2018 修正）、《辽宁省文化市场管理条例》（2017 修正）、《安徽省文化市场管理条例》（2015 修正）等。

此外，为应对文化产业发展的新趋势、新问题，相关文化管理法律法规也在陆续配套跟进。比如，针对网络直播产业，2024 年，《消费者权益保护法实施条例》再次修订并施行，进一步完善了网络直播营销中的消费者权益保护规则；《互联网直播服务管理规定》（2016）则对直播服务提供者资质、直播内容、直播服务使用者权益保护等方面进行了明确规定与约束。再比如，随着三网融合全面推广、各类视听新业务发展迅速，国家新闻出版广电总局在对《互联网等信息网络传播视听节目管理办法》进行修订的基础上，发布《专网及定向传播视听节目服务管理规定》，进一步完善针对互联网电视等新业态的管理。

虽然当前相关法律法规倾向于站在“裁判法学”立场，对文化市场管理做出了诸多法规政策设计，但仍无法满足现实的需要、跟不上变化速度：第一，文化市场管理缺乏系统性、权威性的法律支撑。现行相关法律法规侧重于对重点领域的文化市场进行规制，针对性强而统领性弱，无法面面俱到，以至于文化市场监管执法依据盲点频现；地方性法规、部委和地方政府规章等主要引导和规范的是特定领域或区域内的文化市场运行秩序，名目繁多、各行其是，缺乏有效统合，碎片化问题突出、相互“打架”的情形屡见不鲜。第二，文化市场管理立法缺乏对新情况、新问题的有力回应，很多领域还存在法律空白。比如，在现代科技助力下，元宇宙、ChatGPT 等各种新兴概念和技术层出不穷，传统文化行业不断迭代升级，网络文学、网络视听、网络游戏等网络文化新形式、新业态高速发展。相伴而生的是，数据造假、知识产权侵权、平台垄断等全业态、结构性问题的日益严峻。对此，现行细分领域法律规范的跟进滞后、威慑力不足，无法从整体上化解网络文化市场监管失灵等突出难题。同时，当前网络文化市场管理规范多聚焦网络视听、网络直播、网络表演等领域，对网络文学、网络游戏、网络动漫的关注相对较少，也导致游戏、动漫等部分重点领域的监管依据匮乏，监管随机性较强①。

（三）知识产权保护立法

在文化产业中，创意是最重要的生产要素，也是文化产业的核心资产。知识产权则是“基于创造成果和工商标记依法产生的权利的统称”。知识产权若得不到应有尊重和保护，不仅会使创作者的合法权益受到损害，还会导致市场无序竞争，阻碍文化产业的良性发展②。当前，各类重要法律中都有涉及知识产权保护、权益获得或侵权惩罚的相关规定。比如，我国宪法规定：“公民有进行科学研究、文学艺术创作和其他文化活动的自由。国家对于从事教育、科学、技术、文学、艺术和其他文化事业的公民的有益于人民的创造性工作，给予鼓励和帮助。”2020 年，我国颁布的《中华人民共和国民法典》同样将知识产权定义为一种民事权利，第一百二十三条明确规定了民事主体依法享有知识产权，并且详细列出了知识产权的客体，包括作品、发明、实用新型、外观设计、商标、地理标志、商业秘密、集成电路布图设计、植物新品种以及法律规定的其他客体；第四百四十条涉及知识产权的转让和质押；第一千一百八十五条明确了知识产权侵权的“惩罚性赔偿”原则。《中华人民共和国刑法》中的第二百一十三条至第二百十九条，分别明确了“假冒注册商标罪”“销售假冒注册商标的商品罪”“非法制造、销售非法制造的注册商标标识罪”“假冒专

---

① 蔡武进，张津期．新时代我国文化市场监管现代化的必要性、困境及路径［J］．决策与信息，2024（01）：26－38.

② 何洋，高菲．浅析知识产权保护对文化产业发展的影响［N］，中国文化报，2024－07－04.

利罪”“侵犯著作权罪”“销售侵权复制品罪”“侵犯商业秘密罪”等罪名及量刑依据。

除《中华人民共和国宪法》《中华人民共和国民法典》《中华人民共和国刑法》等对知识产权有相关规定外，我国制定并实施了专门的知识产权法律，具有代表性的有《中华人民共和国著作权法》《中华人民共和国专利法》《中华人民共和国商标法》和《中华人民共和国反不正当竞争法》。相较于《中华人民共和国商标法》《中华人民共和国专利法》等工业产权法，《中华人民共和国著作权法》对文化产业的影响最为直接。当前，著作权①几乎涵盖了所有文化领域。2020 年新修正的《中华人民共和国著作权法》第一条开宗明义表明：“为保护文学、艺术和科学作品作者的著作权，以及与著作权有关的权益，鼓励有益于社会主义精神文明、物质文明建设的作品的创作和传播，促进社会主义文化和科学事业的发展与繁荣，根据宪法制定本法。”在此基础上，新修《中华人民共和国著作权法》从作品定义和范畴调整、合作作品利益分配规则优化、作品保护期延长、侵权赔偿上限抬高、维权成本降低等方面对著作权保护的基本规定做出了进一步完善，更好应对实践当中知识产权保护出现的新情况新问题。此外，《著作权法实施条例》《实施国际著作权条约的规定》《著作权集体管理条例》《知识产权海关保护条例》等行政法规及相关行政规章和司法解释共同勾勒出我国著作权（版权）法律制度的基础。

当然，知识产权保护法领域也仍然面临较大的挑战。一方面，在新技术、新业态层出不穷的当下，知识产权保护的立法工作仍存在相对滞后、缺位的问题。如互联网二次创作、人工智能创作物等是否构成著作权法意义上的作品问题，尚未得到立法层面的明确回应；又如，时至今日《中华人民共和国著作权法》仍未对民间文学艺术作品的著作权保护做出明确规定，“无法可依”的局面仍然存在。另一方面，“重管制理念轻人本主义版权保护理念”的问题仍然存在。如“追续权”“二次获酬权”等创作者权益保护机制未能最终获得立法层面表达；对集体管理组织市场支配地位的强制安排、以限定损害赔偿额激励作者与集体管理组织签约的司法实践，本质上是管理理念的体现②。此外，知识产权法律体系的上下衔接问题也需要关注，比如伴随《中华人民共和国著作

① 根据《中华人民共和国著作权法》第六十二条规定，著作权即版权.

② 易继明. 中国式现代化视野下版权产业发展的法律保障［J］. 法学论坛，2024（03）：5－17.

权法》的修正，《著作权法实施条例》等配套立法尚未跟进修改，不利于新增制度的具体落实和回应公众的积极预期。

案例延伸2：AI著作权之争，争的是什么?①

2024年4月，"人工智能文生视频侵权第一案"经北京互联网法院审核立案。原告陈某使用人工智能工具创作的"文生视频"作品被他人"洗稿"，并以原创名义发布，陈某以对方侵犯自己著作权为由提起民事侵权诉讼。

透过此案，更多的疑问集中在：人工智能工具生成的作品是否构成作品？如果是作品，著作权属于创作者还是人工智能开发者？对人工智能文生视频，如何认定"洗稿"作品和原作的相似性？

本案更深远的背景是，伴随生成式AI迅猛发展，AI正给人类创作模式带来极大改变，AI生成内容也随之在全球接连引发著作权纠纷。对生成式AI著作权的判定立场和处理方式，被认为影响着AI产业乃至社会创作生态的发展走向。促进AI产业创新发展和守护人类的创作欲，"跷跷板"的两端亟待平衡。

2023年3月，美国著作权局发布的美国联邦法规第37编第202部分明确，著作权只保护由人类运用其创造力生产的内容。对于完全由AI生成的作品，美国著作权局将不批准著作权登记；对于由AI和人类作者共同创作的作品，对由人类创作部分进行个案认定和登记。

2023年8月，美国法院裁定图画《离天堂最近的入口》（A Recent Entrance to Paradise）不受著作权保护。理由是该图完全由AI生成，缺乏人类创造性投入，不能具有著作权。同时，法官承认当前著作权法面临新的挑战，需要进一步明确人类在AI生成作品中的角色。

我国裁定有所不同。2023年11月，北京互联网法院一审认为，原告李某使用AI绘画软件生成的图片具备"智力成果"要件和"独创性"要件，李某享有该作品的著作权并受到著作权法保护。被告刘某未经许可利用该图片，侵犯了李某的署名权及信息网络传播权。专家分析，中美

① 案例资料选自：于雪，魏雨虹．AI生成内容著作权之争［J］．瞭望，2024（19）：50－52.

两国裁定结果不同主要源于对人机合作过程中，AI与人的作用认定不同。

中国科学院科技战略咨询研究院研究员肖尤丹告诉本刊记者，AI辅助创作与AI无干预直接生成是有区别的。在前一种情形下，人类仍然是创作意图的来源，人类需要对AI系统选择、调试、训练，还需要反复输入、修改提示，对AI输出结果选择、调整等，用自身创作意图约束AI系统输出的最终成果。“这类作品具备著作权法定义的作品属性。不过在作品类型上，是将其归入现有作品类型，还是单独创设AI辅助生成作品类型，还有待探讨。”肖尤丹说。

中国社会科学院哲学所科技哲学研究室主任段伟文主张更严格地认定AI辅助生成内容的著作权。在他看来，即便是AI辅助生成的内容，其是否属于作品、享有著作权依然存在争议。“AI与传统内容制作工具不一样，它生成的内容具有随机性，不是AI使用者的主观意志能完全控制。在AI使用者对生成内容不具有控制性、决定性的前提下，AI生成内容的著作权也变得不确定。”段伟文说。

那么对于AI生成内容与模型训练阶段所使用的原创作品之间又存在何种著作权之争呢？

有专家表示，在AI产业发展需要庞大数据喂养的事实下，一方面，数据著作权应该得到更好保护；另一方面，如果对AI侵权门槛设置过低，可能导致AI开发商数据喂养成本过高，限制广泛采集AI训练所需的数据，进而抑制AI产业创新发展。从这个意义上说，解决AI著作权是AI产业发展的基础性议题，不同的立场态度和处理方式，可能决定AI产业在不同国家的发展速度和效能。

肖尤丹说：“应当从培育和发展新质生产力的角度，配置不同主体对AI生成内容所享有的权利及相互的关系，在制度上克服非此即彼、零和博弈的绝对所有权模式，分层分类赋权。”

除此之外，在AI生成作品大量涌入网络世界的当下，守护人类的创造力变得尤为重要。

专家表示，生成式AI应当激发而不是遏制人类的创造欲。只有人类的情感与心灵，才能让艺术作品闪耀出动人的生命力。

清华大学新闻与传播学院教授沈阳是生成式AI的研究者，也经常使用AI生成软件进行创作。他认为，AI的“创造力”依赖于算法对已有数据的处理和重组，不存在内在情感与主观意识的流露。对人类艺术家而言，“心”是情感和创意的源泉，创作过程是艺术家情感体验、个人哲思和文化认同的直接表达。“这种情感的深度和创意的独特性，AI难以企及。但人类可以通过AI生成内容不断拓展想象力的边界，创造出超越人类感知限制的艺术作品。”

当AI让创作变得唾手可得，创作的本质理应得到更多珍视。艺术创作的过程是对人类生命力的释放。古往今来，好的艺术作品往往承载着人类的生命能量，记录着人类短暂一生的“爱过”“活过”，如繁星照亮灵魂。

总的来看，目前我国文化产业领域立法在促文化产业发展、管文化市场秩序、护文化知识产权等方面均取得了显著进展和典型成果，但由于文化产业的特殊性、后发性、变动性，文化产业立法工作仍存在诸多薄弱项：第一，缺乏文化产业领域基本法。现有单行法律、行政法规、部门规章、地方性法规及大量产业政策由于缺乏上位法的统筹和指引，既存在诸多立法盲区，又存在“政出多门”“相互冲突”等问题弊病①。第二，缺少针对文化产业的激励性立法。当前我国文化产业领域立法多以管制性法规和规章为主，对文化产业市场主体的引导和激励更多依赖相关政策文件，“以政策替代法律”的现象比较严重。文化政策存在朝令夕改等诸多问题，不具备法律特有的稳定性和强制力保障，对文化产业的激励作用有限②。第三，文化产业与其他产业融合发展、新兴业态的不断萌生给立法工作带来极大挑战。文化产业与其他产业融合发展，提高其他产业的文化附加值，恰恰是文化产业发展的重要规律与重要功能之一③。这也就意味着，文化产业的类型及范围是不断发生变化的。当前除了《中华人

① 齐宦．试析我国文化产业立法之完善［J］．行政与法，2019（10）：124－129.

② 张双梅．中国文化产业的激励性立法［J］．华南师范大学学报（社会科学版），2020（03）：134－145.

③ 周刚志，姚锋．论中国文化产业的立法模式——以社会主义核心价值观为价值引导［J］．湖南大学学报（社会科学版），2019（02）：133－141.

民共和国电影产业促进法》外，针对动漫产业、游戏产业、文化旅游产业、数字文化产业等新兴业态的专门立法也亟待提上立法规划议程。

三、文化权利保障立法现状

经济权利、政治权利、文化权利构成了人权法三大权利支柱。《世界人权宣言》第二十七条规定："人人有权自由参加社会的文化生活，享受艺术，并分享科学进步及其产生的福利。人人对由于他所创作的任何科学、文学或美术作品而产生的精神的和物质的利益，有享受保护的权利。"《经济、社会与文化权利国际公约》第十五条规定："本公约缔约各国承认人人有权：参加文化生活……对其本人的任何科学、文学或艺术作品所产生的精神上和物质上的利益，享受被保护之利。"此外，《国际文化合作原则宣言》《保护世界自然与文化遗产公约》《保护非物质文化遗产公约》《保护和促进文化表现形式多样性公约》《世界文化多样性宣言》等作为文化权利的国际法，从不同角度明确了文化权利的保护条款①。

理论研究层面对文化权利的类型界定很多，主要有三种视角：一是从主体角度将文化权利分为个体文化权利和集体文化权利两种类型；二是从权能角度将文化权利分为文化创造权、文化参与权、文化选择权、文化收益权、文化共享权等类型；三是从内容角度将文化权利分为语言文字使用、著作权保护、文艺创作、宗教信仰自由、公民信息保护、特殊群体保护等方面的权利。不论何种界定方法，文化权利实质上贯穿文化事业、文化产业发展的方方面面，文化事业和文化产业立法活动中均涉及文化权利保护的目标和条款。

当前，相较其他权利类型，文化权利为传统法学所忽视，其立法工作是相对薄弱和滞后的。虽然文化权利保护的思想和举措在宪法和文化法律法规中均有所体现，但并不突出。

（一）宪法对文化权利的规定

目前宪法已经涉足的文化权领域内容包括：第一，序言部分，"中国是世

① 余暮．论公民文化权利的法律保护［J］．法治与社会，2016（12）：165，169.

界上历史最悠久的国家之一。中国各族人民共同创造了光辉灿烂的文化，具有光荣的革命传统”，随后提出“推动物质文明、政治文明、精神文明、社会文明、生态文明协调发展，把我国建设成为富强民主文明和谐美丽的社会主义现代化强国，实现中华民族伟大复兴”的基本要求。这从侧面反映了文化之于国家发展、之于法律的作用，但没有明确文化权利的基本内涵。

第二，总纲部分，第四条“各民族都有使用和发展自己的语言文字的自由，都有保持或者改革自己的风俗习惯的自由”；第二十条“国家发展自然科学和社会科学事业，普及科学和技术知识，奖励科学研究成果和技术发明创造”；第二十二条“国家发展为人民服务、为社会主义服务的文学艺术事业、新闻广播电视事业、出版发行事业、图书馆博物馆文化馆和其他文化事业，开展群众性的文化活动”，等等。这对文化领域的部分内容做了纲领性规范，并从文化自由权角度和国家保障公民获得文化服务两个方面分别对文化权利进行了相关规定。

第三，公民的基本权利和义务部分，第四十七条“公民有进行科学研究、文学艺术创作和其他文化活动的自由。国家对于从事教育、科学、技术、文学、艺术和其他文化事业的公民的有益于人民的创造性工作，给予鼓励和帮助”；第四十九条“妇女在政治的、经济的、文化的、社会的和家庭的生活等各方面享有同男子平等的权利”。这对公民部分文化权能的内容以及国家的积极配合义务进行了规定。

从上述内容可见，当前我国宪法虽然有不少条款涉及对文化权利的描述及重要性肯定，但未以“独立权利类型”对文化权利进行内容体系、权利保障和救济等方面的系统阐述和明确规定，不利于自上而下构建完备的“文化权利保护法律体系”。

（二）其他法律法规对文化权利的规定

我国文化及其他领域的相关立法或多或少涉及文化权利的保障问题。比如，《中华人民共和国著作权法》对文化创造权和文化收益权的保护，《中华人民共和国公共图书馆法》《中华人民共和国公共文化服务保障法》对文化参与权和文化共享权的保护，《中华人民共和国网络安全法》对公民信息的保护，《中华人民共和国民族区域自治法》《中华人民共和国国家通用语言文字法》

及自治区、不分少数民族聚居省份出台的地方性法规对少数民族语言文字使用和发展权利的保护，《中华人民共和国残疾人保障法》《中华人民共和国妇女权益保障法》《中华人民共和国老年人权益保障法》《中华人民共和国未成年人保护法》等对特殊群体文化权利的特别保护，等等。

可以看到，现行法律法规正在不断加大对不同类型文化权利的保障力度，但管理型立法与保障型立法比例失调①，文化权利立法结构的松散化、碎片化、部门化问题仍然明显，文化权利立法成果缺少统领性的单行法，总体呈现出效力等级偏低、体系结构混乱、立法盲区较多、可操作性不强等问题②，无法从整体性、系统性角度对文化权利展开切实保护。

第四节 文化立法的完善方向

基于中国特色社会主义文化立法的内涵、价值及现状研判，我们认为文化立法在新时代取得重大进展、典型成果、有益经验的同时，仍然“任重道远”。尤其需要说明的一点是，本章所述的“文化立法”与“文化法制”的概念相近，即强调文化领域“法律”“制度”的设计层面，而非“文化法治”，即涵盖文化立法、文化行政、文化司法等全方位的法制体系建设、实施和完善层面。当前，我国文化立法实践主要存在三大“短板”：第一，相对滞后性。即文化立法进程相对滞后于经济、政治、社会、生态等领域的立法进程；部分文化立法工作是随现实问题加剧或国际条约签订而启动的，前瞻性不足。第二，整体松散性。文化领域的立法成果多以行政法规、部门规章、地方性法规和大量文化政策等形态颁布，缺少专门性、统领性的文化基础法和单行法，文化立法体系的完整性、层次性、协调性仍然有待提升。第三，重指令管制、轻激励保障。文化立法工作前期更倾向于从管制角度约束文化主体行为、规范文化市场、强化政府职责，但作为一个极其需要激发创新活力、打破思想束缚的领域，管制性立法越来越不能满足文化产业事业发展和文化权利保障的需求，启动激励保障性立法、转变立法工作理念正当其时。为此，文化立法可从以下方

---

① 王丽娜．文化权利法律保障研究［J］．中国政法大学学报，2018（03）：61－74.

② 潘皞宇．论公民文化权的保护——以权能范畴为视角［J］．江汉论坛，2015（01）：129－132.

面进行完善和优化。

一、加强中国特色社会主义文化立法工作的思路创新

第一，强化国家与地方在立法过程中的双向互动。文化立法既有赖于“自上而下”的顶层设计，也离不开“自下而上”由地方先行先试到国家普遍实施的试点路径。因此，要建立国家与地方立法互动的双向沟通平台，完善立法协调机制。地方在不与上位法冲突的情况下，突出地域文化特色，创新文化领域的地方性法规，提升立法质量，为国家普遍性文化立法源源不断注入地方创新源泉。第二，妥善处理国际、国内文化立法的互鉴关系。在现代法治环境下，文化的个性和独立，或者我们强调的文化安全离不开文化立法的保障。当前我国文化立法和其他立法领域都或多或少受到国际法、其他国家相关立法的思路影响。在这一过程当中，作为以捍卫我国文化独立性、促进我国文化发展繁荣为使命的中国特色社会主义文化立法，无论汲取怎样的国外文化法律资源，采取何种表现形式，都必须尊重我国文化现象及其发展规律。第三，有效平衡管制性立法和激励性立法的形式比例。鉴于文化领域社会关系的复杂性，在推进文化立法进程中，应始终把握其发展理性，既要保证文化立法在内容上的统一性，又要维护文化立法形式上的多样性，转变文化立法“重管制、轻激励”的传统思路，构建以文化基础法、文化单行法、文化组织法、文化行为法、文化权利规制法、文化权利保障法等多种形式表现的中国特色社会主义文化立法①。

二、科学制定中国特色社会主义文化立法规划

党的二十大报告指出，“推进科学立法、民主立法、依法立法，统筹立改废释纂，增强立法系统性、整体性、协同性、时效性”。文化立法工作不是一蹴而就的，也不是“拍脑袋决策”“被动式推进”的，科学、合理的中国特色社会主义文化立法体系建设离不开科学、合理的立法规划。文化立法规划是指

① 周叶中，蔡武进．中国特色社会主义文化立法初论［J］．法学论坛，2014（05）：83－93.

为达成建立健全文化法律体系的目标，根据一定的思路和标准，采用一定的方式和方法，整合相应的资源要素，对未来一定时期内的文化立法活动进行的设计、安排和部署①。科学制定中国特色社会主义文化立法规划需把握好以下几点：

第一，在加强文化立法基础理论研究，盘点文化立法实践进展、有益经验和关键问题，广泛吸纳民意汇聚民智的基础上，兼顾预见性与可行性、强制性与灵活性、系统性与连续性，做好涵盖“文化基础法—单行法—行政法规—部门规章—地方性法规”的立法工作“全景图”“路线图”“施工图”。

第二，文化立法规划涉及多个领域、多个部门、多个利益主体，在全国人大常委会负责国家立法规划编制、地方人大常委会负责地方立法规划编制的同时，要加强立法规划之间的整体衔接，最大限度地减少立法工作中的盲目无序，避免重复立法、分散立法、冲突立法、静态立法。

第三，合理划分文化立法规划的阶段，科学确定每个阶段文化立法项目②。根据现实需求的轻重缓急，将立法规划分为中期规划与长期规划，并明确立法工作主体责任，切实保障立法项目的时效性、落地性。

三、完善中国特色社会主义文化立法的实施机制

“徒法不足以自行”。法律的生命在于实施，文化法治水平的高低也取决于相关法律法规的完备程度和实施水平。就像政策的制定与实施无法完全“二分”一样，文化立法工作与文化法律实施间不是相互割裂的关系。一方面，文化立法工作不是静态的，需从不断变化的文化实践中发现新问题、总结新经验、寻找新对策，因此文化立法需要紧密对接（现有）文化法律的实施效果进行动态的“立改废释纂”。另一方面，针对文化立法的相关成果，应不断健全制度实施机制。法的实施包括执法、司法、守法和法律监督③。从文化行政执法角度看，应创新和丰富文化行政治理方式，从指令性管制、“运动式”执法向回应性管制、多元行政执法、服务性行政转变；从文化司法角度看，应加快

---

① 周叶中，蔡武进．中国特色社会主义文化立法初论［J］．法学论坛，2014（05）：83－93.

② 同上①，52.

③ 张文显．法理学［M］．北京：法律出版社，2007：228－244.

建设高效、权威的社会主义司法制度，深度推进行刑衔接①，提升文化司法公信力，及时公正解决疑难案件，有效化解矛盾纠纷，切实维护文化权利；从文化守法角度看，应加强文化普法宣传，增强公民和社会对中国特色社会主义文化立法的认知与认同，强化公民权利意识，提升公民权利行动力量；从文化法律监督角度看，应加快构建并借助信息公开机制、多元协商机制、内部约束机制、激励性机制，加强对文化法实施的监督、制约和促进。

① 《中共中央关于加强新时代检察机关法律监督工作的意见》专门提出“健全行政执法和刑事司法衔接机制”的要求。

第十二章　文化标准化建设与管理

标准是经济活动和社会发展的技术支撑，是国家基础性制度的重要方面，同时也是现代社会中一种重要的公共管理政策工具和手段。随着历史的发展和社会的进步，标准化的作用越来越突出，标准化在推进国家治理体系和治理能力现代化中发挥着基础性、引领性作用，并成为一个国家提升国家竞争力的主要力量。新时代推动高质量发展、全面建设社会主义现代化国家，迫切需要进一步加强标准化工作。

基本公共服务是保障全体人民生存和发展基本需要、与经济社会发展水平相适应的公共服务，是由政府承担保障供给数量和质量的主要责任。截至目前，我国已发布 1100 余项基本公共服务领域国家标准，主要集中在公共卫生、公共文化体育、残疾人服务等领域。而作为重要的文化管理手段，标准化在公共文化服务、文化遗产保护、文化产业发展等众多领域也已取得显著成效。本章将重点从标准化的基本概念入手，对文化标准化建设与管理的相关内容进行系统介绍，并基于典型区域内文化标准化相关实践案例进行深入剖析。

第一节　标准化概念内涵和发展历程

一、标准化及标准体系概念内涵

（一）标准和标准化

在人类互相交流的词汇当中，“标准”可谓称得上“最让人困惑”的一个概念词汇。这个词常常出现在各种不同的领域，如产品标准、食品标准、水质标准、安全标准、排放标准、教育标准、飞行员标准、市民标准、判案标准、比赛判定标准等。

杜甫诗曰："示我百篇文，诗家一标准。""标准"这个词可以用在人类社会的任何场合，不仅可以用于物，也可以用于人。据考证，东晋孙绰的《丞相王导碑》中有"信人伦之水镜，道德之标准也"，是中国古代最早出现"标准"一词的用法（胡雄伟，2009），表示人的"榜样、楷模"的意思，也有"最优秀"的含义。按照社会学的观点，这个词既可以表示最好或最优秀的含义，也可以表示平均的含义（Busch，2011），指的是期望达到的某种状态。体育竞技标准一般是要给出严格的评判标准，然后按照成绩评选出最优秀的前三名，淘汰大部分运动员。而对于一般产品标准而言，其目的却要把绝大部分符合标准的产品保留，淘汰少数不符合标准的产品，因此，从这层含义上来看，这里的"标准"不再是体现"最好"的意思，而是体现出期望的或平均状态的含义。

英语词汇中，与标准相对应的词语是"standard"。无论是考察其辞源还是它在现代英语中的含义，都与中文的标准有非常类似的情况。standard最早出现在1138年英国人和苏格兰人之间的一场战争。英国人在他们战舰的架子上竖起了一个被称为standard的桅杆，顶端有一个银盒，里面装着"主人（the Host）"和圣徒的旗帜。Standard成为战争中明显的指挥中心和集结点。这场战争被冠以"标准之战"。在这里"标准"是国王的标志。战士们看到它就能提高士气，在危急时刻还能获得救援。随着历史发展，"标准"一词从其初始在战争中具有的含义逐渐演变成现在的一个基本词义，即站稳立场，持有观点，以及做"最好的"。公司的名字都采用了"标准"一词，如美国标准公司（American Standard）、美国标准纺织公司（Standard Textile）、美孚石油公司（Standard Oil）等，都是基于这个基本词义（Busch，2011）。

"标准"概念起源于工业管理。18世纪以来，大机器生产代替了手工艺作坊生产，这使得生产行为变得规模大、分工细、协作广泛。标准化工程就逐步成为工业生产必不可少的技术基础和必要条件。标准化体系的建立促使各个生产环节、各个独立分散的产业部门相互衔接起来，维持了技术上的统一，使其成为一个较为稳定的有机的整体①。可见，标准的定义原本是以工业生产管理为背景的。如约翰·盖拉德于1934年在其《工业标准化与应用》一书中提出，标准化是对计量单位或基准、物体、动作、程序、常用方法、行为、概念和构思的某些特征性给出定义，做出规定和详细说明；其目的在于能在某一时期内运用语言、图样、模型以及其他表现手段而做出的统一规范②。随后，桑德斯在1972年的《标准化的目的与原理》一书中提出，标准是经过公认的权威机构批准的一个个标准化工作成果，其表现形式可以是通过文件形式描述其内容要求，或者是规定基本单位以及给出常数③。

伴随着西方工业革命的发展，标准在产品制造、质量保证、企业管理当中被赋予了重要意义。美国的标准化之父埃利·惠特尼在造枪的时候把一支现成的枪拆解为零件作为仿制的标准，随机抽取零件就可以组装成一把合格的枪。这种做法让零件具有了互换性。经典管理学的鼻祖泰勒（Taylor，1919）在其著作《科学管理原理》中有一个很重要的观点就是，工人的劳动工具、劳动环境、劳动作业、工时计算等都应该在科学原理的基础上进行标准化。福特公司在20世纪初生产T型车的流水线被认为是标准化的典范，完美地诠释了互换性和泰勒的管理理论及其标准化思想，为美国经济的腾飞奠定了基础。权变管理理论的重要人物明茨伯格（Mintzberg，1978）认为，组织中的标准化包括过程标准化、输出标准化、技能标准化；标准化在组织中是协调机制的一部分，目的是控制。

而在社会学领域普遍认为，标准在很多情况下代表的是平均状态，有的时候也代表的是容忍度（Busch，2011）。

标准的作用是它在实施过程中对现实世界发挥的作用。标准有构建现实世界和组织现实世界的作用。按照标准的规则行事，由此产生制造物、过程、行为、概念等，既包括构建现实世界的过程，又包括组织现实世界的过程。例如：楼宇要按照标准进行建造；建造完成之后的楼宇日常运转也要按照事先设定的标准进行，包括供电、供水、照明、采暖等。再比如：体育比赛要按照标

---

① 尹昌美，卓越．公共服务标准化的发展路径、影响因素与评估体系：以杭州市上城区为个案［J］．公共行政评论，2012（04）．

② 李蔚，吴旭明，叶泷泽．KPO标准化管理［M］．北京：科学出版社，2007．

③ 郁建兴，秦上人．论基本公共服务的标准化［J］．中国行政管理，2015（04）．

准设定场地和比赛器具等，比赛过程要按照标准设定的规则来进行。企业的产品设计先把技术固化为产品标准和工艺标准，然后按照产品标准和工艺标准进行加工和生产制造，产出合格的产品。这一过程是企业把产品标准中的技术方案转化并构建实际产品的过程，也是工艺流程标准（工艺路线）和管理标准对生产过程发挥组织作用的过程。这些都是人类通过标准构建、组织现实世界的例子，其结果是标准方案中设定的虚拟实体转化为现实中的实体。

标准的另一个重要作用是为相关方建立互相交流和共同理解的基础（Gaillard，1934）。这种基础作用在工业领域尤其重要。例如，企业内部在工程技术人员、管理人员、采购人员之间有大量的沟通、协调和交流，产业的供应链的上下游企业之间同样也有技术信息和产品交付、运输管理等信息的沟通和协调，而这些沟通和交流都要以标准为基础。

同时，标准也是规则。这是从实施角度看标准的本质，也是社会学对标准的最基本认识（Busch，2011），说明标准是一种治理工具。整个人类社会运行都是由规则（指令、标准、准则）支撑的①。也就是说，规则是上位概念，标准是下位概念。标准具有规则的所有属性，而且还具有其自身的特殊属性。例如：标准对于指令来说最重要的区别是其选择上的自愿性。“标准是规则”这一认识强调人的作用。首先，规则一定是人为制定的，也必须由人来实施。所以标准应区别于自然规律。或者说自然规律不在标准的讨论范围之内。其次，规则既对事物进行限定，也对人的行为进行限定；即便是对“物”制定了标准，也隐含着对人制定了标准。也就是说，虽然标准的规制对象既可以是人也可以是物，但是所有标准的本质都是对人的规制。例如：我们制定了一个产品的形状标准，也相当于为操作工人限定了加工规则（例如加工尺寸等）。而按照 ISO/IEC（2004）的定义，标准是为了“共同使用和重复使用”。

标准化是标准的制定、传播和实施的全过程，属于管理科学的范畴，是研究如何通过人类社会实践中共同使用和重复使用的条款来达到最佳秩序的理论和方法的一门科学。然而，标准化是否能成为一门学科的争论也从未间断。

标准制定过程是建立匹配问题解决方案的过程，这一过程需要确立标准化对象的特征值，即为标准化对象规定需要满足的要求。标准的实施过程是标准

---

① 指令是强制性的规则，如法律、组织机构发布的规章制度，军队长官发布的命令等；准则是在社会群体日常活动中内化于人的行为规范，参见 Brunsson（2000）.

作为规则发挥作用，把标准中的解决方案转化为现实的过程。通过这个过程在标准方案中设定的实体转化为现实中的实体。或者说，标准化输出的实体是标准方案设定实体的镜像。标准的传播是在人与人之间，人与组织之间，以及组织与组织之间进行。例如，标准化组织的标准向企业的传播，上下游企业之间的标准传播等。在这个过程中，标准方案不断得到复制，标准得到“共同使用和重复使用”（ISO/IEC，2004），形成知识的传播效应；标准实施的结果也不断得到重复（克隆），并在一定时空范围内进行扩散，形成过程的有序化、结果的统一化和规模化。

现实中，并非所有的标准都会冠以“标准”的名字。ISO 在 1946 年成立之初并没有把自己发布的技术文件称为“标准”，而称之为“建议书”（recommendation）。他们认为标准化组织发布的文件是为企业解决产品技术问题提供的建议，其执行是自愿性的；直到 1972 年，ISO 才把它发布的建议书改称为“国际标准”（Murphy，2009），而 ITU 则一直到现在还依然把它正式发布的标准称为“建议书”。虽然标准化组织发布的标准是自愿性的，但是市场的力量赋予这种标准具有一定的强制力。企业如果不执行，可能会失去进入市场的机会。ISO、IEC、ITU 虽都是民间的非营利组织，但经过了市场的考验和工业界的认可，让他们发布的标准具有了很高的权威性。这时候的标准含义发生了一些变化——它不一定是最优，但是经过了工业界的实践检验，对企业来说是最合适的解决方案。

除了上述实践领域对于标准化的探索发展之外，学界也普遍开展对于标准化及标准化学科的学术理论基础研究。标准和标准化的学术研究可以追溯到 20 世纪 30 年代 Gaillard（1934）的研究；他从工程学的角度认为，标准是一种计划构想或配方（Formulation）。魏尔曼（Lal C. Verman）（1973）最早提出“标准化是一门新学科”的论断。荷兰 Erasmus 大学鹿特丹商学院 Henk de Vries（1999）认为，标准是对于实际的或潜在的匹配问题（matching problems）建立并记录一套有限解决方案的活动，为促进参与的一方或多方获得利益，平衡他们的需要，有意图或期望让所建立的解决方案在一定的时期内得到相当数量真正需要它的相关方，并提出标准化的研究范围应集中在 4 个方面：标准自身、标准制定、标准采用和标准使用。同时也将标准化研究的学科体系进行了分类，认为标准化的基础学科主要是数学和社会学，应用学科是药学、商学、公共管理、建筑学等，与具体的标准化活动相关的应用学科有政策学、设计学、技术与社会学研究、信息科学等。他还指出，标准化研究具有多学科性，而且标准化理论和学科建设仍然不成熟，需要花大力气进行建设。

钱学森（1979）也曾对标准化做过较为系统的论述。他认为标准化是一门系统工程并提出了“标准学”概念，指出其是“介于自然科学和社会科学之间，社会科学成分更大一些”的论断。标准化的任务就是设计、组织和建立全国的标准体系，使它促进社会生产力的持续高速发展。但标准化系统工程这项技术似乎还没有牢固的理论基础，还缺一门“标准学”①。松浦四郎（1981）认为，人类社会总有向复杂化发展的趋势，而标准化是一种简化活动，阻止社会向复杂化过度发展，从而达成一种平衡状态；他还基于热力学第二定律提出标准化是人类社会发展的“负熵”。经济学（David and Greenstein，1990；Grindley，1995）认为标准化组织制定的标准是正式标准②（de jure standard），而市场竞争中能够产生事实标准（de facto standard），如微软公司的电脑操作系统是普遍公认的事实标准。

总体而言，20 世纪后期，工程学、管理学、经济学、法学等多学科开始分别介入开展学术研究，并涌现出大量讨论标准化的文献。而进入 21 世纪，学者们则继续尝试从不同的角度探讨标准化学科的知识体系框架，期望给予标准化研究更多的学术研究视角。劳伦斯·布施（2011）认为，标准化研究有现象学的方法、历史学的方法以及深入技术细节的方法，并指出标准的多重含义导致现象学的研究方法非常实用，而采用历史学的方法和深入技术细节的方法研究标准化需要涉及的内容实在太庞大了，不是一个人能够完成的事情。Busch（2011）和 Brunsson（2000）从社会学的角度认为标准是为现实世界提供的处方（recipe），也是社会运行的一种规则。工程学、管理学、经济学都相对关注细节，而社会学则有更宽的视角，试图从整个社会运行的角度解释标准化。梁正等（2012）认为标准学具有技术、经济和社会 3 个属性。李上等（2013）提出标准学研究应涉及科学、技术和工程 3 个方面。

基于以上学者的观点，至少可以归纳出三点：第一，经过不到半个世纪的

---

① 原载标准化通讯，1979（03）.

② 国内有学者认为，把 de jure standard 翻译为“法理标准”或“法定标准”都可能产生歧义，应该翻译为“正式标准”。

努力，标准化学科理论研究已经有了发展，但学术领域对标准化学科理论的研究几乎是从21世纪才开始的。第二，标准化研究具有多学科性，与其他学科的交叉渗透趋势越来越明显，但学科之间的融合在国内外标准化研究中尚未充分展开。第三，标准化研究方法集中在现象学，采用历史学的方法和深入技术细节的方法鲜有人运用，依然面临着学科基础和理论体系不清晰等诸多问题，由此标准化学科理论研究需要在研究方法上有所突破。

尽管各种标准化机构、标准化学者对标准化内涵的认识仍然存在很多的差异，但标准化活动涉及公共利益因而属于公共事务和公共管理范畴的意义都能在各种定义中发现。仅从定义上看，有以下几个方面可以将标准化与公共管理联系起来。

首先，标准化解决的是多个利益相关者的问题，而不只是单个利益主体的问题。标准化的目的是要“获得最佳秩序”，其主要作用是“改进产品、过程和服务的适用性，防止贸易壁垒，并促进技术合作”。显然，这不可能只是追求某一方的利益，而是要实现各利益相关者的公共利益。其次，标准化需要在多个利益相关者之间进行协商一致。因为标准要能够“共同使用和重复使用”，就不能依据少数人的主观意志来制定标准，必须在生产者、使用者、政府、研究机构等多个利益相关者之间进行认真、深入的讨论，充分体现协商一致的原则，“平衡他们的需要”，确保所制定出来的标准能被各方共同接受并使用。再次，按照Henk de Vries的观点，标准化是针对“实际的或潜在的匹配问题（matching problems）建立并记录一套有限解决方案的活动”，而实体之间的匹配问题包括：物与物之间、物与人之间、人与人之间的匹配等3种类型。这些匹配问题大量存在于经济和社会活动中，因为人类为了生存、追求生活更美好，永远在探索如何将所发现的科学规律和所发明的新技术付诸实践，这个过程就需要大量的公共管理活动。

（二）标准的分类

作为标准化系统最基本的要素和标准化学科最基本的概念，标准的分类也存在多种界定和分类方法。

1. 根据标准领域属性划分

根据Grindley（1995）对标准的分类方法，可从标准的领域属性角度来划分标准的类型。如根据标准的公共利益属性和私人利益属性的高低程度，可以将标准分为公共标准（Public Standards）、协定标准（Agreed Standards）、专属标准（Proprietary Standards）和标准竞争（Standards Contest）4种标准存在形式。

第一类是公共标准。它的作用是为产品或服务提出最低质量和可靠性要求，具有提供信息的功能，强调兼容性。公共标准的竞争性不强，因此，产业和企业对此关注较少。但由于它在技术发展、市场竞争中起到基础性作用，接近完全公共产品，所以需要政府较多的投入和管理，这一类标准基本上属于国家强制标准。

第二类是标准竞争。这类标准的私人属性较强，行业或者企业会主动介入。但是如果标准制定或者管理不当，可能导致公众利益受损和影响产业未来发展，即同时具备较高的公共属性。因此，在出现标准竞争的情况下，政府必须对这类标准的制定和形成进行监管，在促进产业发展的同时保障公共利益。

第三类是协定标准。虽然兼容性标准对于市场、产业发展有很高的利益，但是由于单个企业无法从标准中单独获利，因此，企业不愿单独承担标准制定的成本。在这种情况下，企业一般采用事实标准或协调产生行业协定标准。在这一过程中，市场发展的水平对于标准的制定非常重要，标准的制定和形成基本由市场主导，政府仅需要提供与公共标准类似的条件，即制定最低质量和可靠性标准、提供必要信息和保证兼容性。

第四类是专属标准。主导此类标准的企业可以通过掌握标准获得大量的私人利益，同时推广此类标准并不必然影响市场的整体发展，标准制定属于企业或者企业间的战略问题。可见，专属标准是典型的“俱乐部产品”。此时，标准制定由企业主导，政府的作用应当仅仅是引导标准，防止市场上出现垄断。

2. 根据标准自身特性划分

表12.1所示内容，是根据标准自身特性划分的不同类型。

表12.1　　标准的分类和界定

分类依据	具体划分	概念界定
根据标准的地域层级划分	国际标准	由国际标准化组织或国际标准组织制定并公开发布的标准
	区域标准	由某一区域标准化组织或标准组织制定并公开发布的标准
	国家标准	由国家标准机构制定并公开发布的标准

续表

分类依据	具体划分	概念界定
根据标准范围层级划分	行业标准	对没有国家标准而又需要在全国某个行业范围内统一的技术要求所制定的标准
	地方标准	对没有国家标准和行业标准而又需要在省、自治区、直辖市范围内统一的工业产品安全、卫生要求；药品、兽药、食品卫生、环境保护、节约能源、种子等法律、法规规定的要求；其他法律法规规定的要求所制定的标准
	企业标准	对企业范围内需要协调、统一的技术要求、管理要求和工作要求所制定的标准
根据标准的性质划分	强制性标准	保障人体健康，人身、财产安全的标准和法律，行政法规规定强制执行的标准
	推荐性标准	不具有法律约束力，但一旦被强制性标准所引用或纳人指令性文件，则在相关文件指定的范围内具有了约束力
	指导性技术标准	为仍处于技术发展过程中（如变化快的技术领域）的标准化工作提供指南或信息，供科研、设计、生产和管理等有关人员参考使用而制定的标准文件
根据标准的内容类别划分	技术标准	对标准化领域中需要协调统一的技术事项所制定的标准
	管理标准	对标准化领域中需要协调统一的管理事项所制定的标准
	工作标准	为实现整个工作过程的协调，提高工作质量和工作效率，对工作岗位所制定的标准

资料来源：王登华，卓越等．公共服务标准化导论——以南京市江宁区财政局实践探索为个案［M］．北京：中国财政经济出版社，2011.

（三）标准化及标准化体系

1. 标准化

我国 GB/T 20000.1—2014 标准化工作指南第 1 部分：标准化和相关活动的通用术语中，将标准化定义为："为了在一定范围内获得最佳秩序，对现实问题或潜在问题制定共同使用和重复使用的条款的活动。"与此同时，这个定义还附有两个注解：一是上述活动主要包括编制、发布和实施标准的过程；二是标准化的主要作用在于为了其预期目的改进产品、过程和服务的适用性，防止贸易壁垒，并促进技术合作。这个定义是对 ISO 关于标准化定义的等同采用，也是目前最为普遍接受的定义。

《中华人民共和国标准化法》中对“标准化”的含义界定是：在经济、技术、科学及管理等社会实践中，对重复性事物和概念通过制定、实施标准，达到统一，以获得最佳秩序和社会效益的过程，并将标准化可以分成如下几个层级：

（1）国际标准化（international standardization）：所有国家的有关机构均可参与的标准化。

（2）区域标准化（regional standardization）：仅世界某个地理、政治或经济区域内的国家的有关机构可参与的标准化。

（3）国家标准化（national standardization）：在国家层次上进行的标准化。

（4）地方标准化（provincial standardization）：在国家的某个地区层次上进行的标准化。

标准化重要的作用之一是，它对创新方案的选择和简化。这是社会学对标准化的重要认识。人类社会总是有向着复杂化方向发展的趋势，而标准化则是向着相反的方向努力，即制定标准是对多种创新方案的选择和优化过程，其结果是技术方案/知识的固化。对技术方案进行选择的结果导致产品的品类减少。方案和品类的减少也是一种简化（松浦四郎，1981），结果是阻止事物的过度复杂化发展，形成复杂化和简化之间的平衡。

此外，建立任务的协调机制也是标准化的重要作用。组织完成任务能够采用的协调机制（明茨伯格，2007）包括：①直接监督，即领导对工作人员直接发出指令；②相互调整，即工作人员之间的互相调整和适应；③过程标准化，即建立任务的过程标准；④输出标准化，即建立任务的输出标准；⑤技能标准化，即建立工作人员的技能标准。也就是说，采用标准化的办法，为需要完成的任务以及人的资质预先设定标准；符合资质的人在完成任务的过程中就不需要任何领导的干预，也不需要人与人之间互相进行调整和适应；在理想状态下，只要按照标准进行工作就能达到工作的协调，包括人与设备和工具的协调，人与劳动对象的协调，以及人与人之间的协调，从而大大提高工作效率。这种工作方式实际上已经成为大规模生产的基础。

在标准化过程中，十分重要的一点便是明确标准化的对象。GB/T 20000. 1—2014 中将标准化对象（subject of standardization）定义为“需要标准化的主题”。该定义中附注 1 中将“产品、过程或服务”这一表述从广义上囊括标准化对象，宜等同地理解为包括诸如材料、元件、设备、系统、接口、协议、程序、功能、方法或活动。附注 2 则将标准化可以限定在任何对象的特定方面，例如，可对鞋子的尺码和耐用性分别标准化。

因此，标准化对象应该是“重复性的事物”，其可以抽象化为能够表达任何事物的“实体（entity）”；实体可以是具体的事物（人、物、事件）或抽象的事物（想法、概念等），或者是这些事物的组合（De Vries，1999）。属于物的标准化对象大部分都是指静态的“人造物”，如零部件、产品、服务的结果等；属于事件的标准化对象主要是指动态过程，如零件加工顺序、机床刀具的行程顺序、生产流程、服务的过程等；针对人的标准化对象可以是指人的行为、操作等；属于抽象事物的标准化对象主要是指需要逻辑思维导出的事物，包括术语、图形符号、生产计划、费用限定额、工时定额、产品不良率等。其中，标准化对象为“物”的标准一般都是产品标准，标准化对象为“事件”或“人”的标准一般为过程标准或服务标准，而标准化对象为“抽象事物”的标准主要是术语标准。

2. 标准化体系

标准化体系，是指在一定范围内的标准按其内在联系形成的科学的有机整体。标准化体系规定了质量方针、目标、职责和程序，并通过建立相关体系进行过程管理、质量策划、质量控制、质量保证和质量改进。

如图 12.1 所示的共同富裕标准化体系构建，是一个较为典型的案例。作者将共同富裕标准化体系分为标准体系、目标体系、工作体系、政策体系和评价体系等 5 大标准体系。其中，标准体系由经济高质量发展、收入分配制度改革、公共服务优质共享、城乡区域协调发展、社会主义先进文化发展、生态文明建设、社会治理 7 个重要领域标准子体系以及基础通用标准子体系构成。目标体系主要以建设共同富裕示范区为主线，同时以建设高质量发展高品质生活先行区、城乡区域协调发展引领区、收入分配制度改革试验区、文明和谐美丽家园展示区为目标。工作体系主要包括共同富裕标准化工作机制建设、标准体系建设、标准制修订和实施、标准化试点示范建设、标准化平台载体建设等方面。政策体系主要由共同富裕标准化管理机制、共同富裕标准发展政策和规划、共同富裕标准化考核和奖励、共同富裕标准实施配套政策、共同富裕标准化统计调查制度等组成。评价体系主要包括共同富裕标准化实现度评价、共同富裕标准先进性评价、共同富裕标准实施绩效评估等方面。

图 12.1　共同富裕标准化体系框图

资料来源：吴璐璐，郑培，刘红莉．关于共同富裕标准化体系建设的研究——基于浙江省高质量发展建设共同富裕示范区的探索实践．

二、我国标准化事业发展历程

自新中国成立以来，我国标准化事业跌宕起伏，有短暂的高潮也有发展低谷。1949 年，中华人民共和国正式成立，新中国标准化事业从无到有，迅速发展。1949 年 10 月，政务院财政经济委员会成立中央技术管理局，下设标准规格处，负责我国工业生产和工程建设标准化工作。同月，政务院财政经济委员会颁布我国第一项标准——《工程制图》，从此中国的标准化事业开始了历史的新起点。

目前，国家层面标准化管理及服务主要机构包括：国家标准化管理委员会负责统筹、协调和监督国家标准化工作，负责制定和发布国家标准、行业标准、地方标准等标准；中国标准化研究院是中国标准化工作的智库机构，负责标准化研究和标准化人才培养。

（一）20 世纪 50 年代，奠定标准化工作基础

1. 借鉴苏联标准化模式正式起步

中华人民共和国成立之初的标准化事业发展的主要目的是适应和支持社会主义计划经济发展的需要，当时我国标准化的发展模式主要是借鉴苏联经验，并完全取代了国民政府于 20 世纪 30 年代成立的标准机构。虽然国民政府曾草拟了工业标准委员会简章，组建了专门的标准起草委员会，并于 1946 年颁布《中华人民共和国标准法》，同年 10 月中国正式成为国际标准化机构 ISO 常务理事，但在当时国情条件下，从官方到民间，标准化工作都是难以开展的。

新中国成立后，中央政府运用标准化技术手段在短时间内统一电压、铁轨、钢轨等国民经济生产必需的强制性标准，如将市电电压为 220V、50Hz，铁路轨距为 1435mm，钢轨型式从 108 种简化为 3 种等。这一时期，国家各经济管理部门、厂矿企业开始配备专门从事标准化的技术人员。1949—1955 年，我国在恢复国家经济和"一五"前期的国民经济建设中，通过学习、引进苏联标准和总结本国实践经验，着手建立企业标准和部门标准累计达到 2000 多项，为以后的标准化发展打下坚实基础。

2. 统一思想，明确标准化基本概念、意义和作用

1955 年 7 月 27 日，时任国家建设委员会主任薄一波在全国人大二次会议上明确提出："标准化是实现社会主义工业化过程中的重要技术政策之一。推行标准化是简化品种、提高质量、增加生产和促进生产上协作配合的重要前提。标准化就是对工业的原料、产品、生产过程、技术条件和质量要求等各方面的各种要素作统一的规定。其中，要在全国范围内推行的，用国家法令颁布为国家标准；要成立国家主管标准的机构，根据我国发展的具体条件，参照苏

联国家标准，逐步统一制定我国国家标准……”这一讲话精神对推动全国标准化工作的开展具有重要的指导意义。

3. 国家标准化管理机构正式建立

1956年，国家技术委员会成立。1957年，国家技术标准局成立；同年，中国成为国际电工委员会（IEC）成员。1959年2月，国家科委标准局颁布了《关于地方标准化工作的若干暂行规定（草案）》，标志着中国地方标准化事业拉开序幕。在三年的国民经济恢复期和“一五”期间，国家技术委员会统一管理全国标准化工作后，积极推动各部门和企业标准化工作的开展。1959年3月，国家科委标准局颁布了《关于地方标准化工作的若干暂行规定（草案）》，这是中国地方标准化的开端。

（二）20世纪60年代，标准化工作跌宕起伏

20世纪60年代，随着“调整、巩固、充实、提高”的国民经济发展方针的实施，标准化事业逐渐起色：我国第一个标准化管理制度《工农业产品和工程建设技术标准管理办法》问世；召开了第一次全国标准计量工作会议；制定了我国第一个标准化发展规划《1963—1972年标准化发展十年规划》；1963年9月，制定第一批32个研究所和设计单位作为国家标准化核心机构，同年，标准化综合研究所和技术标准出版社先后成立；各工业部门内均设立标准化管理机构；1964年5月，国家科委召开农业标准化工作会议，推进农业标准化发展。在1967—1976年特殊历史时期，技术部门遭遇冲击，标准化事业亦不可避免。1972年，国家标准计量局成立，各部门和地方标准化机构相继恢复，标准化工作又逐渐走向正轨。

（三）20世纪70年代，逐步走向复苏

1978年，党的十一届三中全会确定了改革开放的战略决策，中国的发展由封闭走向有限的对外开放，与之相适应的标准化发展需求也逐渐复苏。1978年5月，国务院批准成立国家标准总局（1982年5月改为“国家标准局”），这一重要机构的成立，将标准化与经济建设结合起来，一系列标准化活动得以实施：国家标准总局成立后，首先抓了全国技术标准的大清查、大整顿和全国“质量月”活动。1978年8月，中国标准化机构被接纳为国际标准化组织（ISO）

正式成员；1978年9月，国标准化工作者自愿组织的学术性群众团体——中国标准化协会成立。1979年7月31日，国务院批准颁布《中华人民共和国标准化管理条例》，这是标准化工作进入新发展时期的一个重要标志。

（四）20世纪80年代，标准化事业快速发展

20世纪80年代，标准化事业发展活跃和充满生机，各类学术会议、科普活动、宣传教育以及地区性经验交流活动频繁。

1982年，我国国际标准化工作取得进展，《采用国际标准管理办法》和《技术引进和设备进口标准化审查管理办法》正式发布。1984年，首次召开全国采用国际标准工作会议，与多个国家展开学术交流。中国标准化协会普及工作委员会每年配合“世界标准日”活动开展多种形式的标准化科普宣传；举办青少年夏令营；派出“讲师团”等。创办综合性、专业性和地区性标准化刊物；出版大量标准化专业图书；举办培训班；标准化的在校教育；组织编写和出版高等财经院校试用教材《标准化概论》。企业标准化的地区性、专业性经验交流活动频繁活跃。编制“标准体系表”、企业开展“全面质量管理（TQC）”以及对重点产品（如彩色电视接收机等）开展“综合标准化”等。

1988年12月29日，中华人民共和国第七届全国人民代表大会常务委员会第五次会议通过并颁布《中华人民共和国标准化法》，标志着我国标准化进入法制管理新阶段。到1989年底，我国建立了全国性标准化技术委员会154个、分技术委员会251个，有8000名各方专家参与标准制修订工作，发布国家标16192项。

（五）20世纪90年代，再上新台阶并与国际接轨

20世纪90年代，我国标准化事业再上新台阶。1988年7月，国家标准局、计量局、质量局合并组建国家技术监督局。1989年11月，召开第一次全国技术监督工作会议，会议明确提出技术监督工作要“以质量为中心，以标准化、计量为基础”的工作方针，并成为这一时期的工作指导方针。1990年5月，国家技术监督局在京召开了第一次标准化工作会议。

1990年4月6日，《中华人民共和国标准化法实施条例》正式颁布，与之配套的《国家标准管理办法》《行业标准管理办法》《地方标准管理办法》《企

业标准化管理办法》《农业标准管理办法》《能源标准管理办法》和《全国专业标准化技术委员会章程》等随之发布。1991 年 5 月 7 日，《中华人民共和国产品质量认证管理条例》发布。1992 年 1 月 30 日，《中华人民共和国产品质量认证管理条例实施办法》发布。1993 年 2 月 22 日，《中华人民共和国产品质量法》发布。

同时，为了适应市场机制转轨的需要，标准化的发展重点也开始随之调整，90 年代，是中国从计划经济向社会主义市场经济的过渡时期。在此期间，行业管理的职能发生了巨大变化，开始逐步由管理型向指导型转变。当时，中国市场出现了一些不良现象，假冒伪劣商品屡禁不止。1992 年，国家技术监督局成立了“打假办公室”，同时开展了“中国质量万里行”活动。1999 年 7 月 13 日，撤销中国标准化与信息分类编码研究所、中国技术监督情报研究所（又名“中国标准情报中心”）和国家质量监督管理研究所，成立中国标准研究中心，其主要任务包括：标准研究、质量研究、标准管理、标准质量信息管理与服务、生产许可证审查、质量认证和全国商品条码管理等。

在标准国际化方面，20 世纪 80 年代后期，在参照 ISO9000 系列标准基础上发布 GB/T 10300《质量管理和质量保证》系列标准。1992 年将其修订为等同采用 ISO 9000 的 GB/T 19000—ISO 9000 系列标准。与此同时，我国的信息化发展历程也离不开标准的技术支撑。国际上，一些国家纷纷推出“信息高速公路”，对信息技术标准化工程采取了全新的工作方法，超前制定信息技术标准，采用加速程序，并达成了一致意见，推动信息技术向工程化迈进。

针对国际上建立技术标准向信息化迈进的大趋势，我国迅即采取应对的措施。1993 年 6 月 8 日，电子工业部宣告成立。国家有关领导明确指出，“标准化是推进国民经济信息化的重要政策”“标准先行，建设‘三金’（金桥、金关、金卡）”。信息技术标准化的对象，涉及信息系统的硬件、软件、网络、数据表示以及信息技术在各方面的应用所进行的标准化，不仅需要积极采用国际标准，还要解决国际标准和国外先进标准“本地化”的问题；在中文信息技术标准方面，中国拥有“天然”的优势，因而很自然地成为了“事实标准”而被国际上所公认或被国际标准采纳。

（六）新世纪，抓住新机遇迅猛发展

我国标准化事业发展的第二个机遇是新世纪来临之际，2001 年正式加入

WTO之时。此刻，我国进一步向全世界全面开放。面临与其他国家在技术、制度等各方面的对接问题，标准化工作重新提上了工作日程，并且重要性和紧迫性愈加凸显。标准化在新形势下受到广泛关注：①2001年，科技部提出实施“人才、专利和技术标准”三大战略并决定在“十五”期间组织实施国家重大科技专项“重要技术标准研究”。②国家标准化相关组织建立：2001年4月，成立国家标准化管理委员会。2002年，中央举办了“国际形势与WTO”级干部专题研究班，中央有关领导到会讲话，标准化事业迎来大好发展机遇，并且在接下来一段时间内获得长足发展。

2003年4月，经中央机构编制委员会办公室批准，在中国标准研究中心的基础上组建中国标准化研究院，直属国家质量监督检验检疫总局。2008年，中国成为ISO常任理事国。截至2020年底，我国已承担ISO、IEC技术机构主席/副主席75个、秘书处75个，与54个国家、地区标准化机构和国际组织签署了97份标准化双多边合作文件，共发布国家标准外文版930项。2017年，《中华人民共和国标准化法》新修订版正式实施。

2000年以来，各类标准科研成果日渐丰富：2001年1月，《质量标准化计量百科全书》正式出版；2005年7月，中国人民大学出版社出版了高等院校精品课程教材《标准化概论（第四版）》；2008年，由中国标准出版社出版，李春田教授潜心研究的成果《现代标准化前沿：模块化研究》问世。

（七）百年不遇之大变局，标准化工作新展望

放眼世界，我们面对的是百年未有之大变局，国际格局和国际体系正在发生深刻调整，国际格局日趋均衡，全球治理体系正在发生深刻变革，世界多极化加速发展，国际力量对比正在发生近代以来最具革命性的变化，国际潮流大势不可逆转，即世界经济重心正在加快“自西向东”位移；新一轮科技革命和产业变革正在重塑世界；新兴市场国家和发展中国家国际影响力不断增强，国际力量对比更趋均衡；全球治理的话语权越来越向发展中国家倾斜，全球治理体系越来越向着更加公正、合理的方向发展；世界文明多样性更加彰显，世界各国开放包容、多元互鉴成为主基调。

我国标准化工作开启新一轮发展机遇。2021年，党中央、国务院印发《国家标准化发展纲要》（以下简称《纲要》），为服务经济社会高质量发展和推进

标准化自身发展提供了根本遵循。2022 年 7 月 6 日，国务院印发《关于印发贯彻实施〈国家标准化发展纲要〉行动计划的通知》，明确 2023 年年底前重点工作，有序推进任务落实，更好发挥标准化在推进国家治理体系和治理能力现代化中的基础性、引领性作用。

截至目前，《纲要》提出的 2025 年四方面发展目标均已取得积极进展。为继续扎实推动《纲要》深入实施，2024 年 3 月 18 日，市场监管总局会同中央网信办、国家发展改革委等 18 部门联合印发《贯彻实施〈国家标准化发展纲要〉行动计划（2024—2025 年）》（以下简称《行动计划》），就 2024 年至 2025 年贯彻实施《纲要》提出具体任务，要求各地区各部门结合实际认真贯彻落实。本轮《行动计划》锚定 2025 年发展目标，紧扣《纲要》对“十四五”时期标准化发展的总体部署，以重点工作为牵引，由点及面推动《纲要》贯彻实施向纵深推进。

《行动计划》采用重点任务逐一列条的方式，结构安排上与《纲要》框架内容相对应，分三个板块，共三十五条。第一板块围绕标准化服务发展，从加强标准化与科技创新互动、提升现代化产业标准化水平、完善绿色发展标准化保障、推进城乡建设和社会建设标准化发展、实施标准国际化跃升工程等方面提出了强化关键技术领域标准攻关、推动产品和服务消费标准升级、加快产业创新标准引领、健全碳达峰碳中和标准体系、实施乡村振兴标准化行动、健全稳步扩大标准制度型开放机制等重点任务。第二板块围绕标准化自身发展，从深化标准化改革创新、夯实标准化发展基础两方面，提出了提升标准供给质量、加强标准试验验证、强化标准化技术机构支撑、加强多层次标准化人才队伍建设等任务要求。第三板块是组织实施，从加强组织领导、加强政策支持等方面提出具体措施。

三、国家公共服务标准化发展现状

为落实《纲要》中关于实施基本公共服务标准体系建设工程的部署，2024 年 3 月，国家标准委、国家发展改革委、财政部、教育部、民政部、司法部、人力资源社会保障部、住房城乡建设部、文化和旅游部、国家卫生健康委、退役军人事务部、广电总局、体育总局、国家医保局、国家文物局、国家疾控局、国家中医药局、中国残联18部委联合印发《基本公共服务标准体系建设工程工作方案》（以下简称《工作方案》），以标准化助力基本公共服务均等化、普惠化、便捷化。

本次出台的《工作方案》对照国家界定的基本公共服务事项清单，共提出7项重点工作、3项保障措施，进一步对幼有所育、学有所教、劳有所得、病有所医、老有所养、住有所居、弱有所扶、优军服务保障、文体服务保障等九大领域标准化工作作出全面部署，给出了基本公共服务标准体系的总体框架，重点针对基本公共服务九大领域和基础通用领域，提出未来研制国家标准、行业标准的重点方向，以标准支撑优化资源配置、规范服务流程、提升服务质量、提高治理效能，并对地方政府制定科学适用的地方标准、基层公共服务机构加强自身规范化建设给出引导。

市场监管总局（国家标准委）将会同相关部门按照方案要求，深入实施基本公共服务标准体系建设工程。预计到2027年，将新研制200项基本公共服务领域国家标准、行业标准，配套地方标准将更加完善有效，逐步健全基本公共服务标准体系，创建80个基本公共服务标准化试点，进一步提升我国基本公共服务标准化工作总体水平，增进全体人民在共建共享发展中的获得感、幸福感、安全感。

我国基本公共服务标准化体系全面发展和提升的重要框架图如图12.2所示。

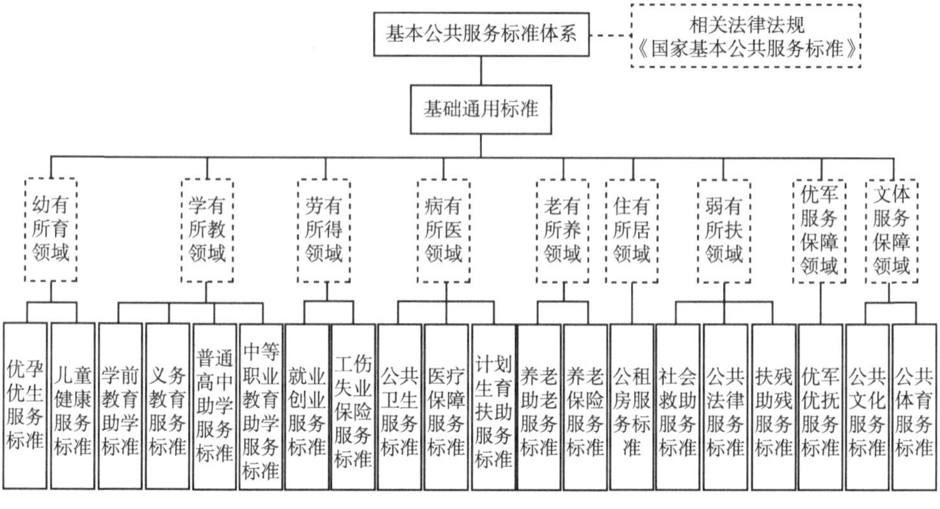

图12.2　基本公共服务标准体系图

第二节　文化标准化及其标准体系构建

一、文化标准化发展历程

如前文所述，我国文化管理内容包括了公益性的文化事业和经营性的文化产业。而在标准化的应用方面，现实情况中公共事业是明显滞后于经济领域的。最早涉及文化标准化的是西方学界的法兰克福学派，其代表人物阿多诺在《启蒙辩证法》一书中首次使用“文化工业”取代了在写作中原本使用的“大众文化”一词，“旨在从一开始就把那种让文化工业的倡导者们乐于接受的解释排除在外，即它相当于某种从大众当中自发产生的文化，乃是民众艺术（Volkskunst）的当代形式”①。

“对文化工业中‘工业’一词的理解不能拘泥于字面意思。它指的是事物的标准化（比如说每个电影观众都熟悉的西部片的标准化），发行技术的合理高效化，而不仅限于制作过程。”② 可见，阿多诺所说的“工业”并不是指生产本身，而是生产模式的标准化，这样的生产模式追求的是技术上的生产条件，“文化工业”即是技术理性化的文化生产。“技术取得支配社会的权力依靠的正是社会中经济地位最强的那些人的权力”③，文化工业批判理论认为是统治阶级将制造出来的文化进行欺骗性的包装，通过工业式的批量化生产，借助大众传播媒介，将文化以商品的形式进行销售，以此从意识形态上麻痹大众的思想甚至控制整个社会。因此，“文化工业的总体效果是反启蒙的”，“作为进步的、对自然的技术统治的启蒙变成了一种大众欺骗”④。

阿多诺主要从两个方面对文化工业的标准化问题进行批判：一是美学上的批判，认为文化工业标准化的生产模式导致了大众文化产品同质化、齐一化的

---

① 西奥多·W. 阿多诺，赵勇．文化工业述要［J］．贵州社会科学，2011（06）．

② 同上①．

③ Horkheimer M，Adorno T W，Noeri G. Dialectic of enlightenment［M］．Stanford University Press，2002.

④ 同上①．

现象，标准化的生产与标准化的产品抹杀了艺术创作的个性与创造性以及艺术欣赏的自主性与想象力。在标准化的生产中，“普遍性和特殊性已经假惺惺地统一起来了”①，特殊归于普遍，内容归于形式，雅俗艺术的差别也因此消失。文化工业“把分离了数千年，各自为政、互不干扰的高雅艺术与低俗艺术强行拼合在一块，结果是两者俱损”②。文化的生产采用工业式的标准化模式，从流水线上制造出大批量的流行音乐、电影、小说等文化商品。“当高雅艺术与低俗艺术被强行婚配到一起之后，不仅使新产品变成了一种文化怪胎，而且还出现了一种‘全面抹平’的效果。”③ 在利益的驱动下，对成功的文化商品进行模仿性再生产，大量复制品的出现消除了审美感性经验的特殊性，艺术本该有的独特性、丰富性最终归于大众文化标准化的同一性。二是意识形态上的批判。阿多诺认为，被文化工业标准化的不只是生产模式和产品规格，最终大众的消费行为也被标准化了，受到意识形态的操控而丧失自我。“不只是文化工业的标准化生产方式使产品的个性成为一种错觉。个体也只有与普遍性达成完全契合，才能被毋庸置疑地接纳。”④ 看起来的个性掩盖了实质上的标准化，大众麻木地被动接受着标准化的文化商品，重复着平庸而又无意义的娱乐消费，逐渐失去了思考能力与反抗意识，最终导致人的异化。文化工业成为资本主义统治阶级欺骗大众、控制大众的工具，使人成为整个社会所要塑造出来的那种样子。

阿多诺认为，工具理性引起的技术发展造成了一种社会控制的模式。技术不是任意发展的，而是统治阶级有导向性地设计出来的。技术的合理性即是统治上的合理性，技术理性因此成为一种意识形态。建立在这个基础上的文化工业是为维护资本主义的统治服务的，正是复制技术和传播技术的发展使统治阶级制造出来的文化得到大批量的复制和传播，破坏了艺术原本的自律性，故而阿多诺对技术在文化工业中的作用持否定的态度。

因此，在文化标准化发展过程中，针对文化产品实现其“预期目的改进产品、过程和服务的适用性”的标准化内容发展较为迅速，即文化产业的标准化

---

① Horkheimer M, Adorno T W, Noeri G. Dialectic of enlightenment [M]. Stanford University Press, 2002.

② 西奥多·W. 阿多诺，赵勇. 文化工业述要 [J]. 贵州社会科学，2011 (06).

③ 赵勇. 法兰克福学派：知识分子与大众文化 [M]. 北京：北京大学出版社，2016：92.

④ 同上①.

进程。我国文化部最早颁布的《文化标准化中长期发展规划（2007—2020）》指出："文化领域的标准化是促进文化艺术与现代科技紧密结合、推动文化创新的重要技术保障，是繁荣文化事业和发展文化产业的重要基础性工作。"①

2011年，国家标准化管理委员会颁布《标准化事业发展"十二五"规划》，把文化产业标准化的建设提到了战略高度，并在生活性服务业一项中明确提出"文化产业服务"的标准体系建设②。2015年底，国务院办公厅在印发的《国家标准化体系建设发展规划（2016—2020年）》中提出，"建立健全文化行业分类指标体系，加快文化产业技术标准、文化市场产品标准与服务规范建设"，以"保障文化环境健康有序发展，建设社会主义文化强国"③。行业标准化的建立可为产品质量的认证、市场的准入与监督、企业资质的审查等工作提供依据。文化产业属于技术含量高和附加值高的生产领域，标准化的手段能够鉴定文化产品与服务的质量和等级，提供合格的产品与服务进入市场。文化产业的标准化建设能够规范市场主体，维护市场秩序，形成良好的文化产业市场环境。

国家和地方对文化产业的发展在政策和税收方面有一系列的扶持措施，因此对文化产业性质的企业需要有一定的认证标准，标准不明确将导致准入门槛过度自由，一些企业因缺少合乎标准的要求而无章可循，甚至非文化企业"钻空子"享受文化产业的政策优惠和补贴。同样，对文化产业集聚区或文化产业园区的认定，以及文化产业项目的测评也需要明确的标准。标准的不统一已使目前很多集聚区或园区以及文化产业项目在申报中存在各种问题，发展方向也不够清晰。标准体系的确定将规范文化产业中企业主体的行为，引导行业的健康发展。此外，目前由于国内外对文化产业的内涵界定、种类范围等划分不一，造成统计的版本与结果存在差异，可比性与借鉴意义不足，而标准化体系的建立能够提升文化产业领域统计数据的科学性与准确性。

经济全球化时代，标准是一种通用的技术语言，国际标准的形成有助于减

---

① 中国政府网．文化部印发《文化标准化中长期发展规划（2007—2020）》，http：//www.gov.cn/gzdt/2007-08/06/content_707569.Htm.

② 国家标准化管理委员会．关于印发《标准化事业发展"十二五"规划》的通知，http：//www.sac.gov.cn/szhywb/sytz/201112/t20111228_100505.Htm.

③ 中国政府网．文化部印发《文化标准化中长期发展规划（2007—2020）》，http：//www.gov.cn/gzdt/2007-08/06/content_707569.Htm.

少或消除生产、流通等环节的贸易壁垒，某种意义上来说，掌握了标准的制定权便是掌握了国际竞争中的话语权。“标准竞争已成为国际上继产品、品牌竞争之外，一种层次更高、意义更大、影响更广的竞争手段。”① 尤其是在文化产业领域，标准与知识产权的结合，使得标准不仅成为解决国际贸易争端的仲裁依据，也是国际市场准入的重要门槛。完善标准化体系，将全面提升我国文化产业的国际竞争力，维护我国在国际标准化中的利益，让“中国标准”国际影响力和贡献力大幅提升，从而迈入世界标准强国行列。

然而，我国文化产业标准仍然存在标准数量少、涵盖有限，标准制定不规范、实施不力等现象。根据《文化标准化中长期发展规划（2007—2020）》，我国要在“2020 年以前，建立起较为完善的标准体系，取得一批文化标准化理论研究重大成果，完成主要标准的制（修）订工作，使文化标准化建设走向规范、有序、健康发展的道路”②。在《国家标准化体系建设发展规划（2016—2020 年）》中第二章“加强社会治理标准化，保障改善民生”中强调，以优化公共文化服务、推动文化产业发展和规范文化市场秩序为着力点，建立健全文化行业分类指标体系，加快文化产业技术标准、文化市场产品标准与服务规范建设。③

专栏 6　文化领域标准化重点

文化艺术

重点开展公共文化服务、文化市场产品与服务术语、分类、文化内容管理、服务数量和质量要求、运行指标体系、评价体系，以及公共图书馆、文化馆（站）、博物馆、美术馆、艺术场馆和临时搭建舞台看台公共服务技术、质量、服务设施、服务信息、术语与语言资源等领域重要标准制修订与实施工作，推动文化创新，繁荣文化事业，发展文化产业。

---

① 中国政府网. 国务院办公厅关于印发《国家标准化体系建设发展规划（2016—2020 年）》的通知，http：//www. gov. cn/zhengce/content/2015 - 12/30/content_10523. Htm.

② 刘雪涛，李岱松，张革，张京成编著. 首都文化创意产业标准化［M］. 北京：科学出版社，2010：32.

③ 同上①.

新闻出版

加强新闻出版领域相关内容资源标识与管理标准制修订，加快研制版权保护与版权运营相关标准，推进数字出版技术与管理、新闻出版产品流通、信息标准的研制与应用，完善绿色印刷标准体系，开展全民阅读等新闻出版公共服务领域相关标准研制，丰富新闻出版服务供给，满足多样化需求。

广播电影电视

开展新一代网络直播、超高清电视、高效视音频编码、广播电视媒体融合、下一代广播电视网、三网融合、数字音频广播、新一代地面数字电视、卫星广播电视、应急广播、数字电影与数字影院等标准的研制，提高影视服务质量。

文物保护

开展文化遗产保护与利用标准研究，制定与实施文物保护专用设施以及可移动文物、不可移动文物、文物调查与考古发掘等文物保护标准，重点制定文物保存环境质量检测、文物分类、文物病害评估等标准，加强文物风险管理标准的制定，提高文物保护水平。开展中国文化传承标准研究。

2021 年，中共中央、国务院印发《国家标准化发展纲要》（2021 年第 30 号），提出到 2025 年，实现标准供给由政府主导向政府与市场并重转变，标准运用由产业与贸易为主向经济社会全域转变，标准化工作由国内驱动向国内国际相互促进转变，标准化发展由数量规模型向质量效益型转变。标准化更加有效推动国家综合竞争力提升，促进经济社会高质量发展，在构建新发展格局中发挥更大作用①，并强调要完善公共文化服务标准体系，建立和实施国家基本公共文化服务指导标准，制定文化安全管理和技术标准，促进基本公共文化服务标准化、均等化，保障文化环境健康有序发展，建设社会主义文化强国。

事实上，在公共领域内的公益性文化事业标准的建设和发展进程相对缓

① 中国政府网．中共中央、国务院印发《国家标准化发展纲要》，https：//www. gov. cn/zhengce/2021 - 10/10/content_5641727. htm.

慢，远落后于文化产业的标准化进程，其发展的轨迹基本吻合我国公共服务标准化的整体发展历程。20 世纪 70 年代，西方国家政府出现了机构臃肿、效率低下、政策失效等问题，面临着巨大的信任危机。在此背景下，西方国家掀起了大规模的“政府再造”运动，强调运用新公共管理理论和方法促进政府效能提升。

新公共管理理论强调将企业生产管理的科学方法引入公共服务领域，其中重要的一点就是通过公共服务的标准化提升公共服务的品质，极大地促进了政府公共服务标准化的发展。

如今，随着社会各界对标准化的呼声日益强烈，西方发达国家都在不断优化和完善社会管理及公共服务体系，相关标准化工作因此被重视起来，逐步在公共服务中引入全面质量管理、标杆管理、平衡计分卡等定量化管理方法，积极探索公共服务标准化的可行路径。如英国于 1991 年和 1994 年分别颁布的《公民宪章》和《新公民宪章》、美国于 1994 年出版的《顾客至上：服务美国民众的标准》、瑞典议会于 1998 年批准的《公民服务法》等。

然而对政府部门来说，公共服务标准化不仅是理论设计，更是实实在在的具体实践。作为一项重要的政府创新实践，公共服务标准化突出了“规范、高效、精细、透明、为民”的特点，其实质是通过制定标准来规范公共权力运行，提升公共服务质量，减少政府管理的随意性，其具有如下特征：①公共服务标准是一整套体系。它包括服务领域、服务对象、服务质量、服务供给时间、服务供给方式、服务评价、服务申诉及服务救济等方面的详细规定。②公共服务标准是动态可调整的。政府部门会依据服务标准对各部门绩效进行评估，并根据评估结果，修正和更新服务标准。③公共服务标准的制定和执行体现了“共同治理”的理念。在制定和执行公共服务标准的过程中，政府需要更新执政理念，重视所有公共服务利益相关者的意见，并保护他们的利益。

因此，从实践层面看，公共服务标准化与公共服务均等化之间存在着密不可分的联系。健全的公共服务体系离不开标准化的技术支撑，标准化是均等化的基础和保障。①基础作用表现在：公共服务体系新建或改建之初，就应从公共资源配置开始运用标准化方法和技术，制定相关人力、物力和财力等资源投入的基础标准，以保障提供公共服务所需的必要条件。②保障作用则表现在：若把每项公共服务视作一件公共产品，那么从产品的设计、生产到服务的全过程，都应该制定相关的业务流程、工作规范和服务标准以保障公共服务机构能提供基本同质化的公共产品。

从世界范围来看，基本公共服务的标准建设侧重点各有差异：如德国重视提升乡村公共服务水平，将提升公共服务水平作为乡村振兴的一项重点工作，1980年开始推动系统性的“乡村更新计划”，通过提供补贴、贷款和担保等方式，提升各地村庄的公共服务基础设施水平，发布《“改善农业结构和海岸保护”共同任务法》，规定联邦政府和各州共同为改善农村公共服务提供资金。英国于1948年通过《国家卫生服务法》，建立由政府提供卫生服务费、由国家统一管理的国家医疗卫生服务体系，通过法律保障全体公民平等享有卫生服务的权利，同时在临床、公共卫生、社会照顾服务、机构人员配置、技术评估等方面开展多项标准研究。韩国考虑到地区间发展不平衡及财政状况等因素，先后发布《教育法》《义务教育实施计划》《教育法施行令》等政策文件，自1953年开始实施义务教育政策，到1959年在全国范围内基本实现了小学义务教育，其后进一步扩大实现了初中义务教育、学龄前幼儿教育等。

在国际标准制定方面，国际标准化组织（ISO）于2015年发布了ISO 18065：2015《旅游及相关服务 自然保护区机构提供的公共旅游服务要求》（Tourism and related services—Tourist services for public use provided by Natural Protected Areas Authorities Requirements），该标准规定了自然保护区提供公共旅游服务的相关要求，以更好地满足游客需求。

从世界各国的发展历程来看，基本公共文化服务是国家基本公共服务体系的重要组成部分，但被纳入基本公共服务体系之中相对较晚。我国自2005年首次提出将基本公共文化服务纳入公共服务体系，至今取得了跨越式发展，特别是国家公共文化服务体系示范区的创建，促使其在基本公共服务标准化建设中扮演着先行者的角色。

二、公共文化服务标准化

依据有关标准及标准化的研究论述，公共文化服务标准化的内涵和范围十分丰富和广泛。目前，在公共文化服务标准化及其标准体系建设过程中，大体可以分为两大类型：一是依据GB/T 20000.1—2014标准化工作指南编制的，由各级市场监督管理部门、行业协会或企业发布的各类型标准，其一般都属于推荐性标准；二是由政府文化和旅游行政部门发布的涉及文化服务各领域的标准要求政策文件，其具有一定的强制性。

因此，公共文化服务标准化可以理解为："通过标准化的技术手段，引入标准化的方法，推进公共文化服务规范化和均等化而开展的工作。通过设定具体的标准，各级政府明确与自身职责相应的服务，确定应提供何种内容，提供到何种程度，达到何种标准，从而建立制度化的约束，实现公共文化服务的最佳秩序和最佳效能。"（阮可，2023）

公共文化服务标准是一套体系，从大的方面可以分为：公共文化服务保障标准——公共文化设施建设和服务标准（也称"公共文化技术标准"）和公共文化服务评估标准。地方政府和部门在推进公共文化服务标准化建设时要注意整体性和综合性，既要考虑制定当地的保障标准作为对群众的基本文化权益的承诺，又要考虑到各单项的服务标准和评价标准。

在以效能为导向的政府管理制度和以均等化为导向的公共财政制度的两大实现机制引领下，以"标准化"促进"均等化"的具体路径包括服务内容标准化、管理流程标准化、财政预算标准化、中央地方共担机制标准化，前两者旨在为各级政府提供明确的标准和规范，保障社会公众最基本权益，以避免陷于纷繁复杂的各类技术性规范标准的低水平总结陷阱中；后两者旨在有效满足服务自身标准化建设的需求，为基本公共文化服务均等化提供稳定、可持续的财政资金保障。

（一）公共文化服务国家指导标准建设

2013 年 11 月，党的十八届三中全会通过的《中共中央关于全面深化改革重大问题的决定》提出，构建现代公共文化服务体系，首要任务是推进基本公共文化服务标准化、均等化，确立了以标准化促进基本公共文化服务均等化的路径。2015 年初，中共中央办公厅、国务院办公厅印发《关于加快构建现代公共文化服务体系的意见》，要求确立国家基本公共文化服务指导标准，明确政府保障底线，做到保障基本、统一规范；同时要求各地根据国家指导标准，制定与当地经济社会发展水平相适应、具有地域特色的地方实施标准，逐步形成既有基本共性又有特色个性、上下衔接的标准指标体系，成为公共文化服务保障标准体系重要内容。

与之一同印发的《国家基本公共文化服务指导标准（2015—2020年）》，对各级政府应向人民群众提供的基本服务项目、硬件设施条件、人员配备共计3大类22条标准，并提出了“国家标准兜底线，地方标准促特色”的分级保障思路。《国家基本公共文化服务指导标准（2015—2020年）》的颁布是公共文化服务标准化发展的里程碑，标志着公共文化发展有了刚性保障，有了硬约束。2014年，浙江省率先将《浙江省基本公共文化服务标准化均等化的目标和实施路径》纳入省长研究课题，形成了浙江省基本公共文化服务保障标准及五年行动计划，通过试点市县实现三级联动，协调发展改革委、财政、广电等部门合力共促，取得了成效。2015年6月11日，北京市率先制定贯彻中共中央办公厅、国务院办公厅文件的地方性省级实施意见，即《北京市人民政府关于进一步加强基层公共文化建设的意见》《首都公共文化服务示范区创建方案》《北京市基层公共文化设施建设标准》和《北京市基层公共文化设施服务规范》“1+3”公共文化政策文件，对推动基本公共文化服务实现标准化、均等化、社会化和数字化，保障人民群众基本文化权益做出了全面部署。至2020年底，各省、自治区、直辖市均制定了配套实施标准，93.7%的市（地）级政府和98.7%的县级政府出台了公共文化服务目录。

2017年3月正式实施的《中华人民共和国公共文化服务保障法》（以下简称《公共文化服务保障法》）以法律的形式建立了基本公共文化服务标准制度，以及相应的经费保障机制。

《公共文化服务保障法》第五条和第二十八条建立的基本公共文化服务标准制度包括如下要素：①国务院制定并公布国家基本公共文化服务指导标准，省级人民政府制定并公布本行政区域的基本公共文化服务实施标准，地（市）县（市）级人民政府制定并公布当地的基本公共文化服务目录；②各级人民政府制定并公布的基本公共文化服务标准/目录，实行动态调整机制；③县级人民政府是实施基本公共文化服务标准制度的责任主体。总的来看，国家指导标准、地方实施标准和目录制度，共同构成了我国既有基本共性又有特色个性、上下衔接的基本公共文化服务标准指标体系。第二十七条规定了公共文化服务的基本范围，包括全民阅读、全民普法、全民健身、全民科普和艺术普及、优秀传统文化传承活动；第二十九条规定了公益性文化单位应当免费或优惠向公众提供的服务，包括文艺演出、陈列展览、电影放映、广播电视节目收听收看、阅读服务、艺术培训等，以及为公众开展文化活动提供支持和帮助；第三十条规定基层综合性文化服务中心应向基层群众提供的基本服务，包括书报阅览、影视观赏、戏曲表演、普法教育、艺术普及、科学普及、广播播送、互联网上网和群众性文化体育活动等。

2011 年，我国开展实施国家公共文化服务体系示范区创建项目，目标是打造我国现代公共文化服务体系建设先行区，公共文化服务体制机制改革的创新实践区，率先建成覆盖城乡、便捷高效、保基本、促公平的现代公共文化服务体系，成为引导创建实践、评价创建成效的重要尺度。国家公共文化示范区创建工作标准化理念贯穿示范区创建全过程，标准化手段应用于示范区创建全流程，标准体系覆盖示范区创建的各方面，创建指标涉及公共文化设施网络建设、公共文化服务供给、公共文化组织支撑、资金人才和技术保障、公共文化服务评估和其他等七个方面，东部地区细化为 30 项内容 76 个指标，中部地区细化为 29 项内容 72 个指标，西部地区细化为 25 项内容 61 个指标。

2013 年，第二批示范区创建标准进一步优化，东中西部地区均为 28 项内容 76 个指标，以指标值区分东部、中部、西部地区不同发展水平，不断强化以创建标准引领创建实践的路径，成为以标准化手段推动公共文化服务高质量发展的示范工程。

2015 年，第三批国家公共文化示范区创建标准据此做了较大修改，涉及的方面调整为公共文化设施网络建设、公共文化服务供给与效能、公共文化与科技融合发展、公共文化服务社会化发展、公共文化服务体制机制建设、公共文化服务保障和其他等七个方面，细化为 32 项内容 63 个指标，同样以指标值区分东部、中部、西部地区不同发展水平。

2017 年，第四批国家公共文化示范区创建标准对第三批标准进一步调整优化，与第三批指标一样涉及 7 个方面，但细化为 37 项内容 68 个指标。经过多年探索实践，国家公共文化示范区创建标准固化了一些促进公共文化服务高质量发展的标准指标。例如，东部、中部、西部地区人均占有公共图书馆藏书分别为 1 册、0.8 册、0.6 册以上；平均每册藏书年流通率分别为 1 次、0.8 次、0.6 次以上；人均年增新书分别为 0.06 册、0.05 册、0.04 册以上；人均到馆分别为 0.5 次、0.4 次、0.4 次以上。市、县两级文化馆东部地区全部达到部颁二级以上标准，中部地区全部达到部颁三级以上标准，西部地区80%以上达到部颁三级以上标准。

上述标准指标成为各地落实《公共文化服务保障法》确立的基本公共文化服务标准制度、制定地方实施标准/目录的重要参考指标，带动了我国基本公共文化服务水平的整体提升，是我国以标准化手段促进基本公共文化服务高质量发展的创新实践。

（二）公共文化服务标准化建设

1. 美国公共文化标准化建设

美国是一个市场驱动且高度多元化的社会，是世界上较早开始标准化工作的国家之一。其标准化管理历史悠久，在标准制定、管理及修订方面具有丰富的经验，重视标准与技术法规的结合。技术驱动是美国标准化管理体制的主要特点，将技术转移为标准，尤其是将带有创新优势的技术专利标准化，能提高标准的技术水平及行业的技术发展。

由于美国实行自由的政治体制和竞争的市场经济体制，标准化工作以市场为导向，有“分散模式”的特点，形成相互竞争、独立而分散的多元化管理体制，自愿性和分散性是美国标准化的重要特点。“现行的美国标准化机构，实际上由三大类组成，即以美国国家标准学会（ANSI）为协调中心的国家标准体系、联邦政府的标准化机构、非政府机构（民间团体）。”①

美国国家标准学会（ANSI）是由联邦政府授权的国家标准认可机构，自1918年成立以来，始终以提高美国企业和美国生活质量的全球竞争力为主要目标，坚持不懈地推进自愿性协商标准和一致性评价体系及其之间的完美结合。该协会通过其位于纽约市的办公室和位于华盛顿特区的总部，代表近1000家公司、单位、政府部门、研究所和国际机构会员的共同利益，得到很多具有共同利益的私营组织和官方组织的支持，其主要职责是“认可美国标准制定组织和美国技术顾问小组；批准美国国家标准；保护公众参与标准化活动；保证美国自愿协调一致标准体系的完整性；提供区域和国际通道；提供中立的政策论坛；提供标准、合格评定及相关活动的信息资源和培训”。联邦政府机构中的

---

① 李会光．欧美日中标准制定和管理机制的比较研究．河北工业大学，2007年硕士学位论文．

标准化有关机构，负责制定本领域的标准以及各自领域内政府采购标准。

美国政府在美国标准体系中不处于主导地位，但其作用至关重要。美国政府在制定国家技术法规体系时，一方面，在必须集中国家力量的重大领域制定强制性标准（法规）；另一方面，在立法中采用自愿性标准。在实施政府采购时，美国政府则利用"合同引用"来确立其采购标准的地位。美国标准技术研究院（NIST）作为美国政府中唯一的标准化官方机构，集中体现了政府对美国标准化进程提供的巨大技术支持。民间团体在标准化发展过程中始终发挥着主导作用，其中大多数为行业协会和专业学会。美国试验与材料协会、国际（美国）机动工程师协会等制定的标准具有很大的权威性，在国内外享有良好的声誉，被广为采用。

美国标准体系具有分散、独立、民间为主导的特征。同样，美国的文化管理也主要采用政府授权民间管理的模式，没有一个完全由国家层面或主管部门来主导并要求强制执行的标准体系，更多的是行业标准、地方性标准和专业机构标准。这对我国公共文化服务标准化管理机制的构建也具有一定的参考价值。美国的公共文化标准化建设领域主要针对公共文化机构，如图书馆、博物馆、美术馆、社区图书馆等公共文化机构，如表 12.2 所示。

表 12.2　　美国公共文化领域标准（部分）

标准名称	标准类别	颁布年份
兑现电子资源管理的承诺：标准和最佳实践讨论文件	信息技术	2012
图书馆资源的物理传递	图书馆技术	2012
博物馆、图书馆和宗教建筑	文化资源保护	2010
API 多通道管理	信息技术	2008
Z39.50 文件在美国图书馆中的应用	图书馆技术	2003
图书馆和档案材料展示的环境条件	环境管理	2001

注：资料来源于美国国家标准网站 US - ANSI[①]。

以美国图书馆标准化建设情况为例。美国图书馆标准规范体系构建完整，覆盖面广泛，受众层次丰富，其最主要的贡献者当为美国图书馆协会（American Library Association，ALA）。ALA 有一套自主完善的标准规范管理机制，其

① 美国国家标准学会［EB/OL］，https：//www. ansi. org/，［2024 - 03 - 30］.

下属的部分子协会根据各自的业务范围和服务对象制定专属的标准规范。通过统计发现，列于美国图书馆协会官网内的55个标准指南主要由ACRL、RUSA、ASCLA三个子协会组织制（修）定。其他标准与指南分别由知识自由办公室、图书馆馆藏和技术服务协会、学校图书馆协会等完成制（修）定。

ACRL现行有26个标准和指南，分为8类：研究型图书馆、音像资料、课程材料中心、远程教学、人力资源、学术图书馆信息素养、学校图书馆信息素养和特殊馆藏。其中，有12条是关于信息素养的标准。结合2010—2014年ACRL研究规划与评估委员会发布的三份《高校图书馆发展大趋势》报告来看，其将信息素养评测和教学作为重点议题。

RUSA共有7项共16条标准，涉及书目编制、馆藏发展、宗谱收藏与研究、馆际互借、参考咨询以及为老年读者服务和为非英语母语读者服务的标准，有6条标准是关于参考咨询服务的。

ASCLA通过制（修）定标准规范来帮助图书馆服务特殊人群，以此建立服务准则，提高服务能力，指南的编制、修订与批准都是来自ASCLA内部的会员。《美国国会网络图书馆为盲人和身体残疾人士服务的标准与指南——修订版（2011）》对直接用户服务、馆藏发展与管理、外联工作地方文献的产出等业务进行了详细指导，以更好地服务残障人士。《精神疾病人员图书馆服务指南》等也对残障人士服务表现出充分的人情关怀，充分照顾了有特别需要的人士对图书馆的使用需求。

1975年出版的《小型公共图书馆临时标准：公共图书馆服务达标方针》（Interim Standards for Small Public Libraries：Guidelines Toward Achieving the Goals of Public Library Service）在后记中提到："因此，图书馆的多样性要求这些方针应当谨慎使用，并且对当地需求的研究、当地目标的准确表述、当地计划的发展应深思熟虑。"同时，由于美国实行联邦政府制，统一的"公共图书馆标准"与各州本土地区文化的多样性相冲突，PLA出台一系列指导文件，帮助各州基于本地情况制定标准，如《规划结果：公共图书馆改革步骤》（Planning for Results：a Public Library Transformation Process）和《目标明晰的人员规划：高效工作指南》（Staffing for Results：a Guide to Working Smarter）。通过参考PLA拟定的通用指导文件，同时借鉴其他州的经验与指标，然后结合本州的情况拟写标准草案，再经广泛的评议、修改草案，最终形成正式的标准。如南卡罗莱纳州标准，是由一个跨部门的公共图书馆馆员组成的委员会、以佛罗里达州的标准为模型制定的。因此，虽然美国各州标准的具体数值会因为地区的政治、经济、文化差异有所不同，但总体的方针政策基本一致，即更加强调公共图书馆服务结果的评价图书馆标准规范。

在图书馆地方标准建设方面，美国已有 39 个州根据各自区域情况制定了本州的公共图书馆标准。标准规范制定的主体分为以下三类：①在国家图书馆的支持下制（修）订；②由当地的图书馆协会制（修）订；③由国家图书馆与公共图书馆协会共同制（修）订。还有部分州的公共图书馆标准规范是包含在该州图书馆法或管理规则内的。

美国大部分的公共图书馆标准规范中设立了“最低标准”，如罗得岛州的标准规范（Minimum Standards for Rhode Island Public Libraries），对所有独立的公共图书馆都能达到的最低标准提出了“追求卓越就可以超过它们”的要求。另有一部分图书馆基于不同条件下的图书馆服务水准对标准规范进行了层级设置，阿拉巴马州公共图书馆将其分为核心标准（Core）、突出标准（Gold Star）和一流标准（Blue Ribbon）；佛罗里达州公共图书馆将其分为基本标准（Basic）、完整标准（Full）和综合标准（Comprehensive）。犹他州公共图书馆的标准规范中，明确规定有一系列标准元素的清单务必达到“最优标准”，而在伊利诺伊州公共图书馆标准规范（Serving Our Public 3.0：Standards for Illinois Public Libraries）中，将标准分为四个层级——低阶标准（Minimum）、试行标准（Growing）、既定标准（Established）和高阶标准（Advanced），每一个层级中又分为核心标准（Core）和补充标准（Supplemental）。

另外一个重要的专业性机构——美国国家信息标准组织（National Information Standards Organization，NISO）① 成立于 1939 年，是一个非营利性标准制（修）定组织，成员主要来自出版界、图书馆界、互联网界和媒体服务界的 70 余个机构，是唯一被美国国家标准学会（American National Standard Institute，ANSI）认可的专门从事制定、维护和出版用于信息服务、图书馆、出版社和其他与信息生产、存储、保存、共享、存取和分发有关业务标准的组织。其制（修）定的标准多与出版、书目和图书馆应用方面的技术相关。其在 2012 年发

① 美国国家信息标准组织．［EB/OL］，https：//en. wikipedia. org/wiki/National_Information_Standards_Organization，［2017 - 04 - 30］.

布《兑现电子资源管理的承诺：标准和最佳实践讨论文件》，承接数字图书馆联盟电子资源管理倡议（Electronic Resources Management Initiative，ERMI）的项目，是 NISO 在电子资源管理数据标准方面的研究成果之一。

美国的行业协会、地方组织和专业机构在图书馆标准规范的制（修）定方面发挥着主导作用，所制定的标准规范是一个集科学性、技术性、经验性和体系性于一体的综合成果，是美国文化遗产和标准化成果与图书馆服务实践融合的结晶，包含了最为先进的理念和技术，具有极高的借鉴意义。

2. 英国公共文化服务标准化实践

英国标准化协会（British Standards Institution，BSI）创立于 1901 年，是世界上第一个国家标准化机构，属于非营利性民间团体，通过提供优良的服务，每年获得 200 多亿英镑的收入，用于促进其业务的良性循环发展，实现了标准体系的科学化、市场化和国际化。BSI 曾三次获得英国皇家特许证，赋予它制定标准、开展产品质量检验和认证、参与国际标准化活动等任务，因此它在工业界有了较高的权威性。它是不从属于政府而独立行使其职能的权威机构。1982 年的英国政府“白皮书”及政府与 BSI 签订的《联合王国政府和英国标准学会标准备忘录》，进一步肯定了 BSI 的良好管理和高效的工作，并确定今后政府各部门都不再制定标准，而是由 BSI 对国内急需的标准迅速作出反应制定统一的国家标准，并要求政府各部门在立法和采购时更多地使用标准。

根据皇家宪章，BSI 统一组织管理英国全国的标准化工作，只有 BSI 发布的标准才能算英国的国家标准，并以 BS 英国标准的名义发布。英国的标准体制很简单，只有国家标准和公司企业标准两种。BSI 统一组织制定、修订标准，其组织形式采取委员会制。对应于 ISO 每个技术委员会（TC），BSI 几乎都有其对应的委员会。各委员会由各行各业与所制定标准相关的厂家、用户、政府部门、学术团体、专家和有关方面派代表组成，由委员会内部推选主席，BSI 任命。

经过 100 多年的发展，英国标准学会 BSI 现已成为世界上著名的标准服务机构，面向全球提供服务，“向其客户提供了全面的业务服务，帮助他们提高绩效和增强世界范围的竞争力”。BSI 代表国家统一参加国际标准化活动，“是国际标准化组织 ISO、IEC 和欧洲标准化组织 CEN、CENLEC 的主要发起国和重要参与人。现行 ISO 标准中的 30% 和现行欧洲标准中的 70%，都是由 BSI 的专家负责起草和组织制定的"①

由于控制机制完善，虽然名义上国家标准是推荐性的，但贯彻执行情况也很好。主要控制机制是三方面：①开展产品质量认证；②在政府法律中广泛引用标准，并规定政府采购物资时依据标准；③严格执法。

1984年，国家认证团体认可委员会（NACCB）成立后，英国政府又将BSI确定为秘书处，这些都使BSI的地位大大提高了。因此，它吸引英国各界特别是工业界的大量公司加入学会中来。迄今，BSI的情报服务涉及内容包括：查询服务设施（电话、计算机）、图书馆和标准数据库等。在英国标准化协会（BSI）网站上，以图书馆、博物馆等公共文化服务主要机构为关键词进行检索，共得出相关标准近300条，主要集中在信息和文献领域，也包括大量的技术类标准。

值得一提的是，英国对于公共文化服务的效果极其重视，专门针对图书馆的绩效评估和影响力评估颁布了相应的标准，从标准化管理角度给予了支持（见表12.3）。

表12.3 英国公共文化领域标准（部分）

标准名称	标准类别	颁布年份
图书馆和档案馆环境条件的管理	信息和文献	2018
图书馆RFID的性能测试方法	信息技术	2016
档案馆和图书馆资料的文件存储要求	信息和文献	2015
图书馆绩效指标	信息和文献	2014
图书馆影响力的评估方法	信息和文献	2014
文化收藏品管理实施规程	博物馆	2009

注：资料来源于英国BSI网站②。

BSI制定标准的程序，与国际上的通行作法一样，其过程有六个步骤。

（1）明确制订某项标准的要求和意义。BSI没有年度的标准制修订计划，而是根据社会团体或个人提出的制定标准的要求，及时地作出响应，经过审核其意义并征求各有关方面的参与倾向与经费支持后，确定项目。

（2）建立技术委员会，BSI成立秘书处，召集各有关方面派代表参加（费

① 王忠敏．重访BSI［J］．中国标准化，2007（11）．

② 英国标准协会［EB/OL］，https：//www.bsigroup.com/zh-CN/，［2018-10-12］．

用自理）组成委员会，推选主席。

（3）技术委员会研究提出标准草案，分发各有关方面，并在“BSI 新闻”刊物公布，用两个月的时间广泛征求公众的意见。

（4）技术委员会收集各方面的意见，进行讨论、研究。

（5）技术委员会修改标准草案，形成最后审定稿，提交标准委员会审定。

（6）批准标准草案，发布该项标准。

BSI 制定的标准虽然都是自愿性，但由于标准在制定过程中，充分反映社会上各个利益相关方面的意志，所以能得到自觉、自动地实施。英国标准的制定，特别注重协商一致，技术委员会要求有广泛的代表性，并且标准草案的通过，一般都需得到技术委员会的各方面代表同意，所以体现了各方面的利益。另外，标准本身有很好的时效性，制定标准能及时反映社会上的要求。只要某一个机构有充分的理由，社会上有要求并支持，就可适时地制定或修改相应标准。

3. 我国公共文化标准化建设

2007 年以来，我国国家标准化管理委员会（以下简称“国标委”）联合国家六部委共同出台《关于推进服务标准化试点工作的意见》，选择现代物流、商贸和餐饮住宿、旅游、社区服务、体育服务等重点服务领域开展服务业标准化试点工作，先后启动了包括南京市江宁区、杭州市上城区、安徽省广德县、山东省南市等在内的 80 多项涉及社会管理和公共服务的国家级标准化试点，探索以标准化创新社会管理和公共服务的新模式。

截至 2012 年 12 月 1 日，国标委累计下达了 3 批次试点项目共计 276 个。总体来讲，这些试点单位涉及社会管理和公共服务、生产性服务业、生活性服务业三大类，由多种性质单位承担，涉及数十个不同行业领域。其中 2007 年下达第一批试点项目 12 个，2009 年下达第二批试点项目 132 个，2010 年增补第二批试点项目 19 个，2011 年下达第三批试点项目 113 个。到 2015 年，我国确定了 10 个国家级基本公共文化服务标准化试点单位，包括上海、重庆、东莞、马鞍山等 10 个城市。

与此同时，公共文化服务领域内国家和地方标准的制定和发布工作也加速推进，其发展也基本是从技术维度开始，主要是规范公共文化机构，如图书馆、博物馆、文化馆等服务标准。

我国最早的图书馆标准实施始于 1996 年，出现在建筑防火要求上，其后的标准主要是对图书馆的硬件建设、软件资源编目分类和管理、公共服务、运行管理等多方面进行了规范，自 2016 年后呈现出增长的趋势，立项实施的增长速度较稳定。截至 2024 年 3 月，在全国标准信息公共服务平台进行查询，以“图书馆”为关键词检索，共计 119 项，其中国家标准 23 项、地方标准 47 项、行业标准 29 项。

相对而言，图书馆领域的标准制定是最多的，究其原因：一是图书馆存在不同类型，如省级、市级、县级、乡镇级、电视图书馆、家庭图书馆、医院图书馆、社区图书馆、中小学图书馆、社会力量参与公共图书馆等，不同类型、等级和地区，导致管理服务规范有所差别。二是在服务上有针对不同人群的细化服务标准，如针对视障人士、少年儿童、读写障碍人士等，同时在管理服务内容上亦有针对性标准，如志愿服务、实时咨询、突发公共卫生事件、应急防疫、图书剔旧更新等。除此之外，还有运行管理上的等级评估标准，如影响力评估、服务质量、评估指标等。先后颁布实施了《公共图书馆建设标准》（建标 108—2008）、《公共图书馆建设用地指标》（建标〔2008〕74 号）、《公共图书馆服务规范》（GB/T 28220—2011）等标准。2016 年，文化部发布《社区图书馆服务规范》（WH/T 73—2016）、《图书馆行业条码》（WH/T 74—2016）等行业标准，进一步规范公共文化领域服务内容。

由于图书资源的特殊性，关于图书馆软件资源编目分类和管理的标准主要分布在对图书文献资源上的管理规范上，如分区编码、编码表示、注册服务、数据元素、视频资源、行业条码、信息包封装、图书分类、音频资源、文本资源、图像资源、古籍书库、特藏书库等。随着科学和技术的发展，另一部分集中在信息技术的规范上，如智慧技术、统计数据、信息化建设、装订要求、元数据、数字图书馆。针对图书馆总分馆制度的运行规范，包括安徽省的总分馆制的信息化服务和数据接口规范，以及浙江省对中心馆 - 总分馆的建设服务规范。此外，还有硬件设施建设规范，包括关于建筑设计的建筑工程行标和关于安全防火的文化行标。

最早的博物馆标准实施始于 2002 年。截至 2024 年 3 月，在全国标准信息公共服务平台以“博物馆”为关键词检索，有现行标准共 36 项，其中国家标准 4 项，主要围绕《博物馆开放服务规范》（GB/T 36721—2018）、《博物馆讲解员资质划分》（GB/T 25600—2010）、《博物馆和文物保护单位安全防范系统要求》（GB/T 16571—2012）、《博物馆照明设计规范》（GB/T 23863—2009）等进行规范。地方标准 29 项、行业标准 3 项。

文化馆标准体系始于 2008 年。截至 2024 年 3 月，在全国标准信息公共服务平台以“文化馆”为关键词检索查询，其中国家标准计划 1 项、国家标准 1 项、地方标准 9 项，共计 11 项。以“文化场馆”为关键词检索，有现行标准共 8 项，均为地方标准。如《文化馆建设标准》（建标 136—2010）、《文化馆建设用地指标》（建标〔2008〕128 号）等。

在公共文化服务和管理维度层面，标准化成果也十分显著。截至 2024 年 3 月，在全国标准信息公共服务平台以“文化服务”为关键词检索查询，现行相关标准共有 104 个，其中国家标准有 7 个，包括：《乡镇综合文化站服务标准》（GB/T 32940—2016）、《农村文化活动中心建设与服务规范》（GB/T 41375—2022）、《社区服务指南 第 3 部分：文化、教育、体育服务》（GB/T 20647. 3—2006）等，地方标准有 102 个，如浙江省市场监督管理局发布《公共图书馆中心馆 - 总分馆建设服务规范》（DB33/T 2263—2019）、《县级文化馆总分馆制管理服务规范》（DB33/T 2263—2020），借此在全省推广嘉兴市图文两馆总分馆制建设的做法和经验。江苏省制定统一的《江苏省公共数字文化系统建设标准》，对文化信息资源共享工程、数字图书馆推广工程和公共电子阅览室建设计划三大数字文化工程进行了有效整合。行业标准有 2 个，《互联网社区文化生活服务系统技术框架》（YD/T 3057—2016）和《文化主题饭店经营服务规范》（SB/T 11044—2013）。

上述各类型标准的增长趋势论证了我国政府持续升级公共文化服务的思想战略，持续加大对公共图书馆服务体系的投资力度，以及图书馆为尽量满足大众对文化产品越来越高的需求，实现了城乡均等化、资源共享建设。

三、文化遗产保护标准化

（一）文化遗产保护标准化国际经验

文化和自然遗产是世界各国最重要的资源之一，不仅能发挥强大的经济功能，同时对于精神文化建设也具有重要的意义，对其保护和利用已在全世界范围内达成共识。文化遗产保护相关国际组织主要包括联合国教科文组织（UNESCO）、国际博物馆协会（ICOM）、国际古迹遗址理事会（ICOMOS）、国际文化遗产保护与修复研究中心（ICCROM）等。

“标准”作为世界通用的语言，发达国家将“标准化”作为国家战略，以标准抢占经济领域和科技竞争制高点。英、美两国是世界上较早开展标准化工作的国家，在推进标准化的长期实践中，文化遗产保护标准化也随着国家标准化工作的发展而不断完善，对促进本国的文化遗产保护工作发挥了重要的作用（李春玲，2003）。欧盟作为欧洲最大的区域一体化联盟组织，也是世界上最大的发达国家联合体，在引入标准化手段推进文物保护利用和文化遗产保护传承中发挥着引领性作用。

文物是人类共同的财产和财富。虽然由于地域不同、历史文化背景不同等，各国文化遗产千差万别，其维修和保护方法各异，但在文物保护理念、保护程序、管理方法，以及某些保护方法等方面，都有其一定的共性。例如，在文物运输包装方面，中国制定了《文物运输包装规范》（GB/T23862—2009），欧洲制定了《文化财产保护运输包装原则》（EN 15946：2011）、《文化遗产保护运输方式》（EN 16648：2015）。这三项标准的标准化对象都是文物运输包装工作。虽然标准的内容有很大的差异性，但在包装原则、包装材料以及包装记录等方面有很多共性，且有相互借鉴之处。

1. 欧盟文化遗产保护标准化建设

欧洲文化遗产丰富，联合国教科文组织世界遗产委员会发布《世界遗产名录》的1157项中，欧洲国家共拥有501项，占全球世界遗产的43.4%，其中文化遗产448项，自然遗产44项，文化与自然双重遗产9项。欧洲国家中意大利（58项）、西班牙（49项）、法国（49项）、德国（49项）的世界遗产数量位居世界前列①。

英国、法国、意大利等欧洲国家是国际标准化组织（ISO）的始创成员国，欧洲标准化委员会（CEN）的34个欧洲国家成员占据了ISO技术委员会/分技术委员会（TC/SC）秘书处总数量的52%，以及ISO工作组/联合工作组（WG/JWG）召集人数量的46%，因此CEN可通过协调统一欧盟成员国国家标

① UNESCO World Heritage Convention：World Heritage List，https：//whc. unesco. org/en/list/，2023－04－25.

准化机构（NSB）的意见在国际标准化活动中占据主导地位。通过与ISO之间的技术合作协议《维也纳协议》，CEN使其发布的标准化文件中约34%与ISO标准完全等同①，CEN及其成员国在国际标准化活动中的影响力要远大于世界其他国家。同时，为了确保欧盟单一市场的高效运行，并支撑统一的市场准入要求，欧盟建立起一套独特的标准化体系和标准化工作机制，确保了欧盟文化遗产保护标准稳定和持续地产出，并使其发布的标准化文件中有1/3完全等同于ISO标准。

欧洲标准化委员会（CEN）是以西欧国家为主体、由欧盟成员国国家标准化机构（NSB）组成的非营利性国际标准化科学技术机构，主要负责欧洲非电工领域的标准化工作，目前由欧盟27个成员国、欧洲自由贸易联盟3个成员国（冰岛、挪威、瑞士）以及英国、北马其顿、塞尔维亚、土耳其34个国家的NSB组成。欧盟文化遗产保护标准化工作由欧洲文化遗产保护技术委员会（CEN/TC 346）负责，CEN/TC 346成立于2001年，按照CEN和CENELEC《内部条例》的规定开展文化遗产保护标准化工作。

欧洲文化遗产保护标准化工作模式。CEN/TC 346根据实际需求设置工作组来负责文化遗产保护具体子领域标准的起草工作，目前有一般原则和术语等9个工作组。工作组成员从各NSB的相关专家中选定，同时还有一定数量的志愿人员。各工作组拟定相关标准的编制计划，经批准后开始相关标准的编制工作，不定期召开专家会议，讨论标准编制计划和执行情况，协调相互之间的标准编制工作，标准草案用三种官方语言书写（英语、法语和德语）。CEN/TC 346秘书处将各工作组最终标准草案报送CEN CENELEC管理中心（CCMC），CCMC组织CEN国家成员体进行投票表决，通过的由CEN技术管理局发布公告并确定标准在各成员国的实施日期。

欧洲文化遗产保护标准化投票规则。欧洲文化遗产保护标准化投票规则遵循CEN的《内部条例》。CEN的投票规则采用了与ISO工作模式相同的分阶段投票，但与ISO不同之处在于每个NSB在标准制定过程中投票的权重：ISO是一国一票，而每个CEN的国家成员体具有一国一票的投票权，但投票结果还要考虑该成员国的人口因素。CEN在投票时，先统计所有国家成员体的票数，通

---

① European Committee for Standardization（CEN），2021 Annual Report，Brussels：CEN - CENELEC Management Centre，2022.

过的条件有两个：一是有55%或更多的投票（弃权不算在内）赞成；二是投赞成票的成员国人口达到所有投票成员国人口的65%或以上（弃权不算在内）。

欧盟文化遗产保护标准化有着特有的法律基础和政策条件，其相关法律、政策性文件和行动计划为解决欧盟及成员国在文化遗产保护标准化领域长期各自为政等结构性问题提供了法律基础和制度保障。从1992年2月欧盟各国签署的《欧洲联盟条约》（92/C 191/01）①，到1997年6月欧盟公布的《阿姆斯特丹条约》（97/C 340/01）②，再到2009年12月生效的《里斯本条约》（2007/C 306/01）③，作为欧盟法的欧盟条约在历次修订中，文化遗产保护相关内容呈递进式出现，保护欧洲文化遗产、尊重和促进欧盟各国的文化多样性成为欧盟文化遗产保护政策的基本原则。

1986—2007年，欧盟委员会资助了超过1.2亿欧元用于提高文化遗产保护方面的科学知识④。2012年10月，欧洲议会和欧盟理事会通过了有“欧洲标准化法”之称的“1025/2012号法规”，CEN、欧洲电工标准化委员会（CENELEC）和欧洲电信标准学会（ETSI）开展欧洲标准制（修）订、核实标准与相应欧盟立法和政策的符合程度、标准预研等活动，均可获得欧盟经费资助，欧盟各NSB和代表中小企业、消费者、环境利益以及社会利益的欧洲组织按规定也可获得标准化资助⑤。2013年4月，欧盟第七研发框架计划（FP7）资助500万欧元用于研究气候变化对历史文化遗产的影响，主要包括文物保护节能减排技术、文物艺术品温度与湿度适应范围标准规范等内容⑥。

---

① European Parliament, Treaty on European Union (92/C 191/01), in official Journal of the European Communities, vol. 35, 1992.

② European Parliament, Treaty of Amsterdam amending the Treaty on European Union, the Treaties establishing the European. Communities and certain related acts (97/C 340/01), in official Journal of the European Communities, vol. 40, 1997.

③ European Parliament, Treaty of Lisbon amending the Treaty on European Union and the Treaty establishing the European Community (2007/C 306/01), in official Journal of the European Communities, vol. 50, 2007.

④ CEN/TC 346 Conservation of Cultural Heritage, CEN/TC 346 Business Plan, Brussels: CEN - CENELEC Management Centre, 2022.

⑤ European Parliament and the Council, Regulation (EU) No 1025/2012 of the European Parliament and the Council of 25 October 2012 on European standardization, in official Journal of the European Communities, vol. 55, 2012.

⑥ Directorate - General for Research and Innovation (European Commission), Cultural heritage research: survey and outcomes of projects within the environment theme: from 5th to 7th Framework programme, Luxembourg: Publications Office of the European Union, 2012.

近年来，欧盟文化遗产保护标准化工作还得到了“欧洲质量原则(2020)”① “欧盟地平线2020计划”② “创意欧洲计划”③ “欧洲遗产科学研究基础设施项目”④ 等支持。根据欧盟“1025/2012号法规”规定，欧洲标准化组织和相关标准化机构在开展文化遗产保护标准化工作时可获得欧盟的经费支持，还可获得欧洲遗产科学研究等基础设施项目的支持，用于文化遗产认知、保护、记录和管理等方面标准的研制。

欧洲文化遗产保护标准内容结合了欧洲文化遗产特点，将主要目标放在制定文物保护定义、专业术语、检测和分析方法等方面，并十分重视和强调基础的重要性。CEN/TC 346成立后就开展了文化遗产保护主要通用术语和定义的编制，于2011年发布了欧洲标准EN15898：2011（《文化遗产保护——主要通用术语和定义》），后经修订形成了2019年的最新版本。CEN/TC 346发布的42项标准化文件主要涵盖了文化遗产术语、试验方法、保护用材料、场馆建设与运行管理等领域。

欧盟文化遗产保护标准重视对文物本体的研究，EN 16085：2012（《文化遗产保护——文物材料取样方法学——一般规则》）提出取样时应不损伤文物的价值或将损害降到最低，EN 17187：2020（《文化遗产——文化遗产中混凝土特性表征》）等对分析文物本体材料性质做出了规定。

欧洲文化遗产保护标准聚焦于文化遗产保护细节的操作和单项具体工作，EN 17655：2020（《文化遗产保护——接触海绵法测定吸水率》）等测试方法的标准是对文物材料某一特性的检测，与实际工作衔接紧密，具有很强的规范指导意义。欧洲文化遗产保护标准注重定义、专业术语、检测和分析方法等领域标准的制定，强调基础工作的重要性，聚焦对具体技术的规范和单项指标的优

---

① International Council on Monuments and Sites（ICOMOS），European Quality Principles for EU - funded Interventions with potential impact upon Cultural Heritage，Paris：ICOMOS International Secretariat，2020.

② Directorate - General for Research and Innovation（European Commission），Getting cultural heritage to work for Europe：Report of the Horizon 2020 Expert Group on Cultural Heritage，Luxembourg：Publications Office of the European Union，2012.

③ Directorate - General for Education，Youth，Sport and Culture（European Commission），Creative Europe 2021 - 2027：the EU programme supporting the cultural and creative sectors，Luxembourg：Publications Office of the European Union，2021.

④ European Research Infrastructure for Heritage Science（E - RIHS）. E - RIHS Mission & vision，https：//www. e - rihs. eu/about/about/，2023 - 04 - 25.

化，从而使欧洲文物保护标准具有可操作性、实用性以及技术的先进性，为我国文化遗产保护国家标准工作提供了有益参考。

2. 英国文化遗产保护标准化建设

英国文化遗产保护标准化工作是英国标准化工作的组成部分，在英国标准学会设立有形文化遗产保护标准化技术委员会（B/560 Conservation of Tangible Cultural Heritage），专门负责英国文化遗产保护方面标准的制定。有形文化遗产保护标准化技术委员会在英国标准政策和战略委员会的指导下，代表英国从欧洲文化遗产保护标准化技术委员会引进标准，并负责制定可移动文物和不可移动文物保护方面的标准。该技术委员会与英国遗产局、英国土木工程师学会、国际古迹遗址理事会等20余家机构保持联系。

针对英国文化遗产保护的资源状况和保护特点，在B/560中成立专门工作小组负责制定相关标准。1991年，英国标准学会颁布了第一项文化遗产保护方面的国家标准“建筑物的清洁处理和表面维修的实施规范——金属（仅限清洗）”（BS 6270－3：1991），其由B/560的第一个工作组负责制定。其中，《建筑物的清洁处理和表面维修的实施规范——自然石材、砖、红陶土砖和混凝土的清洁处理》（BS 8221）于2000年颁布实施，2012年对其进行修订后于同年7月31日开始颁布实施，标准内容主要涉及金属、天然石材、砖、陶器和混凝土方面，规定了影响清洗决策的因素、去除附属物、清洗方法、健康与安全等，上述标准都属于“建筑物的清洗处理和表面维修的实施规范”系列标准。

《历史建筑保护原则指南》（BS7913：1998）由B/560的第二个工作组负责制定，1998年颁布实施，2000年颁布了2项标准，此后直至2008年末才颁布新的标准。该指南有4项标准，后对其进行修订，于2013年12月颁布实施，规定了遗产的价值和意义，将价值利用作为历史环境管理的基本框架，将价值作为实施保护和干预的组成部分，包括历史建筑维修、历史建筑遗产和工程管理等内容。提出历史建筑保护的决策依赖于社会、文化、经济、环境等多方面因素，好的决策需平衡各方压力的需求。此四项标准的颁布实施，对于保护英国丰富的历史建筑发挥了重要作用，产生了良好的社会效益。2009年以后，按照欧洲标准化委员会的有关规定，英国作为成员国开始采用欧洲标准，至2015年共采用欧洲标准21项，平均每年采用3项作为国家标准。

从目前出版的国家标准内容分析，英国重视文化遗产保护方面的基本术语和定义，以及可移动文物和不可移动文物调查和记录工作等基础标准的制定，同时特别重视文化遗产预防性保护方面技术标准的制定，如试验方法、环境控制、藏品保护、照明指南、运输包装等。

在出版的标准中，涉及文化遗产保护方面的术语和基本规范3项，分别为：文化遗产保护——主要术语和定义，不可移动文物状况调查和报告，可移动文物状况记录。涉及文化遗产保护方面的试验方法共7项，主要为：干燥性能测定、套管法测量吸水性、表面颜色测量、透湿性测定、静态触角测定、毛细管吸水率测定、用于文化遗产的天然石和相关人工材料可溶盐判定。涉及藏品保护方面的标准5项，主要为：开放式存储设备（致力于文化遗产保护与管理的藏品库房的定义和特点），文物展览和保护的展柜设计指南——第一部分（总要求），室内气候——第一部分（教堂、礼拜堂以及其他宗教场所供暖指南），测量空气和物体表面温度的程序和工具，温度和相对湿度的气候条件限制标准——有机吸湿材料可诱发性机械损伤。其他6项分别为：文化财产原材料取样方法——总则，运输中的包装原则，室内展览选择合适照明的指南和程序，测量空气中的湿度，空气和文化财产之间水分交换的程序和工具，用于文化遗产的天然石特征指南。

英国标准学会设立的其他技术委员会，根据工作需要，通过采用国际标准等形式，制定了所属领域有关文化遗产保护方面的国家标准。计算机信息和文件应用标准化技术委员会（IDT/2/7Computer applications in Information and Documentation），采用了一项国际标准《信息和文献——文化遗产信息交换参考本体》（BS ISO 21127：2006）。英国图书出版统计标准化技术委员会（IDT/2/15 Library and publishing statistics），采用了另一项国际标准《国际博物馆统计》（BS ISO 18461）。2012年，国际标准化组织“质量统计与绩效评估”分技术委员会（ISO/TC46/SC 8）批准此提案，该标准主要目的是在国际范围内建立博物馆统计的框架，为博物馆统计的相关内容，如博物馆类型、为观众提供的博物馆服务等，建立架构并进行释义，同时对如何进行统计、如何建立可靠的数据进行规定。①

英国文化遗产保护标准化遵循其国家标准化活动的有关规律和要求，在文

① 国际标准化组织（ISO）网站．ISO 18461：2016 International museum statistics，International Organization for Standardization（ISO）website，www. iso. org，[2016－05－07].

物预防性保护、博物馆管理、历史建筑维修以及文物安全等方面制定了一系列基础标准、技术标准以及管理标准等；所制定的标准虽然为推荐性的，但相关机构将其作为业界自律和接受社会监督的重要依据，有的标准被政府机构或立法机构所采用。

3. 美国文化遗产保护标准化建设

由于美国实行多元化标准体制，不是由单一的标准机构垄断标准的制定，因此在文化遗产保护的标准化工作方面的美国国家标准学会、文化遗产管理方面的联邦政府机构国家公园管理局，以及涉及文化遗产保护方面的非政府机构（民间团体）如美国博物馆协会、美国材料与试验协会等，都参与了文化遗产保护方面标准的制定。同时，美国标准学会也积极采用国际标准、欧洲标准以及英国、德国等国家的标准。在美国国家标准协会网站上，可以查找到文化遗产保护方面有关标准的基本信息，包括美国部分协会标准（如 NFPA、ASTM）、国际标准（ISO）、欧洲标准（EN）、德国标准（DIN）、英国标准（BS）、法国标准（NF）、日本工业标准（JIS）等。

由于美国实行开放式标准制定政策，一些协会和非营利组织可以根据自己领域的实际需求制定相关标准和规范。若要成为国家标准，其应按照国家标准协会制定标准程序的有关要求开展工作，向国家标准协会提出申请，经过研究批准后才能成为国家标准。美国材料与试验协会、美国消防协会、北美照明工程协会等，在各自相关领域制定了有关文物保护方面的国家标准。美国材料与试验协会制定的标准有：外部规格石料新的或现有的垂直和水平表面清洁的标准指南（ASTM C1515 - 14），为确定历史遗迹而获得用途和地面条件航空摄影和成像文件的标准指南（SASTM D5518 - 1994），绘画涂料中使用的颜料耐光性的标准试验方法（ASTM D4303 - 10），石材固结剂的选择和使用标准指南（ASTM E2167 - 01）。美国消防协会制定的标准有：历史建筑的防火规范（NFPA 914 - 2010），历史建筑的修复和重新使用（NFPA 914 - 2001），博物馆、图书馆和宗教场所文化资源财产保护准则（NFPA 909 - 2013）。北美照明工程协会制定的标准有：博物馆和美术馆照明（IESNA RP - 30 - 96），博物馆艺术品专业拍摄指南（IESNA DG - 16 - 05）。此三个协会都是成立较早、在业界颇具影响力的非营利组织，通过标准的研发，在美国业界乃至世界同行间交流和推广相关专业知识，满足和服务于社会公众需求，极大地促进了协会的生存与发展。而正因为协会所制定的标准对其涉及的工作领域产生了很大的影响。例如，美国的一些立法机构采用了美国消防协会制定的大多数规范和标准，使其具有法律地位。同时，这些标准不仅在美国国内被广泛引用，在许多国家和地区也被广泛采用。

虽然上述这三个协会不是文物保护机构，更不是专门从事文物保护标准化工作的机构，但所制定的标准是与其领域有关、涉及文物保护某一方面的标准。例如：北美照明工程协会制定的《博物馆和美术馆照明》规定了在博物馆和美术馆中照明的具体要求，依据这些规范，使馆方在决策过程中能够满足博物馆和美术馆照明的特殊需求；同时，也为如何使展览、保护需求、丰富观众的体验三者之间保持平衡与和谐，提供了工作指南。

美国国家标准协会不仅在国际上推广使用美国标准，在国际和地区标准制定机构里倡导美国政策和技术立场，同时，也“鼓励在符合国内用户需求的地区将国际标准作为国家标准使用”①。当然，美国也会采用ISO标准和欧洲标准以及德国、英国等国家的标准。因此，在文化遗产保护标准方面，美国结合自己国情实际，引进一些相关的国际标准，如《信息技术·用户界面·文化要素的注册程序》等；同时，推广使用欧洲、亚洲一些国家的标准，如中国标准《文物系统博物馆安全防范工程设计规范》（GB/T 16571—1996）、德国标准《文化财产保护——主要术语和定义》（DIN EN 15898：2011）、英国标准BS EN 16085：2012《文化财产保护文化财产材料取样方法一般原则》等。

美国多元而分散的标准化管理体制、相互竞争的标准化运行机制，以及协商一致的标准制定原则，使制定的标准成为相关从业人员需要遵从的规范，成为社会公众对相关业务领域进行监督和业绩考量的准则，正如美国博物馆协会所制定的标准“是所有优秀博物馆都应该达到的水平，如果博物馆没有达到这一水平就会受到同行、出资人或媒体的批评。标准不只是少数几座博物馆能够达到的高不可攀的目标，而是博物馆成为一流机构、成为一个负责任的经营良好的非营利机构所必须具备的条件”②。美国博物馆协会所制定的标准，博物馆

---

① 美国标准学会（ANSI）网站．Introduction to ANSI，American National Standards Institute（ANSI）website，www. ansi. org，[2024－03－07].

② 美国博物馆协会编著．美国博物馆国家标准及最佳做法［M］．〔美〕伊丽莎白E. 梅里特评述．路旦俊翻译．北京：外文出版社，2010：06.

是否执行由博物馆自身来决定。但由于这些标准是经过广泛征求业内专家和相关人员的意见和建议，在达成协商一致的情况下而制定的，且标准是博物馆衡量自身绩效的基本准则，是决策者、媒体、慈善机构、捐赠人以及公众评估博物馆业绩的重要依据，因此，大多数博物馆在管理和经营等方面都遵从这些规范，用这些标准来指导实际工作。

（二）我国文化遗产保护标准化

我国作为文化遗产大国，目前已有56项文化和自然遗产列入《世界遗产名录》，在世界遗产名录国家中排名第二。文化遗产保护标准化对促进我国文化遗产保护工作发挥了重要的作用。改革开放以来，我国文化遗产保护机构加大与国外文化遗产保护机构的交流与合作，不断将我国的文化遗产保护理念与保护技术向世界输出，为我国开展参与国际标准化活动奠定了一定基础。当前，世界文化遗产保护国际标准化尚在起步阶段，这为中国参与其中提供了契机，由16个国家部委联合发布的《贯彻实施〈国家标准化发展纲要〉行动计划》中将文化遗产保护国际标准化工作作为重点工作内容之一。

随着我国文化遗产保护事业的不断发展，我国与美国盖蒂保护研究所、日本文化财研究所在敦煌石窟、云冈石窟、龙门石窟等不可移动文物领域开展了文物保护研究合作；与德国在保护秦陵兵马俑及建立陕西考古研究院文物保护技术实验室等领域开展了合作；与意大利在西安文物保护中心以及中国文化遗产研究院文物保护修复人才系列培训等领域开展了合作；依托故宫博物院，与希腊建立中国—希腊文物保护技术“一带一路”联合实验室。此外，还与国际博物馆协会就博物馆人才培训、与国际文物修复学会就文物保护修复人才培训等开展了合作。近20年来，中国逐步全方位参与文化遗产保护领域国际事务，先后开展了蒙古、柬埔寨、乌兹别克斯坦、尼泊尔、缅甸等国际文化遗产保护援助项目。

近年来，我国文化遗产保护标准化工作在标准体系顶层设计、标准制修订以及标准化科学管理等方面取得了长足进展，初步建立了涵盖国家标准、行业标准、地方标准和团体标准等多层次的文化遗产保护标准体系①。同时，成立

① Li En - zhong, Liu Shun - qiang, Wang Jie, Ma Yan - ying, Development status and prospect of cultural heritage conservation standardization in China, in China Standardization, vol. s1, 2022, pp. 28 - 32.

专门的文化遗产保护标准化研究机构，如故宫博物院文物保护标准化研究所，其专门从事文物保护领域标准体系研究及标准制修订，主要工作内容包括推动文物保护国际标准化工作，促进文物保护标准的国际交流与合作，承担国际标准化学术资源建设，开展文化遗产保护领域学科框架、名词审定和标准体系研究，组织开展全院文物保护相关标准的制定、修订、宣贯工作等，积极开展文化遗产保护国际学术交流，参与各项国际标准化活动。

与此同时，启动文化遗产保护标准化体系工程理论前瞻性研究项目，为我国参与国际标准化活动奠定理论基础。标准化体系可分为三个部分：第一部分为基础标准，包括文化遗产保护相关技术的术语、图形符号、分类编码等；第二部分为通用标准，包括文化遗产调查、认知、安全、保护、规划、管理、利用及博物馆运行管理等领域的通用要求和技术、装备、设施规范；第三部分为专用标准，包括文化遗产保护及相关工作细分领域中的对象、过程、技术和装备等。

1. 文化遗产保护标准化法律法规

我国非常重视文化遗产保护标准化工作，文化遗产保护标准化相关政策法规经历了一个从无到有、不断丰富和完善的过程。目前，我国已发布了文化遗产保护标准化相关的法律、行政法规、部门规章等，并逐步细化、具体化。与欧美国家相比，我国文化遗产保护标准化相关的政策法规多为宏观指导性的，内容比较宽泛，文化遗产保护标准化科研资助体系中资助渠道较为单一并且资金数量较少。

1961 年 3 月发布的《文物保护管理暂行条例》是中国文物法制的重要基石和现代中国文物保护史上的重要里程碑。1982 年 11 月发布的《中华人民共和国文物保护法》是我国文化领域的第一部专门法律，为我国文物保护和标准化工作提供了坚实的法律基础和法律保障。1988 年 12 月发布、2017 年 11 月修订的《中华人民共和国标准化法》是制定文化遗产保护标准、推行文化遗产标准化、实施文化遗产标准化管理和监督的依据。2016 年 12 月，科技部、文化部、国家文物局联合印发的《国家“十三五”文化遗产保护与公共文化服务科技创新规划》提出，要初步构建文化遗产价值认知技术与装备标准体系，开展文化遗产保护修复相关技术规范、方法和产品标准的制定，推动国家和国际智慧博物馆标准规范的制定。2019 年 3 月，科技部发布国家重点研发计划“重大自然灾害监测预警与防范”，重点发布专项文化遗产保护利用专题任务，针对文物领域亟待突破的基础理论和关键技术问题，开展基础研究和技术攻关，研发专有装备，推动标准化建设。2021 年 10 月，国务院办公厅印发的《“十四五”文物保护和科技创新规划》提出加强标准化建设，建立健全文物领域多层次标准体系，实施标准化试点示范项目，推动国际标准化组织成立文物保护领域技术委员会。2022 年 7 月，国家市场监管总局等 16 个部门联合发布的《贯彻实施〈国家标准化发展纲要〉行动计划》提出，要完善文物保护利用等方面标准体系，强化标准对文物数字化、考古、文物自然灾害防御等领域的支撑引领，积极参与文化遗产保护国际标准化活动。

目前，国家重点研发计划“国家质量基础设施体系”重点专项（NQI 专项）尚未发布文化遗产保护领域管理体系、标准化等专项科研任务。中央财政设立的用于补助国家标准制修订工作的专项经费额度较小，根据《国家标准制修订经费管理办法》的要求，经费仅能用于国家标准立项及报批的审查、论证评估、起草和征求意见等。我国部分省、自治区、直辖市发布了标准化补贴奖励，但对象均为已正式批准发布的各类标准。

2. 文化遗产保护标准化工作机制

我国文化遗产保护国家标准按照《中华人民共和国标准化法》《国家标准管理办法》和《全国专业标准化技术委员会管理办法》等法律法规的要求进行管理和标准的制定和修订。全国文物保护标准化技术委员会（SAC/TC 289，简称“文标委”）成立于 2006 年，所负责专业范围为不可移动文物、可移动文物、文物调查与考古发掘、文物保护、博物馆及其信息化和信息建设领域国家标准制定和修订工作。2015 年 11 月，全国文物保护标准化技术委员会成立了文物保护专用设施分技术委员会（SAC/TC289/SC1），其负责专业范围为文物调查与考古发掘、文物保护、文物修复、文物风险管理、文物展陈、文物传承利用等专用工具、装具、装备及系统等国家标准制定和修订工作①。

我国文化遗产保护标准化工作模式。我国文化遗产保护国家标准的制定和修订由国家文物局提出，由 SAC/TC 289 及分委会组织制定和修订。根据国家文物局 2021 年 4 月印发的《文物保护标准编写工作手册（试用版）》，我国文

① 全国标准信息公共服务平台，https：//std. samr. gov. cn/search/orgDetailView? data_id = 5DDA8BA3FFA518DEE05397BE0A0A95A7.

化遗产保护标准制定和修订的常规程序分为预研、立项、起草、征求意见、审查、批准、出版、复审和废止九个阶段。列入国家重点研发计划项目任务且要求完成标准征求意见稿、送审稿或者报批稿的标准制定和修订项目，立项审核通过后，直接进入审查流程，投票规则按照《全国专业标准化技术委员会管理办法》第二章第二十条的规定执行，具体为：参加投票的委员不得少于委员总数的3/4，参加投票委员2/3以上赞成且反对意见不超过参加投票委员的1/4，方为通过。

我国文化遗产保护国家标准化基于我国文化遗产保护行政管理制度、标准化管理体制和文化遗产保护修复技术发展的现状，具有中国特色。首先，我国文化遗产保护国家标准重视文化遗产保护相关标志、标识等基础通用标准的制定。2008年，我国发布了第一个文化遗产保护国家标准《文物保护单位标志》（GB/T 22527—2008），后续又发布了《中国文化遗产标志》（GB/T 25601—2010）和《文物进出境标识使用规范》（GB/T 39051—2020）等，图12.3为中国文化遗产标准英文形式①。

图12.3　中国文化遗产标准英文形式

其次，文物出境审核和文物保护单位、博物馆等开放服务规范类标准所占比重最大。目前，我国已发布文物出境审核规范国家标准17项，包括总则、度量衡、法器、仪器、仪仗等。

再次，我国文化遗产保护国家标准较多关注文物病害与图示以及保护修复档案、方案等的规范编制，《古代壁画病害与图示》（GB/T 30237—2013）和

① 国家市场监督管理总局，国家标准化管理委员会．中国文化遗产标志（GB/T 25601—2010）[M]．北京：中国标准出版社，2010.

《馆藏青铜质和铁质文物病害与图示》（GB/T 30686—2014）等分别对古代壁画、馆藏青铜质和铁质文物的病害类型以及与病害相对应的图示进行了规定（图 12.4）。

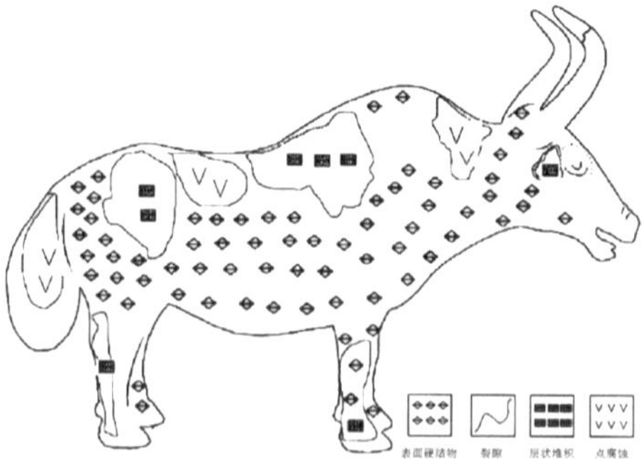

图 12.4　元代铜牦牛（青铜质文物）一侧病害图（正视图）

最后，全国各地方也发布了数量和内容丰富的地方性文化遗产保护标准。例如，2018 年，新疆地方标准《国家非物质文化遗产桑皮纸制作技艺流程》（DB65/T 4135—2018）发布实施；2020 年，黑龙江省地方标准《黑龙江省非物质文化遗产满族旗袍制作技艺》（DB23/T 2712—2020）发布实施。此外，还包括《民族服饰非物质文化遗产生产性保护评估通则》（General rules for the productive protection of the ethnic clothing）、《传统戏剧类非物质文化遗产数字资源采集方案编制规范》（Specification for the collection plan compilation of intangible cultural heritage（ICH）digital resources in traditional drama）等一系列国家、行业标准。

在这里，针对文化遗产保护也存在一些争议。有学者认为，文化遗产保护的标准制定对象应聚焦于包含可移动文物与不可移动文物的物质文化遗产，侧重于物质文化遗产的术语、调查、挖掘、保护与修复等技术领域，而不包括以非物质形态存在的非物质文化遗产。原因在于，各个民族、地区和国家的文化历史背景不同，与其相关的非物质文化遗产具有独特性和唯一性，不易达成共识和形成统一的标准。同时由于历史文化背景不同，各国对文化遗产的价值认知与传播等方面也存在差异，因此在制定国际标准过程中不应优先考虑“文化遗产认定、评估和定级”和“文化遗产价值传播和流通”等相关内容。建议优先制定术语类国际标准，此类标准可以构成某领域、某学科或某标准化对象的概念体系。文化遗产保护术语类标准作为基础类标准，对于在世界范围内统一文化遗产保护相关概念以便更好地开展国际标准化工作至关重要。

当然，学界也有不同的意见，认为非物质文化遗产保护的标准也应强化，尤其是在一定区域内的地方性标准的制定和执行也是极有必要的。非遗文化具有综合性、集体性、地域性和民族性。这种基本特性决定了非遗标准化无法搞大而全的标准体系，而是要在寻找共性的基础上，结合地域实际，编制符合当地特色的非遗标准体系。

深入推进我国文化遗产保护标准化建设，加强同国外主要区域标准化组织和国家在文化遗产保护领域的标准化国际合作，推动先进适用国外文化遗产保护标准的采用，促进我国文化遗产保护与国际接轨，对于进一步提升我国文化遗产保护水平和国际影响力具有重要的作用和意义。

四、文旅行业发展标准化

（一）文旅行业标准化政策法规

2009—2016 年，文化部、国家旅游局分别制定了《文化行业标准化工作管理办法（暂行）》《全国旅游标准化工作管理办法》，以及配套文件《旅游业国家标准和行业标准制订修订工作管理办法》。相关办法实施十多年，对规范文化和旅游标准化工作、提升行业管理水平和服务质量起到了积极作用。

2023 年 2 月，国家文化和旅游部正式出台了《文化和旅游标准化工作管理办法》（以下简称《管理办法》），全面落实《国家标准化发展纲要》《中华人民共和国标准化法》的要求和规定，充分发挥标准化对行业高质量发展的引领和支撑作用。《管理办法》发布实施后，原有的《文化行业标准化工作管理办法（暂行）》《全国旅游标准化工作管理办法》《旅游业国家标准和行业标准制订修订工作管理办法》相应废止，但根据这些文件制定的标准如未经废止或修订，将继续有效。后续将根据工作需要制定《管理办法》配套实施细则。关于文化和旅游标准化工作具体操作过程中的审核流程、时间节点、申报材料等细化要求，将在实施细则及每年印发的标准立项指南中明确。

在这样的背景下，文化和旅游标准化工作的政策基础、组织架构、覆盖范围和管理要求等相应发生变化。例如，根据新的上位法律法规，《管理办法》

更新了对各类标准、全国专业标准化技术委员会等的相关管理要求；根据《国家标准化发展纲要》要求，补充了标准与科技创新互动发展、推动区域标准化建设等新的工作导向。构建文旅标准的顶层设计，共有五章二十八条，包括总则、机构与职责、标准的制定、实施和监督以及附则等内容。其中，第一章主要明确文化和旅游标准化工作目的、适用范围、工作原则；第二章重点厘清标准化归口司局、业务司局、全国专业标准化技术委员会等工作机构职责；第三、第四章则详细说明了文化和旅游标准制定、实施和监督全过程的管理要求和程序。

《管理办法》中明确了文化和旅游标准化工作应当遵循的原则，包括：符合法律法规和国家有关规定；践行社会主义核心价值观，坚持正确导向；适应文化和旅游发展规律和行业需求，坚持社会效益、经济效益和生态效益相统一，坚守行业安全生产底线；标准制定过程公开、透明，充分体现利益相关方的诉求；充分体现科学性、规范性、协调性和时效性。

文化和旅游标准包括国家标准、行业标准、地方标准、团体标准和企业标准。对于各类标准的管理，应当遵循标准化工作原则，按照国家有关规定和标准制定单位有关要求执行。其中，文化和旅游行业标准由文化和旅游部制定，《管理办法》重点对行业标准的工作程序和基本要求进行了规定，明确了行业标准立项、起草、征求意见、审查、报批、发布、备案等流程和要求。同时强调，文化和旅游行业标准的技术要求不得低于强制性国家标准的相关技术要求，应当与现行相关国家标准和行业标准相协调。

《管理办法》鼓励社会团体、企业参与文旅标准化工作，相关市场主体制定高于推荐性标准技术要求的团体标准、企业标准，并要求各级文化和旅游行政部门会同有关部门对团体标准进行规范和引导，促进团体标准优质发展。同时，为优化政府颁布标准与市场自主制定标准二元结构，充分释放市场主体标准化活力。

《管理办法》明确了文化和旅游国家标准、地方标准、团体标准和企业标准的管理，其相关政策依据、标准制定主体和工作目的，文化和旅游部依据法定职责进行指导或监督。《管理办法》还支持各级文化和旅游行政部门在协商一致、协同推进的基础上推动区域性标准相关工作；推动开展标准化对外交流与合作，积极推进中国标准外文版翻译与国际标准制定工作，提升标准国际化水平。

（二）文旅行业标准化实践案例

1. 省域标准化综合改革试点助力文旅行业高质量发展

2016 年，国务院批复同意浙江成为全国首个开展国家标准化综合改革试点的省份，全面实施标准化战略，加快建设高质量发展标准体系。浙江高度重视文化和旅游标准化，积极开展文化和旅游标准化前瞻性研究，高质量推进标准制（修）订、大力推动各地市贯彻标准化理念等工作。近年来，省文旅标技委在贯彻落实国家标准化纲要、推进文旅数字化改革、加快文旅国际标准化进程等方面取得了丰硕成果。早在 2019 年，浙江省就率先出台了《文化和旅游标准化建设行动计划（2019—2022）》。在省政府和国家标准化管理委员会的标准化省部合作联席会议上，浙江省文化和旅游厅作为省级部门唯一代表，分享了推进文旅标准化工作改革创新的做法和经验，还提出并立项《无障碍旅游服务规范》国家标准，成为全国第一个开展国际标准采标工作的省份。

开展《欧洲国家文化和旅游标准化研究》《旅游标准化助推“一带一路”建设》《浙江省文化和旅游地方标准实施效果评估研究》等前瞻性课题研究，主导制（修）订完成了《旅游购物场所服务质量要求》《旅游餐馆设施与服务等级划分》《公共美术馆服务规范》《旅游住宿在线预订平台服务规范》《旅游类专业学生旅行社实习规范》等 5 项国家、行业标准，以及《品质旅行社评价规范》等 5 项地方标准制（修）订工作。

与此同时，浙江因地制宜实施旅游标准化行动，依托杭州这一全国首个跨境电子商务试验区平台，建立“标准 + 数字化”模式，率先开展标准数字化改革，不仅出台了《公共美术馆数字化服务与管理规范》地方标准，组织起草了《景区数字化服务规范》地方标准，还在全国率先开展了“标准云课堂”宣传培训，完成录制了《采摘体验基地旅游服务规范》《城市书房服务规范》《景区村庄服务与管理指南》等 6 项标准的解读视频，并在浙江文化和旅游标准化官网发布。

“走出去”，提升文旅融合附加值。不断加强共建“一带一路”共建国家、金砖国家技术标准的跟踪研究，积极推动与主要贸易国标准化合作。2021 年 11 月 19 日，由浙江代表中国提出 ISO14785《旅游及其相关服务 – 线上线下旅游咨询服务与要求》国际标准提案，该标准旨在引导全球各类旅游咨询服务中心充分运用数字技术，通过邮件、电话、第三方社交媒体、触摸屏等途径，提供准确、安全的线上线下旅游服务信息咨询。历经 3 个月的投票，该标准经国际标准化组织（ISO）确认通过正式立项，这是 ISO/TC228 自 2005 年成立以来，首批由中国牵头立项的国际标准，也是全球范围内首个在线旅游咨询服务的国际标准。

2. 标准护航文旅融合高质量发展与国际合作

标准化工作是推动文化和旅游高质量发展的重要支撑，通过标准化的手段助推文旅融合与国际交流合作，各地涌现出的典型经验充分体现了用标准化工作赋能文化和旅游与相关产业的融合发展效能，并推动“中国标准”走向世界。

浙江起草的《无障碍旅游服务规范—旅游饭店》对标国际标准，《线上和线下旅游信息咨询服务与要求》在国际标准化组织 TC228 正式立项。江苏省扬州市则围绕“图书馆 + 旅游”“非遗 + 文旅”“美食 + 旅游”等工作，制定多项特色文旅融合地方标准和国内首部《旅游警察服务规范》地方标准。中国扬州与法国奥尔良市联合发布了《国际游客淮扬美食品鉴与服务指南》，从餐前服务、餐中服务及餐后服务等方面进行了规范。广西壮族自治区桂林市阳朔县以打造“桂林世界级旅游城市先导区”为契机，推动文旅演艺农旅融合、“旅游 + 体育”等标准化提质升级，面向多项国际比赛，制定自然岩壁攀岩、徒步骑行、动力伞运动等相关地方标准，提升阳朔特色旅游品牌影响力。

河北省秦皇岛市建立起“党政主导、部门联动、社会参与、产业化运作”的保障机制，率先开展省内文化和旅游融合标准化试点工作，坚持公共服务建设标准化引领，提升图书馆、文化馆等公共文化服务设施建设水平。山西省长治市壶关县则持续推进全县标准化建设，完成旅游交通建设、景区提质、旅游公共服务、旅游环境改善等“八大提升工程”，为旅游业提质升级营造发展环境。

海南省三亚市不断加强标准化工作顶层设计，完善政策引领、资金支持、机构配套等保障措施，强化省、市两级旅游标准化试点工作，培育了 77 家国家级、省级、市级旅游标准化示范企业。江苏省南京市秦淮区不断完善热点区域周边道路、景区连接线的引导标识服务功能，并制定出台多项政策性文件，加大专项资金投入力度，形成标准化发展政策、资金支撑体系。新疆天池管理委员会制定了《天山天池景区微笑服务标准》等50项企业标准和4项地方标准，倡导和践行“爱心、真心、热心、细心、暖心”的“五心”标准化、人性化特色服务。

山东省威海市围绕千里山海景观环道建设制定并实施《千里山海自驾旅游公路驿站设置及服务规范》地方标准，按照“一站一文化、一站一主题、一站一特色”的原则，在全市布局23处特色文化主题自驾游驿站。

北京市颐和园管理处将标准化管理模式应用于品牌IP创建、智慧公园建设、文化遗产保护、人才培养等工作，促进园区规范化、标准化、科学化发展。

湖南省郴州市北湖区聚焦自驾游业态，发布了5项自驾游相关湖南省地方标准，并完善40公里自驾旅游公共服务标准化景观大道，形成了以跨省公路为纽带的标准一体化、市场一体化、服务一体化的自驾游标准化新模式。

丽江玉龙雪山省级旅游开发区管理委员会多向并进推动标准体系建设，实现景区管理和服务双提升，当地建立了13套标准化体系，制定了2000余项企业标准，涵盖景区售检票服务等400多个岗位服务规范，探索出“文旅融合、主客共享、产业提升、全域发展、效益凸显”的旅游标准化玉龙雪山模式。

四川省雅安市制定了涵盖“住宿、餐饮、购物、景区景点、交通、康体娱乐”6个方面的《雅安市“金熊猫”旅游服务质量等级划分与评定》地方标准，助力打造雅安“金熊猫”标准化品牌。

3. 社会团体、企业参与文旅行业标准化工作

在标准化建设过程中，体系化成为各地不断探索的重点方向，尤其是社会团体、企业等主体积极参与文旅行业标准化工作，对推进我国文旅行业标准化向纵深发展起到极大的作用。

中国旅游集团旅行社服务有限公司自主研发用于企业标准化管理的NBS系统（一体化旅行服务运营平台）和商旅服务平台，以标准化建设提升经营管理、产品开发和技术创新水平。

北京保利剧院院线依托自身业务发展需求，围绕剧场管理与服务的上下游相关产业链节点，主导编制国家标准、行业标准、地方标准及团体标准，基本搭建了我国剧院管理服务领域较为完整的标准体系，具体有：国家标准《舞台机械验收检测规范》（GB/T 36727—2018）、行业标准《演出票务系统服务及

技术规范》（WH/T 93—2021）、团体标《剧院服务质量评价实施指南》（T/CAQ 10206—2021）、江苏省地方标准《剧院管理与服务要求》（DB32/T 3718—2020）、江苏省标准化协会团体标准《剧院服务规范》（T/JSAS 005—2021）。

广州广之旅国际旅行社以标准化建设推动服务品质提升，围绕旅游活动的11个关键服务与管控环节，创建包括产品研发、资源采购、市场营销等在内的85份制度流程与安全管理文件，打造了面向旅行社服务全流程的标准化体系。制定了一系列涵盖服务保障标准体系和服务提供标准体系的企业服务标准，首创的“团队旅游全维度服务评价方法”能精准把控服务水平。

中旅（宁夏）沙坡头旅游景区有限公司则依托独特自然资源，研究制定羊皮筏子漂流、沙漠乘驼、沙漠冲浪、滑索、滑沙旅游项目管理与规范等特色地方标准，构建起具有沙坡头景区特色、包含534项景区服务标准和管理规范的企业标准化体系。

陕西华清宫文化旅游有限公司打造的《长恨歌》《12·12》西安事变实景影画剧等旅游演艺项目深受欢迎，便以《长恨歌》演出管理为蓝本主导编制了多项国家标准和地方标准，初步搭建起旅游演艺标准基础框架。组建适应夜间演出需求的“一室三部”管理机构，制定了252项企业标准，形成了一套《长恨歌》标准化管理体系。

内蒙古饭店有限责任公司以标准化建设打造了具有草原特色的“蓝哈达”服务品牌。

第三节　文化标准建设与管理实践

一、浙江省文化标准建设与管理实践

（一）基本公共文化服务标准建设

浙江省是我国较早关注和重视基本公共文化服务标准化工作的省份之一。2014年8月出台的《浙江省人民政府关于加快建设标准强省的意见》明确提出，要充分发挥标准在引领发展、推动创新中的基础性作用，重点加强公共文

化领的标准工作，建立健全具有浙江特色的公共服务标准化体系。近年来，陆续出台《浙江省基本公共文化服务标准（2015—2020年）》《浙江省实施基本公共文化服务标准化均等化行动计划（2015—2020年）》《关于推进“五个百分百”建设加快实现基本公共文化服务标准化的通知》等标准化文件。

浙江省也是被文化部确定为全国唯一的“基本公共文化服务标准化工作试点省”，试点的相关标准内容主要涉及四个类别：一是设施建设运行标准，如文化馆、图书馆、文化站、文化礼堂、乡镇影剧院、民办博物馆等建设运行标准；二是区域或系统服务标准，如文化馆、图书馆总分馆体系服务标准，流动服务标准；三是机构或团队建设标准，如群众文化团队、业余文体团队建设管理规范；四是项目或活动运行标准，如送戏下乡、文化走亲、文化志愿者等运行规范。2020年，出台《浙江省基本公共文化服务标准完成情况认定办法》《浙江省基本公共文化服务标准完成情况指标说明》等文件，规范、有序地完成全省公共文化服务标准化认定工作。

2021年，中央办公厅和国务院办公厅联合颁布了《国家基本公共服务标准（2021年版）》，内容涵盖了9个方面、22个大类，共计80多个服务项目。每个项目都明确地规定了服务对象、内容、标准、支出责任以及牵头负责单位。该标准的出台，标志着我国公共文化服务标准化发展迈向了全新的阶段，公共文化发展有着更加刚性的保障，有助于推进国家治理体系和治理能力的现代化发展。

同年，中共浙江省委办公厅、浙江省人民政府办公厅也印发了《关于高质量建设公共文化服务现代化先行省的实施意见》的通知（浙委办发〔2021〕64号），将原有基本公共文化标准内容升级为标准2.0版本，发布《浙江省县（市、区）公共文化服务现代化标准（2021—2025年）》，并确立以“优先发展、均衡发展、品质发展、以人为本、创新发展”等为核心的标准内容体系，更全面、更精准、更高效地指导全省公共文化发展现代化建设工作。通过明确2020年底全省公共文化服务的基本指标数据，预测2025年将要达到的目标值，为全省公共文化现代化发展指明了方向。

浙江省始终坚持标准引领，以“标准化带动公共文化服务空间打造”，到2020年，浙江省已提前实现了全省基本公共文化服务标准化，市有五馆、县有四馆、区有三馆建设基本完成，乡镇（街道）综合文化站和村（社区）文化服务中心实现全覆盖。同时，以“创新思路打造公共文化服务新空间”，全面推进城乡一体的公共文化新空间建设，出台发布15分钟品质文化生活圈、城市书房、文化驿站、城乡文化客厅、乡村博物馆等新型公共文化空间建设多项指导性标准，包括：浙江省文化和旅游厅关于印发《浙江省“15分钟品质文化生活圈”建设指南》的通知（浙文旅公共〔2022〕10号）、浙江省文化和旅游厅关于印发《浙江省2022年民生实事工程“15分钟品质文化生活圈”、城市书房、文化驿站建设认定办法》的通知（浙文旅公共〔2022〕11号）等，对各类型新型公共文化空间建设的标准进行明确，以标准引领和推进其建设进程。

（二）浙江公共文化地方标准化体系建设

2024年3月，国家标准委等18部门联合印发《基本公共服务标准体系建设工程工作方案》（以下简称《工作方案》），以标准化助力基本公共服务均等化、普惠化、便捷化。《工作方案》提出，下一步国家市场监管总局（国家标准委）将会同相关部门按照方案要求，深入实施基本公共服务标准体系建设工程。预计到2027年，将新研制200项基本公共服务领域国家标准、行业标准，配套地方标准将更加完善有效，逐步健全基本公共服务标准体系，创建80个基本公共服务标准化试点，进一步提升我国基本公共服务标准化工作总体水平。

浙江省公共文化服务体系标准化建设走在全国前列，迄今为止，已初步构建完成了涉及公共文化设施网络、产品和服务供给、运营管理、绩效评价与改进等各维度较为完善的标准体系。在公共文化设施方面，已出台范围覆盖公共图书馆、文化馆、博物馆、非遗馆、剧院、乡镇（街道）综合文化站、农村文化礼堂、村（社区）文体活动中心等主体的地方标准多项（见表12.4）；与此同时，针对新型公共文化空间的建设与探索，编制出台了城市书房、乡村博物馆、乡村文化客厅、未来社区公共文化空间、15分钟品质文化生活圈等省市地方标准，指导和规范全省新型公共文化空间的打造。

浙江文化标准化建设还十分重视将公共文化服务实践中的特色产品和服务转化为具有区域特色的地方标准，并尝试将实践中提炼的共性要求提升为行业标准。通过规范公共文化产品和服务供给的主体、内容、形式、质量要求、评价方法等，逐步规范服务行为、优化服务流程、固化服务指标、提高服务品质，如演出经纪机构评价标准、公共文化年报规范等。积极鼓励和引导社会力量参与到公共文化设施建设与运维、活动开展、后勤服务等各个领域中，充分依据标准化的手段，规范社会力量的管理与运行服务，如编制发布高校文化站、文化志愿者、文化管家、文化下派员、乡村文化能人、乡村民宿参与公共文化服务等各类省市地方标准。

此外，公共文化服务绩效管理通过对公共文化的公共财政投入、设施建设、服务内容等领域循序渐进地建立完善的绩效评价标准，围绕资金投入、公共设施、人才队伍、文化服务（活动）开展等多个维度构建指标，对公共文化服务的效果和效能等进行整体评价。浙江省公共文化服务现代化发展指数（CMDI 指数）评价是浙江省在公共文化领域内开展的常态化评估，通过构建标准化的指标体系，对全省 90 个区（县、市）进行评估排名，促进全省公共文化服务效能提升。

表 12.4 是近 5 年来浙江省发布的公共文化领域内发布的部分地方标准。

表 12.4　　近 5 年浙江省公共文化领域地方标准（部分）

序号	标准名称	发布编号
1	文化下派员管理与服务规范	DB 3306/T 2023—057
2	乡村文化客厅建设与服务规范	DB 3310/T 106—2023
3	“15 分钟品质文化生活圈”建设与服务规范	DB 3301/T 0429—2023
4	乡村文化能人管理规范	DJG 330110/T 0102—2023
5	演出经纪机构评价指标	DB 33/T 2398—2021
6	文化志愿者管理与服务规范	DB 33/T 2308—2021
7	乡村民宿参与公共文化服务规范	DB 330521/T 67—2021
8	未来社区公共文化空间建设规范	DB 3301/T 0352—2021
9	社区公共文化服务规范	DB 3301/T 0339—2021
10	文化管家服务规范	DB 3301/T 0321—2020
11	县级文化馆总分馆制管理服务规范	DB 33/T 2263—2020
12	公共文化跨区域服务规范	DB 33/T 2182—2019
13	农村文化礼堂服务规范	DB 33/T 2186—2019
14	公共美术馆设置与服务规范	DB 33/T 2229—2019
15	城市书房服务规范	DB 33/T 2181—2019
16	公共图书馆中心馆 - 总分馆建设服务规范	DB 33/T 2180—2019
17	高校文化站建设服务规范	DB 3301/T 0259—2018

二、山东省文化标准建设与管理实践

（一）公共文化服务标准化试点

2014年，山东省按照文化部关于开展公共文化服务标准化、基层综合性文化服务中心建设、公共文化机构法人治理结构等三项试点工作的要求，制定下发了《山东省公共文化服务标准化等试点工作的实施方案》，并创造性地开展工作，为全面完成试点，促进公共文化服务标准化、均等化奠定了良好基础。

首先，以省为单位整体申报公共文化服务标准化全国试点，1个市申报基层综合性文化服务中心建设全国试点，2个单位申报公共文化机构法人治理结构全国试点。同时，分别确定了6个市开展全省公共文化服务标准化试点、5个市开展全省基层综合性文化中心建设试点、10个单位作为全省公共文化机构法人治理结构试点单位。参与试点城市占全省的65%，既保证了试点工作的全面性，也有力提升了各市推进工作的积极性。

烟台市自2013年起开始实施《基本公共服务行动计划（2013—2015）》；威海市开展了公共文化服务体系标准化应用与认证工作；潍坊市初步制定了镇级公共图书馆一体化服务建设标准；青岛市结合《新型农村社区文化中心建设实施意见》，建成新型农村社区文化中心500多处，较好地发挥了综合服务功能；东营市将政府购买公共文化服务所需资金纳入财政预算，指导各县区按试点要求配齐基层公共文化服务人员。

在基层综合性文化服务中心建设试点方面，济宁市针对现状制定了提升服务、完善设施、整合资源建设等专项方案；枣庄市积极协调体育彩票扶持基层村居建设工作，第一批60个村居文体中心小广场配套体育器材已落实到位；日照市结合实际，在综合文化中心建设中制定了以“一厅”“一场”“两栏”“十室”“十个门类文化器材”“十项文化服务功能”“六支队伍”为内容的建设标准，并落实实施；滕州市设立专项财政资金220万元用于扶持试点村居社区综合文化中心提升。

在公共文化机构法人治理结构试点方面，济南市三馆成立理事会，博兴县文化馆、临清市文化馆已初步建立起法人治理结构。肥城市文化馆积极探索考核结果与财政投入挂钩，初步制定了绩效评估考核制度。

其次，突出地方特色，紧紧围绕山东省传统文化优势明显，进一步丰富试点工作内容。先后研究制定了弘扬传统优秀文化的“尼山书院”建设与服务标准、推动数字文化服务的公共电子阅览室标准以及丰富城乡文化生活的农村文体小广场建设“五个一”标准等一系列标准，同步推进。

最后，以建促建。根据山东省标准化试点的工作任务进度，将未纳入试点的地区和单位同步推进公共文化服务体系建设、管理和服务的标准化，在深入实践各项标准的基础上，提出具有针对性的改进意见和建议。同时，还将试点工作与公共文化服务体系建设的重大工程、各项工作紧密衔接，比如将法人治理机构试点与“大师引进工程”结合，取得了明显成效。

（二）山东省公共文化服务地方标准建设

2023 年 12 月 28 日，第 20 号国家标准公告发布了由山东省市场监管局参与起草的《县域基本公共服务标准体系建设指南》（GB/T 43507—2023），该标准明确了县域基本公共服务标准体系的构建原则，重点提出了县域基本公共服务标准体系总体结构以及各子体系的建设指导，用于指导县域基本公共服务标准体系的建立和实施。其标准体系架构如下：

一是基准指标标准子体系。基准指标标准子体系包括基础通用、服务项目和服务指标等标准。基础通用标准是基于 GB/T 24421 等服务业标准体系文件，与之协调统一的基本公共服务术语、分类编码等相关基础标准；服务项目标准和服务指标标准是县域层面基本公共服务的特色标准，为基本公共服务领域各行业主管部门分行业建立基本公共服务事项清单提供指导。

二是服务实施标准子体系。服务实施标准子体系包括但不限于服务提供、服务保障、服务协同和数字支撑等标准。服务提供和服务保障标准是基于 GB/T 24421 等服务业标准体系文件，与之协调统一的基本公共服务服务流程、服务设施设备等方面的标准；服务协同和数字支撑是县域层面基本公共服务的特色标准，助力打造基础设施共建共享、数据互联互通、城乡区域间衔接平衡的基本公共服务模式，满足基本公共服务信息化需求。

三是监测改进标准子体系。监测改进标准子体系包括监测预警、评估评价和服务改进等标准。监测预警是监测预警—评估评价—服务改进的闭环标准化工作的一环，既有利于基本公共服务标准持续改进，又推动了基本公共服务“软要求”向可量化的“硬指标”转变，为检验基本公共服务内容提供参考依据；评估评价、服务改进等标准是基于 GB/T 24421 等服务业标准体系文件，与之协调统一的服务改进标准。在实践上，吸纳了山东试点实践经验。

该标准在起草过程中，全面总结了山东省在公共教育、劳动就业创业、社会保险、医疗卫生、社会服务、住房保障、公共文化体育、公共安全、公共法律服务、残疾人服务 10 个领域，以及近 300 个国家级和省级社会管理和基本公共服务标准化方面的试点经验，并对新时期建立健全基本公共服务标准体系进行了探索和创新。尤其是在山东省日照东港区、青岛城阳区、长岛综合试验区、博兴县 4 个国家基本公共服务标准化县域级试点建设过程中，以 DB37/T 4376—2021《县乡基本公共服务标准体系建设指南》进行率先实践，形成了一批可复制的成功经验并在全国推广，为此项国家标准的制定、标准的实施及创新应用等提供了重要参考。

除此之外，还借鉴了山西、福建等省份基本公共服务标准体系框架地方标准实践，如 DB14/T 1656—2018《基本公共服务标准体系总体框架》、DB35/T 1956—2020《基本公共服务标准体系总体框架》等；参考了江苏、浙江、安徽、河南、四川等地在残疾儿童、社会保险、义务教育等重点领域以及城市基本公共服务的地方标准，并分析其与国家标准体系的关系，如 DB32/T 3746—2020《基层平台城乡居民基本养老保险公共服务规范》、DB3301/T 0290—2019《农村社区基本公共服务规范》、DB34/T 4636—2023《残疾儿童康复基本公共服务规范》系列标准、《城市国家基本公共服务》系列标准等。

该标准的编制发布：一是有利于完善我国基本公共服务体系建设。国家标准的公开实施将有效指导并规范县域基本公共服务规划、实施与评价工作。标准内容进一步厘清了基本公共服务的内涵和边界，国家标准“兜底线”。标准既体现了县域基本公共服务的保障责任和保障底线，同时也让人民群众能够直观、全面地了解到自己的基本公共服务权益，加快推动我国基本公共服务体系的现代化发展。二是有助于推动实现县域基本公共服务均等化。标准将支撑指导县域开展基本公共服务标准化工作，有利于发挥县域基本公共服务的统筹和资源配置功能，促进全国各地县域基本公共服务同标、同线、同质，减少因各地之间、城乡之间经济发展水平不平衡而导致公民获得的政府基本公共服务的差异，提升基层基本公共服务质量，促进基本公共服务的均衡性和可及性。

本章参考文献：

[1] 郁建兴，秦上人．论基本公共服务的标准化［J］．中国行政管理，2015（04）．

[2] 钱学森．标准化和标准学研究［J］．标准生活，2009（10）：7.

[3] 吴学静，白殿一，逄征虎．标准学知识体系框架初探［J］．中国标准化，2013（12）：58－61.

[4] 梁正，侯俊军．标准化与公共管理：关于建立标准化知识体系的思考［J］．中国标准化，2012（01）：59－63.

[5] 顾孟洁．新中国标准化事业60年发展综述［J］．口腔护理用品工业，2010，20（01）：44－47.

[6] 张朋越，刘欣，赵春鱼等．我国高校标准化人才培养研究与实践［J］．品牌与标准化，2022（12）：1－43.

[7] Lawrence Busch. Standards：Recipes for Reality［M］．The MIT Press，2011：17－76.

[8] 顾兴全．标准化学科构建基础：学科交叉特征与知识体系——基于WoS数据库期刊学科分类［J］．标准科学，2023（10）．

[9] 王平．再论标准和标准化的基本概念［J］．标准科学，2022（01）．

[10] 周晓健．“文化工业”标准化与文化产业标准化语境之辨析［J］．福建论坛（人文社会科学版），2018（02）．

[11] 廖丽等．美国标准化管理体制及对中国的借鉴［J］．管理学报，2013，10（12）：1805－1809.

第十三章　数字化与文化管理

在当今快速发展的信息时代，数字化已经渗透到社会的各个层面，对文化管理领域产生了深远的影响。数字化不仅是一个技术进步的标志，更是一种全新的工作与思考方式，给文化的保护、传播和创新都带来了前所未有的机遇和挑战。

数字化最初是指将信息从物理格式转换为数字格式的过程，但其内涵已经发展得更为广泛。现在，它涵盖了利用数字技术来改进过程、服务和商品的全过程。在文化管理中，这包括数字资产的创建、保护、利用和传播等一系列活动，从而使文化遗产和现代文化创新更加丰富和易于接触。数字化的兴起背景是信息技术的飞速发展，特别是互联网、移动通信和计算能力的大幅提升。从20世纪末到21世纪初，随着技术的进步，数字化开始在全球范围内重塑各行各业，文化领域也不例外。博物馆、图书馆、艺术画廊等文化机构开始广泛采用数字技术来管理和展示文化资产，从而提升公众的访问体验和教育价值。

在当今快速发展的信息时代，数字化已深度渗透文化管理领域，重塑着文化遗产保护、传播与创新的范式。数字技术不仅改变了文化资源的存储与呈现方式，更催生了全新的文化治理模式。从政策层面看，我国自2010年起持续推进文化数字化战略。2022年，《关于推进实施国家文化数字化战略的意见》明确提出构建“国家文化大数据体系”，要求公共文化机构通过数字化实现资源整合与服务升级，这一战略在地方实践中已初见成效。数字化为文化管理带来了多方面的优势，包括但不限于提高效率、降低成本、增加可达性和可持续性。通过数字技术，文化机构能够跨越地理和时间的限制，向更广泛的公众提供服务。随着社会的进步和科技的发展，将数字化深入文化管理已成为一种必然趋势。这种结合不仅可以提高文化资产的保护效率和公众的参与度，还能促进文化多样性和创新。数字化能够帮助文化机构更好地理解和满足公众的需求，从而使文化活动更加贴近现代社会的脉动。然而，这场变革也需要应对数据孤岛、标准缺失等现实挑战，呼唤建立与文化数字化相适应的新型治理体系。本节将深入探讨这一转型进程中的思维革新、技术突破与制度创新，引导思考如何构建具有中国特色的数字文化治理模式。

第一节 数字化与文化管理的思维变革

本节将探讨数字化如何根本性地改变了文化管理的思维方式。随着技术的快速进步，文化机构正在采纳新的策略和工具，以适应这一变革。具体来说，本节将重点分析三个关键领域：数据思维、共享思维和迭代思维。每个领域都展示了如何通过利用数字化工具和方法优化文化项目的策划、执行和评估过程，从而提高效率、增强互动性，并最终提升公众的参与度和满意度。通过具体案例，我们将见证这些新兴思维方式如何在实践中被应用，以及它们如何有效地推动文化机构的发展和创新。

一、数据思维

（一）数据驱动的文化决策过程

在现代文化管理中，数据思维已经成为推动决策制定的核心力量。数据驱动的决策过程就是利用收集到的大量数据来支持和优化文化项目的策划、执行和评估。这种方法不仅提高了决策的效率和透明度，而且通过精确分析，可以帮助文化机构更好地满足公众需求，提升文化活动的质量和参与度。

在数据驱动的文化决策过程中，关键在于收集和分析各种相关数据，包括访客数据、财务数据、市场调研数据和社会媒体反馈。通过这些数据，文化机构可以获得深入的洞察，识别潜在的趋势和模式，从而做出更加明智的选择。例如，一个艺术展览可以通过分析过往展览的访客数据，确定最佳的展览时间、目标观众和市场推广策略。

数据驱动的方法也促使文化管理者考虑到效率和成本效益。通过数据分析，可以评估不同项目和服务的性价比，优化资源分配，减少浪费。此外，实时数据的利用使得文化机构能够迅速响应变化，如调整正在进行的展览内容，或是对文化活动的安排做出即时改动，以最大程度地吸引和满足公众的兴趣。

数据驱动的决策还增强了文化项目的可持续性。通过长期收集和分析数据，文化机构可以持续改进其服务，确保文化活动不仅符合当前的公众需求，也能预测并适应未来趋势。这种前瞻性的策略有助于文化机构在竞争日益激烈的市场中保持领先。

总之，数据驱动的文化决策过程代表了一种从直觉和经验向数据和分析转变的思维方式。这种转变不仅为文化管理提供了科学的决策基础，还极大地增强了文化项目成功的可能性。通过精确的数据分析，文化机构可以更有效地服务于公众，提升文化的普及和影响力，同时确保文化遗产的保护和传承。这种方法的应用正逐渐成为文化管理领域的一种标准实践，为文化的持续繁荣和发展提供动力。

案例分析：江苏常州博物馆基于数据优化管理决策

国家文物局《博物馆事业中长期发展规划纲要（2011—2020年）》指出，要"加强博物馆网络资源体系建设，搭建博物馆管理公共服务平台，推进数字化博物馆建设，不断提高博物馆管理现代化水平"。江苏常州博物馆（以下简称"常博"）是一所集历史、艺术、自然为一体的地方综合性博物馆，同时也是一个人力资源和经费并不充足的地方博物馆，要开展耗资巨大的数字化博物馆建设可谓困难重重。2016年，常博以《中共江苏省委、江苏省人民政府关于推动文化建设迈上新台阶的意见》出台为契机，开始数字化博物馆的规划与建设。博物馆将此项工作纳入"常州博物馆事业发展'十三五'规划"中，制定了整体谋划、分步实施、局部提升、逐步整合的建设思路。通过积极争取上级支持，申请到国家、省、市三级财政资金近1000万元，历时三年多基本建成以信息数据为基础、以一体化的信息管理为保障、以游客互动体验为中心的数字化服务体系，为下一步的智慧博物馆建设打下坚实基础。

> 常博运用数据进行管理决策着重体现在三个方面：一是环境监测系统。常博所有展厅和库房都设置了无线传感器，实时监测文物保存环境的温湿度、光照度、大气有机挥发物总量 VOC（Volatile Organic Compounds）等数据，并汇总到后台数据库。馆内的文保部、典藏部、陈列部、工程部等相关职能部门随时可以通过电脑终端观测资料和分析数据，及时制定对应措施。二是票务管理系统。常博票务管理系统已实现与微信平台、官方网站的无缝对接，观众可以通过网站预约、微信平台预约、现场取票的方式获取门票，极大地方便观众入馆参观，博物馆的公共安全也得到有效保证。同时，通过票务管理系统平台，可对观众进行统计和数据分析，为日后开展观众研究提供基础数据。三是数字文物互动展示系统。常博数字文物互动展示系统依托独立自主研发的专业动态效果和内容策划，采用了八块高清触摸屏拼接而成的互动展示屏，将馆藏精品文物以数字化展示，并可按需定时切换临时展览和宣传信息等。互动展示屏还提供多人同时互动，通过视觉、互动、视频等多个维度让文物"活起来"，给观众带来良好的参观体验。在数字化建设工作中，常博根据自身的管理机制和信息基础，在全盘规划、整体架构的基础上，选择合适的成熟的新技术，并且合理控制成本与风险，科学稳健、逐步有序地开展数字化博物馆建设。①

通过案例可见，数据驱动的文化决策过程能够实现精细化管理，使文化机构能够根据实际数据做出有根据的调整，从而更有效地服务于公众并提升文化活动的吸引力和教育价值。这种以数据为基础的决策方式，不仅增强了文化项目的针对性和效果，也推动了整个文化管理领域向更加科学化和现代化的方向发展。

（二）文化数据标准化与质量控制

文化数据作为数字文化治理的核心生产要素，其标准化与质量控制直接决

① 朱敏．中小型博物馆的数字化博物馆建设探析——以常州博物馆为例［J］．东南文化，2020（03）：183－188.

定着文化资源转化利用的效能。当前我国文化数据管理仍面临多重挑战：文物考古、非遗传承、艺术创作等领域的数据格式差异显著，导致兼容性和互操作性不足。文物考古领域的高精度影像与非遗传承的文本记录在数据结构上难以直接关联，艺术创作的多元格式更增加了整合难度。地方性文化数据库建设普遍存在“重采集、轻治理”倾向，许多数据库侧重于数据采集，却忽视后续治理工作。部分非遗数据库仅完成基础扫描建档，缺乏系统分类和元数据标准，导致资源利用率低下。跨机构协作机制缺失进一步加剧了数据孤岛问题。由于缺乏统一的数据交换协议，不同机构的数据库自成体系。长三角地区的博物馆藏品数据库在数据格式、权限管理和共享机制上尚未实现有效对接，江浙沪皖四地文化资源共享受阻。这种碎片化状态不仅造成资源浪费，还制约文化服务的整体提升。

针对上述问题，亟须构建多维度的标准化质量控制体系。在基础层，需参考国际经验并结合国内实际，制定统一的文化数据标准框架。行业内领先机构已尝试明确数据采集的技术参数和分类标准，为跨领域数据整合奠定基础。在管理层，应建立覆盖数据全生命周期的质量管理体系，通过动态监测机制实时跟踪采集、处理、存储、共享等环节的质量指标，确保数据的完整性与一致性。

技术创新正在重塑质量控制范式。区块链技术通过分布式账本实现文化资源权属的透明追溯，有效解决版权争议问题。人工智能算法的应用也日益广泛，古籍数字化中的智能校对系统能自动识别并修正扫描文本错误，显著提升数据准确性。这些实践表明，标准化建设与技术创新的深度融合，是破解文化数据质量困局的关键路径。唯有实现两者的有机结合，才能为数字文化生态系统的可持续发展提供坚实保障。

案例分析：欧盟文化记忆机构档案数字化保存质量标准——PREFORMA 项目

为了应对长期保存档案数据过程中遇到的挑战，欧盟于 2015 年提出了解决方案——PREFORMA（PREservation FORMAts for culture information/e－archives），主要研究质量标准中的关键因素，执行高质量标准化的文件格式，使记忆机构完全控制文件一致性检查的过程，以便建立一个实用的、长期的、可持续的档案数字化生态系统。

PREFORMA采取非常实用的方法：开发一套一致性检查器，在支持数字监控的同时，做好数字保存工作，为每个开放文件格式建立向相关标准化组织反馈的工作流程。在图书馆、档案馆等记忆部门的数据保存工作流程中，PREFORMA开发的工具，用于保存文件、书籍、图像和视听材料的元数据，整合现存系统中的数据，增强数据在技术改变情况下的恢复力。该系统主要包括两项活动策略。第一，开发检查数字文件一致性的开放源代码工具——一致性检查器，其主要功用是：①证实文件是否是根据某个特定标准文件格式的规格而产生的。②证实文件是否与要求数据长期保存的接收标准相匹配。③产生关于性能规格和接收标准的人机可读格式报告。④修正文件元数据的技术偏差，保持原始数据不受影响，创建保存对象的正确备份。第二，建立公共利益网络，控制保存文件的技术技能，提供一个可行的和可持续的生态系统。这个网络集聚了控制文件生命周期不同阶段保存工作的利益相关者，包括：①开发者，控制保存文件的产生，通过文件编辑者和代码转换器，提高软件的有效性和互操作性。②数据保护者，控制数字资源库所保存文件的接收和管理，改善数字馆藏的保存状态，确保接收程序的有效性。③标准化主体，负责拟定标准文件格式的正式说明书，根据具体情况改进标准规格。

2016年底的一份关于欧盟档案数字化监管与保存工作的调查报告表明，PREFORMA项目运行良好，达到了预期的效果：减少管理和保存的费用，增加管理和保存的容量，提升包括小型档案馆和博物馆在内的文化记忆机构的服务能力。①

二、共享思维

（一）文化资产的共享平台模式

在当今的数字化时代，共享思维已经成为文化管理中的一种重要策略。特

① 罗亚利．欧盟文化记忆机构档案数字化保存质量标准研究［J］．档案与建设，2017（06）：23-26.

别是文化资产的共享平台模式，这种模式通过集中和共享数字化的文化资源，不仅提高了文化资产的利用效率，还极大地扩展了文化影响的范围和深度。这些平台使得各类文化资产如图书、艺术作品、历史文献及影视音乐作品等，能够跨越地理和时间的限制，为全球观众所共享。

文化资产的共享平台运用先进的信息技术，包括云计算、大数据分析和人工智能，实现文化内容的数字化、分类、存储和检索，从而支持高效的资产管理和访问。这些平台的核心功能包括用户友好的搜索引擎、个性化推荐系统和高效的数据流通能力，确保用户能够便捷地访问和利用这些资源。此外，这些共享平台通过提供开放的接口（APIs），允许第三方开发者利用平台上的数据和资源创造新的应用或服务，进一步促进文化创新和教育的多样性。

这种共享模式还有助于增强文化资产的社会价值，使其不仅限于被动保存和展示，而是变成了活跃的、可持续发展的资源。通过共享平台，文化资产能够被更广泛地应用于教育、研究和公众娱乐，极大地提高了公众对文化遗产的接触和理解。例如，学者和研究人员可以通过这些平台获得难以触及的文献资源，而普通公众则可以轻松地接触到世界各地的艺术和文化表现。

共享平台也推动了文化机构之间的协作与资源整合。不同机构可以通过平台共享彼此的藏品和资源，从而避免重复劳动和资源浪费，同时增强各自项目的内容和吸引力。这种跨机构的合作模式不仅加强了文化机构的服务能力，也提升了文化项目的公共参与度和社会影响力。

以 2000 年以来开展的全国数字图书馆项目为例。该项目通过一个统一的平台使全国的图书馆资源数字化并对外开放。用户通过这个平台可以远程访问数百万本书籍、手稿和期刊，无论是学术研究还是个人学习都极为便利。此外，该平台提供的数据分析工具，使图书馆管理员可以根据借阅和访问数据优化藏书和服务。这种共享模式显著提升了图书资源的利用率，并使文化知识传播更为广泛。

此外，数字化环境下我国图书馆、档案馆、博物馆业务协作的战略框架（D－LAM，Digital－Library & Archive & Museum）也是文化资产共享平台的重要形式之一。该框架由数字图书馆（DL）、数字档案馆（DA）、数字博物馆（DM）和图档博数字化协作中心（DLAM）四部分组成。DL、DA、DM 是图书馆、档案馆、博物馆早年已经启动建设的数字化工程项目。DLAM 是通过图档博数字化协作中心对 DL、DA、DM 的元数据进行收割和加工处理所形成的虚拟数字资源服务体系，采用 OAI – PMH（The Open Archives Initiative – Protocol for Metadata Harvesting）协议使“数据提供者”与“服务提供者”相分离，DL、DA、DM 向 DLAM 注册各自数字资源的元数据，DLAM 对元数据进一步加工后再向用户发布，使信息服务的范围和深度更加符合用户需求，但是数字资源的访问还是要通过链接方式从资源提供者的服务器上进行。在该模式下，用户只需要关注数字资源的内容而不用关心这些资源物理上的存储地点和存储方式①。

共享平台模式在促进文化资产的广泛访问和利用中起到了至关重要的作用。它不仅为公众提供了丰富的文化资源，也为文化机构提供了一种新的运营和服务模式，使文化的保存、传播和创新工作更加高效和具有包容性。这种共享思维的实践是数字化时代文化管理的一大亮点，预示着未来文化资产管理的新方向。

（二）公众参与与文化共享机制

在文化管理中，公众参与被视为提高文化项目成功率的关键因素之一。随着数字技术的发展，文化共享机制已经成为加强公众参与的有效工具。这些机制利用数字平台来促进与公众的互动，增加公众对文化活动的访问和参与机会，从而形成更加开放和包容的文化环境。

公众参与的文化共享机制主要依赖于互联网和移动技术，这些技术允许用户随时随地访问文化内容，并与之互动。这种机制通常包括但不限于在线展览、虚拟旅游、互动教育程序和社交媒体平台。通过这些平台，文化机构不仅能够展示其藏品和活动，还能直接听取公众的意见和建议，实现双向的沟通和互动。

此外，文化共享机制还包括利用数据分析来优化公众参与策略。通过分析参与数据（如访问次数、用户反馈和参与度），文化机构可以更好地了解公众的兴趣和需求，据此调整其服务和内容，以满足不同群体的文化需求。这种以数据驱动的参与策略使得文化活动更加个性化和目标化，大大提高了公众的参

① 赵生辉，朱学芳．我国图书馆、档案馆、博物馆数字化协作框架 D – LAM 研究［J］．情报资料工作，2013（04）：57 – 61.

与度和满意度。

文化共享机制不仅提升了文化资产的访问性，还加强了文化的互动性。通过提供在线评论、评分系统或互动问答，公众能够直接参与到文化创作和评价过程中，这种参与感和归属感是传统文化消费方式所难以比拟的。例如，许多博物馆和艺术画廊现在提供虚拟导览服务，访客可以通过点击展品获取详细信息，甚至参与由艺术家或策展人主导的在线讲座和讨论。

加之，这种共享机制通过提供多语言服务，使得不同语言背景的人也能享受到文化内容，极大地提升了文化项目的国际化和普及性。不仅如此，一些创新的共享平台还结合了增强现实（AR）和虚拟现实（VR）技术，提供了沉浸式的文化体验，进一步扩展了公众参与的深度和广度。

总之，公众参与与文化共享机制在现代文化管理中扮演着越来越重要的角色。它们通过各种现代技术手段，不仅使文化内容更加易于访问和消费，还为公众提供了前所未有的互动机会，从而使文化的传播更加广泛和深入。这种模式的成功实施，展示了如何通过技术创新来增强文化的社会价值和教育意义。

案例分析：荷兰的档案众包项目“VeleHanden”

阿姆斯特丹市档案馆成立于1848年，馆藏的各类档案材料排架长度超过55千米。阿姆斯特丹市的档案数字化工作开始时间早，数字化程度高。档案馆自20世纪90年代推出网络查档系统，2005年为公众提供按需扫描服务，截止到2020年，已经有3000万次的扫描。从2023年4月起，档案馆开始提供下载服务，需求者可以根据需求以多种格式下载档案。“VeleHanden”的概念由阿姆斯特丹市档案馆首次提出，期望能够创建一个可持续的众包平台，档案馆对平台的不同部分应该以什么样的方式开展工作提出构想，由Picturae公司的软件工程师去具体完成。在项目准备期招募志愿者组建测试小组，提前参与档案众包的项目并提出反馈意见，这也为之后吸引公众参与，维持VeleHanden项目的持续良好运行奠定了基础。在VeleHanden众包平台上，参与者需要完成的主要任务包括编制索引、著录照片和添加标签、校对人工智能的工作等。

该众包项目具有四个方面的特点。一是选择合适的馆藏档案。所选择用来参与众包的档案包括各种与公众生活密切相关的信息登记册，参与者有机会从中找到自己祖先的相关信息，激发了公众的参与热情。平台上的众包项目除了历史、民政的类别，还涉及法律契约、证人证词、地图标记等，能够吸引到文史、政法、地理等多领域的爱好者参与进来。二是低门槛与便捷地进入通道。VeleHanden 项目是低门槛的，欢迎荷兰内外的所有人参与众包。大部分的众包任务简单易做，公众可以很容易地参与进来。除电子邮箱地址必须是真实信息外，参与者的姓名、性别和地区等内容都可以虚构，充分尊重志愿者对个人隐私信息的公开权利。平台在设计时遵循的三个原则是：确保快速、简单和尽可能地自动化；在参与者输入字段的过程中，扫描图像会自动定位到相应位置；方便用户操作，提高效率和体验感。三是稳定的平台功能与活跃的平台氛围。开发档案众包任务依托网络平台，因此平台的稳定性和安全性至关重要。VeleHanden 网站的开发商 Picturae 公司是荷兰专业的大规模文化遗产数字化服务机构，提供长期在线存储数字化藏品的服务，有成熟的软件开发技术和平台维护能力。为了在线用户良好的参与体验，平台有明文规定的个人信息和隐私保护细则，使用先进的技术维护用户在操作时的流畅性。同时，交流论坛和平台发布的新闻有效地维持了网站的活跃度。四是全过程的质量控制，保障众包项目的质量。阿姆斯特丹市档案馆很注重众包项目的质量，从前期设计、中期管理到后期审核做好了全过程的质量控制。

荷兰“VeleHanden”众包项目帮助档案馆切实解决了档案在线检索利用的难题，满足了用户快速检索档案的需求。对其众包平台设计、项目选择、用户激励和质量审核等方面进行分析探讨，对我国开展档案众包实践具有重要启发、借鉴意义。①

① 田艳罗，陈建．基于众包模式的荷兰阿姆斯特丹档案馆“VeleHanden”项目探析及其启示[J]．档案管理，2023（05）：125－128.

三、迭代思维

（一）文化项目的敏捷开发与迭代

在当今快速变化的文化环境中，敏捷开发与迭代思维成为文化项目管理中不可或缺的一部分。这种思维方式强调在项目开发过程中的灵活性、适应性和快速响应，使文化机构能够更有效地应对不断变化的公众需求和技术发展。

敏捷开发最初源于软件开发行业，其核心原则包括持续反馈、周期性评审和适时调整。将这种思维应用于文化项目管理，意味着项目从概念到实施的每一个阶段都需要保持开放和灵活，允许快速调整方向和策略以应对新的挑战和机会。这种方法不仅加快了项目的开发速度，而且提高了项目成功的概率。

在敏捷的文化项目管理中，关键活动包括建立跨功能的团队、定期进行项目评审会议以及制定可快速实施的短周期计划。这些活动确保所有项目参与者——从艺术家到技术人员，从市场人员到观众——都能在项目开发过程中发出自己的声音，共同推动项目向前发展。更重要的是，敏捷开发鼓励基于实际用户反馈的迭代。这意味着文化项目在开发过程中会不断地测试和优化，每一次迭代都根据公众的反馈进行调整。这种反馈可以通过直接观察、用户访谈、在线评论或数据分析等多种方式获得，从而使最终产品更贴合公众的期望和需求。这种灵活且参与度高的项目管理方式是现代文化机构应对快速变化环境的有力工具。

（二）用户反馈在文化项目迭代中的作用

用户反馈是迭代思维在文化项目管理中的核心组成部分。在这种模式下，用户反馈不仅被视为评估项目成功与否的标准，更是推动项目持续改进和创新的动力。通过系统地收集和分析来自目标观众的反馈，文化机构能够更精确地调整其服务和活动，以更好地满足公众的期待和需求。

在文化项目的每个阶段，从概念设计到实施，再到最终展示，用户反馈都扮演着至关重要的角色。这些反馈可以是直接的，如问卷调查和观众访谈；也可以是间接的，如通过分析社交媒体上的评论和讨论。有效的用户反馈机制不仅帮助项目团队识别和解决问题，还能揭示潜在的创新机会，从而不断增强项目的吸引力和教育意义。

在文化项目中应用迭代思维和用户反馈，重要的是建立一个开放的反馈环境，鼓励公众积极表达自己的意见和建议。此外，项目团队需要具备高效处理和应用反馈的能力，确保所收集的信息能够被及时地转化为行动方案。这种持续的反馈和改进过程使得文化项目能够更加精确地满足用户的期待，增强其吸引力和教育价值，从而实现持续的成功和社会影响。这种以用户为中心的迭代方法，确保了文化项目能够在不断变化的环境中保持竞争力和相关性。

案例分析：少林寺档案数据开发利用的数字化转型

伴随文化强国战略的实施，开展少林寺档案数据治理工作的意义日益凸显。采用科学、规范的措施对少林寺档案开展数据治理，不仅能充分挖掘出少林文化的核心价值，更有助于凝聚少林力量，向全世界贡献少林智慧，彰显少林文化自信。少林寺应积极响应2019年国家档案局出台的《档案移动服务平台建设指南》（DA/T73—2019）（下文简称《指南》）要求，推动少林寺档案移动服务平台的建设，提供以下服务功能：档案查询、档案展厅、档案资讯、互动交流等。

第一，优化查档功能。少林寺档案移动服务平台应按照《指南》要求，在实现档案资料数据化的基础之上，推出“线上查档”服务，设置精确查询和模糊查询等多种检索功能，提供文字查档、图像查档等多种查档方式，满足用户对经书典籍、碑刻塔林等不同种类档案数据的查档需求。此外，该平台应开发用户预约查档功能，提供查档指南、少林寺档案馆联系方式等信息，为用户自助查档提供辅助，充分满足其查档需求。

第二，移动展厅建设。少林寺档案移动服务平台可以在借鉴经验的同时，融入自身独特的文化因素：一是开设线上档案藏品展厅。分模块展示少林寺纸质档案、金石档案、声像档案等内容，这是移动展厅的主要组成部分。二是开设特色专题展厅。少林寺档案移动服务平台可以立足于少林特色历史活动，将有关联的档案集中起来，并设立特色专题展厅。譬如，可以“达摩祖师传道之路”为专题开设展厅，将达摩祖师传道至各地时形成的相关档案集中在一起，利用数据技术绘制形成“游历图”，用户可以通过点击地图的特定范围了解达摩祖师传道路途发生的具体故事。三是开设 VR 展厅。少林寺档案馆可以运用虚拟技术，对档案进行扫描及数字化建模处理，推出“走进少林寺”体验项目，使游客在 VR 虚拟世界中零距离地欣赏、触碰到少林碑刻塔林和经书典籍，在沉浸式的游历过程中深切感受少林文化，增强文化体验感。

第三，档案资讯服务。少林寺档案移动服务平台应按照《指南》要求，提供丰富多彩的档案资讯服务。其一，明确资讯栏目的分类主题。平台的菜单栏应设置“少林寺档案资讯”的导航入口，并在其下分设“少林寺档案馆日常活动”“少林寺特色档案活动”“珍稀档案介绍”等子菜单栏，便于用户查找到相关的资讯。其二，资讯推送应有普适性。少林寺档案馆并非传统地市档案馆，过于专业的推送内容并不能迎合大众喜好，兼顾娱乐性与知识性的内容才会更满足用户的阅览需求。其三，保持固定的推送频率。建议少林寺档案移动服务平台一周推送 2—3 篇资讯，以保证平台的活跃度。其四，组建专门的资讯运营团队。运营团队应有确定的规模及动态的人员流动机制，保障工作人员各司其职，维持资讯推送工作稳定开展。

第四，开展交流互动。少林寺档案移动服务平台应按照《指南》要求，积极同用户开展交流互动。除此之外，少林寺应强化以下几个方面：一是面向社会广泛收集档案数据。少林寺社会影响力和开放度很大，档案数据来源广泛，平台应开设“我有档案”模块，面向全社会开展档案数据的收集工作，鼓励公众上传少林寺档案数据资源，丰富档案数据库。二是支持用户辅助著录与标引。少林寺档案移动服务平台应设置“全民参与著录标引”模块，用户可以按照系统指引对档案数据进行著录和标引，实现人人参与共享共建少林寺档案数据库。三是重视用户反馈。平台应开设“我有建议”模块，用户可以通过该模块参与交流，少林寺档案馆对于收到的批评、建议等内容应安排专人记录、处理和跟进。四是延伸社交功能。“社交媒体为档案利用者提供档案信息传播、交流的平台，用户可不受时空约束在媒体平台上发表文字、图片和视频等各种形式的档案信息资源。”①

第二节 数字化与文化管理的技术创新

在文化管理领域，数字化技术的引入不仅革新了传统的管理方式，还带来了一系列创新的技术应用，极大地扩展了文化的表现形式和触达范围。本节将深入探讨几种关键的数字化技术及其在文化管理中的应用，分析这些技术如何促进文化资源的有效管理和普及，以及它们在提高文化项目的互动性、可达性和教育价值方面的潜力。结合实例说明，这些技术创新如何使文化机构能够更好地服务公众，保护文化遗产，并推动文化的持续发展。

一、系统性文化管理数字化技术创新

（一）大数据与云计算在文化资源管理中的应用

在文化资源管理领域，大数据与云计算技术的融合为文化机构提供了前所未有的机会，优化了资源配置并改进了项目管理。这些技术允许文化机构高效处理和分析庞大的数据集，以便更好地理解公众需求、预测市场趋势，并据此做出更明智的决策。

1. 利用大数据分析优化文化资源配置

大数据分析能够揭示文化消费的模式和趋势，从而帮助文化机构有效地分配和优化其资源。通过分析来自票务系统、社交媒体、访客调查和在线互动平台的数据，文化机构可以获取关于公众兴趣和行为的深入见解。例如，一个博物馆可能利用访客数据来调整其展览布局，确保最受欢迎的展项得到更多的展

① 邢变变，秦柯源．文化自信视域下少林寺档案数据治理研究［J］．档案管理，2021（04）：76－78.

示空间，或者根据访客流量的时间分布调整开放时间和人员安排。

此外，大数据也能帮助文化机构识别潜在的合作伙伴和赞助商，通过分析与特定展览或活动相关的观众群体的消费行为和偏好，机构可以找到与其品牌定位相匹配的商业伙伴，从而开拓新的资金来源，增强其文化项目的商业可持续性。

2. 云计算平台在文化项目管理中的应用实例

云计算平台为文化项目管理提供了强大的基础设施支持，使得文化机构无须大规模的前期资本投入即可获得必要的计算资源和数据存储能力。这些平台使项目团队能够在任何地点、任何时间访问项目文件和应用程序，极大地提高了工作的灵活性和效率。图书馆可以利用云计算平台建立一个数字档案系统，用以存储数百万本书籍和手稿的数字副本，并提供强大的搜索和检索功能。通过这个平台，图书馆不仅能够保护其珍贵的物理藏品免受损坏的风险，还可以使全国乃至全球的研究人员能够轻松访问这些资源。云平台也可用于协调文化项目在多个国家的活动筹备工作。团队成员可以实时共享文件、更新进度和调整计划，确保各地的活动都能顺利进行。这种使用云计算的方法不仅提高了团队的协作效率，也减少了项目管理中的误差和延误。

通过大数据分析和云计算平台，文化机构能够更有效地管理其资源和项目，提升服务质量，同时降低运营成本。这些技术的应用使文化资源管理更加精细化和智能化，为文化机构在数字时代中的持续发展提供了坚实的技术支持。

（二）区块链技术在文化遗产保护中的新途径

区块链技术，通常与加密货币（如比特币）联系在一起，现已成为保护文化遗产的新兴工具。这种技术通过其分布式账本的特性，为确保文化资产的真实性和追踪其起源及流通提供了一种高效、透明的方法。

区块链技术的核心特点之一是，其数据一旦被记录后就无法更改。这使其成为确保文化资产真实性的理想工具。每件文化资产，如艺术品、古董和其他重要文物，都可以在区块链上生成一个独一无二的数字身份。这个身份包含了关于该文化资产的详细信息，包括其创作时间、作者、历史经历及其所有权历史等。博物馆可以使用区块链技术来记录其收藏的每一件艺术品的详细信息。

通过这种方式，无论艺术品何时何地出现，人们都能通过区块链验证其真实性。这不仅能够帮助消除艺术品市场中的伪造和欺诈问题，还能增强买家对购买历史艺术品的信心。

区块链技术也被用于追踪文化物品的起源和流通过程，从而防止非法贩卖和确保其合法性。每一次文化物品的交易都会在区块链上记录下来，形成一个透明且连续的历史记录。这对于那些经常跨国交易的珍贵文物尤为重要，可以帮助海关和文化保护机构验证每件物品的流通路径。国际非政府组织就能够利用区块链技术追踪在战区被盗的文化遗产。每件遗产被记录在区块链上，任何试图买卖这些文物的行为都能被即时跟踪和确认。这种技术的应用显著提高了追回被盗文物的机会，同时抑制了非法文物交易市场。

通过在文化遗产保护中应用区块链技术，文化机构和相关组织能够在全球范围内提高其监管和保护的能力。这种技术不仅增强了文化资产管理的透明度，也提高了公众对文化遗产安全的信心。区块链技术为文化遗产的保护带来了革命性的改变，是连接传统文化与现代科技的重要“桥梁”。

（三）综合信息系统对文化政策制定的支持

综合信息系统在现代文化政策制定中扮演着至关重要的角色。通过集成和分析来自各种渠道的数据，这些系统为政策制定者提供了强有力的决策支持，使文化政策更加科学、合理且有效。

1. 信息系统在文化政策研究与评估中的作用

信息系统通过整合不同来源的数据资源，为文化政策的研究和评估提供了一个全面的视角。这些系统可以处理来自公众调查、文化机构报告、经济分析和社会媒体的大量数据，使政策制定者能够对文化行业的现状和趋势有一个深入的了解。此外，信息系统还能帮助识别文化活动对经济、社会和教育的具体影响，从而为政策决策提供实证基础。

关于公共图书馆影响的政策研究可以利用信息系统收集并分析图书馆服务使用情况、访问者满意度和社区参与度等数据。这些数据不仅可以显示图书馆服务的广泛影响，还能够揭示服务中存在的不足。基于这些数据，政策制定者得以调整资源分配，优化服务范围，并制定新的图书馆服务政策，以满足社区的实际需求。

2. 制定基于证据的文化政策的策略和工具

综合信息系统的另一个重要功能是支持基于证据的文化政策的制定。这些系统提供的数据分析工具和模型能够预测政策变动可能产生的影响，帮助政策制定者做出更为明智的选择。此外，通过持续监测政策实施效果，信息系统还能帮助政策制定者及时调整和优化现行政策。

一个实际应用的例子是文化资金分配政策的调整。通过使用信息系统分析各地区文化项目的资金使用效率和社会效益，文化部门能够识别资金使用的热点和盲点。这些分析结果支持政策制定者重新设计资金分配模式，确保文化投资能够带来最大的社会回报。

信息系统在支持文化政策制定中的应用确保了政策制定过程的透明度和科学性。通过精确的数据分析和实时的政策评估，这些系统不仅提高了文化政策的有效性，还增强了公众对政策制定过程的信任和参与度。随着技术的进步，综合信息系统将在未来的文化政策制定中发挥越来越重要的作用。

案例分析：郑州博物馆可视化应急管理系统建设

郑州博物馆可视化应急管理系统建设依托文翰街新馆应运而生。2016 年，郑州博物馆文翰街新馆开工建设，场馆面积是之前的近 15 倍，可同时容纳观众数为之前的近 10 倍，工作人员（含编内、编外、购买服务）接近原来的 6 倍。馆内观众、设施情况复杂，完全依靠传统的人工巡查、层级下达指令、电话通知落实，无法全面应对各种可能发生的问题。经过对现状的梳理，郑州博物馆数字化建设确定了“打破数据孤岛，再造业务流程，提高工作效率，提升服务对象满意度”的目标。

第一，开展需求分析，明确系统定位。2020 年场馆试运行期间，经过多轮、反复的实地调研和工作讨论，结合分散建成的各个系统，郑州博物馆将第一阶段可视化应急管理系统分为三个体系，分别是以售检票系统、智慧停车、语音导览、智能机器人、客流统计系统为核心的可视化服务体系，以建筑能耗监管、建筑设备监控、机房动态环境监测系统、智能照明系统、展厅多媒体集控为核心的可视化管理体系，以及以公共广播、无线对讲、安防监控系统、应急管理 APP 为核心的应急指挥体系。

通过服务体系收集到的数据分析观众需求，改善服务质量；以管理体系数据规范工作流程，提升场馆管理水平；利用应急指挥体系完善工作预案，强化部门合作，处置突发状况。

第二，打通系统壁垒，统一数据标准。2021年，郑州博物馆开始进行各系统对接集成。场馆设计方案包含智能化集成运维平台，但集成系统有限，系统数据由厂家掌握，馆方需通过厂家提供数据，且无法自定义数据内容，对厂家依赖性极强。为避免今后被“卡脖子”，郑州博物馆决定围绕可视化应急系统建设，对接全部子系统，并完成数据迁移至馆方自有机房。

第三，锚定管理目标，优化系统设计。2021年8月，来自各系统的数据可呈现在可视化大屏幕上，然而呈现方式只是数据代码，没有解读，无法直观反映现状。立足管理目标，郑州博物馆与系统设计单位对显示在大屏上的每一个系统、每一项指标的呈现内容、呈现方式进行梳理研究，按驾驶舱、调度指挥、场馆管理三大类，以图表、图形、平面图、视频等不同形式展现；根据对数据的需求不同，将可视化系统调取的数据分为实时接入数据、批次接入数据、按需接入数据三类，采取不同方式接入。

第四，提升工作效率，推进协同联动。推动系统设计优化的同时，启动相关业务部门工作流程的调整规范。以可视化大屏为中心，实现问题预警、全馆联动、调动处置、报告反馈、经验总结的闭环设计，提升工作效率。现阶段已经实施的项目围绕应急管理开展，从防汛预警、灾害处置、消防救援疏散、场馆突发事件等紧急状况入手，完善对接可视化系统的工作流程，全馆各部门在统一处置方案下细化、修改各自的工作职能，定岗定员。①

① 郭春媛．数字化管理系统为博物馆赋能——以郑州博物馆可视化应急管理系统建设为例［J］．中国博物馆，2022（06）：93－97.

二、非系统性文化管理数字化技术创新

（一）三维数字化测绘和信息管理技术在文化遗产保护中的运用

文化遗产是人类文明、文化和历史的物质体现，其保护工作至关重要。先进的科学技术不断更新并应用于文化遗产管理和保护等方面，促进文化遗产领域不断发展。近年来，现代数字化测绘和信息管理技术快速发展并广受关注。利用近景摄影测量（close - rage photogrammetry）和三维激光扫描测量（3D laser scanning）等三维数字化测绘技术对历史建筑、古代遗址和文物等文化遗产进行数据采集和处理的研究越来越多，文化遗产记录和保护工作越发准确、深入和高效。GIS、BIM 等基于语义数据的信息技术也开始逐步与三维数字化测绘技术结合，用于文化遗产数据和信息的系统化储存、管理和分析。国际遗产组织不断倡导和要求将三维测绘、建模和信息管理等现代化技术系统性、针对性地运用于文化遗产项目，三维数字化测绘和信息技术对世界遗产领域的贡献与日俱增，已成为文化遗产保护和研究工作的关键手段和必要基础①。

1. 近景摄影测量

近景摄影测量是目前国际测绘遥感领域的热门技术，包括手持或三脚架拍摄的不同方式及地面和空中等不同角度。近景摄影测量能够通过拍摄和处理图像，获得测量对象真实、完整、全面的外观数据，并以此构建三维实景模型准确描述测量对象的外观特征。总体上，近景摄影测量在仪器的成本和便携程度、数据采集的效率和简便性、数据处理的自动化程度、所获信息的完整度和准确性、测绘产品的多样性等方面均有较明显的优势。其地面和空中相结合的多角度拍摄特点、自动化系统与人工拍摄相结合的灵活工作方式，适用于环境要素多样、场地情况较复杂、所需测绘点较多的文化遗产，在经济成本有限、时间要求紧张的项目上表现尤为突出。

2. 三维激光扫描测量

三维激光扫描测量是当今文化遗产领域最主要和有效的数据获取手段之

---

① 梁慧琳，张青萍．园林文化遗产三维数字化测绘与信息管理研究进展［J］．南京林业大学学报（自然科学版），2020，44（05）：9－16.

一，可采用相位式和脉冲式等不同种类仪器，包括手持和机载等不同扫描方式及地面和空中等不同扫描角度。作为一项激光雷达技术，三维激光扫描不但可对测量目标进行激光扫描获得其表面三维点云数据，还可通过数码相机记录其颜色、材质等信息，并通过数字表面模型构建和材质映射获得真实的三维实景模型。总体来说，三维激光扫描测量具有数据采集全面和准确、精度高、操作自动化程度高等特点。对于采集数据的外业工作，三维激光扫描测量与其他测量手段一样，工作复杂程度和难度与测量目标的复杂程度成正比。

3. 多技术综合测绘

近景摄影测量技术和三维激光扫描测量技术各有千秋，将两者相结合利用多传感器对目标对象进行综合测绘，可克服单一技术和仪器的局限，是当今文化遗产测量的研究热点。目前，将卫星、航空、无人机和地面等多角度测绘数据相融合进行的文化遗产三维测量研究较少，多传感器和多源数据相融合的综合测绘方法主要集中于地面测绘技术的集成运用。

首先，对各传感器或不同技术采集所得数据主要在点云数据阶段进行融合：一方面，通过对各平台搭载的相机所拍摄的影像进行校正、对位、密集匹配、密集点云生成等操作获得点云数据；另一方面，通过对激光雷达传感器扫描所得各站点云数据进行拼接、降噪等操作。其次，将各传感器所得点云进行最合理的数据抽样，并对齐至同一坐标系下通过重叠、校正和偏差分析等操作进行无缝融合，生成不同细节级别的数据模型。再次，对融合所得点云数据模型进行面拟合、简化、去重、填洞、分割等操作以完成几何建模，再对面模型进行颜色和材质映射、贴图等操作完成外观建模，获得具有实景表达效果的三维实景模型。最后，对三维实景模型进行可视化等操作获得满足项目需求的测绘产品。由于各传感器在获取数据的精度和效率方面各有不同，在融合各源数据的过程中，利用不同详细程度的细节级别，使每个级别的数据仅展示出必要的信息，在集成数据的整体性和细节方面均获得较好效果的前提下，使每项技术都得到最合理化的运用。对于物质要素更多样、场景空间更复杂的场地文化遗产对象，多技术、多传感器、多源数据相集成的综合测绘方法能够在提高采集、管理和分析等工作效率的同时，采集到更完整、全面的数据，获得更优化、合理的数据精度、质量和表达效果。

（二）移动网络技术和虚拟现实技术在文化展览中的运用

随着移动网络技术和虚拟现实技术的快速发展，其在文化展览中的应用已成为推动文化传播和参与的重要力量。这种技术不仅提升了展览的互动性和可达性，还改变了公众参与文化活动的方式，使文化内容能够触及更广泛的观众。

1. 移动网络技术驱动的文化传播革新

移动网络技术的快速发展重构了文化展览的互动模式与参与边界。通过智能手机、平板电脑等终端设备，观众可借助二维码扫描、触摸屏交互及增强现实（AR）技术获取展品的深度信息，如作品背景、创作历程及艺术家访谈等。此类技术突破时空限制，使静态展陈转化为动态知识传递，显著提升文化传播效能。

在可达性层面，移动网络技术通过虚拟展览形式消弭地理隔阂。全球观众均可在线访问珍贵文物与特展资源，尤其为偏远地区群体和残障人士提供了平等的文化参与机会。2020 年以来的全球疫情更凸显其价值，故宫博物院推出的“云游故宫”项目，使线上访问量突破千万人次，印证了数字技术对文化普惠的赋能作用。

实时传播与社群互动功能的拓展进一步强化文化传播效果。重大文化活动通过流媒体直播覆盖全球受众，如敦煌研究院联合腾讯开展的“数字藏经洞”直播，单场吸引超 3000 万人次观看。社交媒体平台则成为观众参与的第二现场，用户可通过弹幕评论、虚拟打卡等方式构建互动社区，形成“线下体验 + 线上传播”的双向循环。

2. 虚拟现实技术重塑文化体验形态

虚拟现实（VR）与增强现实（AR）的融合应用开创了文化教育与艺术展示的新范式。在教育领域，VR 技术可重构历史场景，如大英博物馆开发的“古埃及探秘”项目，用户通过头显设备可“置身”金字塔内部，观察墓室壁画与木乃伊制作流程。AR 技术则实现虚实叠加，台北故宫博物院的“国宝 AR 导览”使观众通过手机观看翠玉白菜的三维解剖模型，直观理解工艺细节。

传统艺术展示因 VR 技术获得沉浸式体验升级。美国大都会艺术博物馆推出的“虚拟现实美术馆”项目，允许用户佩戴设备漫游于虚拟展厅，近距离观赏《戴珍珠耳环的少女》等经典作品。此类技术不仅缓解实体场馆的接待压力，更通过多感官刺激深化审美体验。据调查，采用 VR 技术的展览观众平均停留时间延长 40%，知识留存率提升 28%。

3. 数字化技术构建文化遗产保护新生态

数字化技术为文化遗产的预防性保护提供技术支撑。高精度三维扫描与多光谱成像技术可完整记录文物表面特征与内部结构，如敦煌研究院运用激光扫描技术完成莫高窟 285 窟的毫米级建模，数据精度达 0.02 毫米，为壁画修复提供科学依据。数字存档体系则通过区块链技术实现永久保存，法国卢浮宫已将《蒙娜丽莎》等镇馆之宝的数字档案上传至星际文件系统（IPFS），确保数据不可篡改与永久可追溯。

虚拟展览平台推动文化资源的开放共享。谷歌艺术与文化项目联合全球 70 余家博物馆构建数字资源库，收录超过 400 万件高清藏品，支持多语言智能检索与 360 度全景浏览。此类平台突破实体展览的物理限制，使《千里江山图》等珍稀文物得以数字化重生。2023 年国家图书馆推出的“中华古籍资源库”，通过 4K 超清扫描技术开放古籍善本 8.2 万部，访问量累计突破 2.3 亿次，彰显数字化保护的社会价值。

移动网络技术与虚拟现实技术的深度融合正在重塑文化展览的形态与内涵。前者通过突破时空限制重构文化参与模式，后者则以沉浸式体验激活文化遗产的当代价值，两者的协同创新不仅解决了文化传播中的物理边界问题，更构建起“数字 + 实体”的立体化文化生态。

（三）人工智能在文化遗产解读与恢复中的应用

人工智能（AI）技术已成为文化遗产保护与研究领域的重要工具，其通过深度学习、计算机视觉与大数据分析，为解读复杂文化符号、重构历史场景及修复受损遗产提供了创新性解决方案。以下从符号解码、遗址复原与智能保护三个维度展开论述。

1. AI 在文化符号解码中的突破性应用

AI 技术通过处理海量非结构化数据，显著提升了古代符号系统的破译效率。以楔形文字研究为例，大英博物馆联合 DeepMind 开发的 AI 系统“proto - Elamite Decoder”，通过分析 12 万块泥板上的楔形文字拓片，成功识别出 30%

的未知字符，揭示了古波斯帝国贸易网络的运作模式。此类技术突破传统释读方法的局限，尤其在处理残缺、模糊或未知文字体系时展现出独特优势。

在图像符号解析方面，敦煌研究院采用卷积神经网络（CNN）对莫高窟壁画中的飞天形象进行分类研究。算法通过比对2.8万幅壁画局部，识别出唐代飞天服饰的12种典型纹样演变规律，为断代研究提供了量化依据。AI还能揭示符号背后的文化关联，如剑桥大学团队利用图神经网络分析玛雅历法符号，发现其与天文现象的隐含对应关系。

2. 遗址数字化重建与虚拟修复技术

AI技术也在古代文化遗址的重构和恢复工作中发挥着重要作用。通过高精度的3D扫描和数字建模技术，结合AI的数据处理能力，研究人员能够创建详细的遗址模型，并模拟不同的恢复方案。

AI驱动的三维重建技术正在改写文化遗产保护范式。庞贝古城遗址借助激光雷达扫描与生成对抗网络（GAN），完成了坍塌建筑的虚拟复原。系统通过比对出土砖石的材质特征与建筑工学原理，生成了帕拉蒂尼山建筑群的数字化孪生模型，误差率控制在2毫米以内。针对脆弱文化遗产的修复需求，AI提供了非侵入式解决方案。大英博物馆利用X射线荧光光谱与深度学习算法，对氧化严重的商周青铜器进行锈蚀层分析，自动生成修复方案。该系统通过训练10万组历史修复案例数据，可预测不同修复材料的长期稳定性（Journal of Cultural Heritage，2023）。

3. 智能保护系统的构建与实践

AI在文化遗产的预防性保护中发挥着关键作用。故宫博物院部署的“数字多宝阁”系统，集成物联网传感器与AI诊断模型，实时监测文物保存环境的温湿度、光照强度等参数。当检测到异常波动时，系统可自动生成调控建议并触发预警，使书画类文物的保存环境达标率提升至98%。

在灾害应急响应方面，联合国教科文组织（UNESCO）开发的“文化守护者”AI平台，通过卫星遥感与社交媒体数据流分析，可在自然灾害发生后12小时内评估遗产受损情况。AI在灾后文化遗产的快速评估和恢复计划制定中也显示出巨大的潜力。例如，在地震后，AI可以快速分析受损的文化遗址数据，预测结构的稳定性，并优先级化紧急干预措施，有效指导救援团队进行精确和有针对性的干预。2023年土耳其—叙利亚地震期间，该系统通过比对震前数字档案与灾后影像，快速定位了阿勒颇城堡等23处重点文物的结构性损伤，为国际救援提供了精准决策支持。

总之，人工智能技术在文化遗产的解读和恢复中扮演着越来越重要的角色。它不仅能够提高工作效率，还能提供更深入的见解，帮助我们更好地理解和保护珍贵的文化遗产。随着AI技术的进一步发展和完善，其在文化遗产保护工作中的应用将更加广泛和深入。

第三节 文化管理数字化的困境与前景

随着数字化技术的迅速发展与广泛应用，文化管理领域面临着前所未有的机遇和挑战。这一节将探讨数字化在文化管理中带来的主要困境，如数据安全和隐私保护问题、数字鸿沟，以及技术更新速度与管理落差问题等，同时也将讨论应对这些挑战的对策与前景。通过深入分析这些问题及相应的解决策略，本节将展示如何优化现有的数字基础设施，加强数据保护，以及通过教育和培训提升公众的数字文化技能，以确保文化内容的真实性与持续性，最终实现文化参与的普及和文化遗产的有效保存。这一节的目标是提供一套全面的策略，帮助文化机构在数字化浪潮中稳健前行，利用技术力量推广和保护世界文化多样性。

一、数字化应用于文化管理中的困境

（一）技术接入与基础设施的不均衡

在全球推进文化管理的数字化进程中，技术接入和基础设施的不均衡是一个显著的困境。这种不均衡主要体现在地区之间的数字化服务不平等和基础设施落后对文化项目实施的影响。

1. 地区差异导致的数字化服务不平等

不同地区在经济发展水平、技术普及率以及政策支持等方面的差异导致了数字化服务的不平等。发达地区可能拥有先进的网络基础设施和丰富的数字资源，而偏远或经济较弱的地区则可能面临网络覆盖不全和数字资源匮乏的问题。这种不平等使得部分地区的居民难以享受到数字化带来的文化服务，如在

线教育、虚拟展览等，从而加剧了文化资源的地域性分布不均。一些偏远地区的博物馆和图书馆由于缺乏必要的技术支持和资金投入，无法提供与城市相同水平的数字化访问服务，这直接影响了当地居民的文化获取和参与度。

2. 基础设施落后对文化项目实施的影响

基础设施的落后不仅限制了文化服务的数字化进程，还对文化项目的实施产生了负面影响。在一些地区，由于缺乏高速互联网连接、现代化的技术设备以及专业的技术人才，许多创新的文化项目无法得到有效实施。这不仅阻碍了文化创新活动的发展，也限制了公众对新兴文化形式的接触和体验。在一些发展中国家，尽管有意推广数字艺术和在线文化教育项目，但由于基础网络设施薄弱，这些项目往往难以达到预期效果，使参与度低和项目中断的问题频发。

总之，技术接入与基础设施的不均衡是文化管理数字化过程中需要重点解决的问题。只有通过提升基础设施建设，缩小地区间的数字鸿沟，并为各地区提供均等的数字化文化服务，才能全面推进文化的数字化转型，使所有地区的居民都能享受到现代技术带来的文化福利。

（二）数据安全与隐私保护问题

在文化管理的数字化进程中，数据安全和隐私保护成为两个关键问题。这不仅关系到机构的信誉和操作的合法性，还涉及个人信息和敏感文化资产的保护。

1. 文化数据保护的法律与伦理问题

随着文化数据的量级和使用范围不断扩大，如何合法处理这些数据成为一个紧迫的问题。在法律层面，多数国家已经建立或正在更新相关法律规定，确保数据处理的合法性，保护个人隐私不被侵犯。然而在我国，如何平衡信息开放与隐私保护，如何协调社会信息资源的共享与管理等功能性问题，在政策层面未获充分重视。例如，虽然《中华人民共和国档案法》规范了档案馆的管理职责，但对其在社会信息资源共享中的作用以及与民生相关的私人档案监管等功能缺乏详细规定①。在数字时代，隐私保护与信息公开的冲突尤为显著，通过深入研究，可以制定更加科学的政策，确保档案馆既满足信息透明的社会需

---

① 郭艺. 公共信息管理平衡机制建构中档案馆功能与性质定位的现代视角［J］. 档案管理，2025（02）：29－33.

求，又维护数据安全和个人隐私。

从伦理角度来看，文化数据往往包含或与特定社群的敏感信息相关，如族群、宗教或历史事件。文化机构在处理这些数据时，不仅要考虑法律的要求，更要考虑文化敏感性和道德责任，避免可能引发的文化不敏感行为或误解。

2. 隐私泄露及其风险

文化数据在采集、共享与应用过程中潜藏显著的隐私泄露风险，其根源在于技术漏洞、管理缺陷与法律滞后的多重叠加。数据采集环节的过度授权问题尤为突出。研究表明，超过60%的文化机构在收集用户生物特征（如面部识别数据）时，未严格遵循最小必要原则，导致敏感信息被过度获取①。此类事件暴露了数据生命周期前端的风险管控缺失。

跨机构数据共享的复杂性进一步加剧了隐私风险。当图书馆、档案馆与博物馆等机构通过协作平台共享文化资源时，用户画像、地理位置等关联数据可能被重新识别。研究表明，即使经过匿名化处理的数据，仍可能通过跨库关联分析暴露个体身份。一些区域性文化联盟的开放数据集虽未直接包含个人信息，但通过时间戳与空间坐标的交叉比对，仍导致部分捐赠者身份被间接推测。这种“去标识化数据的再识别”问题，已成为数字文化治理中亟待突破的技术“瓶颈”。

法律与制度层面的滞后性也放大了隐私保护难度。现行《中华人民共和国个人信息保护法》虽确立了知情同意原则，但针对文化数据特性的实施细则尚未完善。例如，非遗传承人数据的采集与使用边界、文化资源再利用中的隐私授权机制等仍存在法律空白。部分机构因未能明确告知用户数据用途，引发合规争议。与此同时，国际经验表明，欧盟《通用数据保护条例》（GDPR）中“隐私设计”（Privacy by Design）原则通过技术架构优化有效降低了数据泄露风险，这种制度创新值得国内借鉴。

为应对上述风险，需构建多层次防护体系：在技术层面，推广联邦学习、同态加密等隐私计算技术，实现数据“可用不可见”；在管理层面，建立动态风险评估机制，对数据共享链条中的敏感节点实施分级监控；在制度层面，加快制定文化数据分类分级标准，明确不同场景下的隐私保护阈值。唯有通过技术、

① 陈超．图书馆要勇当公共文化数字化转型的排头兵——《关于推进实施国家文化数字化战略的意见》学习思考［J］．中国图书馆学报，2022，48（04）：23－25.

管理与制度的协同创新，方能在释放文化数据价值的同时筑牢隐私安全防线。

（三）数字鸿沟与文化参与不均

随着数字技术成为文化活动不可或缺的一部分，数字技能差距成了影响文化参与公平性的主要因素。这一差距反映了不同社会群体在访问和使用数字资源方面的不平等，这种不平等在文化活动中表现得尤为明显。

1. 数字技能差距在文化活动中的表现

数字技能差距在文化活动中的表现可以多种多样。例如，在一些高科技的艺术展览或互动展示中，那些不熟悉触摸屏操作或增强现实应用的参观者可能会感到困惑和排斥，无法享受到这些技术带来的全新体验。在线访问博物馆展品、虚拟旅游或在线教育资源时，缺乏基本计算机操作技能或互联网搜索技能的个体也会面临类似的障碍。

此外，数字技能的不足还可能阻碍个体参与在线文化论坛或社交媒体上的文化讨论，从而错失与他人交流观点和分享体验的机会。这不仅限制了他们获取信息的途径，也减少了他们对文化创新和多样性认识的机会。

2. 数字技能差距对文化参与的影响

数字技能差距对文化参与的影响是深远的。首先，它限制了个体获取文化资源和服务的机会，尤其是那些居住在偏远地区或经济条件较差的人群。这种限制不仅影响他们的文化享受，也可能影响他们的终身学习和个人发展。其次，数字技能差距还加剧了社会不平等。在信息化快速发展的今天，能够有效利用数字资源的个体和群体则会获得更多的知识和机会，而那些数字技能较弱的人则可能在教育、职业甚至社会地位上落后于他人。这种情况在文化领域尤其明显，数字技能较弱的人群可能因为无法充分访问和利用数字化文化资源而感到自己被边缘化。

为了解决上述这些问题，文化机构和政策制定者需要采取措施来缩小数字鸿沟。这包括提供针对性的数字技能培训，确保文化内容的多样化和易访问性，并开发更加用户友好的技术解决方案，以促进所有人群的文化参与。通过这些努力，可以更好地促进文化的普及和享受，进一步推动社会的包容性发展。

（四）内容的真实性与保护问题

在文化内容的数字化和广泛传播中，维护内容的真实性和保护特定群体的文化遗产是面临的重要挑战。数字环境虽提供了信息传播的便利，但也带来了内容篡改和误用的风险，同时，保护传统和少数群体文化的工作也面临着多方面的困难。

1. 数字化环境中文化内容的篡改与误用

在数字化环境中，文化内容的复制和修改变得异常容易，这使得篡改和误用文化内容的情况越来越频繁。无论是通过技术手段擅自改动艺术作品的图像，还是未经允许就对某些文化符号进行商业利用，这些行为都可能导致文化的原始意义和价值被扭曲。例如，经典艺术作品被篡改后用于商业广告，不仅可能侵犯了版权，更可能损害了作品的文化尊严和历史价值。

此外，信息的快速传播也使错误信息和假新闻容易被广泛传播，这对公众的文化认知和社会信任构成了挑战。例如，关于某一历史事件的错误解读一旦在互联网上流传开来，可能会对公众的历史认识造成长远的影响。

2. 保护传统与少数群体文化的挑战

对于传统和少数群体文化的保护，数字化带来既是机遇也是挑战的双重影响。一方面，数字技术可以帮助记录和保存那些可能会消失的语言、传统艺术形式和仪式，为未来的研究和教育提供资源；另一方面，如何确保这些文化资料的收集和使用，尊重当地社群的文化权利和愿望，避免文化剥削，则又是一个严峻的问题。

少数群体和土著人民常常对其文化遗产持有特别的情感和精神价值，任何外来的干预和商业化利用都需谨慎处理。例如，某些民族的传统知识和文化表达，如医药知识和宗教仪式，如果未经社区同意就被记录、公开甚至商业化，可能会引起文化侵犯和道德争议。

解决这些问题需要制定明确的法律和政策，保护文化内容的原创性和真实性，同时尊重每个文化和社群的自主权。此外，推广和实施公平使用原则，加强公众对文化遗产重要性的认识，以及培养对少数群体文化的敏感性和尊重，也是确保文化多样性得以真正保护和传承的关键步骤。

（五）技术更新速度与管理落差

在数字化时代，技术的快速发展给文化管理领域带来了深远的影响，尤其是在长期文化项目的执行和管理者对新技术的适应上。快速变化的技术环境要求文化项目和管理者不断调整和更新他们的技能，以充分利用新工具。

1. 快速变化的技术如何影响长期文化项目

长期文化项目，如多年期的文化遗产保护项目或大型艺术展览的策划，往往需要前瞻性地考虑技术的应用。技术的快速变化可能意味着在项目启动时使用的技术到项目结束时就可能已经过时。这不仅可能影响项目的连贯性和效率，还可能导致预算的增加，因为需要不断更新技术设备或软件。

例如，一个为期数年的历史建筑数字化项目可能会在项目执行过程中面临核心扫描和建模技术的多次更新。这种更新虽然可以提高数据的精确性和可视化的质量，但同时也需要项目团队不断学习新技术和调整项目规划，以适应这些技术变化。

2. 管理者对新技术适应与培训需求

对于文化管理者而言，快速变化的技术环境提出了持续学习和适应新技术的要求。管理者不仅需要了解当前的技术趋势，还需要预见未来可能的技术发展，以确保他们的团队和项目能够充分利用新工具和方法。为此，首先，管理者和团队需要定期参加专业培训和研讨会，学习新的技术应用和管理技巧。其次，文化机构可以建立与技术提供商的合作关系，获取技术支持和训练资源，确保团队能够高效使用最新技术。最后，文化机构还应考虑建立内部培训系统，如在线学习平台，鼓励员工持续学习并随时更新他们的技能。通过这种方式，机构不仅能提升员工的技能和知识，还能增强团队对变化的适应能力和整体的创新能力。

总的来说，技术更新速度与管理落差是文化管理在数字化时代面临的主要挑战之一。通过持续的教育和培训、灵活的项目管理策略以及与技术提供商的紧密合作，文化机构可以更好地应对这些挑战，充分利用技术的力量来推进文化项目的成功。

二、应用前景与完善对策

（一）优化数字基础设施以促进公平访问

随着数字化在文化管理中的应用日益广泛，确保公平访问和高质量的文化服务成为了重要议题。优化数字基础设施是实现这一目标的关键对策。

1. 增强基础设施以消除区域数字不平等

消除区域间的数字不平等，需要从增强和扩展基础设施入手。政府和私营部门应合作投资于互联网连接设施，尤其是在偏远和经济欠发达地区。通过建设更多的宽带接入点和增强移动网络覆盖，可以确保所有区域的居民都能访问到数字化的文化资源。

此外，公共场所如图书馆、学校和社区中心应被赋予更多资源，成为公众可轻松访问的数字学习和文化交流平台。例如，提供公共 Wi－Fi、数字学习工具和培训课程，可以帮助提高本地居民的数字技能，使他们能够更有效地利用数字文化服务。

2. 投资未来技术以保持文化服务的持续性与高质量

为了确保文化服务的持续性和高质量，文化机构需要持续投资于最新的技术。这包括：采用先进的数据存储和管理技术，确保文化资料的安全和易于访问；使用高效的内容管理系统来持续更新和维护数字资源；采纳新兴的技术，如人工智能和机器学习，以提供个性化的文化体验和服务。

同时，文化机构应注重研发与创新，探索如何通过技术改善和扩展文化服务。例如，开发虚拟现实和增强现实应用，为用户提供沉浸式的文化体验；或者利用大数据分析，以更精确地了解和满足公众的文化需求。

通过这些措施，不仅可以提高文化服务的普及性和可访问性，还可以确保服务的质量和现代性，从而更好地服务于所有社会群体，促进文化的普及和文化多样性的保护。这种全面的策略将有助于克服当前的挑战，开拓文化管理数字化的光明未来。

（二）加强数据安全与隐私保护措施

在文化管理的数字化转型中，确保数据安全与隐私保护是一项至关重要的任务。这不仅关乎机构信誉和法律责任，也直接影响公众对文化机构的信任与参与度。

1. 实施先进的数据保护技术与策略

为了确保文化数据的安全，文化机构需要采用先进的技术和策略来保护存储和处理过程中的数据。这包括使用最新的加密技术来安全传输和存储敏感信息，以及部署安全防火墙和入侵检测系统来防止未授权访问。此外，定期进行安全审计和漏洞扫描也是必要的，以识别和修复可能的安全漏洞。

机构还应实施数据访问控制，确保只有授权人员才能访问敏感的文化和个人数据。通过实施严格的访问控制政策和使用访问日志记录系统，可以有效跟踪和管理数据访问行为，从而减少数据泄露的风险。

2. 增设法律框架以保护个人和文化数据

从法律层面加强数据保护同样重要。文化机构应遵守相关的数据保护法律和规定。此外，机构还应参与制定或改善文化数据保护的行业标准和最佳实践。

制定专门的政策来保护那些涉及少数群体或原住民文化资料的敏感数据是必要的。这些政策应考虑到文化敏感性，确保数据的使用尊重原文化的价值和权益，防止文化剥削和不当商业化。

通过这些技术和法律手段的综合应用，文化机构可以更有效地保护其管理的数据，增强公众对其数字化服务的信任，从而推动文化参与，实现文化遗产的长远保护。

（三）缩小数字鸿沟，提升全民文化参与

为了提升全民的文化参与度并克服数字鸿沟所带来的挑战，必须采取多元化的策略来增强公众的数字技能并增进文化的多样性和包容性。

1. 通过教育与培训项目提升公众的数字文化技能

提升公众的数字技能是缩小数字鸿沟、增加文化参与的关键。教育和培训项目应针对所有年龄和社会群体，特别是那些在技术使用上处于不利地位的群体，如老年人、低收入家庭成员及偏远地区的居民。这些项目可以通过公共图书馆、社区中心和在线平台提供，内容涵盖基础的电脑操作、安全上网习惯，以及如何利用数字资源进行学习和文化享受。

例如，可以开展“数字文化日”活动，在社区中心组织工作坊和讲座，教授参与者如何访问电子图书、在线博物馆及参与虚拟展览等；同时，还可以通过移动教育单元到访偏远地区，提供相同的培训，确保技术教育的覆盖面和公平性。

2. 通过社区项目增强文化参与的多样性和包容性

为了确保文化活动的多样性和包容性，社区项目必须设计得更加开放和包

容，以反映和尊重不同群体的文化背景。这意味着在项目规划和实施阶段考虑到多元文化的需求，以及通过使用技术来促进不同群体的平等参与。

社区项目可以利用数字技术来拓展其影响力，如通过社交媒体平台进行文化活动的直播，让无法亲临现场的群体也能参与其中。此外，可以开发多语种的文化内容，确保非英语母语人士的访问和参与机会。社区艺术项目、文化庆典和工作坊等也应尽可能地利用在线平台进行，以便更广泛地吸引和包容不同地区和背景的参与者。

通过这些教育、培训和社区项目的结合使用，不仅可以有效地缩小数字鸿沟，也能显著提升公众的文化参与度，使数字文化成为连接不同群体、促进社会融合的强大工具。

（四）确保文化内容的真实性与持续性

在文化管理的数字化进程中，确保文化内容的真实性和持续性是至关重要的。这不仅涉及保护文化遗产不受非法篡改的风险，还包括采取措施保护和促进少数群体文化的发展。

1. 利用技术工具防止文化内容的非法篡改

为了防止文化内容的非法篡改，可以利用各种技术工具和方法来加强保护。首先，数字水印和区块链技术可以用来确保数字内容的完整性和来源验证。数字水印能够在不影响内容质量的情况下，隐蔽地标记数字媒体，使之成为追踪原始文件和版权归属的重要工具。区块链技术则通过创建不可更改的数据记录，为文化作品和其他重要文档提供一个透明且安全的追踪和存储解决方案。其次，实施严格的访问控制和数据加密也是防止非法篡改的重要措施。通过限制访问权限并对传输和存储的数据进行加密，可以有效防止未授权的访问和篡改。

2. 保护和促进少数群体文化的策略与实践

保护和促进少数群体文化需要采取综合策略，确保这些文化的持续传承和适应当代社会的发展。首先，政策制定者应与少数群体代表共同工作，了解其文化特性和需求，制定保护措施。这可能包括法律上的保护，比如承认和保护少数群体的知识产权，包括传统知识和文化表达。其次，社区参与是保护少数群体文化非常重要的一环。赋予社区管理自己文化资产的权力，如通过社区博物馆或通过地方性的文化活动，可以增强社区成员对自身文化的自豪感和保护意识。最后，利用数字化手段记录和传播少数群体文化也是一个有效的策略。数字化不仅可以帮助保存那些可能会消失的语言或艺术形式，还可以通过互联网让全世界的人们了解和欣赏这些独特的文化，从而提升其全球影响力和可持续发展的潜力。

通过上述措施，可以有效确保文化内容的真实性和持续性，同时保护和促进少数群体文化的繁荣。这些策略不仅有助于维护文化多样性，也符合全球范围内推广文化包容性和相互尊重的广泛目标。

（五）适应快速技术变革的管理策略

在数字化时代，文化管理面临着快速的技术变革，这要求文化机构和管理者不仅要更新他们的技术工具，还需要适应这些变化的管理策略。

1. 建立灵活的管理系统以适应技术演进

为了有效应对技术的快速演进，文化机构需要建立灵活的管理系统，以便能够迅速适应新技术的集成和应用。这意味着管理结构和流程需要有足够的弹性，以便快速决策和实施新技术解决方案。例如，可以采用项目管理的敏捷方法，这种方法强调迭代过程、团队协作和快速响应外部变化，非常适合于技术快速发展的环境。

此外，机构也可以考虑建立一个跨部门的技术创新团队，专门负责跟踪最新技术趋势并评估其在机构运营中的应用潜力。这种团队可以帮助机构更好地把握技术发展的脉搏，确保机构能够从新技术中获得最大的利益。

2. 为文化管理者提供持续的技术培训和支持

文化管理者在适应技术变革的过程中扮演着关键角色。为了确保他们能够有效管理使用新技术，提供持续的技术培训和支持是必不可少的。这包括定期的培训工作坊和在线课程，以及访问最新技术资源和专家咨询的机会。

培训内容应涵盖新兴技术的基本知识和高级应用，如数据分析、人工智能、虚拟现实等，同时也应包括如何管理技术项目、如何处理与技术相关的伦理问题等。此外，提供实时的技术支持可以帮助管理者解决在实际操作中遇到的问题，确保技术工具能够有效地服务于文化项目的目标。

通过建立灵活的管理系统和为管理者提供持续的技术培训和支持，文化机构不仅能够更好地适应技术的快速变化，还能提升整个机构的创新能力和竞争力。这些策略将帮助文化机构在数字化时代维持领先地位，有效地服务于公众和文化遗产的保护。

本章参考文献：

[1] 郭艺．公共信息管理平衡机制建构中档案馆功能与性质定位的现代视角［J］．档案管理，2025（02）：29－33.

[2] 瞿辉，林晓欣，刘剑涛，等．传承·创新：文化数字化战略下的高校图书馆发展——“第十七届图书馆管理与服务创新论坛”综述［J］．大学图书馆学报，2024，42（06）：123－128.

[3] 刘慧芳．数字时代档案记忆建构对出版文化传承的意义研究［J］．山西档案，2024（11）：135－137.

[4] 田艳罗，陈建．基于众包模式的荷兰阿姆斯特丹档案馆“VeleHanden”项目探析及其启示［J］．档案管理，2023（05）：125－128.

[5] 郭春媛．数字化管理系统为博物馆赋能——以郑州博物馆可视化应急管理系统建设为例［J］．中国博物馆，2022（06）：93－97.

[6] 陈超．图书馆要勇当公共文化数字化转型的排头兵——《关于推进实施国家文化数字化战略的意见》学习思考［J］．中国图书馆学报，2022，48（04）：23－25.

[7] 胡鸣．数字化背景下博物馆藏品总账管理初探［J］．中国博物馆，2021（04）：102－105.

[8] 邢变变，秦柯源．文化自信视域下少林寺档案数据治理研究［J］．档案管理，2021（04）：76－78.

[9] 高宏存，纪芬叶．区域突围、集群聚合与制度创新——“十四五”时期文化产业高质量发展的大视野［J］．行政管理改革，2021（02）：16－27.

[10] 陈少华．基于虚拟现实的非物质文化遗产资源数字化管理系统设计［J］．现代电子技术，2020，43（16）：89－91.

[11] 朱敏．中小型博物馆的数字化博物馆建设探析——以常州博物馆为例［J］．东南文化，2020（03）：183－188.

[12] 梁慧琳，张青萍．园林文化遗产三维数字化测绘与信息管理研究进展［J］．南京林业大学学报（自然科学版），2020，44（05）：9－16.

[13] 吴国瑛．“互联网＋”时代下的文博信息化再探讨由南京市博物总馆信息平台建设构想谈起［J］．东南文化，2017（S1）：103－108＋102.

[14] 罗亚利．欧盟文化记忆机构档案数字化保存质量标准研究［J］．档案与建设，

2017 (06): 23 - 26.

[15] 杨中营. 北京数字档案馆建设之标准体系建设 [J]. 北京档案, 2017 (02): 6 - 8.

[16] 杨滟, 孙建军. 少数民族数字文化资源建设及整合研究 [J]. 图书馆理论与实践, 2016 (06): 104 - 108.

[17] 郜玉金, 李彩霞. 新疆非物质文化遗产数字化平台建设述评 [J]. 青年记者, 2016 (06): 89 - 90.

[18] 赵生辉, 朱学芳. 图书、档案、博物数字化服务融合策略探析 [J]. 情报资料工作, 2014 (04): 68 - 74.

[19] 郝世博, 朱学芳. 基于信任管理的图书馆、档案馆、博物馆数字化协作可信监督模型构建 [J]. 情报资料工作, 2014 (03): 43 - 48.

[20] 董凌轩, 刘友华, 朱庆华, 等. 图博档数字化融合服务中的信息安全管理 [J]. 图书馆论坛, 2014, 34 (03): 107 - 112.

[21] 胡唐明, 魏大威, 郑建明. 国内外公益数字文化建设路径与模式比较研究 [J]. 图书情报工作, 2013, 57 (20): 21 - 25.

[22] 赵生辉, 朱学芳. 我国图书馆、档案馆、博物馆数字化协作框架 D - LAM 研究 [J]. 情报资料工作, 2013 (04): 57 - 61.

[23] 杨淑霞. 档案信息数字化管理的研究 [J]. 兰台世界, 2012 (S4): 126.

[24] 李铁乔, 刘传胜, 习晓环, 等. 空间信息技术应用于文化遗产研究的新进展 [J]. 科技导报, 2012, 30 (06): 75 - 79.

[25] 马跃福, 王平, 杨静. 统一档案数据存储管理平台建设 [J]. 档案与建设, 2010 (10): 28 + 37 - 38.

[26] 吕榜珍, 胡莹. 云南省少数民族档案的数字化管理策略 [J]. 档案学通讯, 2010 (02): 45 - 48.

[27] 周著. 地域民间文化符号的数字化生存与创新 [J]. 前沿, 2010 (01): 166 - 169.

后　记

本书的撰写与成稿，是一个不断凝练、持续探索的学术与实践积累过程。回顾整个写作与编校过程，从理论体系的构建到章节结构的安排，从资料的收集梳理到案例的遴选更新，每一步都凝聚了编者与撰稿团队的集体智慧和辛勤付出。

近年来，随着国家文化治理体系和治理能力现代化的深入推进，“文化管理”作为一个综合性、交叉性的学科领域，越来越受到政府部门、研究机构、高校以及文化一线从业者的关注。从早期的文化事业管理到今天的文化治理、文化战略、文化与技术融合，文化管理正经历从“事务性管理”向“治理型管理”的范式转变。我们希望通过本书的系统性呈现，搭建一个能够回应现实需要、链接理论与实践的平台，为文化管理的学科建设与人才培养贡献应有之力。

本书在内容上尽可能涵盖了文化管理的主要领域与关键议题，在方法上强调理论分析与现实案例的结合，在表达上力求深入浅出、通俗准确。但限于编者水平与时间条件，书中难免存在不足与疏漏之处，敬请广大读者批评指正。

特别感谢各位作者在繁忙教学科研工作之余，倾力参与本书写作；感谢相关高校文化管理教研团队提供的宝贵教学经验；感谢文化行政管理部门与文化机构专家在案例素材与政策理解方面给予的支持；同时也感谢出版方在编辑加工、排版审校等方面的专业协助，为本书的顺利出版提供了有力保障。本书受中国计量大学人文与外语出版专项资助。

文化管理是一项“面向现实、回应时代”的事业，也是一项“需要实践，更需要思辨”的专业探索。愿本书的出版，能为文化管理学科注入更多动力与思考，也希望它能在不断的修订与发展中，伴随中国文化治理实践的演进，走得更远、走得更实。

谨以此书，献给每一位投身于文化建设与文化管理事业的实践者与研究者。

编者谨识

2025 年 8 月

杭州